新战略、新愿景、新主张

——建设 21 世纪海上丝绸之路战略研究

祝　哲　等◎著

海洋出版社

2017 年·北京

图书在版编目（CIP）数据

新战略、新愿景、新主张：建设 21 世纪海上丝绸之路战略研究／祝哲等著. — 北京：海洋出版社，2017.1
ISBN 978 - 7 - 5027 - 9689 - 1

Ⅰ. ①新…　Ⅱ. ①祝…　Ⅲ. ①国际合作 - 区域经济合作 - 经济发展战略 - 研究 - 中国　Ⅳ. ①F125.4

中国版本图书馆 CIP 数据核字（2017）第 099563 号

责任编辑： 高朝君　常青青　侯雪景
责任印制： 赵麟苏

海洋出版社 出版发行

http://www.oceanpress.com.cn

北京市海淀区大慧寺路 8 号　邮编：100081

北京画中画印刷有限公司印刷　新华书店北京发行所经销

2017 年 5 月第 1 版　2017 年 5 月北京第 1 次印刷

开本：787 mm×1092 mm　1/16　印张：32

字数：412 千字　定价：88.00 元

发行部：62132549　邮购部：68038093　总编室：62114335

海洋版图书印、装错误可随时退换

21世纪海上丝绸之路战略研究课题组

组 长: 祝 哲

副组长: 何广顺 夏友富

成 员(以姓氏笔画为序):

丁 阳	于玲玲	王天芳	王云飞	王厚双
王 翔	匡海波	吕汉阳	刘 佳	羊志洪
芨 锋	李文锋	李 宇	李志鹏	李丽珍
李 青	李振福	李海洋	李 硕	吴崇伯
闵 聪	沈奕昕	张玉洁	张 军	张 涛
张潇娴	张 燕	陈贞新	陈 灿	郁伟年
金 夷	周怡圃	孟炜中	赵 鹏	胡 青
姜健力	弭 雪	黄雄亮	韩永辉	滕 飞

前　言

　　2017 年 5 月在北京召开的"一带一路"国际合作高峰论坛，是中国政治生活中的一件大事，也是国际社会关注的一件大事。中国政府提出的建设"丝绸之路经济带"和"21 世纪海上丝绸之路"倡议，正在由理念变为伟大的实践。作为本研究的组织者和本书的执笔人之一，我为此感到欣慰和高兴。

　　当前，经济全球化遭遇波折，国际贸易和投资低迷，一些西方国家贸易保护主义抬头，逆全球化思潮暗流涌动。与此同时，民粹主义在欧美蔓延，成为西方社会突出的社会政治问题。作为世界最大发展中国家，中国正从经济全球化的参与者、获益者转变为贡献者、引领者。21 世纪海上丝绸之路建设，连同丝绸之路经济带建设，是中国引领经济全球化、构建公正合理全球治理体系的最新努力。中国希望藉此为国际社会提供更多公共产品，努力推动经济全球化进程更有活力、更加包容、更可持续。

　　理论界关于现代海上丝绸之路的研究可以追溯到 20 世纪 80 年代，至于古代海上丝绸之路的研究历史就更加久远了。而海上丝绸之路真正成为研究热点，引起国内外学者的广泛关注，则是近几年的事。2013 年习近平总书记提出"一带一路"倡议,直接推动海上丝绸之路研究达到了前所未有的繁荣。与以往相比,近年来关于海上丝绸之路的研究呈现出三个特点:一是学界、政界和产业界相互呼应。政界高层着眼于我国全方位对外开放的大局,提出建设 21 世纪海上丝绸之路的倡议。理论界从历史、经贸、文化、国际政治、国家安全等各个角度对这一倡议进行深入探究。其中的一些重要研究成果反过来又对党和政府的顶层设计产生重要影响。中国主动谋篇布局,不断将自身发展战略与"一带一路"建设深度融合,推动海上丝绸之路从理念上升到国家战略。建设"一带一路"不仅是国家行动,更是企业利好。"一带一路"将为沿线国家和地区带来巨大商机。沿"一带一路"走出去,是中国企业走向世界的历史必然。二是"一带"与"一路"相互呼应。无论是理论界还是政界,往往将丝绸之路经济带与 21 世纪海上丝绸之路一起提及,以至于"一带一路"已经成为一个新词汇,并广泛出现于各种文献和新闻之中。"一带"与"一路"路径和方向不同,角色和任务也各有侧重,但两者之间相互支撑、相得益彰,共同构筑起新时期中国东西双向开放的全面开放新格局。三是国内与国际相互呼应。中国政府"一带一路"倡议,是在国际政治经济格局发生结构性变化的大背景下提出的。国外理论界和政界人士从各自的立场出发,对这一倡议进行了不同的诠释。随着国内外对这一问题交流的不断深入,国际社会对中国政府的"一带一路"倡议正逐渐从最初的疑虑转变为理解和积极响应。目前,已有 70 多个国家成为中国主导的亚洲基础设施投资银行的成员国。2016 年 11 月,联合国大会首次在决议中写入中国的"一带一路"倡议,并得到 193 个成员国的一致赞同。"一带一路"倡议为实现联合国 2030 年可持续发展议程带来巨大契机,包括消除饥饿与贫困、能源、水与卫生、工业化、基础设施、可持续城市、和平与安全、全球伙伴关系等各个方面。"一带一路"是迄今最受欢迎的国际公共产品，也是前景最好的国际合作平台。

呈现在读者面前的这本著作，是"一带一路"研究领域内的一部新作。这项研究始于 2014 年 7 月，研究人员包括来自 7 个机构的数十位优秀学者。与以往该领域的多数研究不同，本研究将目光聚焦于"一路"，即 21 世纪海上丝绸之路。课题组希望摒弃一般意义上的空泛讨论，集中精力对涉及"一路"建设的重大理论和实践问题进行广泛而深入研究，以期为学界、政界和商界提供有价值的思想及启示，同时也为广大读者了解和研究这一问题提供有益帮助。实事求是地讲，受时间和能力所限，本研究在拓展研究广度上付出了更多的努力，而对相关问题的深度发掘则显得较为力不从心。这不能不说是本书的一个缺憾。

过去的两年多时间里，研究人员一边涉猎于浩瀚的研究文献，一边密切跟踪"一带一路"的伟大实践。然而实践的发展经常超越我们的认知水平，以至于我们不得不时常对研究内容和角度做出调整。我们深知，我们的研究还有相当的局限性，也可能存在挂一漏万，欢迎广大读者批评指正。希望本书的出版，对推动"一带一路"、尤其是 21 世纪海上丝绸之路的研究有所贡献。

祝　哲

2017 年 4 月于北京

目　录

绪　论

　　观察今天世界之大势，让人不禁想起李鸿章当年讲的那句话："三千年未有之大变局。"曾几何时，中国作为世界科技、经济、文化的中心，引领人类文明上千年之久。工业革命之后，以中国为代表的东方文明逐渐被西方工业文明所超越。鸦片战争之后，西方列强用坚船利炮打开了我们的大门，落后的中国被欺凌瓜分，从此沦为半殖民地半封建社会。斗转星移，当人类社会来到 21 世纪，古老的中国再次站到了世界对外开放的最前沿。只是这一次的开放，不再是列强枪炮胁迫的结果，而是站起来并且正在富起来的中国人参与世界经济分工和构建全球治理新体系的主动作为。经历了 68 年独立自主的工业化现代化建设，尤其是将近 40 年的改革开放，中国开始以自信而坚定的脚步走向世界、融入世界。

（一）

　　大时代需要大格局，大格局需要大智慧。

　　今天的世界，进入了以国际经济和国际秩序大调整为特征的大时代。一方面，多数发达国家经济增长乏力，债台高筑，民粹主义、逆全球化和贸易保护主义抬头，国际影响力和话语权下降，西方治理模式遭遇危机。正如剑桥大学政治与国际关系学院研究员马丁·雅克所讲，西方在全球占据的压倒性局面已经趋于崩溃，西方的衰落，不仅是一种趋势，而且是一种事实。另一方面，以中国为首的新兴经济体充满活力，经济竞争力显著增强，成为拉动世界经济增长的重要力量，在重塑全球经济治理结构中有了更大的话语权，也将承担更多的责任。今天的中国，不但是全球最大的货物贸易国，而且是仅次于美国的第二大资本输出国，"中国道路""北京共识"正在成为越来越多的国家的价值追求。

中国改革开放的实践证明，对外开放始终是我国经济持续快速发展的主要动力之一。而21世纪海上丝绸之路建设，连同丝绸之路经济带建设，正是我国面对新时期国际国内大势之变化，做出的全方位对外开放的战略举措，是中国在更大范围、更宽领域、更深层次上融入全球经济体系的主动布局，也是中国重塑全球治理结构的最新努力。

建设21世纪海上丝绸之路，是我国"一带一路"倡议的重要组成部分，是中华复兴、中国崛起的标志性事件。与以往西方国家对外经济扩张截然不同，21世纪海上丝绸之路战略充满东方智慧，富有远见和创见。这一战略以和平发展、合作共赢为时代主题，旨在通过促进区域内经济要素有序自由流动、资源高效配置和市场深度融合，推动沿线各国实现经济政策协调，共同打造开放、包容、均衡、普惠的区域经济合作架构。

建设21世纪海上丝绸之路，既是中国扩大和深化对外开放的需要，也符合国际社会的根本利益。从国内看，经过几十年高速增长，中国经济进入结构调整、动力转换和速度换挡的新常态，面临供需不匹配、产能过剩严重、科技支撑不足、资源环境压力增大等突出问题。解决这些矛盾，最根本的还是要通过更大力度的改革开放，构建适应社会主义市场经济发展的新体制、新机制、新动力。从国际上看，世界经济低速增长，大国战略博弈纷争凸显，全球治理体系效率低下，贸易保护主义倾向加剧，经济全球化遭遇阻力。推进21世纪海上丝绸之路建设，有利于打造我国陆海统筹、东西互济的全方位对外开放新格局，促进我国更加深入、更加广泛地参与国际贸易和产业分工，分享经济全球化带来的红利；有利于增进与沿线国家特别是周边国家政治互信和睦邻友好，维护我边疆稳定和国家安全；有利于沿线国家经济共同发展、共同繁荣，维护全球自由贸易和开放型经济体系；有利于探索国际合作和全球治理新模式，彰显人类社会共同理想和美好追求，为世界和平发展增添新的正能量。

（二）

推进"一带一路"建设，是习近平总书记治国理政新理念、新思想、新战略的重要组成部分，是以习近平为核心的中国新一届领导人应对全球形势深刻变化和我国发展面临的新形势、新任务、新要求，统筹国内国际两个大局，立足当下、谋划长远，提出的新战略、新愿景、新主张。

21世纪海上丝绸之路战略的形成经历了由思想酝酿到概念提出、再到政策框架形成、最后上升为国家战略等多个阶段。以2013年10月习近平主席在印度尼西亚国会发表的演讲为标志，推进21世纪海上丝绸之路建设开始成为中国政府新时期全方位对外开放的重要内容。此后，中国官方和理论界不断拓展和丰富21世纪海上丝绸之路的内涵，并就实施这一倡议的相关政策进行研究。2015年3月，中国政府发布《推动共建丝绸之路经济带和21世纪海上丝绸之路的愿景与行动》，明确了推进"一带一路"愿景的目标原则、政策框架、合作重点、合作机制等具体内容，这标志着包括21世纪海上丝绸之路建设在内的"一带一路"建设正式步入国家战略。

本研究认为，21世纪海上丝绸之路作为国家战略，有着深邃而丰富的内涵。其核心内容可以概括为五个方面：①"一个战略目标"，即21世纪海上丝绸之路不是为一国谋利，而是努力实现所有参与其中的国家共同发展，使海上丝绸之路成为联结"中国梦"和"世界梦"的桥梁，使实现中华民族伟大复兴的中国梦同维护世界的和平发展并行不悖；②统筹"两个大局"，即这一战略应体现我国外交和内政的有机统一，较好地统筹国内国际两个大局，利用好国际国内两个市场两种资源；③打造"三个共同体"，即21世纪海上丝绸之路必须着眼于建设利益共同体、责任共同体和命运共同体的高度统一，最终达到"一荣俱荣、一损俱损""有福同享、有难同当""风雨同舟、风险与共"的境界；④秉持"四大合作理念"，即秉承"互信、包容、合作、共赢"的理念；⑤实施"五大行动纲领"，即通过政策沟通、道路联通、贸易畅通、货币流通、民心相通，最终实现互联互通，为全球发展打通经络、舒筋活血。

（三）

建设21世纪海上丝绸之路，不仅需要先进理念的引领，而且需要理论的支撑。19世纪以来发展起来的国际经济和政治理论，为我们分析和研究21世纪海上丝绸之路战略，尤其是研究相关政策体系，提供了重要的思想和方法论上的启迪。

基于对比较优势理论和区域产业分工理论的理解及认识，本研究认为，我国应大力推动与沿线国家的经贸合作，促使各国依据各自比较优势，寻求相互间的产业合作。随着中国正在成为引领世界经济发展的重要动力，中国与广大发展中国家之间客观上正在形成一种新的经济循环。中国需要克服以往发达国家和发展中国家之间简单的"资源－产品交换"模式，以在沿线国家建设自由贸易园区为抓手，推动各种类型经济走廊的建设，使沿线各国利用自身优势参与国际分工，创造更便利的自由贸易环境，促进沿线各国在经贸合作中实现更好的互补。

基于对"边际产业扩张理论"的理解和认识，本研究认为，在国内市场需求趋于饱和的情况下，应重视与沿线国家开展产能合作，一方面促进国内生产能力、技术装备的出口，另一方面提升沿线国家产业技术水平。为实现双赢局面，我国在开展产能合作过程中，宜适度培育当地的技术工人，提升当地技术水平。

基于对"区域经济一体化理论"的理解和认识，本研究认为，在推进21世纪海上丝绸之路建设过程中，宜重视通过实施关税同盟、建立自由贸易区或共同市场等双边和多边贸易及投资协定，在区域内逐步消除成员国间的贸易与非贸易壁垒，进而协调成员国间的经济政策，逐步形成跨越国界的商品、资本、人员和劳务等自由流通的统一的经济区域。

基于对"全球治理理论"的理解和认识，本研究认为，传统的以西方价值为核心的全球治理格局已难以适应新的国际经济、政治合作的需要。21世纪海上丝绸之路战略的实施，标志着中国逐步迈入了主动引领全球经济合作和推动全球经济治理变革的新时期。中国应逐步树立起负责任大国的国际形象，更加积极地参与全球治理体系的建设，尤其应重视更多地承担提供区域性、全球性公共产品的责任。

基于"文明冲突理论"的理解和认识，本研究认为，必须摒弃西方国家根深蒂固的"西方认同"观，通过推动文明之间的兼容并蓄，实现全球政治的多元文明性质。21世纪海上丝绸之路不仅是贸易之路，而且是文化之路，是中华文明与其他文明融合之路。在海上丝绸之路上，有佛教、伊斯兰教、基督教等各种宗教派系，矛盾纷繁复杂，我们既要努力实现道路互联，更要努力实现心灵相通。宜注重同沿线国家形成文化共鸣，发挥人文交流潜力，使各国人民相逢相知、互信互敬，减少"文明的冲突"。

基于对马汉"海权论"的理解和认识，本研究认为，21世纪海上丝绸之路，从某种意义上来看，就是中国致力于改善全球治理的最新方案，是中国版的"海权论"。不同于马汉强调以海上军事实力影响和决定海洋权力的"海权论"，中国版的"海权论"传达出这样的信息：中国走向海洋，不会重复西方列强海上争夺争霸权的老路，而是基于对各国主权的尊重和海洋国际法的认同，以和平的方式，通过共商、共建、共享，建立具有约束力的现代海权制度框架，实现海洋权益的共享。

（四）

本研究提出，21世纪海上丝绸之路将以古海上航线为主要通道，但涵盖范围更广，具体包括中线、西线、南线、北线四个方向，共涉及118个国家和地区，其中亚洲39个国家和地区，非洲41个国家，欧洲28个国家，大洋洲10个国家。考虑与中国的友好关系、经济互补性、区位优势、经济发展潜力，特别是潜在可以发展成为命运、利益与责任共同体等因素，我们选择了57个国家和地区作为海上丝绸之路重要伙伴国家和地区（包括中国大陆）。其中亚洲有21个国家和地区，欧洲有17个国家，非洲有15个国家，南太平洋有4个国家。57个国家和地区国土面积、人口和国内生产总值（GDP）分别占世界的46.5%、68.5%和54.8%。

本研究认为，作为一个全方位对外开放的战略，中国需要对海上丝绸之路战略的实施从时间和空间两个维度上进行规划。从时间上看，我们需要从中国自身发展和对外开放的需求出发，同时兼顾沿线国家的实际需求，就海上丝绸之路建设的近期、中期、远期目标作出梳理。从空间上看，需要对东南亚、南亚及波斯湾、红海湾及印度洋西岸等航线，实行空间规划和错位发展的部署。21世纪海上丝绸之路的近期目标在时间跨度上与"十三五"重合，力争形成以点为主、重点布局的格局。空间上宜把重心放在强化与东盟之间的经贸、投资和政治关系上，使其成为我国海上丝绸之路战略的基石，有效破解美国"亚太再平衡"造成的"南海困局"。中期目标涵盖2021—2030年，力争努力形成以点带线、实质推进格局。空间上宜在继续经略与东盟的全面伙伴关系的同时，将重点放在加强与南亚及波斯湾航线各国、与红海湾及印度洋西岸航线国家的经贸合作关系和政治关系。长远目标涵盖2031—2050年，力争形成深度融合、全面收获格局。届时"五通"目标全面实现，区域经济一体化新格局基本建立，与沿线国家真正形成利益共同体、命运共同体和责任共同体。

（五）

本研究认为，21世纪海上丝绸之路涉及数十个重要沿线国家。眼下需要做的一件重要事情，就是要从这些国家中遴选出若干对区域经济一体化、尤其是贸易投资一体化进程产生重大影响的国家，作为基础设施互联互通的关键节点，重点培育，使其成为21世纪海上丝绸之路建设的骨架和依托。

综合考虑地缘战略价值、双边关系、投资风险等因素，本研究提出了21世纪海上丝绸之路的关键节点国家，主要包括：印度尼西亚、马来西亚、缅甸、泰国、斯里兰卡、巴基斯坦、也门、吉布提、阿曼、希腊、埃及、厄立特里亚、斐济等。同时，也创新性提出了一般节点国家，包括新加坡、柬埔寨、孟加拉国、印度、沙特阿拉伯、伊朗、土耳其、俄罗斯、肯尼亚、新西兰、新几内亚等。

本研究认为，在我国与主要节点国家之间构建全方位、多层次、复合型基础设施网络，实现交通运输、通信、油气管道等方面的互联互通，对于加强地区经贸联系、促进区域经济一体化，实现政治互信、市场共享、安全共建和文化联系，具有极其重要的作用。建议将基础设施互联互通作为21世纪海上丝绸之路建设的重中之重，力争通过5年至10年的努力，形成海路交通通道、能源运输通道、信息通信通道"三网贯通"格局。

（六）

推进我国与沿线国家之间开展产业链和价值链合作，是实现区域经济一体化的重要任务，也是海上丝绸之路建设的重要内容。21世纪海上丝绸之路沿线国家经济发展阶段相异、资源禀赋不同、产业结构互补，通过推动基于比较优势和产能基础上的全产业链合作，将有利于我国与沿线国家把握全球产业转移的机遇，深度嵌入全球产业链，提升价值链位。本研究采用定性和定量相结合的研究方法，深入分析了21世纪海上丝绸之路沿线国家在全球产业价值链中的地位，并实证测度了我国各产业嵌入全球价值链的程度。进而在全面分析沿线国家经济概况的基础上，测算出沿线各国的产业竞争力。并在此基础上，选取我国与沿线国家进行合作的主导产业，进而提出推进。最后，分别从观念创新、理论创新、机制创新等维度提出了相关建议。

研究表明，我国各产业嵌入全球价值链的程度在2008年金融危机之前达到顶峰，但随着金融危机的爆发，部分发达国家实施了"以邻为壑"的贸易政策，使得国际产业分工进程受阻，我国嵌入全球价值链的程度有所下降。具体分行业来看，机电产业和制造业是我国嵌入全球价值链程度最高的产业，产业国际竞争力也较强。中国以较低的劳动力成本和较强的加工组装水平成功发展成为世界制造业大国。我国能源资源产业竞争力最低，自2011年起我国已成为世界上最大能源消费国，石油对外依存度接近60%、天然气对外依存度在30%以上。相比较而言，东南亚国家在农业、渔业、食品产业、木材、橡胶及其加工制造业方面具有较强的国际竞争力。中国与沿线国家尤其是东盟国家在种植业、畜牧业、海洋水产业、机电产业、能源产业、信息产业、海洋运输及临港产业等方面能实现优势互补，具有广阔的合作前景。

本研究认为，中国需要制定产业链、价值链合作的全球战略，并以此确定本国在全球价值链中的地位。为此宜树立全球化运作思维，在沿线国家合理布局产业研发设计、原料采购、生产组装、物流运输、品牌营销等各个环节，最终实现互利共赢，协同发展。

（七）

金融是现代经济的核心，推进我国与沿线国家的金融合作，对于改进全球金融治理，提升海上丝绸之路建设的水平和质量，意义十分重大。本研究认为，国际金融危机后，我国对世界经济增长的贡献率显著提升，而我国在国际金融体系中的地位和话语权却没有得到显著改善。为此，我国需要以更加积极的姿态参与国际金融合作，推动世界银行、国际货币基金组织等国家金融机构的改革。与此同时，我国需要加强以亚洲基础设施投资银行、金砖银行、亚洲金融市场、应急储备机制等为代表的国际和区域金融合作，为区域及世界经济发展注入新的活力。

推进人民币国际化是区域乃至全球金融合作的重要路径。本研究认为，人民币国际化有助于化解美元作为单一世界货币存在的难以克服的所谓"特里芬难题",即当储备货币发行国的国内经济自主同国际货币秩序之间发生严重冲突,导致其国内经济利益与全球经济利益激励不相容的情况。2008年国际金融危机爆发与蔓延,反映出以美元为主要储备货币的国际货币体系的内在缺陷,关于国际货币体系的改革呼声日益高涨。随着人民币国际化进程加快,特别是人民币成功加入特别提款权(SDR)货币篮子,国际货币体系多元化已是大势所趋,并成为推动海上丝绸之路金融合作的重要基石。人民币国际化既是国际经济格局变动的产物,也预示着新的国际经济秩序的重构,反映了真实世界的有效需求。中国在推进21世纪海上丝绸之路建设过程中,宜通过扩大货币互换合作、统筹发展人民币在岸和离岸市场、推动亚洲金融市场开放,加强区域合作与监管等措施,稳步推进人民币国际化。

(八)

如果说互联互通和经贸合作能够提升我国在区域合作中的硬实力,那么人文交流与合作则有助于提升我国的软实力。只讲硬实力而忽视软实力,硬实力则难以持续发挥作用,甚至面临中途夭折的风险。本研究认为,"人文交流"是仅次于经济贸易合作、政治安全合作后推动国家间关系发展的第三推动力。在推进21世纪海上丝绸之路建设过程中,我国必须更加积极主动地发展与沿线国家在各个层面上的人文交流与合作,加强我国在区域合作事务中的话语权,构建对我国有利的国际舆论环境,增进彼此互信。

本研究认为,考虑到沿线国家文化习惯,宗教信仰、经济水平等方面的差异,我国与各国开展人文交流时应采取个性化的方案,因地制宜地创新人文交流与合作机制,尊重差异性,强化共同点,着重在教育、科技、医疗、体育等方面开展务实合作。同时讲好中国故事，让命运共同体意识在沿线国家落地生根。

人文交流与合作宜官民并举，坚持政府为主导、民间为主体、全员共参与的思路。尤其要充分发掘华侨华人在中外人文交流与合作中的积极作用。

（九）

随着经济全球化的进一步深化，我国正在由陆权国家向海权国家转型，随之而来的国家利益需求的扩容、维护以及对世界责任的担当更加依赖于海上通道安全。对于迅速发展、和平崛起的中国来说，海上通道的意义已经从初期强调能源运输安全发展到综合性海权利益的保障。

本研究认为，当前全球各种海上安全因素交织涌现，现实的、潜在的，以及传统的、非传统的海上安全问题并存，特别是海上通道以及海峡等通道节点的安全问题日益凸显，正在对我国的外向型经济构成巨大威胁。深入研究沿线海上通道的安全状态、影响因素，尽快构筑和推进相关海上通道的战略性安全合作机制和体系，对于顺利实施21世纪海上丝绸之路战略具有重要意义。

21世纪海上丝绸之路经过东盟、南亚、西亚、北非、欧洲等各大经济板块，贯通南海、太平洋和印度洋的海上生命线。本研究认为，对我国安全有较大影响的沿线海上通道主要包括两条海上能源运输线：中国—欧洲贸易运输航线和北冰洋航线，而位于这些通道上的重要海峡、运河则是海上通道的经脉。21世纪海上丝绸之路沿线经过的主要海峡包括台湾海峡、直布罗陀海峡、马六甲海峡、曼德海峡和霍尔木兹海峡等。

由于多数海上通道具有跨国性，单一国家往往难以承担其安全保障。维护海上通道及运输线的安全，需要建立一整套促进国际合作的体制机制。21世纪海上丝绸之路所体现的开放性及多元化特征，为沿线海上通道安全问题的解决提供了创新的理念和务实的合作机制模式，为提升国际海上通道安全带来了机遇。中国需要积极参加有关国际组织、高层对话和论坛、合作演习等多边合作，提供更多的海上公共安全产品，确保21世纪海上丝绸之路安全顺畅，为沿线各国造福。

（十）

21世纪海上丝绸之路战略的实施正在为当今世界构建以合作共赢为核心的新型国际关系。在新的起点上，中国需要与区域内国家携手推动更大范围、更高水平、更深层次的大开放、大交流、大融合，共同构筑和谐的新型国际关系。

本研究在深入分析区域内新型国际关系内涵的基础上，综合运用当代国际关系理论，采取比较分析和案例分析方法，对中东盟以及中美、中日、中印、中俄等大国关系现状、特点及其发展趋势进行了全面论述，并对东盟、美、日、印、俄等国对21世纪海上丝绸之路战略的认知和反应进行了深入分析，创新性地提出了与域内各国的新型国际关系的重点合作目标、领域和机制建设等建议。

（十一）

21世纪海上丝绸之路的起点始于我国沿海众多的港口城市，其中尤以长三角、珠三角、海峡西岸和环渤海城市群最为主要。这些地方历史上就是古海上丝绸之路的发源地，今天更是在我国经济和政治版图中占有举足轻重的地位。推进21世纪海上丝绸之路战略，需要在制定顶层设计的前提下，充分发挥地方尤其是起点城市的能动性和创造性，使其从自身发展需要出发，尽快融入国家战略。本研究系统研究了上述四个地区经济的比较优势和劣势、产业布局、未来发展定位以及各自融入海上丝绸之路的路径和前景。

关于黄渤海地区，本研究认为，这一地区产业布局应遵循"京津冀协同发展"和"一带一路"国家战略部署，充分发挥地处东北亚腹地和陆海丝绸之路枢纽区域的地缘优势，以及这一地区雄厚的工业基础和强大的科技人力资源、创新资源优势，立足于现代产业分工要求，有序推进地区产业的差异化发展，着力发展高端制造业和现代服务业，以及在全球、全国具有引领作用的战略性新兴产业。力争"十三五"时期，逐步形成以北京、天津为主干，以沈阳 – 大连、济南 – 青岛为两翼的现代服务业集聚区；形成京津、山东半岛和辽东半岛三大自主创新示范区，形成天津、山东和辽宁三大高端制造业集聚区。该地区应注意消除当前开放领域中的体制机制障碍和壁垒，扩大市场准入范围，推动重点领域对外开放。为此建议构建黄渤海地区海上丝绸之路建设协同发展机制。在中央层面，建立黄渤海地区联席会议制度，对黄渤海各地区参与海上丝绸之路建设进行系统规划和顶层设计。在地方层面，建立由省级政府组成的对话和协调机制，促进生产要素的自由流动与优化组合，促成区域内商品、资金和劳动力的合理流动。

关于长三角地区，本研究认为，这一地区作为全球重要的先进制造业中心、科技创新中心、国际贸易中心、国际航运中心、国际金融中心，具有历史文化资源丰富、经贸合作交流关系密切、交通枢纽功能地位突出、产业经济实力雄厚等比较优势，有能力全面参与融入 21 世纪海上丝绸之路战略。该区域应以海上丝绸之路通道建设为基础，以提升与海上丝绸之路沿线各国经贸合作关系或者自由贸易水平为方向，将长三角区域建设成 21 世纪海上丝绸之路的排头兵和主力军，全面提升长三角与海上丝绸之路的通道功能、贸易水平、投资及经济合作水平，形成中国参与和引领国际合作竞争新优势。为此，长三角地区需要进一步巩固和提高传统优势产业，淘汰和转移低层次劣势产业，整合加强"龙头"产业，积极培育新兴产业。还应通过产业重组和延长产业链来解决地区产业同构问题，形成产业聚集效应，提高产业整体水平，降低企业交易成本，增强产业竞争力。建议国家借鉴"纽约－新泽西"模式，将宁波市纳入舟山自由贸易港区，推进宁波－舟山自由贸易园区建设，将宁波－舟山自贸园区打造成为长三角重要的开放大平台和参与21世纪海上丝绸之路建设的重要载体。

关于海峡西岸地区，本研究认为，这一地区作为中国距东南亚、东非、南亚最近的地区和我国最著名的侨乡，具有参与21世纪海上丝绸之路战略独特的区位优势、人文优势和产业优势。《推动共建丝绸之路经济带和21世纪海上丝绸之路的愿景与行动》，明确将福建作为21世纪海上丝绸之路核心区。该区域应以海西自贸区建设为抓手，通过技术创新，促进产业结构调整升级，提升在国际产业分工的地位。推动家电、服装、轻工、农业与建材等一些传统优势产业在劳动力成本较低，具有一定市场前景并鼓励投资的国家建立生产企业。此外，在港口物流、货物贸易、服务贸易、海洋合作、文化交流等方面与沿线国家也有较大的合作潜力。与上海自贸区不同，海西自贸区除了以开放促改革的意义外，还被赋予了"服务全国发展大局和祖国统一大业"的重任。为此，本研究建议，在该地区建立福建－台湾地区更紧密经贸合作先行先试区，推动闽台高端制造业与现代化服务业合作，让台湾分享大陆经济转型的红利。

关于珠三角地区，本研究认为，这一地区处于我国改革开放的前沿地带，在地理、历史、文化和经贸方面具有参与21世纪海上丝绸之路建设的特殊优势。《推动共建丝绸之路经济带和21世纪海上丝绸之路的愿景与行动》将珠三角的功能和角色定位为：充分发挥深圳前海、广州南沙、珠海横琴等开放合作区作用，深化与港澳台合作，打造粤港澳大湾区。珠三角应抓住海上丝绸之路建设的重大历史机遇，统筹省内发展和对外开放，联手港澳和周边省区，加强与沿线国家合作，争当海上丝绸之路建设的排头兵和通往海上丝绸之路的桥头堡。该地区尤其应发挥毗邻港澳的优势，深化粤港澳及泛珠三角区域合作，打造亚太地区最具活力和国际竞争力的港口城市群，为构建立足东南亚、辐射太平洋、印度洋的战略合作圈提供有力的战略支撑。

第一章

21 世纪海上丝绸之路战略的形成

　　进入 21 世纪后，世界局势呈现出政治多极化、经济全球化、文化多样化、社会信息化发展的趋势，国际金融危机影响继续显现，世界经济缓慢复苏、发展分化，国际投资贸易格局和多边投资贸易规则酝酿深刻调整，各国面临的发展问题依然严峻。中国秉持开放的区域合作精神，提出建设 21 世纪海上丝绸之路，旨在促进经济要素有序自由流动、资源高效配置和市场深度融合，推动沿线各国实现经济政策协调，开展更大范围、更高水平、更深层次的区域合作，共同打造开放、包容、均衡、普惠的区域经济合作架构。21 世纪海上丝绸之路在传承古代海上丝绸之路和平友好、互利共赢价值理念基础上，又注入了新的时代内涵。建设 21 世纪海上丝绸之路，既是中国扩大和深化对外开放的需要，也符合国际社会的根本利益。这一战略的实施，有利于维护全球自由贸易和开放型经济体系，彰显人类社会共同理想和美好追求，是国际合作以及全球治理新模式的积极探索，将为世界和平发展增添新的正能量。

一、时代背景

　　建设 21 世纪海上丝绸之路，是我国"一带一路"战略的重要组成部分，是中华复兴、中国崛起的标志性事件。推进 21 世纪海上丝绸之路建设，不仅是商业边界的延伸，更重要的是国家利益边界、文化边界、安全边界的延伸。它是以习近平为核心的中国新一届领导应对全球形势深刻变化和我国发展面临的新形势、新任务、新要求，统筹国内、国际两个大局，立足当下、谋划长远的新战略、新愿景、新主张。它不仅反映了经济全球化、社会信息化大背景下中国实现产业升级、经济转型的迫切需求，而且体现了政治多极化、社会多样化背景下中国对国家战略利益的思考。纵观国内外政治经济因素的变化，21 世纪海上丝绸之路战略的形成和实施，是情势所迫、时运所济、人心所向。

（一）世界经济低速增长，经济全球化动力转换

　　当前世界经济仍处于国际金融危机引发的深层次调整之下，全球经济增长乏力，世界经济格局面临复杂的局势，西欧、北美缓慢复苏，发展中国家等新兴经济体发展缓慢。国际金融危机加速催生科技创新和产业变革，带动新一轮技术革命的突破，推动经济增长动力的转换，未来相当长一段时间，以绿色、低碳、智能为特征的新技术和新兴产业快速兴起，将对全球产业分工和经济地理产生深刻影响，从而影响国际格局和力量的对比。以我国为代表的发展中国家在全球经济中的比重将继续提升，但同时面临科技及产业竞争加剧、全球经济增长低迷、贸易投资红利降低的压力；在多边经贸体系和国际分工中的地位将进一步提升，但同时也面临发达国家贸易保护主义抬头、国际货币体系重组等带来的各种不确定性的风险。

（二）全球治理体系重构，大国战略博弈纷争凸显

现行全球治理体系是第二次世界大战后美国主导下建立的以西方为核心的一整套政治经济制度安排。最近几十年，尤其是进入 21 世纪后，传统国际政治经济格局逐渐被打破，但新的格局尚未确立，大国之间的竞争也越来越激烈，围绕地缘政治、经贸秩序、国际规则制定等展开激烈角逐。美国等西方大国寄希望巩固原有利益格局，同时推动新的贸易规则的制定和政治军事同盟的形成，达到继续垄断国际话语权的目的，创造有利于发达国家的全球化制度环境，削弱新兴经济体的比较优势。我国通过改革开放，发挥自身比较优势，利用经济全球化红利和既有国际经济制度，实现了经济社会的跨越式发展，成长为主要经济体之一；同时积极参与全球政治、安全、气候对话，提供与自身实力相符的国际公共产品供给，逐步树立负责任大国形象。新兴经济体，特别是金砖国家等随着近年来经济的快速成长，也希望在全球经济治理上有更大的发言权。对于和平崛起中的中国来讲，全球经济治理结构的调整，既是战略机遇，又是战略挑战。提出并实施 21 世纪海上丝绸之路战略，正是我们应对全球治理体系重构而采取的主动作为。

（三）国内经济步入新常态，以开放促发展挑战增多

从国内环境来看，当前中国正处于经济增长速度从高速增长转变为中高速增长，经济结构不断优化升级，增长动力从要素和投资驱动转为创新驱动的"新常态"中。伴随着经济进入新常态，我们沿用了 30 多年的传统经济发展模式的弊端日益显现，比如我们面临着人口老龄化、人口红利下降、传统制造业比较优势下降、投资和出口增速回落、资源和环境矛盾突出等诸多问题的制约，面临着房地产泡沫增加、产能过剩、金融和债务杠杆不断上升等经济风险的

压力，面临着城乡之间、区域之间发展不平衡、社会矛盾突出等结构性矛盾的困扰。最近几十年中国发展以及大国兴衰的历史告诉我们，解决新常态下面临的上述难题，最根本的还是要依靠改革开放，构建适应社会主义市场经济发展的新体制、新机制、新动力，并在更广范围、更高深度上参与国际合作和产业分工。21 世纪海上丝绸之路是中国走向世界的必然选择。

二、形成过程

作为破解我国发展难题的一种战略构想，21 世纪海上丝绸之路战略自成体系、富有创见，反映出独特的东方智慧，其形成过程也经历了由思想酝酿到概念提出，再到政策框架形成，最后上升为国家战略等多个阶段。

（一）21 世纪海上丝绸之路的酝酿阶段

事实上，民间各种研究一直在为 21 世纪海上丝路倡议提出提供较好的理论借鉴。比如，一些专著①指出"海上丝绸之路把世界文明古国，如希腊、罗马、埃及、波斯、印度和中国，又把世界文明的发源地如埃及文明、两河流域文明、印度文明、美洲印加文明和中国文明等都连接在一起，形成了连接亚、非、欧、美的海上大动脉，使这些古老文明通过海上大动脉的互相传播而放出了异彩，给世界各族人民的文化带来了较大影响"。现在海上丝绸之路研究、考察接踵而起，牵动学术界、政界和产业界，其应用范围也从中西交通史延及贸易史、外交史、文化史、宗教史等。各类研究的不断深入，

———————————

① 如北京大学陈炎教授的《陆上和海上丝绸之路》（1989 年）、《海上丝绸之路与中外文化交流》（1996 年）等专著。

为近年"一带一路"研究和实践奠定了坚实基础。

同时，近年来我国同东盟等周边国家的关系一直在酝酿新的提升。古海上丝绸之路自秦汉时期开通以来，东南亚地区一直都是海上丝绸之路的重要枢纽和组成部分，对中国的对外经济合作、资源运输安全、文化交流具有重要意义。2002 年 11 月，第六次中国 – 东盟领导人会议在柬埔寨首都金边举行，朱镕基总理和东盟十国领导人签署了《中国与东盟全面经济合作框架协议》，提出促进货物和服务贸易，逐步实现货物和服务贸易自由化，并决定在 2010 年建成中国 – 东盟自由贸易区。这标志着中国 – 东盟建立自由贸易区的进程正式启动。2003 年 10 月 8 日，中国国务院总理温家宝在印度尼西亚巴厘岛与东盟十国领导人签署《中国 – 东盟战略伙伴关系联合宣言》，双方宣布建立面向和平与繁荣的战略伙伴关系，宣言标志着中国与东盟的关系进入了新的阶段，是双方关系史上的重要里程碑。中国 – 东盟自贸区经过十余年发展，已经基本建成，经济关系更加密切，战略伙伴关系也得到全面发展。在推进中国 – 东盟自由贸易区的建设进程中，东盟各国也得到了快速的发展。中国的发展红利促进了东盟经济的发展，实现了互利共赢的目标。为了进一步深化中国和东盟各国的经济、政治关系，共同应对新的形势，促进经济共同发展，迫切需要一套系统思维和战略构想，为着眼中国与东盟经济发展，为进一步深化中国与东盟的全面经济合作，构建更加紧密的命运共同体提供方向和动力。

（二）21 世纪海上丝绸之路的正式提出

2013 年 9 月初，习近平主席在访问哈萨克斯坦时提出了构建"丝绸之路经济带"的倡议；2013 年 10 月 3 日，习近平主席在印度尼西亚国会发表演讲，提出"中方高度重视印尼在东盟的地位和影响，愿同印尼和其他东盟国家共同努力，使双方成为兴衰相伴、安危与共、同舟共济的好邻居、好朋友、好伙伴，携手建设更为紧密的中国-东盟命运共同体，为双方和本地区人民带来更多福祉"。习近平主席还正式提出，中国愿同东盟国家加强海上合作，发展好海洋合作伙伴关系，共同建设21世纪海上丝绸之路，并提出五项具体倡议，由此形成了初步的政策框架：

第一，坚持讲信修睦。人与人交往在于言而有信，国与国相处讲究诚信为本。中国愿同东盟国家真诚相待、友好相处，不断巩固政治和战略互信。

第二，坚持合作共赢。"计利当计天下利。"中国愿在平等互利的基础上，扩大对东盟国家开放，使自身发展更好惠及东盟国家。中国愿提高中国-东盟自由贸易区水平，争取使2020年双方贸易额达到1万亿美元。

第三，坚持守望相助。中国和东盟国家唇齿相依，肩负着共同维护地区和平稳定的责任。历史上，中国和东盟国家人民在掌握民族命运的斗争中曾经并肩战斗、风雨同舟。应该摒弃冷战思维，积极倡导综合安全、共同安全、合作安全的新理念，共同维护本地区和平稳定。中国愿同东盟国家进一步完善中国-东盟防长会议机制，就地区安全问题定期举行对话。对中国和一些东南亚国家在领土主权和海洋权益方面存在的分歧和争议，双方要始终坚持以和平方式，通过平等对话和友好协商妥善处理，维护双方关系和地区稳定大局。

第四，坚持心心相印。"合抱之木，生于毫末；九层之台，起于累土。"保持中国-东盟友谊之树长青，必须夯实双方关系的社会土壤。要促进青年、智库、议会、非政府组织、社会团体等的友好交流，为中国-东盟关系发展提供更多智力支撑，增进人民了解和友谊。

第五，坚持开放包容。我们要积极借鉴其他地区发展经验，欢迎域外国家为本地区发展稳定发挥建设性作用。同时，域外国家也应该尊重本地区的多样性，多做有利于本地区发展稳定的事情。中国－东盟命运共同体和东盟共同体、东亚共同体息息相关，应发挥各自优势，实现多元共生、包容共进，共同造福于本地区人民和世界各国人民。

（三）21世纪海上丝绸之路不断升华阶段

自21世纪海上丝绸之路理念提出之后，习近平主席在一些重大场合多次提及这一倡议，党和政府的一些重要会议也就如何实施这一倡议进行了研究，使其内涵不断丰富，政策体系日趋完善。

2013年11月，中国共产党十八届三中全会通过的《中共中央关于全面深化改革若干重大问题的决定》明确指出："加快同周边国家和区域基础设施互联互通建设，推进丝绸之路经济带、海上丝绸之路建设，形成全方位开放新格局。"同年12月，习近平在中央经济工作会议上提出，推进丝绸之路经济带建设，建设21世纪海上丝绸之路。2014年11月的中央财经领导小组第八次会议专门研究了丝绸之路经济带和21世纪海上丝绸之路规划。在这次会议上，习近平主席提出，要做好"一带一路"总体布局，尽早确定今后几年的时间表、路线图，要有早期收获计划和领域。推进"一带一路"建设要抓落实，由易到难、由近及远，以点带线、由线到面，扎实开展经贸合作，扎实推进重点项目建设，脚踏实地、一步一步干起来。这次会议还提出发起建立亚洲基础设施投资银行和设立丝路基金的设想。

2015年3月，习近平主席在博鳌亚洲论坛发表题为"迈向命运共同体 开创亚洲新未来"的主旨演讲，集中对命运共同体的理念进行了阐发。他指出，面对风云变幻的国际和地区形势，我们要把握世界大势，跟上时代潮流，共同营造对亚洲、对世界都更为有利的地区秩序，通过迈向亚洲命运共同体，推动建设人类命运共同体。

他还就如何建设命运共同体提出了具体主张，包括：加强宏观经济政策协调，防范不同经济体经济政策变动可能带来的负面外溢效应；积极推动全球经济治理变革，维护开放型世界经济体制，共同应对世界经济中的风险和挑战；坚持开放的区域主义，协调推进包括亚太经合组织在内的跨区域合作；积极推动构建地区金融合作体系，建设地区金融安全网；推动建设亚洲能源资源合作机制，保障能源资源安全；加强海上互联互通建设，推进亚洲海洋合作机制建设，使海洋成为连接亚洲国家的和平、友好、合作之海；摒弃冷战思维，创新安全理念，努力走出一条共建、共享、共赢的亚洲安全之路。

（四）21 世纪海上丝绸之路上升为国家战略阶段

2015 年 3 月 28 日，中国政府发布《推动共建丝绸之路经济带和 21 世纪海上丝绸之路的愿景与行动》，明确了共建原则、框架思路、合作重点、合作机制等具体内容，这标志着包括 21 世纪海上丝绸之路建设在内的"一带一路"建设正式步入国家战略。

2015 年 10 月，党的十八届五中全会通过的《中共中央关于制定国民经济和社会发展第十三个五年规划的建议》明确指出，推进"一带一路"建设，以企业为主体，实行市场化运作，推进同有关国家和地区多领域互利共赢的务实合作，打造陆海内外联动、东西双向开放的全面开放新格局。

三、内涵及主张

习近平主席提出的包括 21 世纪海上丝绸之路在内的"一带一路"建设，在实现中华民族伟大复兴中国梦的奋斗历程中具有十分重要的地位，同时也为我国在新时期对外工作的开展，以及抓住重要战略机遇期实现中华民族的伟大复兴提供了指导思想和实施方略。

（一）确立一个战略目标：联结"中国梦"和"世界梦"的桥梁

"中国梦"理想是我国坚持走和平发展道路思想在新世纪、新时期的继承与发展，增强了国际社会对我国和平发展的认同。"中国梦"理想不仅激励着广大中国人民为实现复兴的理想共同奋斗，也提升了我国在国际上的亲和力，体现了我国内政和外交的有机统一。

今日的中国离不开世界，当今的世界同样也离不开中国。实现中华民族伟大复兴的中国梦，同维护世界的和平发展并行不悖。正如习近平主席多次讲过的，"一带一路"不是为某一国谋利，而是希望所有参与其中的国家共同发展。建设 21 世纪海上丝绸之路，旨在推动沿线国家实现发展战略对接、优势互补，推动更多国家和地区共同应对全球发展面临的重大挑战，推动相关各方在经济、政治、文化等领域开展广泛、深入、持久的交流与合作，建设利益共享的全球价值链，构建更强劲、更有效、更具亲和力的区域一体化合作大格局，实现人类和平发展与共同繁荣。从这个意义上讲，习近平主席提出的 21 世纪海上丝绸之路，是联结"中国梦"和"世界梦"的桥梁，是中国为促进人类共同发展所倡导的高屋建瓴的中国方案。

（二）统筹两个发展大局：利用好国际、国内两个市场、两种资源

21 世纪海上丝绸之路建设体现了我国外交和内政的有机统一。倡议建设重点在国外，但推进战略的根基在国内。开展合作需要统筹好国际、国内两个市场、两种资源，特别是要发挥国内经济的支撑辐射和引领带动作用。21 世纪海上丝绸之路建设是推进我国新一轮对外开放的重要抓手，将致力于加快沿线地区的互联互通建设，拉近国内尤其是沿边地区同各国在地理空间、物理空间和制度空间上的距离，保障全球生产要素自由流通，为全球发展打通经络、舒

新战略、新愿景、新主张
——建设 21 世纪海上丝绸之路战略研究

筋活血，实现全方位、立体化、网络化的国内外一体化大联通。在实施这一战略过程中，宜统筹"走出去"和"引进来"，在大力吸收沿线国家投资的同时也鼓励企业赴沿线国家投资兴业。还宜强化21世纪海上丝绸之路同京津冀协同发展、长江经济带发展等国家区域发展战略对接，同西部开发、东北振兴、中部崛起、东部率先发展、沿边开发开放的战略对接，最终带动形成全方位开发、东中西部地区联动发展的格局。

（三）打造三个共同体：利益共同体、责任共同体和命运共同体

21世纪海上丝绸之路建设是新时期我国对外开放的顶层设计，更是推动我国参与国际治理的重要路径。这一战略的实施，须着眼于建设利益共同体、责任共同体和命运共同体的高度统一。建设"利益共同体"，主要是充分尊重沿线各国的利益诉求，强调各国在相互认同的基础上，实现利益均沾的多赢目标。建设"责任共同体"，主要是在法制化基础上确保各国在"共建"中承担与能力相匹配的责任。我们强调中国作为地区一个负责大国所应该有的担当，尽可能帮助沿线国家共同发展，但同时还需要有一套游戏规则，避免合作中"搭便车"现象。中国积极推动全球和区域性投资贸易便利化协定，加强区域贸易协定与多边规则的一致性，避免碎片化，使区域一体化成为迈向经济全球化的通途而不是经济全球化的障碍。建设"命运共同体"是实现"利益共同体"和"责任共同体"的归宿，后两者统一前者，最终达到"一荣俱荣、一损俱损""有福同享、有难同当""风雨同舟、风险与共"的境界。

（四）秉持四大合作理念：互信、包容、合作、共赢

"互信"不仅是21世纪海上丝绸之路的重要合作理念之一，更是中国走和平发展道路的体现。面对外界有关未来中国会不会扩张、

会不会称霸于世界的种种疑虑，习近平指出，作为一个负责任的大国，"中国的发展，是世界和平力量的壮大，是传递友谊的正能量，为……世界带来的是发展机遇而不是威胁"[①]。我们"不仅致力于中国自身发展，也强调对世界的责任和贡献；不仅造福中国人民，而且造福世界人民。实现中国梦给世界带来的是和平，不是动荡；是机遇，不是威胁"。"中国……向国际社会庄严承诺，中国将坚定不移走和平发展道路，永远不称霸，永远不搞扩张。"[②] 事实上，21世纪海上丝绸之路完全向区内外所有国家开放，不搞封闭机制，不预设合作条件和门槛，不排斥和针对任何第三方，欢迎任何国家和国际、地区组织广泛参与，成为21世纪海上丝绸之路的支持者、建设者和受益者。中国不谋求主导，更不是为一己私利。

"包容"是21世纪海上丝绸之路取得成功的基础。习近平主席曾表示，"一带一路"不是封闭的，而是开放包容的；不是中国一家的独奏，而是沿线国家的合唱；不是空洞的口号，而是看得见、摸得着的实际举措。事实上，强调兼顾各方利益和关切，寻求利益契合点和合作最大公约数，体现各方智慧和创意，各施所长，各尽所能，把各方优势和潜力充分发挥出来。世界之大容得下大家共同发展，摒弃了零和游戏、你输我赢的旧思维，树立双赢、共赢的新理念，在发展自身利益时兼顾他方利益，在寻求自身发展时促进共同发展。

"合作"理念被21世纪海上丝绸之路高度强调。沿线国家国情国力不同，可各尽其力，各施所长，"众人拾柴火焰高"。同时，习近平主席多次强调21世纪海上丝绸之路建设秉持共商、共建、共享原则，展示了中国对开展国际合作的新理念、新思路。共商是起点

---

① 习近平：《在印度尼西亚国会的演讲》，载《人民日报》，2013年10月4日。
② 习近平：《在接受金砖国家媒体联合采访时的答问》，载《人民日报》，2013年3月20日。

和基础，共建是核心和方式，共享是目标和动力。为实现共商、共建与共享，中国提出了一个全新的操作路径，就是"对接"。对接包括中国与沿线国家战略和政策的对接，包括项目和企业的对接，也包括合作机制的对接。对接是在尊重彼此规划的基础上，找出共同利益的交汇点，进而制定共同规划，推进合作项目。可以积极利用现有双边、多边合作机制，推动21世纪海上丝绸之路建设。如发挥上海合作组织（SCO）、中国－东盟"10＋1"、亚太经合组织（APEC）、亚欧会议（ASEM）、亚洲合作对话（ACD）、亚信会议（CICA）、中阿合作论坛、中国－海合会战略对话、大湄公河次区域（GMS）经济合作、中亚区域经济合作（CAREC）等现有多边合作机制作用。也可继续发挥沿线各国区域、次区域相关国际论坛、展会等平台的建设性作用；更可建立和发挥区域投资机构的作用，通过金融领域的合作促进区域间的互联互通和产业合作。

"共赢"集中体现了21世纪海上丝绸之路建设集中诠释了习近平总书记的外交义利观。正确处理"义"和"利"的关系，是我国传统文化的精髓，不仅是我们处理人与人之间关系的重要原则，同时也是处理国与国之间关系的重要原则。我国在外交实践过程中，政治上坚持正义、公道，经济上坚持互惠互利，实现共赢，是我国外交工作必须长期坚持的一项方针。习近平所提出的"新义利观"的核心之点有三：第一，中国在同包括周边国家在内的发展中国家进行正常交往时，要在国家利益问题上聚同化异。第二，中国在处理自身所面临的种种国际问题时，必须义利兼顾、弘义融利；既要言利，也要言义，绝对不能见利忘义。第三，中国在处理同包括周边国家在内的发展中国家之间的国家利益时，既要在大是大非上把握原则，即维护和平发展、维护合作共赢、维护国家主权与国家安全；又要对对方讲道义、扬正义、重情谊，要在自己力所能及的范围内对对方提供必要的帮助。中国和所有沿线国家都是"一带一路"

的利益攸关方。"一带一路"建设体现了共赢理念，努力让合作成果惠及沿线各国及国际社会，惠及基层民众。

（五）实施五大行动纲领：政策沟通、设施联通、贸易畅通、资金融通、民心相通

在推进 21 世纪海上丝绸之路建设过程中，需要做好互联互通这篇大文章，拉近我国与沿线各国在地理空间、物理空间和制度空间上的距离，保障全球生产要素自由流通，深化和扩大各国之间的交流与合作，为全球发展打通经络、舒筋活血。具体地讲，就是要大力推进政策沟通、设施联通、贸易畅通、资金融通、民心相通。

政策沟通是制度保障　在推进 21 世纪海上丝绸之路建设过程中，沿线各国需要进行充分交流对接，共同制定推进区域合作的规划和措施，协商解决合作中的问题，为务实合作及大型项目实施提供政策支持。当前宜特别注意加强我国"一带一路"倡议与沿线各国区域发展战略的对接。2014 年 10 月，印度尼西亚提出"全球海洋支点"战略构想，将战略重心向海上延伸，提出重视海上交通基础设施建设，构建印度尼西亚与全球的海上互联互通。2014 年 11 月，哈萨克斯坦宣布"光明大道"新经济计划，设立"国家基金"，强化公路、铁路、航空等基础设施建设，重点完成霍尔果斯口岸经济特区、阿克套等地油气设施的建设。2015 年年初，俄罗斯、哈萨克斯坦、白俄罗斯等 6 个国家组建"欧亚联盟"，旨在加强独联体地区的经济、政治合作与融入。2013 年，韩国提出"欧亚倡议"，提倡通过与欧亚地区国家的经济合作，扩大韩国的对外贸易，主要合作对象是中国、中亚、俄罗斯、盟国和土耳其。这些周边国家的发展战略与我国"一带一路"倡议不谋而合，双方在基础设施建设、互联互通、产能合作等领域存在契合点。我国领导人也在多个外交场合推动"一带一路"与各国发展战略的对接与融合。

设施联通是连接纽带 当前沿线国家基础设施仍显薄弱，不连不通、连而不通、通而不畅现象普遍，贸易投资安排趋于分散，国际资金融通依旧困难，互联互通建设滞后成为制约亚洲和世界经济发展的障碍。必须通过共同打造若干国际经济合作走廊和通畅安全高效的运输大通道，实现沿线国家基础设施网络的联结。沿线国家宜加强基础设施建设规划、技术标准体系的对接，共同推进国际骨干通道建设，逐步形成连接亚洲各次区域以及亚、欧、非之间的基础设施网络。首先，宜推进建立统一的运输协调机制，促进国际通关、换装、多式联运有机衔接，逐步形成兼容规范的运输规则，实现国际运输便利化。比如，目前泰国主要采用 1 米宽的铁轨，俄罗斯主要采用 1.524 米铁轨，哈萨克斯坦采用 1.520 米铁轨，而中国采用 1.435 米国际标准轨，轨道标准的差异，阻碍了我国与周边国家的设施联通。渝新欧班列需要在哈萨克斯坦对货物进行吊装，无形中增加了运输成本。其次，推动口岸基础设施建设，畅通陆水联运通道，推进港口合作建设，增加海上航线和班次，加强海上物流信息化合作。第三，拓展建立民航全面合作的平台和机制，加快提升航空基础设施水平。第四，加强能源基础设施互联互通合作，共同维护输油、输气管道等运输通道安全，推进跨境电力与输电通道建设，积极开展区域电网升级改造合作。第五，共同推进跨境光缆等通信干线网络建设，提高国际通信互联互通水平，畅通信息丝绸之路。

贸易畅通是合作基础 贸易畅通旨在着力解决投资贸易便利化问题，消除投资和贸易壁垒，共同商建更为宽泛、兼容的贸易合作体系。宜着力研究解决投资贸易便利化问题，消除投资和贸易壁垒，构建区域内和各国良好的营商环境，积极同沿线国家和地区共同商建自由贸易区。创新贸易方式，发展跨境电子商务等新的商业业态。建立健全服务贸易促进体系，巩固和扩大传统贸易，大力发展现代服务贸易。加强双边投资保护协定、避免双重征税协定磋商，保护投资者的合法权益。拓展相互投资领域，开展农林牧渔业、农机及农产品生产加工等领域深度合作，积极推进海水养殖、远洋渔业、水产品加工、海水淡化、海洋生物制药、海洋工程技术、环保产业和海上旅游等领域合作。加大煤炭、油气、金属矿产等传统能源资源勘探开发合作，积极推动水电、核电、风电、太阳能等清洁、可再生能源合作，推进能源资源就地就近加工转化合作，形成能源资源合作上下游一体化产业链。加强能源资源深加工技术、装备与工程服务合作。推动新兴产业合作，按照优势互补、互利共赢的原则，促进沿线国家加强在新一代信息技术、生物、新能源、新材料等新兴产业领域的深入合作，推动建立创业投资合作机制。

资金融通是经济润滑剂　21 世纪海上丝绸之路建设中，宜通过推进亚洲货币稳定体系、投融资体系建设，打通融资贵、融资难的瓶颈。第一，扩大沿线国家双边本币互换、结算的范围和规模。支持沿线国家政府和信用等级较高的企业以及金融机构在中国境内发行人民币债券。符合条件的中国境内金融机构和企业可以在境外发行人民币债券和外币债券，鼓励在沿线国家使用所筹资金。第二，共同推进亚洲基础设施投资银行、金砖国家开发银行筹建，有关各方就建立上海合作组织融资机构开展磋商。加快丝路基金组建运营。深化中国－东盟银行联合体、上合组织银行联合体务实合作，以银团贷款、银行授信等方式开展多边金融合作。第三，加强金融监管合作，推动签署双边监管合作谅解备忘录，逐步在区域内建立高效监管协调机制。完善风险应对和危机处置制度安排，构建区域性金融风险预警系统，形成应对跨境风险和危机处置的交流合作机制。

民心相通是社会根基　今日之世界，文化具有多样性，文明具有多样性，各种文化、各种文明都有其存在的价值。它们共同组成了万紫千红的人类共同文化与文明的百花园，故此对每一种文化、每一种文明都理当予以尊重。习近平强调："对待不同文明，我们需要比天空更宽阔的胸怀"，"我们应该推动不同文明相互尊重、和谐共处、让文明交流互鉴成为增进各国人民友谊的桥梁、推动人类社会进步的动力、维护和平的纽带"。[①] 习近平主张，世界各国之间的交往，不仅需要知同明异、求同存异，而且必须相互尊重，聚同化异，保持战略耐心。[②] 在推进 21 世纪海上丝绸之路建设过程中，宜进一步夯实民心相通的社会根基。首先，广泛开展文化交流、学术往来、人才交流合作、媒体合作、青年和妇女交往、志愿者服务等，为深化双边、多边合作奠定坚实的民意基础。扩大相互间留学生规模，开展合作办学。其次，加强旅游合作，扩大旅游规模；强化与周边国家在传染病疫情信息沟通、防治技术交流、专业人才培养等方面的合作。最后，加强科技合作；加强沿线国家之间立法机构、主要党派和政治组织的友好往来；加强沿线国家民间组织的交流合作。

四、重大意义

21 世纪海上丝绸之路建设为提升亚洲内部一体化水平，实现亚洲经济均衡增长，构建横贯东西、连接南北的欧亚海陆立体大通道提供载体。同时也为推动我国扩大对外开放，更多地参与国际治理，更加主动地影响国际和区域经济秩序、安全秩序制定提供动力源泉。

第一，21 世纪海上丝绸之路成为在新时期促进国内经济转型发展、深化对外开放格局的又一动力源。近 40 年对外开放的实践，积累了相当的开放资源和优势，营造了相当良好的开放环境和格局，

---

① 习近平：《在联合国教科文组织总部的演讲》，载《人民日报》，2014 年 3 月 28 日。
② 习近平：《在第六轮中美战略与经济对话和第五轮中美人文交流高层磋商联合开幕式上的致辞》，载《人民日报》，2014 年 7 月 10 日。

但同时也产生相当的困境：一是伴随着我国传统的劳动力资源价格、原材料资源价格等优势的逐渐缩小，使我国曾经以低廉价格为优势的商品出口面临很大制约；二是从对外开放的市场看，近年来欧美发达国家市场出现一定程度的疲软，以及过分依赖欧美市场所带来的风险，都使我国的对外开放面临困境。面对这样的对外开放的劣势和压力，21世纪海上丝绸之路建设，将有效扩大我国对外开放水平，拓展经济发展的腹地与市场，促进经济结构调整和转型升级，增强经济内生动力和抗风险能力。

第二，21世纪海上丝绸之路成为深化全球发展区域化，建立国际经济政治新秩序的重大战略部署的利器。区域化发展是全球化发展的一部分或是一种形式。通过建设21世纪海上丝绸之路，扩大、加深同周边国家经济文化领域的交流，促进国际关系区域化的发展，营造我国发展的良好外部特别是周边环境。值得注意的是，特别是在当前因领土领海问题导致周边国家与我国在一些问题上出现一定分歧，甚至争端的时候，急需通过建立一种文明、和平、共赢的思维和模式来解决难题，为未来打破争端僵局，增进彼此了解和互信，提供一个非常重要的通道和载体，为世界的和平与稳定做出巨大贡献。

第三，21世纪海上丝绸之路成为向外界展示中国价值观念，扩大中华民族文化软实力，提升我国在国际上影响力的重要载体。历史上的古海上丝绸之路起始于经济贸易，但其结果远远超出经贸范畴，伴随经贸活动的是文化的交流，而且这种文化交流的影响也更为深层和久远。国家软实力是综合国力的重要组成部分，特别是在当前，以文化和价值为核心和载体的国家软实力，对一个国家世界地位的确立及其影响具有至关重要的作用。历史上的海上丝绸之路在文化的传播方面有着悠久的历史，有着良好的传统，但随着现代化的步伐和我国改革开放的推进，我国社会自身的文化与人们的价

新战略、新愿景、新主张
——建设21世纪海上丝绸之路战略研究

值观念也在不断发生着深刻而剧烈的变化。在与沿线各国的交往过程中，一个国家对其他国家的认可，一个国家的人民对其他国家人民的接纳，其中重要因素就在于双方对彼此的文化和价值的认同。21世纪海上丝绸之路为国与国之间增进了解提供了重要载体。通过这一载体，传统周边及亚欧国家可以更加深入全面地认识一个改革开放近40年的中国，可以更直接细致地感知和了解优秀的中华文明，进而接纳甚至吸收优秀成分，这种文化认同和接纳为政治、经济的交流提供了重要支撑和坚实基础。特别是古海上丝绸之路沿线的很多国家，在历史上都不同程度地受到中华民族优秀文化和价值的浸润和影响，对中华民族优秀文化和价值的认同和接纳有着良好的基础和条件。

第二章
历史起点——中国古海上丝绸之路

　　古海上丝绸之路形成于秦汉时期，发展于三国隋朝时期，繁荣于唐宋时期，转变于明清时期，成为贯穿东西，连接中国同朝鲜、日本以及东南亚各国、西亚、北非、东非各国的桥梁和纽带，对促进古代中国与沿线国家贸易往来和政治、经济、文化交流发挥了重要作用。21世纪海上丝绸之路借用古丝绸之路这一历史文化符号，但内涵更为丰富、寓意更为深远。古海上丝绸之路为21世纪海上丝绸之路建设提供了重要的思想铺垫和实践基础。从哲学"否定之否定规律"来看，21世纪海上丝绸之路绝非畅通无阻，它将在经历了古海上丝绸之路的兴亡之后，再次吸取经验教训重新布局，并达到历史新高度。

一、华夏文明走向世界的成功探索

古海上丝绸之路是指古中国与世界其他地区进行经济文化交流交往的海上通道，是由当时东西洋间一系列港口网点组成的国际贸易网，因主要输出商品——丝绸而得名。海上丝绸之路是人类智慧的结晶，涵盖方方面面，具有深远的历史起源及内涵。从历史的角度来看，古海上丝绸之路是人类探索世界的开端，21 世纪海上丝绸之路建设则是人类探索的延续；从经济发展的角度，古丝绸之路是古代中国开展国际合作的初步尝试，21 世纪海上丝绸之路则是现代中国在更广范围内开展国际合作的伟大实践。

（一）古海上丝绸之路的起源

从人类历史发展的角度，古代海上丝绸之路的出现是历史必然。它是人类探索外部世界的需要，是对陆上丝绸之路的补充，是古中国产品走向世界的重要通道。

其一，是满足人类探索意识的需要。古海上丝绸之路起源于人类善于探索的本性。一是对未知世界的探索。地壳运动将地球划分为七大洲、四大洋，各大陆板块之间隔海相望。与生俱来的探索本性，驱使人们探索大海对面世界的真实面貌。古海上丝绸之路的形成也是人类新发现的形成。二是对航海技术的探索。宋朝时期中国航海术大发展，指南针的发明和船体的隔舱设计将人类航海变成现实，由此打开了全球互联互通的格局。

其二，是对陆上丝绸之路的补充。古代陆上丝绸之路形成时间更早，是古代中国从陆地方向同中亚、东南亚、南亚、西亚、东非、欧洲经贸和文化交流的大通道，而海上丝绸之路在很大程度上是对陆上丝绸之路的补充和延伸。一方面是交通方式的补充。陆地地形崎岖，以及陆上交通途径受国家干扰（如西夏、蒙古帝国、奥斯曼帝国对贸易商人征收高额税率），使陆上丝绸之路面临诸多困难。而中国较长的海岸线、大量的港口城市以及便利的季风条件为海上贸易创造了天然的基础。另一方面是对陆上丝绸之路的延续。在陆上丝绸之路不断衰落过程中，中国造船及航海技术不断发展，海上丝绸之路作为海上贸易商路，逐渐上升为中国对外交往的主要通道。

其三，是古中国产品走向世界的重要通道。古中国以自给自足的小农经济著称。但随着人类生产技术的进步，古中国的农业和手工业高度发达，人民的生活日益富足，在满足自身需要的同时出现了大量富余，通过古丝绸之路发展对外贸易的需求由此产生。古代中国经济的发展为海上丝绸之路的形成打下了重要的物质基础，而海上丝绸之路也为古中国小商品走向海外提供了可能。汉代推行"休养生息政策"，实行轻徭薄赋制度，大兴水利建设，推广先进的生产工具和耕作技术，极大地促进了中国农业的发展，尤其是农桑和茶叶的种植。古中国手工业的发展更是空前绝后，以至于一些出土的古代工艺品至今仍难以模仿。

（二）古海上丝绸之路的主要始发港

古海上丝绸之路是已知的最为古老的海上航线。形成主因，一是中国东南沿海山多平原少，且内部往来不易；二是前往西域的陆路地形崎岖，而中国东岸夏、冬两季季风为海路提供了便利。两宋年间，游牧民族盘踞华北地区导致陆上丝绸之路中断，令海上丝绸之路贸易更加蓬勃。

古海上丝绸之路起点多位于我国东南沿海沿江重镇，包括泉州、广州、宁波、扬州、福州、北海、徐闻、漳州、蓬莱、南京等地。

泉州①。泉州，古代西洋人称之外号"刺桐"（Zaitun），在海上丝绸之路的高峰期（12—14世纪），泉州作为东西洋间国际贸易网的东方支撑点，占有重要独特的历史地位，是当时世界性的经济文化中心。

广州①。广州古称番禺，自秦汉起，得山海之利，地控珠江三江入海，海陆相交的地缘地理条件，使广州成为岭南乃至两广地区两千年来的地缘中心。作为中国的"南大门"，广州成为印度洋地区及南海等国家商船到达中国贸易必先到的港口，所以当时中国与南洋和波斯湾地区的定期航线，都集中在广州，古称"广州通海夷道"。

宁波①。宁波，古称明州，位于我国南北海运航线的终端，通江达海，辐射内陆。浙东运河将宁波与钱塘江连接起来，隋朝开通大运河后，浙东运河又成为大运河的自然延伸段，从而构成一个完整的南北水运动脉，宁波则成为大运河出海口。

扬州②。从空间地理上来讲，把"陆上丝绸之路"与"海上丝绸之路"联系起来的是大运河。大运河因为其在中国水陆交通网络中的关键地位，长时间成为"东方世界主要国际交通路线"。扬州则借其在大运河沿线城市中的独特位置和大运河在全国交通体系中的作用，成为"陆上丝绸之路"与"海上丝绸之路"的连接点。兼得江、河、海运之便，隋代扬州就确立了全国水陆交通枢纽地位。唐朝全国经济中心南移，"海上丝绸之路"随之崛起，扬州成为唐朝吞吐四海，沟通内外的主要窗口。

福州③。福州凭借着濒海而居的独特区域优势发展海上经济贸易。汉元封元年（公元前110年）设东冶县（县治福州）置东冶

---

① 李绍潭，周斌：《海上丝绸之路的三大著名港口》，http：//history. people. com. cn/n/2014/0520/c385134 – 25040938. html。

② 广茂：《海上丝绸之路与中国五大港口》，载《中国绿色画报》，2015年Z1期。

③ 谢在华：《论福州在古代"海上丝绸之路"中的重要地位》，载《福建史志》，2015年第2期。

港，将福州开辟为对外交通和贸易的港口并与中南半岛、夷洲（今我国台湾省）、日本、澶洲（今菲律宾）开辟定期航线。唐五代，福州怀安窑所产的外销陶瓷器直接贩运至日本及东南亚各国，阿拉伯商船满载各国货物航抵福州，国人与之交易后，携舶来品溯闽江而上将货物贩卖至全国各地。

北海①。北海（古称合浦）对外开放历史源远流长。自西汉元鼎六年（公元前111年）设置合浦郡，是汉朝南海对外海上贸易的中心和枢纽，是中国南方重要的对外开放窗口。

徐闻②。徐闻县是汉代海上丝绸之路最早发祥地。据《汉书·地理志》记载，汉武帝曾派人从徐闻（今广东徐闻）、合浦（今广西北海）港出海，经过日南郡（今越南）沿海岸线西行，到达黄支国（今印度境内）、已程不国（今斯里兰卡），随船带去的主要有丝绸和黄金等物。这些丝绸再通过印度转销到中亚、西亚和地中海各国。

漳州③。明朝海禁，民间海外贸易被迫转型为走私性质的私商贸易，泉州港作为宋元两朝官方大港，受到严格管控压制。走私只能在沿海小港口进行，官府虽明言海禁，但地方官府在利益驱使之下控制不力，往往采取纵容政策，最后私商贸易逐渐集中到漳州月港。

蓬莱④。蓬莱（古称登州）在唐代以前就是天然良港。宋庆历二年（1042年）设"刀鱼寨"，明洪武九年（1376年）建蓬莱水城，水城内的蓬莱阁在此期间也逐步扩建继而名声大振，蓬莱水城及蓬莱阁作为一个整体体现了古代登州港在对外交往过程中发

___FOOTNOTE___

---

① 梁旭达，邓兰：《汉代合浦郡与海上丝绸之路》，载《广西民族研究》，2001年第3期。

② 申友良：《南海丝绸之路第一港——徐闻港》，载《中央民族大学学报》，2004年第3期。

③ 李金明：《月港开禁与中国古代海上丝绸之路的发展》，载《闽台文化交流》，2011年第4期。

④ 广茂：《海上丝绸之路与中国五大港口》，载《中国绿色画报》，2015年Z1期。

挥的重要作用。

南京。公元 3—6 世纪，六朝政权为了建立与朝鲜半岛和日本列岛国家的友好往来，形成了以南京（古称建康）为起点的东海航线，这为拓展和加强中国与东亚国家之间的文化交流奠定了基础。

（三）古海上丝绸之路的主要航线

据《汉书·地理志》[①] 记载，古海上丝绸之路主要有东海航线和南海航线，南海航线从中国出发向西航行至东南亚及印度洋地区，是海上丝绸之路的主线；东海航线从中国出发向东航行至日本列岛和朝鲜半岛，在海上丝绸之路中占次要的地位。

其一，南海航线。[②] 古海上丝绸之路南海航线以南海为中心，通往印度洋地区，最远可达现在印度半岛的东海岸及斯里兰卡，起点主要是广州、泉州和宁波。根据《汉书·地理志》记载，南海航线从日南（今越南中部）或徐闻（今属广东）、合浦（今属广西）出发，沿中南半岛东岸南行，抵达湄公河三角洲的都元（今越南南部的迪石）；复沿中南半岛的西岸北行，抵湄南河口的邑卢（今泰国之佛统）；自此南下沿马来半岛东岸，驶至抵湛离（今泰国之巴蜀），横越地峡，抵达夫首都卢（今缅甸之丹那沙林）；再登船向西航行于印度洋，到达黄支国（今印度东南海岸之康契普腊姆）。回程途经已程不国（今斯里兰卡），向东直航，抵达马六甲海峡，靠岸皮宗（今新加坡西面之皮散岛），在由皮宗驶达日南郡的象林县境（治所在今越南维川县南的茶荞）。随着时代变迁，南海航线的主港也在不断变化。从公元 3 世纪 30 年代起，广州取

---

① 《汉书·地理志》包括上、下两分卷，是班固新制的古代历史地理之杰作。历史的时、空不可分，故写历史必记及地理。

② 杜瑜：《海上丝路史话》，北京：中国大百科全书出版社，2000 年。

代徐闻（今广东徐闻）、合浦（今广西北海）成为主港；宋末至元代时，泉州超越广州，并与埃及的亚历山大港并称为"世界第一大港"；明初海禁，加之战乱影响，泉州港逐渐衰落，漳州月港兴起；清代闭关锁国，广州长时间处于"一口通商"局面。

其二，东海航线。① 海上丝绸之路东海航线最早始自周武王灭纣，其航线从山东半岛的渤海湾出发到达朝鲜。最初航线是沿辽东半岛及朝鲜半岛海岸线南下，越过对马海峡，最后到达日本列岛的北部。到隋唐时期，又陆续出现了横渡黄海及东海的多条海上航线。通过东海航线，中国的商品源源不断地运往日本及朝鲜半岛，中国文化也被大规模地传播到这些国家，包括儒家思想、律令制度、汉字、服饰、建筑，甚至武术、饮茶习俗等。中国的养蚕、缫丝、织绸技术也是通过这一航线传至朝鲜的。

（四）古海上丝绸之路贸易对象及商品

古海上丝绸之路触角遍及全球各地。主要贸易对象包括朝鲜、日本、琉球；位于今中南半岛上的国家；东南亚沿岸岛屿；南亚各国；伊斯兰世界；欧洲各地（由阿拉伯人转运）。

在古海上丝绸之路上发生大量的商品贸易。一是由中国输出的丝绸、瓷器、茶叶和铜铁器（含铜钱）、五金、书籍等；二是运往国内的西方舶来品，包括香料、宝石、象牙、犀牛角、玻璃器、金银器（包括白银）、珍禽异兽、琉璃、猫眼石、明珠、水晶、玛瑙、琥珀、骆驼皮、乳香、安息香、沉香、檀香、胡椒、温纳齐等。

① 杜瑜：《海上丝路史话》，北京：中国大百科全书出版社，2000 年。

表 2 –1　各朝代海上丝绸之路的概况

朝代	到达地	主要始发港口	主要输出商品	主要输入商品
先秦及秦朝	东南亚	徐闻、番禺	漆器、丝织品、陶器、青铜器	珠玑、犀角、玳瑁等
汉朝	中南半岛、印度、斯里兰卡、红海、地中海地区、朝鲜半岛、日本列岛	日南、徐闻、合浦、番禺	丝绸及其他丝织品	珠玑、犀角、玳瑁、乳香等
三国两晋南北朝	东南亚、孟加拉湾沿海、阿拉伯海沿岸、波斯湾、红海、地中海地区、朝鲜半岛、日本列岛	广州	丝绸及丝织品	珍珠、香料、象牙，玳瑁、珊瑚、翡翠、孔雀、金银、宝器等
隋唐五代	东南亚、南亚、阿拉伯海沿岸、非中东海岸、红海、埃及、地中海地区、朝鲜半岛、日本列岛	广州、登州、扬州、台州	瓷器、丝绸、纸张、茶叶等	象牙、犀角、珠玑、香料等
两宋	东南亚、印度、阿拉伯沿岸、红海、东非、朝鲜半岛、日本列岛	杭州、泉州、广州、登州、扬州、明州、越州、温州、台州、莱州	瓷器、丝绸、药材、五金原料等	香料、象牙犀角、珊瑚、珍珠、琉璃、玛瑙、乳香等
元朝	东南亚、南亚、波斯湾、朝鲜半岛、日本列岛	泉州、广州、温州、宁波、杭州、庆元、上海、澉浦	瓷器、丝绸、绢布、金属和金属器皿等	象牙、犀角、各种布匹、香货、药物、木材、皮货等

朝代	到达地	主要始发港口	主要输出商品	主要输入商品
明朝	东南亚、南亚、非洲、西欧、墨西哥、南美洲、朝鲜半岛、日本列岛	泉州、广州、宁波、张家港	瓷器、铁器、棉布、铜钱、麝香、书籍等	香料、珍禽异兽、珊瑚、玳瑁、象牙、玛瑙、药材、军事用品、锡、红铜、琉璃、各种布匹等
清前期	与全球海上贸易路线衔接，基本上能到达世界各地	广州、宁波	茶叶、丝绸、土布、瓷器、中草药等	棉花、棉布和棉纱毛纺织品、金属制品、皮货等

资料来源：《"海上丝绸之路"的形成及其历史价值》①。

二、历经 2000 年之兴衰

古海上丝绸之路从形成到衰落，先后经历了四个发展阶段：秦到魏晋南北朝的形成时期，隋唐的大发展时期，宋元时代的极盛时期，明清时代的由盛及衰时期。

（一）形成时期（秦到魏晋南北朝时期）②

在隋唐以前，海上丝绸之路只是陆上丝绸之路的补充。先秦时代为海上丝绸之路的形成奠定了基础。秦始皇统一岭南后，充分利用了当时已具规模且相对高技术水平的造船业，积极扩大对外交往的范围。秦代海路不断西探，到达东南亚诸国，并开拓至印度，主要的贸易港口有番禺（今广州）和徐闻（今徐闻）。

---

① 陈达森：《"海上丝绸之路"的形成及其历史价值》，载《黑龙江史志》，2014 年第 24 期。
② 王爱虎：《从海上丝绸之路的发展史和文献研究看新海上丝绸之路建设的价值和意义》，载《华南理工大学学报》，2015 年 2 月。

两汉时期是海上丝绸之路的真正开始形成期。在西汉时期，南方南粤国与印度半岛之间海路已经开通。汉武帝平南越后，即派使者沿着百越民间开辟的航线远航南海和印度洋，经过东南亚，横越孟加拉湾，到达印度半岛的东南部，抵达锡兰（今斯里兰卡）后返航。东汉时期，中国商人运送丝绸、瓷器经海路由马六甲经苏门答腊来到印度，并且采购香料、染料运回中国。航线为：从徐闻（今广东徐闻县境内）、合浦（今广西合浦县境内）出发，经南海进入马来半岛、暹罗湾、孟加拉湾，到达印度半岛南部的黄支国和已程不国（今斯里兰卡）。

魏晋南北朝是海上丝绸之路的拓展时期。这一时期，古中国造船业已经达到国际领先水平，并积极与外通好；丝织业已远超两汉的水平与规模，始创了官营丝织。日益发展完善的主客观因素最终促成了古海上丝绸之路的形成，并开辟了空前的沿海航线：以广州为起点，经海南岛东面海域，直穿西沙群岛海面抵达南海诸国，再穿过马六甲海峡，直驶印度洋、红海、波斯湾。对外贸易涉及 15 个国家和地区，丝绸是主要的输出品。

（二）大发展时期（隋唐时期）①

隋唐时期，西域战火不断，陆上丝绸之路被战争所阻断，这便为海上丝绸之路的大发展创造了机会。到唐代，伴随着我国造船、航海技术的发展，我国通往东南亚、马六甲海峡、印度洋、红海，及至非洲大陆的航路纷纷开通与延伸，海上丝绸之路终于替代了陆上丝绸之路，成为中国对外交往的主要通道。隋统一后，加强对南海的经营管理，并首次出现"丝绸外交"；唐朝经济快速发展，政治理念开放兼容，并采取了一系列开放和奖励外商来华贸易的开明政

---

① 杜瑜：《海上丝路史话》，北京：中国大百科全书出版社，2000 年。

策，促进了海上丝绸之路的拓展和畅通。

隋唐时期建立了世界最长的远洋航线，北通高丽、日本，南通东南亚、印度、波斯诸国，途经90多个国家和地区。这一时期主要航线为：由泉州或广州启航，经过海南岛、环王国（今越南境内）、门毒国、古笪国、龙牙门、罗越国、室利佛逝、诃陵国、固罗国、哥谷罗国、胜邓国、婆露国、狮子国、南天竺、婆罗门国、新度河、提罗卢和国、乌拉国、大食国、末罗国、三兰国。

古海上丝绸之路在隋唐时运送的主要商品是丝绸，海上丝绸之路也由此得名。唐朝时期，中国瓷器也开始向外出口。

（三）极盛时期（宋代、元代）[①]

宋元时期古海上丝绸之路进入极盛阶段，先进的航海技术以及高度的对外开放政策为其提供了极大的便利。宋代造船技术和航海技术的高速发展，以及四大发明之一指南针的出现，大大加强了古中国的远航能力。宋代政府鼓励私人海上贸易，且通过下令以丝绸、瓷器交换外国舶来品防止钱币外流。元朝政府采用重商主义政策，鼓励海外贸易，并制定了中国历史上第一部系统性较强的外贸管理法则。

宋元时期，南海航线空前繁荣，中国的港口和海外贸易得到了极大的发展，从广州、泉州、杭州等地出发的海上航路日益发达。海路主要是从中国长江以南诸港口出海，向东到日本，东南到吕宋岛，向南经南海可到中南半岛、南洋群岛，再向西经过马六甲海峡可至印度洋，继续航行可达印度、阿拉伯地区直至非洲东海岸。与中国通商的国家有：占城、真腊、三佛齐、吉兰丹、渤泥、巴林冯、

———————
① 李传印：《宋代发展海上贸易的政策措施》，载《安庆师院社会科学学报》，1992年第3期。

兰无里、底切、三屿、大食、大秦、波斯、白达、麻嘉、伊禄、故临、细兰、登流眉、中理、蒲哩鲁、遏根陀国、斯伽里野、木兰皮等总计58个国家。

这一时期，中国出口的商品主要包括丝绸、瓷器、糖、纺织品、茶叶、五金，进口的商品包括象牙、珊瑚、玛瑙、珍珠、乳香、没药、安息香、胡椒、琉璃、玳瑁等几百种商品。宋元时期，瓷器渐渐成为主要出口商品，南长沙窑、河南巩县窑、河北邢窑、浙江越窑、广东潮州窑等地产品远销世界各地。因此，古海上丝绸之路也称作"海上陶瓷之路"。同时，还由于输入的商品主要是香料，因此也把它称作"海上香料之路"。

（四）由盛转衰时期（明清、民国时期）①

明清时期是人类历史上重大变革的时代。地理大发现，促使欧洲开展全球性海上扩张战略，开辟了全球海洋贸易新时代。西欧商人的海上扩张，改变了传统海上丝绸之路以和平贸易为基调的特性，商业活动常常伴随着战争硝烟和武装抢劫。与此同时，明清两朝在传统儒家重农抑商思想的影响下实施海禁政策，使海上丝绸之路走向衰落。

明代初期，古海上丝绸之路走向顶峰，其航线已扩展至全球：一是向西航行的郑和七下西洋是明朝政府组织的大规模航海活动，曾到达亚洲、非洲39个国家和地区；二是向东航行的"广州—拉丁美洲航线"，由广州启航，经澳门出海，至菲律宾马尼拉港，穿圣贝纳迪诺海峡进入太平洋，东行到达墨西哥西海岸。

但是明朝中后期以及清朝时期，政府大力推行的海禁政策使古

---

① 章忠民，胡林梅：《明清海上丝绸之路经略与海权渐失》，载《社会科学》，2016年第1期。

海上丝绸之路走向衰落。广州成为当时海上丝绸之路唯一对外开放的贸易大港。海禁迫使民间海外贸易转型为走私贸易，鸦片变成主要贸易商品，并从原来的走私演化为合法。这一时期，民间海外贸易需求和朝廷政策的矛盾冲突贯穿整个时代。明清仅有几次的有限度开禁也都是被动的权宜之计。无政治武装支持的中国海商无力挑战大航海后政治军事商业合一的西方扩张势力，海禁一方面中断了中国海上丝绸之路的发展，另一方面也直接导致中国退出全球的海洋竞争。

鸦片战争后，中国海权丧失，沦为西方列强的半殖民地，沿海口岸被迫开放，成为西方倾销商品的市场，掠夺中国资源和垄断中国丝、瓷、茶等商品的出口贸易。从此，海上丝绸之路一蹶不振，进入了衰落期。这种状况一直延续到民国时期，直至新中国成立前夕。

三、东西方文明交融的历史标杆

古海上丝绸之路的形成，是封建大一统帝国建立后，古代中国政治、经济等综合国力得到空前发展的必然结果；也是东西方加强联系的产物。海上丝绸之路促进了东西方之间的文明互动和交流，这不仅使中华民族深受其益，也促进了世界文明繁荣与发展。实际上，2013年提出来的21世纪海上丝绸之路倡议实质上是对古海上丝绸之路的新发展。21世纪海上丝绸之路的建设也是建立在古海上丝绸之路的基础之上。从哲学"否定之否定规律"来看，21世纪海上丝绸之路的发展并非畅通无阻，它将在经历了古海上丝绸之路的兴亡之后，再次吸取经验教训重新布局，并达到历史新高度。

第一，古海上丝绸之路，促进了人类历史前进和社会生产力的发展。海上丝绸之路的开辟，不仅使中国丝绸产品大量外销，刺激

所连接的国家及地区，正是古代海上丝绸之路所途经的，两者在地理范围上高度重合。再如，今天，虽然有发达的航空及现代通信，但海上航线依然是中国与这些国家之间相互往来的最主要通道，海上航运依然是中国与这些国家进行货物贸易的主要形式。更加重要的是，古代海上丝绸之路与21世纪海上丝绸之路在精神层面及内在性质上有着共通性。在两千多年的岁月中，中国与海外国家的交往一直是以和平的方式进行的，而不是借助于征服、杀戮之类的暴力方式。古代海上丝绸之路，始终是和平之路、合作之路、友谊之路，完全不同于16世纪欧洲人的海外扩张。地理大发现时代开始的欧洲海外扩张，一直是通过征服、霸占、殖民来实现的。今天，中国政府提出的21世纪海上丝绸之路，同样是和平之路、合作之路、友谊之路。中华民族有着爱好和平的传统基因，古代海上丝绸之路与21世纪海上丝绸之路在精神层面有着共同的特点。研究古代海上丝绸之路，有助于进一步发掘中国与东盟及其他海外国家的历史联系，深化中国与这些国家之间的传统友谊，总结历史经验与教训，推动21世纪海上丝绸之路的建设，开启中国与东盟及其他海外国家合作的新纪元。

（一）奠定当代国际关系的基础之一

21世纪海上丝绸之路建设的顺利实施需要沿线国家的多方配合，而古海上丝绸之路为中国拓展更为广泛密切的国际伙伴关系提供了重要借鉴与参考。

古海上丝绸之路留下中国"崇尚和平"的精神遗产。中国与周边国家的"朝贡体系"延续了数千年直到西方帝国主义入侵中国后才走向衰落。朝贡体系虽然具有不平等的一面，很难为崇尚平等的西方所接受；但朝贡体系基本上是自然形成的，体现了中国"礼尚往来"的文化精神，并非中国的刻意安排。郑和七下西洋，最远抵达非洲的肯尼亚，虽然有"宣威于海外"的意图，但中国没有在沿途攻城略地，进行殖民统治。因此，数千年的海上丝绸之路留下了中国人崇尚和平的足迹。从历史中吸取营养，中国今天重返海上丝绸之路，同样强调其和平性质。中国领导人赋予古丝绸之路精神以新的内涵：用和平友好、互惠互利、包容共鉴、共同发展的新理念建设新的丝绸之路。

与古海上丝绸之路相比，21世纪海上丝绸之路的地缘政治环境已经发生了根本性变化。资本主义、民族国家和全球化已经成为地缘政治经济的基本要素。古海上丝绸之路衰落时期，正是欧洲为中心的资本主义快速扩张、民族主权国家观念确立的时期和全球化逐步形成的时期。"二战"以后，资本主义殖民统治崩溃，致使民族国家成为国际政治的主体，新独立国家多处于南方，成为南方国家或者第三世界国家，但是长时间受到美苏争霸构成的霸权主义支配。随着两极格局的解体，世界正向多极化格局方向演进，美国、日本、欧盟、以中国为首的第三世界国家都是世界地缘政治格局中的多极力量。

随着中国成为全球第二大经济体，以美国为主的西方开始挤压我国的经济和政治战略空间。例如，美国调整全球战略重返亚太并构筑了"三个岛链"就是遏制中国的崛起。在这种情况下，推进21世纪海上丝绸之路建设，面临着巨大的困难和挑战。如何突破这些挑战，考验着当代中国人的政治智慧。我们需要从古海上丝绸之路的光辉历史中汲取营养，以和平共赢为主基调，重塑地区和全球治理机制。

在《习近平谈治国理政》一书中，习总书记提出要推动构建新型大国关系，即顺应时代前进潮流、促进世界和平发展、构建中美新型大国关系以及在亚欧大陆架起一座友谊和合作之桥。古海上丝绸之路沿线国家，因早与中国有贸易往来，对中国的文化、产品等具备一定的熟知水平，从而对于与中国构建新型国际关系拥有较高的热情和信心。这就为当前习总书记的和平主张埋下了积极的、重要的历史伏笔。21世纪海上丝绸之路是一个和平合作、开放包容的理念和倡议。坚持用中国、印度和缅甸三国前领导人倡导的和平共处五项原则处理沿线国家之间的关系，尊重各自文化传统和社会制度差异，不将本国的价值观和社会制度强加于人，用和平友好、包容共鉴、互惠互利、共同发展的新理念建设新丝绸之路。在经贸合作和文化交流过程中取长补短，实现共同发展。

专栏 2-1

处理中国和印度关系的借鉴原则

"21世纪海上丝绸之路"是中国在国力增强、海外利益拓展的背景下，发掘印度洋地区的重要战略意义应运而生的。这是中国追求发展，海洋意识萌发以及国际地位提高所带来的必然结果，是中国海外利益的延伸。但是，作为印度洋地区首屈一指的大国，印度同样重视印度洋的战略意义，更何况印度历来自诩"印度洋是印度之洋"，千方百计防止其他国家染指印度洋，因此，这种结构性矛盾导致印度洋无疑成为了中国和印度两国海洋战略展开博弈的平台。

在我国"21世纪海上丝绸之路"倡议提出以前，印度早在1991年就提出了"东向政策"，经过20多年的发展，已逐渐演变为印度海洋战略的主体，旨在利用外交、经济、军事等各种手段制衡包括中国在内的域外大国在印度洋的影响力。为了使中国无法专注于"21世纪海上丝绸之路"的建设，印度强化了与东盟的双边对话机制，支持相关国家对南海地区的主权声索，并利用美国"重返亚太"的契机，强化与美日的双边关系，从而构建与该地区主要国际组织和大国的关系网，在东海、南海地区牵制中国，迫使中国在涉足印度洋事务时保持克制。印度还意欲建立印度主导下的印度洋多边机制，充当地区利益的代言人。印度与毛里求斯、塞舌尔和马尔代夫等印度洋各国有着天然的民族文化联系，这些国家由于自身发展有限，在经济、科技和安全方面有求于印度，这使得印度认为它理所当然成为该地区的领导者，发挥支配作用。"21世纪海上丝绸之路"谋求在印度洋建立新的制度安排，将不可避免与印度既有的印度洋制度安排发生碰撞。鉴于此，中国可以循序渐进推动中印贸易和投资发展，参照中国－东盟自贸区，推动建立中国－南盟自贸区，促进印度洋经济发展；加强政治互信，通过高层访问、民间交流、合作开发等模式阐明我国"海上丝绸之路"和平发展的本质。中国应当为印度洋提供公共产品，打造负责任的大国形象。中国是印度洋自由通航的受益者，自然也应当成为该地区安全与稳定的维护者，不仅要与印度洋沿岸各国实现利益方面的共赢，更应当在面临共同威胁的领域加强合作，突出中国"21世纪海上丝绸之路"奠基人与领导者的角色，树立在该地区负责任大国的形象。

（二）在东西方文化融合中实现双赢和多赢

古海上丝绸之路促进了中国与沿海国家的文化交流，这种文化交流实际上也是传统的本土文化在与各种外来文化相容整合，融会贯通而形成新的混合型文化的过程。历史上海上丝绸之路是一个波斯文化、伊斯兰文化、印度文化与中国文化相互交流融合的重要通道。在这个过程中，文化抗拒与冲突虽然必不可免，但它是过程而不是目的或终极的价值取向。终极目标是符合时代要求，具有先进性与时代性的新文化特质的形成。唐以后阿拉伯、波斯以及印度、东南亚诸国的使节、商人、僧侣传教取经海道纷纷东来，他们带来的宗教信仰、语言文字、习俗礼仪等文化载体和文化信息在中国东南沿海广为传播。各种宗教教寺林立、活动自由而频繁，尤其是大批蕃商在中国东南沿海地区娶当地女子为妻，繁衍生息，伊斯兰教创始人穆罕默德向他的信徒发出了学问即使远在中国也当往而求之的号召。这些无不昭示着外来文化与当时的中国传统文化融合的成功。

海上丝绸之路的文化交流成果非常丰富而且极具现代意义,它给了我们重要启示:文化的交流其实就是文化的开放和兼容;文化交流既是海上丝绸之路的重要内容,也是海上丝绸之路畅通无阻的重要前提。海上丝绸之路的文化交流就是中华文化同世界各国各个文化圈之间的双向互动,真正意义上的文化交流是接受包含一切优秀的先进文化要素的交流。海上丝绸之路文化交流史表明,一个国家、一个民族、一个地区只有积极不断地与域外文化进行交流,吸取世界文化的优秀成果才能保持文化的先进性与时代性,才能使自己在政治经济和文化上获得更快的发展。

文化是经济的产物,当全球化浪潮以不可阻挡之势席卷世界之时,文化的全球化也就不可避免地随之到来。在文化全球化的进程中各民族越来越密切的经济政治交往与合作,必然要带动更加频繁的文化交流。当然不同国家、民族文化之间的交流交融不会是风平浪静、一帆风顺的,必然要产生激荡碰撞。既互相交流影响,互相启发吸纳,又彼此存有差异,共同发展,不同文化之间的矛盾冲突是文化全球化的表现和必然过程。

(三) 深刻影响当代国际经贸活动的内容

古代海上丝绸之路涉及东亚、东南亚、南亚、西亚、北非等地区,中国输出的主要是丝绸、瓷器、茶叶、金、银、书籍等,从域外输入的主要是香料、象牙、琉璃、玛瑙、明珠、宝石等。借助贸易,宣传中国文化、促进国际交流也是海上丝绸之路的重要方面。古代海上丝绸之路促进经济交流与文化交流,并建立了国家之间的信任关系,是一笔重要的历史无形资产。

21 世纪海上丝绸之路将会对亚太区域生产网络的完善和重构、地区统一市场的构建、贸易和生产要素的优化配置起到积极的作用，也为沿线国家加强海上合作、寻找新的经济增长点、提升经济发展质量提供新的历史机遇。

在经贸领域，对 21 世纪海上丝绸之路的功能至少可进行以下定位：一是保障货物自由贸易、要素自由流动的基本功能。21 世纪海上丝绸之路具有现代意义的通道，不仅是海上运输通道，而且还包括航空运输和管道输送方式以及陆地通道，其基本定位就是保障"货物自由贸易、要素自由流动"。二是联结亚洲、非洲、欧洲各国的贸易和经济的纽带功能。21 世纪海上丝绸之路是一条由沿线节点港口互联互通构成的、辐射港口城市及其腹地的贸易网络和经济带。三是制度建设和经济治理功能。21 世纪海上丝绸之路包含了中国与各条航线节点国家建立的经贸合作关系以及经贸合作规则和制度建设。通过经贸制度建设和经济合作，形成 21 世纪海上丝绸之路沿线国家的经济共同体。四是中国开放型经济体系的平衡器功能。当前，中国对外经贸发展具有不平衡性，加强与新兴及发展经济体的对外经贸关系十分必要。21 世纪海上丝绸之路沿线国家多是发展中国家，对中国对外经贸平衡发展会起到重要作用。总之，21 世纪海上丝绸之路承载着中国"走出去"功能，承载了中国全面开放的重任，是中国构建多元平衡开放体系的重要方式，是中国开放型经济的组成部分。

（四）确立当代海上丝绸之路运输航线

古海上丝绸之路主要有两条航线，即南海航线和东海航线。南海航线从中国东南沿海出发，向南越过马六甲，可达印度、波斯、非洲东部地区。东海航线向东则可以到朝鲜和日本。21 世纪海上丝绸之路，在线路上是对传统海上丝绸之路的延续与扩大，在航线大体上分为东南亚航线、南亚及波斯湾航线、红海湾及印度洋西岸航线。古海上丝绸之路开辟了中国对外的海上航线，为21世纪海上丝绸之路建设奠定了基础。

第三章
多维理论下的 21 世纪海上丝绸之路

　　建设 21 世纪海上丝绸之路,不仅需要先进理念的引领,而且需要先进理论的支撑。19 世纪以来发展起来的国际经济和政治理论,为我们分析和研究 21 世纪海上丝绸之路战略,尤其是研究相关政策体系,提供了重要的思想和方法论上的启迪。本章在深入了解国际贸易和投资理论、国际关系理论以及海洋战略理论等的基础上,重点阐述相关理论对推进建设 21 世纪海上丝绸之路的借鉴意义。

一、从比较优势理论看海上丝绸之路

比较优势理论自创立以来，一直都是国际贸易理论的基石，并成为制定国际贸易准则的基本遵循。尽管不时受到反对者的挑战，但在两个多世纪的时间里，比较优势理论一直在不断完善和发展之中。即使在贸易理论辈出的今天，比较优势理论依然在国际贸易理论中保持其毫无争议的主流地位。学习和借鉴比较优势理论的基本思想和方法，对于当前建设 21 世纪海上丝绸之路具有重要意义。

（一）比较优势理论主导着国际贸易理论发展

1776 年，在《国富论》中，斯密（Smith）以"每一个精明的家长都知道的格言"将绝对优势理论带入了人们的视野，开创了比较优势理论的源头。1815 年，托伦斯（Torrens）在《国外谷物贸易论》① 一文中明确阐述了相对比较优势理论。1817 年，李嘉图（Ricardo）在《政治经济学及赋税原理》一书中将相对比较优势理论放在了一个更加宏观的理论系统中进行阐述。相对比较优势理论的诞生标志着国际贸易理论总体系的建立，确立了其后国际贸易理论发展的方向。后来追随者们从比较优势的静态来源和动态来源两个方向，不断发展、完善比较优势理论，修正原模型中的种种假定，引入新的经济影响因素以更加贴近现实，最终形成了现代比较优势理论。

弗农②等学者把参与国际贸易的国家分为 3 类：第一类是技术创新国家，如美国等，技术、知识和资本充裕；第二类是工业发达国

---

① 又有学者将之翻译成《关于玉米对外贸易的论文》。

② Raymond Vernon. 1966. International Investment and International Trade in the Product Cycle. The Quarterly Journal of Economics, 80 (2)：190 – 207.

家，如西欧、日本等，资本充裕；第三类是发展中国家，劳动力充裕。产品的生命周期由新产品创新阶段、产品成熟阶段、产品标准化阶段三个阶段构成。由于生产要素比较优势不同，在产品生命周期的不同阶段，各国的比较优势也不同。在产品创新阶段，研发费用较高，产量少，成本较高。技术创新国家具有大批高素质的科技人员，因此在产品开发阶段具有比较优势。新产品开发之后，首先在技术创新国家进行生产和销售，满足本国高收入阶层的需要。在产品成熟阶段，技术逐渐成熟，企业投入大量资本，产品从技术密集型转化为资本密集型，工业国家开始具备比较优势，生产并出口产品。技术创新国家除继续在国内生产和出口产品外，更多地通过技术许可和设厂的形式在国外生产和销售。随着技术的转移，技术创新国家对工业发达国家的出口下降。进入标准化阶段后，技术更加成熟、实用，操作越来越简便，劳动力开始部分替代资本以降低生产成本，产品由资本密集型转变为劳动密集型，生产逐步标准化、规模化，价格逐步降低。此时，发展中国家具备比较优势。在标准化阶段的初期，主要由工业化发达国家生产并出口。在标准化后期，由劳动力充裕的发展中国家生产并出口。[①]

（二）我国可在沿线国家扮演"工业发达国家"角色

对于21世纪海上丝绸之路而言，沿线国家大多还处于工业化的初始阶段，其工业生产门类的生产技术和效率多明显落后于我国。基于比较优势理论，我国可以与工业欠发达的沿线国家开展经贸合作，这些国家也能够向我国出口具有相对优势的产品和资源。

实际上，随着国际经济一体化的加速，在生命周期的不同阶段，

———

① Raymond Vernon. 1966. International Investment and International Trade in the Product Cycle. The Quarterly Journal of Economics, 80 (2): 190–207.

新战略、新愿景、新主张
——建设21世纪海上丝绸之路战略研究

58

一种产品将在不同经济发展水平国家之间轮换生产和消费。相对于东南亚、南亚、中东、北非等海上丝绸之路沿线国家，我国在轻工产品、重工业产品、基础设施装备的设计、生产和服务方面具备较强优势，随着这些产业的不断成熟以及国内生产成本的不断提高，我国企业可以适度将生产基地拓展到沿线国家，强化产能合作。

在国际价值链中，我国可扮演"工业发达国家"的角色，不断从"创新国家"中汲取最先进的技术和经营理念，待某种产品在我国成熟之后，可考虑将其转移至沿线国家生产，实现全球资源的配置。李克强总理在联合国拉丁美洲和加勒比经济委员会的演讲中提到："中国出口巴西的地铁列车性价比好，有30%的部件是从欧洲企业采购的，中国为巴西生产的港口渡轮也有20%的重要部件是采购于美国企业。"表明产品和产业生命周期的变化深刻影响了各个国家的贸易结构，进而促成了国家之间开展贸易合作的机遇。[1]

总体来看，基于动态国际贸易理论，我国海上丝绸之路建设应充分利用沿线国家在产品生命周期不同阶段的不同比较优势，开展经贸合作，推动"21世纪海上丝绸之路"的建设。在借鉴比较优势理论基础上，"一带一路"倡议也推动更便利自由贸易环境的形成，推进沿线各国利用自身优势参与国际分工，实现经贸合作中的优势互补，最终构建中国对外开放新格局。

二、从国际投资理论看海上丝绸之路

通过对沿线国家和地区直接投资，提升主导产业的国际竞争力，促进中国产业转型升级，实现与沿线国家共同繁荣，是建设21世纪

---

[1] 《共创中拉全面合作伙伴关系新未来》，李克强在联合国拉丁美洲和加勒比经济委员会的演讲，2015年5月25日。

海上丝绸之路的重大课题。对国际直接投资理论进一步研究有助于深入理解和把握 21 世纪海上丝绸之路建设过程中我国对外投资的目标及实现路径。

（一）产业分工与合作是推动国际直接投资发展的核心动力

国际投资理论门派众多，这里我们着重介绍日本学者小岛清（K. Kojima）教授的对外直接投资理论——边际产业扩张理论。之所以重视小岛清的边际产业扩张理论，是因为这一理论是在总结日本经济高速增长背景下对外产业和资本扩张实践的基础上发展起来的。当前我国经济与日本 20 世纪 70 年代末、80 年代初大致处于同一发展阶段，日本在对外投资过程中的经验和教训对今天中国"走出去"，无疑具有重要的借鉴意义。

20 世纪 60 年代，随着日本经济的高速发展，其国际地位日益提高，与美国、西欧共同构成国际直接投资的"大三角"格局。然而，日本对外直接投资较欧美国家不同。对此，日本学者小岛清教授根据日本国情，结合本国特色发展了国际直接投资理论。1978 年，在其代表作《对外直接投资》一书中系统地阐述了他的对外直接投资理论——边际产业扩张理论。小岛清认为，按照该理论进行的对外国直接投资应具有以下特征：①对外直接投资一般应发生在投资国处于或即将处于比较劣势的行业，即"边际产业"。而这些产业在东道国是具有比较优势或潜在比较优势的行业，其转移能有效提升双方的产业结构，促进经济发展。②在对外投资主体上，中小型企业要先行。同大企业相比，中小企业在发达经济体中易处于比较劣势，成为"边际企业"，但它们相对于在国际分工中梯度较低的东道国来说，则具备一定优势。③对外直接投资应选择在国际分工中处于更低阶梯的国家或地区。在向这类发展中国家投资时，要从技术差距小、容易转移的行业开始按序进行。④对外直接投资应采用与东道国合资或非股权安排的方式。在合资企业中，投资国和东道国双方分担责任并共同解决技术和管理问题。⑤对外直接投资应是"顺贸易倾向型"。将"边际产业"向外转移，将扩大投资国和东道国的比较成本差距，东道国被培育为比较优势产业的出口基地，向投资国和第三国出口，而投资国以低成本进口，同时向东道国出口自己的比较优势产品，从而促进双方贸易及优势产业的发展。⑥对外直接投资应促进东道国的比较优势产业。通过培训当地人才，逐渐在东道国的相关行业产生溢出效应，最终从总体上改善当地产业的生产，完成对东道国的技术转移。

从资本的角度，一些学者也对国际投资行为进行了深入研究。20世纪80年代初，邓宁在一篇论文中，研究了以人均国民生产总值（GNP）为标志的经济发展阶段与一个国家的外国直接投资（FDI）以及一个国家对外直接投资（ODI）与一国净的对外直接投资之间的关系。同时邓宁也对对外直接投资阶段的划分、各阶段国际直接投资的特征以及国际直接投资发展阶段顺序推移，进行了较为全面的解释。

邓宁认为，当人均GNP低于400美元，一国处于经济发展的第一阶段，企业还没有产生所有权优势，所以不会产生直接投资净流出。同时在这一阶段外资总的流入量不大，也是由于东道国各种条件的制约。在第二阶段，即人均GNP在400～1 500美元之间时期，外资流入量增加，但主要是利用东道国原材料及劳动力成本低廉的优势，进行一些技术水平较低的生产性投资。在对外投资方面，东道国的投资流出仍停留在很低的水平上，只是在邻近国家进行了一些直接投资活动，并通过引进技术及进入国际市场等形式，来实现进口替代投资的经济发展战略。当人均GNP发展到2 000～4 750美元的第三阶段，由于东道国企业所有权优势和内部化优势大大增强，人均净投资流入开始下降，对外直接投资流出增加。标志着一个国家的国际直接投资已经发生了质的变化，即专业化国际直接投资过程的开始。在第四阶段，也就是人均 GNP 在 2 600～5 600 美元之间或以上时，是国际直接投资净流出的时期。随着该国经济发展水平的提高，这些国家的企业开始具有较强的所有权优势和内部化优势，并具备发现和利用外国区位优势的能力。

根据邓宁的理论，中国目前处于对外直接投资的第四阶段。在这一阶段，对外直接投资（ODI）迅速增长，劳动力、资源优势在逐渐变弱，资本、知识型优势日益凸显。显然，第四阶段正好与中国当前的现状相符。

（二）借鉴边际产业扩展理论主张推进我国产业国际化进程

小岛清的边际产业扩张理论为我国与沿线的中亚、中东欧国家之间开展产业合作提供了启示。首先，在国内市场需求趋于饱和情况下，应重视与沿线国家开展产业合作。这一方面促进国内生产能力、技术装备的出口，另一方面提升了沿线国家产业技术水平。我国开展产能合作的产业应该是在我国逐步处于衰落和过剩的产业。其次，应创造条件，引导中小企业积极开展对外产能合作，逐步改变目前国际化经营中国有企业独大的局面。第三，与那些技术与我国更加接近的国家开展产能合作，更可能取得双赢的局面。第四，产能合作要争取当地企业和政府的支持，实现共同规划、共同建设和共同受益。第五，我国可将一些不再具备优势的行业转移至沿线国家，实现合作生产，进而适度从东道国进口相关产品，强化双边经贸关系，促进贸易平衡。最后，产能合作更要实现深层次双赢，在合作生产的过程中，要适度培育当地的技术工人，提升当地技术水平，凸显"双赢、互利"的根本原则。

2015 年 6 月，李克强总理在中欧工商峰会上的主旨演讲中提出："开展国际产能合作，发展中国家可以以较低的成本、较快的速度提升发展水平，处于工业化中端的中国可以促进产业升级，处于工业化高端和后工业化阶段的发达国家也可以拓展国际市场，全球产业链的上、中、下游都得到发展进步的机遇，是一举多得、三方共赢之举。"①

2013 年 10 月，习近平在周边外交工作座谈会上的讲话中提到，"要本着互惠互利的原则同周边国家开展合作，编织更加紧密的共同利益网络，把双方利益融合提升到更高水平，让周边国家得益于我国发展，使我国也从周边国家共同发展中获得裨益和助力。"② 在与周边国家开展经济合作过程中，我国依然坚持"互利互惠"的根本原则。

事实上，近年我国对包括海上丝绸之路国家在内的"一带一路"投资已呈现快速发展势态，2015 年我国企业共对"一带一路"相关的 49 个国家进行了直接投资，投资额合计 148.2 亿美元，同比增长 18.2%，占总额的 12.6%，投资主要流向新加坡、哈萨克斯坦、老挝、印度尼西亚、俄罗斯和泰国等。2015 年，我国企业在"一带一路"相关的 60 个国家新签对外承包工程项目合同 3 987 份，新签合同额 926.4 亿美元，占同期我国对外承包工程新签合同额的 44.1%，同比增长 7.4%；完成营业额 692.6 亿美元，占同期总额的 45%，同比增长 7.6%。

三、从区域经济一体化理论看海上丝绸之路

(一) 推进区域经济一体化是沿线国家的共同愿望

所谓区域经济一体化，是指地理上邻近的国家或地区，为了维

---

① 《携手开创中欧关系新局面》，李克强在中欧工商峰会上的主旨演讲，2015 年 6 月 29 日。
② 《坚持亲、诚、惠、容的周边外交理念》，习近平在周边外交工作座谈会上的讲话，2013 年 10 月 24 日。

护共同的经济利益和加强经济联系与合作，相互间通过契约和协定，在区域内逐步消除成员国间的贸易与非贸易壁垒，进而协调成员国间的政治经济政策，形成一个跨越国界的商品、资本、人员和劳务等自由流通的统一的经济区域的过程。其目的是通过区域经济组织，在成员国之间进行分工协作，更有效地利用成员国的资源，获取国际分工的利益，促进成员国经济的共同发展和繁荣。[①] 区域经济一体化理论在发展中涌现出众多流派，主要的有关税同盟理论、自由贸易区理论、共同市场理论、协议性国际分工理论、综合发展理论等。

关税同盟是区域经济一体化过程中最基本的一种形态，是西方区域经济一体化理论的内核，也是战后西欧区域经济一体化付诸实践的基础。其特点是：在关税同盟内部，成员之间不仅相互减免关税，消除贸易壁垒，而且实行统一的对外关税政策（CFT）。一般来讲，关税同盟对外实行贸易保护主义，对内实行减免关税的统一政策。其最高目标是在同盟内部实现对外关税政策统一。

自由贸易区则是区域经济一体化的又一种形态，主要关注的是贸易。在自由贸易区内成员之间相互减免关税，尽最大可能消除贸易壁垒，使各成员获得比较利益。但每个成员仍保留各自的对非成员的独立关税政策。20 世纪 90 年代以来，这类自由贸易区发展十分迅速，几乎遍及全世界的各个地区，其中最具有代表性的应属"北美自由贸易区（NAFTA）"。

共同市场是区域经济一体化的第三种形态。共同市场是各成员在实现共同对内对外关税政策的基础上，实现各成员之间商品、资本、人员和劳务等生产要素的自由流动，建成一个统一的大市场，

① 毛振鹏，慕永通：《从 21 世纪海上丝绸之路看中国海权发展道路选择》，载《广西社会科学》，2015 年第 4 期。

并力图实现各成员在若干重要经济领域协调并制定共同的经济政策。这种形态通常还要求成员之间在自愿协议基础上让渡部分主权，建立协调和制定共同政策及管理该组织共同事务的权力机构。如欧洲共同体从一开始就普遍地被称为共同市场，但直到1985年以后才开始逐步地实现真正统一市场。

货币联盟是区域经济一体化中的较高形态，在联盟内部要求成员发行统一繁荣货币，建立中央银行和实行统一的货币政策。货币联盟通常与关税同盟或共同市场相伴而生。欧盟根据1992年建立欧洲联盟的马斯特里赫特条约，欧盟决定建立货币联盟，并经过8年的准备，于2002年1月1日起，欧盟成员实行了统一的货币——欧元。

相比货币联盟，经济和货币联盟又是一体化的更高形态，其要求成员在经济、财政、福利、货币等领域实行统一的经济政策，发行统一的货币。这类联盟已经具有一定程度的超国家性质，建立起一整套立法、司法、行政和监督的联盟机构。在世界现有的各类区域经济一体化组织中，只有欧盟具有这样组织的性质。根据《马斯特里赫特条约》的规定，欧盟将逐步实现这种区域经济一体化形态，涉及共同市场与共同货币，以及其他领域的一系列整合或协调统一的政策。

完全经济一体化是区域经济一体化中最高的形态。不仅包括经济政策的统一，也包括各成员之间的一些政治政策的统一。一般情况下，在区域经济一体化发展到一定程度的同时，政治一体化就会得到相应的发展。政治一体化同样涉及面很广，各种形态常常相伴而生，渐进发展，现有的各种组织中，还没有这一类一体化组织。

（二）以发展多边或双边贸易协定为抓手，推进沿线区域经济一体化

21世纪海上丝绸之路立足从加强沿线国家之间的经贸联系入

手，逐步发展多边或双边的贸易协定，最终实现区域经济一体化，是21世纪海上丝绸之路发展的方向。21世纪海上丝绸之路未来将打造区域经济一体化的新格局，沿线国家通过互利合作、包容开放，实现共同发展繁荣。同时，沿线国家的联系可以是松散的，也可以是紧密的。沿线各国有着不同历史传统、文化背景、社会制度，还都肩负着发展经济、维护稳定、改善民生的重要使命，应该以战略和长远眼光，同舟共济，守望相助，构建合作共赢的伙伴关系，共同打造持久稳定的安全格局、互利共赢发展格局、多维立体的互联互通格局、开放包容的区域合作格局。①

充分深化和利用现有双多边经济组织合作机制，推动与沿线国家的经济一体化水平。沿线的每一个国家在国际舞台上都具有多重身份。要充分利用上海合作组织、中国－东盟"10＋1"、亚太经合组织（APEC）、亚欧会议（ASEM）、亚洲合作对话（ACD）、亚信会议（CICA）、中阿合作论坛、中国－海合会战略对话、大湄公河次区域经济合作（GMS）、中亚区域经济合作（CAREC）等我国参与的现有多边合作机制，加强与相关国家的经贸合作安排。中国领导人在出席多边活动的过程中，同沿线国家领导人直接会晤，增进战略互信，有力推动中国与有关国家的双边经贸合作；同时，相当多的国家在其参与的经济组织内部具有较好的影响力，推进与这些国家的双边经贸合作，能够产生"以点带面"的辐射效应。可充分利用已有的双多边合作机制，营造良好的经贸合作环境，与沿线国家和战略伙伴提升区域经济一体化水平，共筑全球经贸合作伙伴关系网。

---

① 冯云廷：《区域经济学》（第二版），长春：东北财经大学出版社，2013年。

四、从全球价值链理论看海上丝绸之路

(一) 全球价值链重塑：从"中心—外围结构"到全球"双循环"结构

众所周知，第二次世界大战之后逐渐形成的世界经济体系是一个"中心—外围结构"，并以美国为中心向外围波纹式推移。这一结构的中心是美国，紧靠美国的是西欧、日本和加拿大等发达经济体，外圈是亚洲"四小龙"、拉美新兴工业国等中等发达国家和地区，再外圈是其他东南亚国家、中国等发展中国家，最外圈则是工业化程度更低的发展中国家。为了维持"中心—外围结构"的有序循环，美欧等发达国家构建了战后国际货币金融体系、全球贸易投资规则以及全球经济治理结构。在这个结构中，发达国家主要从事研发、设计、销售、管理、服务等高增值环节，并通过国际投资、产业转移等将低增值环节转移到发展中国家。发展中国家则依靠从发达国家转移来的技术和资金从事中低端加工制造与出口，为全球生产产品，以此带动本身的就业和经济增长。"中心—外围结构"的循环体系可以表达为：中心国家对外围国家投资—制造业等基础产业转移—外围国家工业化和制造业发展—对中心国家出口—贸易顺差以间接投资形式回流中心国家—中心国家对外围国家持续投资……应当承认，第二次世界大战以来，世界经济"中心—外围结构"及其配套制度安排保障了全球经济稳定，为世界经济增长创造了条件。

2008年金融危机爆发之后，欧洲和美国、日本等发达国家经济增长放缓甚至衰退，有效需求减少，"中心—外围结构"的循环也随之减弱。于是，传统上外围国家依靠向中心国家出口实现经济增长的机制便不复存在。与此同时，由于欧美发达国家出现国内中低端产业空心化现象，它们开始将其在海外的产业回流和再工业化。这

导致发达国家的资金流出新兴经济体，更是打破了原有世界经济"中心—外围结构"的循环机制。然而，广大亚非拉国家仍有提高本国工业化和经济发展水平的迫切要求。日益增长的国际公共产品需求与落后的供应能力之间的矛盾，推动形成新的全球经济结构。中国提出并着力推进的"一带一路"合作倡议，在很大程度上迎合了这种需求。中国是世界第二大经济体和第一大贸易体，是大多数国家最大的贸易伙伴。中国的市场和资金是许多国家经济增长的主要依靠，他们不再依靠美国投资而是依靠中国投资，不再依靠美国市场而是转向中国市场。这说明中国正在成为引领世界经济尤其是发展中国家经济发展的重要动力。随着"一带一路"建设的实施，以及沿线国家之间紧密经济联系与合作平台的建立，中国与广大发展中国家之间逐渐形成了一个新的经济循环。这一经济循环与传统的"中心—外围"循环，构成了世界经济"双循环"格局。在世界经济"双循环"格局中，中国应积极融入第一循环，努力构建第二循环。

全球经济第一循环的不断深化，将形成一个以产业内和产品内分工为基础的全球产业价值链。第一循环的参与主体将是主要发达国家和发展中国家的新兴经济体（特别是东亚、东南亚经济体）。在这一循环中实行的将是体现了未来全球经济规则发展方向的高水平的国际贸易投资规则。中国企业应积极参与这一全球价值链分工，通过双向贸易与双向投资，率先适应这些高水平的规则，跟上全球经济发展潮流，并以此促进中国经济升级和竞争力提升。

在积极参与第一循环的同时，中国应积极发挥对世界经济的主导和引领作用，构建一个由中国引领、由周边发展中国家以及广大亚非拉国家参与的新经济循环，即全球经济的第二个循环。在第二个循环中，中国和其他制造业比较发达的新兴经济体将成为国际投资与产业转移的主体，通过对外直接投资将成熟的制造业生产能力转移到制造业不发达、尚处于工业化起步阶段的亚非拉国家，带动这些国家的经济发展，实现这些国家的工业化和经济起飞。这些国家进入工业化以后，将有更大的制成品出口能力，改善其贸易条件和国际收支，进入良性循环。第二循环带动的国际投资、产业转移、国际贸易和经济发展将成为世界经济增长的新的、源源不绝的动力，为世界经济增长注入新活力。在这两个环流体系中，中国越来越成为链接发达国家与亚非拉欠发达国家的中间节点和枢纽点。

在当今世界政治经济秩序下，第二循环对"一带一路"沿线发展中国家发展或许更为重要。因为，现行的世界经济结构和全球经贸规则，已经容纳不了发展中国家从欧美日等发达国家直接承接产业转移。面对经济结构日益空心化和非制造业化的现实，主要发达国家无力对最不发达国家进行制造业投资和产业转移。他们所主张的严苛的贸易与投资规则，也远远超出了发展中国家的现实条件。而中国等新兴制造业大国，恰恰具备这方面的能力，与广大发展中国家具有天然的互补性与合作基础。这也就意味着，在中国所引领的国际经济合作与经济循环中，将在更大程度上践行国际经济关系公平、民主、开放、共赢、差别对待、循序渐进、互相尊重、不干涉内政等原则。正视发展中国家国情复杂、国家众多、经济发展水平差异巨大、历史文化与社会经济制度多种多样等情况，中国宜致力于建立开放包容、机制灵活的国际经济合作平台，让不同发展水平与不同经济条件的国家都能在这一合作中受益。

（二）21世纪海上丝绸之路是全球"双循环"结构的关键环节

在中国"一带一路"框架下提出的各种国际经济合作构想与安排，充分体现了开放包容、差别对待、循序渐进、互利共赢等原则。不仅如此，中国还通过亚洲基础设施投资银行、丝路基金等金融机制大力帮助发展中国家兴建基础设施，为未来的产业发展和产业转移创造基本条件。所有这些，将为未来中国与亚非拉发展中国家之间的经济循环奠定基础。海上丝绸之路建设，既是世界经济"双循环"结构中的关键环节，也是世界经济全面复苏的新引擎。可以预期，随着21世纪海上丝绸之路战略构想逐步落实，随着新兴经济体与广大发展中国家之间的贸易、投资关系不断加强，新经济循环逐渐形成并展现出强大的活力，世界经济将会获得新的、源源不竭的增长动力，世界经济新的增长时代也将到来。

五、从全球治理理论看海上丝绸之路

在历史上，不同的地区存在不同的世界秩序观念。比如，欧洲、亚洲、中东、美洲等地区的国家，都有着各自的世界秩序概念。每一种秩序都把自己界定为合法组织人类社会的标准模式。但是，在所有这些秩序概念中，只有衍生于欧洲的威斯特伐利亚体系，随着欧洲国家的扩张被带到了世界各地，成为涵盖不同文明和地区的全球秩序。

（一）全球治理经历了三大发展阶段

从历史上看，全球治理经历了三大发展阶段：第一阶段是1945—1975年，即从联合国与布雷顿森林体系诞生到西方集体管理世界经济的七国集团（G7）成立，这一阶段尚不是严格意义上的全球治理，而是国际治理，或可称其为"旧的全球治理"。第二阶段是20世纪70年代末中国改革开放到2008年美国和欧洲先后陷入金融危机。在此期间，全球化在中国实施开放、金砖国家崛起等事件中加速，同时历史上前所未有的全球性金融危机、发展危机和生态危机爆发，旧的全球治理无法应对深刻复杂变化的全球局势。世界贸易组织主导贸易自由化谈判持续了十几年，始终未能取得结果，这在相关制度上削弱了世贸组织在全球经济治理中的领导地位，G7在全球经济治理中的领导力因其无法接受新兴国家的崛起而受到质疑。20世纪90年代，联合国改革特别是安理会改革被提上议事日程，亚洲金融危机爆发后，国际金融组织也启动了改革进程。第三阶段是从2008年开始到现在，在西方爆发金融危机的背景下，"全球性问题全球解决"日益成为国际共识。联合国主持下的气候变化谈判和针对解决国际金融危机形成的G20，标志着全球治理进程进入了新的阶段。"金砖国家"建立的不断完善，多层次、宽领域的合作机制，已发展成为新兴市场国家在经济、金融和发展领域交流与对话的重要平台，成为维护世界和平稳定、带动全球经济增长、加强多边主义、促进国际关系民主化的重要力量。这一阶段的特点可以概括为：对旧有国际制度的改革、全球治理的转型以及尝试建立全新的全球治理方式。

（二）"一带一路"倡议是中国致力于改善全球治理的最新方案

国家间相互依赖关系的日益深化与全球性问题的日益凸显，使得全球治理比以往任何时候都更加必要。正因为如此，全球治理问题正越来越引起国际社会的关注。当今世界全球治理的基本原理和政策体系主要建立在西方所谓国际秩序理论基础上，主要服务于西方国家和国家集团的利益。中国不是现存全球治理理论或全球性问题解决方案的主要来源国和生产国，但这并不妨碍我们在批判借鉴全球治理理论的基础上推动构建国际经济秩序，并在这个过程中实现对原有全球治理体系的改造和完善。

丝绸之路经济带和21世纪海上丝绸之路战略构想的实施，是中国主动参与国际经济合作的重大战略构想，标志着中国逐步迈入了主动引领全球经济合作和推动全球经济治理变革的新时期。进入21世纪，中国与世界的关系发生了根本性的变化：中国已经成为全球第二经济大国、第一货物贸易大国及第一出口大国、第三投资大国和最大外汇储备拥有国等。中国作为世界经济的重要引擎之一，为世界经济复苏做出了重要贡献。据国际货币基金组织统计，2014年中国经济对世界经济增长的贡献率为27.8%，是该年度对世界经济增长贡献最大的国家。凭借日益增长的经济实力与影响力，中国在新一轮对外开放进程中，既可以成为新兴国家商品的巨大市场，也可以为新兴国家提供资金来源。中国在主动参与全球经济事务的过程中，可以更加主动地提出"中国建议""中国方案"，使之成为"世界方案"的一部分。

实际上，21世纪海上丝绸之路相关议程也着眼于为区域性经济治理输出公共产品。在全球化进程中，主动参与区域性经济治理，包括平台角色、治理议题设置和公共品提供能力。其中，公共品提供能力建设是全球经济治理机制的核心内容。一般来说，公共品提供存在"搭便车"的现象，每个国家都试图搭别国的"便车"，而不希望其他国家搭自己的便车，从而导致全球治理中公共产品提供的不足。比如，现有的全球或区域性多边金融机构（世界银行、亚洲开发银行），对发展中国家的议程关注明显不足，无法满足发展中国家的整体崛起及其对基础设施建设资金的巨大需求。中国推动发起建立亚洲基础设施投资银行，出资400亿美元成立丝路基金，旨在向包括东盟国家在内的本地区发展中国家基础设施建设提供资金支持。这顺应了国际区域经济合作发展的潮流，顺应了为全球尤其是发展中国家输出公共产品的迫切需求，充分体现了中国作为负责任大国的作用与地位。

六、从国家安全理论看海上丝绸之路

（一）国家安全理论的发展和完善

国家安全是指一个国家相对的稳定、完整和没有威胁、恐惧的状态，以及维持这种状态的能力。从客观上讲，研究国家安全既要看国内环境，也要看国际环境。从主观上看，国家安全还要看其对相关国家是否信任，是否有恐惧感。影响国家安全的因素既有现实的，也有潜在的。现实主义、建构主义与和自由主义并称为西方国际安全理论三大主流学派。三大学派从不同的视角对国际安全问题进行了诠释，对推进21世纪海上丝绸之路建设有一定借鉴意义。

现实主义国家安全理论认为追求权力地位和安全利益是国家的天性；注重国家实力和国家实力的分布，强调地缘政治、地缘经济。强权政治、霸权主义、均势政策等都与此有关。这种理论仍是当前某些国家制定安全政策的主要理论依据。

理想主义国家安全理论则认为战争是非理性的行为，各国可以通过国际法、公众舆论和采取集体安全等措施防止战争的爆发，各国应当相互信任，即应该相信别国的安全愿望。集体安全、合作安全战略皆源于此。理想主义国际关系理论同"和平合作、开放包容、互学互鉴、互利共赢"的丝绸之路精神与实践有着诸多的契合点，可以作为新形势下21世纪海上丝绸之路倡议有力的理论支撑。

自由经济主义理论认为世界和平与稳定的基础并不在于均势，而是同建立和维持一个自由的世界经济秩序相联系。自由经济秩序将有助于减少国家间冲突，增强国家间的合作和相互依赖。经济繁荣使国家一般倾向于维持现状。21世纪海上丝绸之路倡导的和平发展道路及新型国际观的提出，契合亚当·斯密的"利益和谐论"，符合自由主义国际关系的核心思想，有助于建立新环境下和谐的国际关系，更有利于促进世界经济的健康发展。

除上述三大学派外，非传统安全理论的产生和兴起是国家安全理论发展的新领域。所谓非传统安全，是指诸如大规模杀伤性武器的扩散、网络信息、恐怖活动、能源和食品危机、金融危机、人口和环境矛盾、宗教及民族冲突、艾滋病传播等一些新的不安全因素的统称。非安全因素在一定程度上影响一个国家的安全水平，这也促使非安全理论的发展和完善。

文明冲突理论是非传统安全理论中最引人注目的研究成果。20世纪 90 年代，美国哈佛大学教授亨廷顿（S. Huntington）在其专著《文明的冲突与世界秩序的重建》里，对文明冲突理论做了详尽、系统的阐述和论证。亨廷顿认为，西方文明正在衰落，亚洲文明却在发展壮大他们的经济、军事和政治力量，伊斯兰文明由于人口激增而打破了伊斯兰国家与其邻国的平衡关系。文明之间的断裂带正在变成全球政治中冲突的中心地带。文明之间的冲突是对世界和平的最大威胁。全球文明间战争的避免有赖于世界领袖接受并合作维持全球政治的多元文明性质。以文明为基础重建国际秩序是防止战争的最佳安全保障。

（二）21 世纪海上丝绸之路建设有助于提高应对区域潜在安全风险的能力

进入 21 世纪，中国周边形势复杂性剧增，周边外交面临的挑战不断加大。一是中国与周边国家存在的边海争端问题。这些问题突出地表现为中日之间的钓鱼岛争端、中国与部分东南亚国家间的南海划界及岛礁争端。二是大国战略博弈问题。突出表现为美国利用周边国家对中国崛起的恐惧，加大对中国周边事务的干预力度，以图平衡中国在亚洲快速增长的影响力。三是东亚地区合作转向问题。亚洲地区存在多个区域经济合作机制，这些合作机制远超出了区域经济合作的需求，且部分机制处于竞争之中，不利于区域经济合作。四是非传统安全问题。以恐怖主义为代表的"三股势力"（恐怖主义势力、极端主义势力、民族分裂主义势力）造成的地区局势不稳定，日益成为中国周边地区面临的重大安全威胁。

如前所述，"一带一路"倡议的核心内容，与商业自由主义理论倡导的国际关系内涵不谋而合。共建 21 世纪海上丝绸之路的倡议正是在"和平、发展、合作、共赢"的新时代主题下提出的，秉持的是开放的区域合作精神，其目的是维护全球自由贸易体系和开放型世界经济，为世界和平发展增添新的正能量。中国是联合国宪章的坚定维护者，在推进海上丝绸之路建设中，中国将一如既往地遵守"尊重各国主权和领土完整、互不侵犯、互不干涉内政、和平共处、平等互利"五项基本原则。中国一向反对霸权主义，是自由制度合作范式的积极倡导者。

近年来，中国领导人在各种讲话中多次申明坚持走和平发展道路的愿望和决心，呼吁建立以合作共赢为核心的新型国际关系，共同推进世界和平与发展。习近平主席在多个场合强调，中国将始终不渝地走和平发展道路，并呼吁各国人民共享尊严、共享发展成果、共享安全保障。《中国的和平发展》白皮书将和平发展道路的特征归纳为科学发展、自主发展、开放发展、和平发展、合作发展、共同发展，而无论是开放发展、和平发展还是共同发展，其实现的前提均是开放与合作。面对复杂纷繁的国际形势，只有打开国门、解放思想、团结协作，才能创造出符合世界人民共同利益的和平与发展的新环境。

七、从"海权论"看海上丝绸之路

（一）马汉"海权论"及其影响

阿尔弗雷德·塞耶·马汉（Alfred Thayer Mahan）是美国历史上最具有战略眼光的历史学家和海事理论家。《海权对历史的影响（1660—1783）》于 1890 年在美国出版，是马汉海权理论的第一部成功之作。书中马汉引证英国在拿破仑时代的战争中获得海上霸权的事实，来证明欲发展海权必须以强大的海军控制海洋，以掌握制海权。《海权对历史的影响（1660—1783）》一出版即引起关注，美国、日本、德国与苏联等国都先后将其作为制定国家发展战略的方向指导。被誉为是近代制海权理论的奠基之作和"海军圣经"①。

马汉认为，必须认识到海洋对人类社会的意义，以及海洋对一个国家军事实力的影响。在马汉看来，海权是一个国家对海洋综合控制和利用海洋的总体能力。"海权"并不仅仅局限于单纯的海军，而是具有"海军实力""海上力量""制海权"的广泛内涵，甚至"海洋贸易能力"观念都在马汉"海权"定义的涵盖之中。

马汉认为，影响一国海权大小的因素由六个方面构成：地理位置、具有漫长海岸线和优良港口特点的自然结构、国土面积以及海岸线长度和港口、从事海洋航运方面的人数、人民乐于从事海运贸易程度、政府海洋政策。上述六个条件中，前三个是自然地理条件，具有客观性；后三个是人文方面的，属于社会组织和个体的主观愿望，能够充分体现出人的主观能动性。马汉的海权论主要强调国家对海洋强有力的控制以及强大海军对维护海权的重要性。海权的发展从根本上来讲应依靠商业，海洋对于国家的吸引力就在于运输和商贸。海外殖民地、海外贸易、海军三者是相互联系、相互发展的。一国可以通过集中强有力的海军消灭敌方舰队，封锁海上航线，以夺取制海权。海权凭借着自己所具有的关键因素，成为一个国家强大与否的决定因素。

当今国际环境与100年前已有很大不同，任何国家试图以压倒其他国家获得优势、控制更多的世界海洋战略要地来维持自己的绝对海洋安全都是困难的，即便是唯一超级大国美国想要长期使用传统安全观念和方式维系海上霸权也已显疲态。在当今世界，绝对的、

① 阿尔弗雷德·塞耶·马汉：《海权论》，一兵译，北京：同心出版社，2012年。

排他的、零和的海洋安全观恐已难再持续。

（二）21 世纪海上丝绸之路：中国版的"海权论"

今天的世界已经不是几百年前的世界，今天的中国更不是几百年前的西方列强，走西方列强的老路对今天的中国而言既无可能，也无必要。进入 21 世纪后，随着国际形势的迅速发展和中国面临的海洋安全问题的不断变化，中国对海洋的认知以及海洋安全观也已再次发生嬗变。同时全球化的迅速发展以及中国与世界各国的利益交织，也使得中国的海洋安全观必须和世界海洋安全相联系。在当前的国际格局和国际环境下，中国认识到，新型的以"共同治理、合作共赢"为指向的海洋安全观念更符合中国以及世界各国的共同利益。

不同于早期马汉更强调"海洋的军事实力影响和霸权"的"海权论"，21 世纪海上丝绸之路更注重开放合作，其始终秉持共商、共建、共享的原则，该框架下的合作基于但不限于古代丝绸之路的范围，完全向区内外所有国家开放，不搞封闭机制，不预设合作条件和门槛，不排斥和针对任何第三方，欢迎任何国家和国际、地区组织广泛参与，成为 21 世纪海上丝绸之路的支持者、建设者和受益者。中国不谋求主导，更不是为一己私利。

习近平主席表示，"一带一路"不是封闭的，而是开放包容的；不是中国一家的独奏，而是沿线国家的合唱；不是空洞的口号，而是看得见、摸得着的实际举措。习近平主席强调 21 世纪海上丝绸之路建设秉持共商、共建、共享原则，充分展示了中国对新时期推进21 世纪海上丝绸之路的新理念、新思路。

"共商"，就是集思广益，兼顾各方利益和关切，体现各方智慧和创意。无论在酝酿、倡议阶段还是在推进、收获阶段，都由沿线国家商量着办事。21 世纪海上丝绸之路倡议在印度尼西亚提出，本身就是采取与东道国共商的形式。在制定、规划和推出《推动共建丝绸之路经济带和21世纪海上丝绸之路的愿景与行动》的过程中，中国通过双多边渠道，广泛听取了沿线国家的意见和建议，汲取了不少建设性意见，例如突出开放性，重视人文合作与生态环保，争取早期收获，打破投融资瓶颈，鼓励企业创新等。

"共建"，就是体现共同参与，发挥自身优势和潜能，形成新的合作优势，"众人拾柴火焰高"。沿线国家国情国力不同，可各尽其力，各施所长。

"共享"，就是坚持互利共赢，寻求利益契合点和合作最大公约数。大家一起做大蛋糕，公平合理地分配好蛋糕。中国和所有沿线国家都是利益攸关方。21世纪海上丝绸之路建设体现了包容性发展的理念，努力让合作成果惠及沿线各国及国际社会，惠及基层民众。

同时我们也要看到，海上争端仍将是影响我国周边安全的主要因素。海洋作为一个国家对外的重要防线，其安全问题是其实现经济健康发展的重要保障。今天的海上丝绸之路不仅是贸易之路，而且是能源通道，其通畅与否不仅关系中国自身的能源安全、发展安全，而且关系到区域安全以及海湾国家的石油出口安全。[1]

中国周边海上安全问题涉及中国与整个周边国家的关系，也涉及中美在亚太地区的竞争与合作关系。"自由"和"安全"将成为21世纪海上丝绸之路建设的两个关键词。前者包括航行和贸易自由，后者包括消除这一地区的潜在不稳定因素，其中钓鱼岛争端和南海问题将给中国的周边外交和21世纪海上丝绸之路建设带来持续性的压力。中国有必要以21世纪海上丝绸之路为契机，更加坚定地

---

① S. Lall:《The Technological Structure and Performance of Developing Country Manufactured Exports》, Oxford Development Study, Vol. 28, No. 3, p. 337 – 369, 2000.

推进海洋强国建设，以维护中国的境外利益和全球海洋利益。

（三）制定面向新世纪的海洋发展战略

《联合国海洋法公约》生效以来，我国陆续修订、颁布并实施了一系列海洋法律法规和政策，对规范海洋开发秩序、加强海洋环境保护、维护国家海洋权益发挥了重要作用。但总的看，我国缺乏整体性海洋政策设计，现代海洋发展战略尚未成型，难以适应国际国内海洋事务发展需要。一是海洋事务在国家总体战略中仍处于从属地位。受历史及文化影响，我国从官方到民间对陆地的重视程度远甚于海洋。时至今日，公众仍普遍缺乏现代海洋意识，各级政府和有关部门对海洋事务的重要性认识不足，对海洋问题的复杂性估计不足，对海洋事务的管理较为粗放。二是体现国家意志的现代海洋战略尚未形成。我国缺少国家层面上对海洋事务系统性、前瞻性、战略性指导的海洋政策，也未形成体现国家意志的海洋行动计划。在涉及国家海洋安全、权益、资源、环境、执法、防灾减灾及公益服务等重大问题上，缺乏统筹考虑。三是海洋立法进程滞后。海洋法律制度不够健全，没有形成完善的海洋法律体系。现行海洋法律法规过于原则化，内容不具体、不配套、不系统。现行的海洋法律法规不能覆盖《联合国海洋法公约》赋予沿海国的所有权利和义务。对海洋经济发展中出现的海洋开发与资源、环境的保护、可持续发展等比较突出的问题，缺乏严密而适用的法律规范。

为适应建设海洋强国和21世纪海上丝绸之路的需要，宜尽快制定明确的国家海洋发展战略。国家海洋战略宜包括国家海洋事业发展阶段性目标、方针及任务，并就海洋安全、海洋经济、海洋生态、海洋科技等重要方面提出明确的国家政策主张。

首先，宜扭转长期以来"重陆轻海"的传统观念，将海洋战略放在与人口、环境等基本国策同等重要的位置，进一步强化海洋意识，形成全民关注海洋的氛围。

其次，建立统一高效的海洋综合管理体制。宜借鉴发达国家做法，实施以生态系统为基础的海洋综合管理体制，加强其对海洋事务的统筹协调能力。

第三，健全和完善海洋法律体系。可在我国现有涉海法律法规基础上，进一步加强海洋立法工作，逐步形成适应国家海洋发展的基本海洋法律体系，包括基本海洋法律法规、专项海洋法律法规、区域海洋法律法规和地方海洋法律法规体系。当务之急是尽快制定海洋管理的根本大法——《海洋基本法》，以协调相关法律、法规之间的关系，理顺部门之间、中央和地方之间的关系，对重大海洋问题予以法律规范。

第四章
21 世纪海上丝绸之路的战略定位及愿景

　　建设海上丝绸之路，是我国为适应全球战略格局新变化，拓展和平发展、合作共赢新空间，构建全方位开放新格局做出的重大战略部署。宜科学谋划建设海上丝绸之路的主要目标、任务和重要举措，从国家层面统筹安排各方力量，完善政策，集聚资源，形成合力，稳步协调推进工作。海上丝绸之路涉及东盟、南亚、西亚等众多国家，各国政治生态迥异，利益诉求多元。为此，宜立足国际国内全局，强化海陆统筹，完善经济外交，加强战略规划，拓展合作机制，以营造良好氛围，加快建设进程。

一、战略走向

传统的海上丝绸之路航线涵盖中国、东南亚、南亚、西亚和东非部分国家。21世纪海上丝绸之路也以海上航线为主要通道，但涵盖范围更广，包括四个方向（见图4-1）：

（1）中线：指从中国沿海地区出发，通过南海经马六甲海峡进入印度洋，然后通过红海、苏伊士运河进入地中海，出直布罗陀海峡进入大西洋，进入西欧与北欧。中线涵盖我国大陆沿海城市、港澳台、东南亚、南亚、西亚、北非、海湾地区、地中海沿岸、西欧和北欧诸国。

（2）西线：指从中国沿海地区出发，通过南海经马六甲海峡进入印度洋，西行到东非、南非，绕道好望角进入西非，然后进入欧洲。西线涵盖我国大陆沿海城市、港澳台、东南亚、非洲沿海诸国、西欧和北欧诸国。

（3）南线：指从中国沿海地区出发，通过南海进入南太平洋。

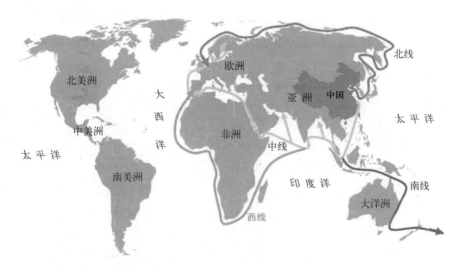

图4-1　21世纪海上丝绸之路4条路线

南线涵盖我国大陆沿海城市、港澳台、东南亚和大洋洲诸国。

（4）北线：指经过日本海、白令海峡，通过北冰洋航线进入北欧和西欧。北线涵盖我国大陆沿海城市、港澳台、日本、韩国、朝鲜、俄罗斯和北欧诸国。

在上述4条线路中，中线、西线与历史上的海上丝绸之路基本重合，几千年来绵延不断，对沟通中国与东南亚、南亚、西亚、非洲等地区的贸易和文化发挥了重要作用。南线的历史要晚很多，一直到清代中后期才开始有中国与大洋洲的贸易往来。

北线的出现是近年来的事，严格意义上讲，北极航线目前尚处于试运行阶段，正式开通还需等待北极冰盖的完全融化。中国远洋海运集团的永盛轮在2013年实现了我国商船的首次北线之行，2015年又实现了北线的双向通行。据介绍，北极航线航程7 900千米，航行27天，比传统的经马六甲海峡、苏伊士运河的航线缩短2 800千米，航行时间减少9天。北线目前可通航时间在7—11月份，8—10月份为最佳时段。到2020年，通航时间将达到6个月，基本具备开通集装箱运输的经济可行性。北极航线的开发对世界经济和战略格局都将会产生重要影响。据计算，按海运费占外贸出口总额10%的比例计算，北线航道如果能分流传统航线30%的运力，我国到达欧洲的货物运输每年将节省数百亿美元海运成本。此外，北极地区蕴藏着丰富的天然气、石油、煤炭以及铁、锰、金、铜等矿藏，潜在开发价值巨大。在战略方面，北线可以避开现有航运通道沿海地区尖锐的地缘政治争端，改善原有航线拥堵状况，减少安全隐患。

二、沿线国家和地区发展概况

统筹考虑与中国建交、临海及一些特殊原因（如埃塞俄比亚原有出海口后因厄立特里亚独立而成为内陆国家，苏丹分裂为苏丹和南苏丹，津巴布韦和赞比亚虽不临海但与中国传统友好），21世纪海上丝绸之路南、北、西、中沿线共包括118个国家和地区（包括港澳台），其中亚洲39个国家和地区，非洲41个国家，欧洲28个国家，大洋洲10个国家。

这118个国家和地区国土面积合计达7 968万平方千米，占世界各国国土面积的59.2%；合计人口58亿，占世界总人口的80.2%；国内生产总值（GDP）合计达49.7万亿美元，占世界GDP总额的64%（表4-1）。

表4-1　2014年海上丝绸之路沿线国家总体情况

项目	世界总量	118个国家和地区		69个国家和地区		57个国家和地区	
		数量	占世界（%）	数量	占世界（%）	数量	占世界（%）
国土面积（万平方千米）	13 467	7 968.4	59.2	7 143.4	53	6 259.3	46.5
人口（亿人）	72.66	58.23	80.2	55.32	76.1	49.8	68.5
GDP（亿美元）	774 509	496 902	64.2	487 986	63	424 069	54.8
人均GDP（美元）*	10 660	8 549	80.2	8 821	82.7	8 517	79.9

注：*为世界人均GDP。

数据来源：根据联合国贸易与发展会议（www.unctad.org/stat）、联合国粮农组织（www.fao.org）和国际货币基金网站（www.imf.org）数据库有关数据计算。

根据经济发展水平（GDP等）、人口规模、国土面积、资源（耕地、矿产资源、能源等）、进出口贸易、利用外资和对外投资水平、比较优势、所处区位重要性、政局稳定性、与中国经济合作水平等，我们在118个国家和地区中选择69个国家和地区作为海上丝绸之路沿线重要国家和地区，其中亚洲28个国家和地区、非洲19个国家，欧洲18个国家，大洋洲4个国家（表4-2）。

69个国家和地区（包括中国大陆）国土面积、人口、GDP合计分别占世界各国国土面积总和的53%、总人口的76.1%和GDP总额的 63% （表 4 - 1）。

表 4 - 2　21 世纪海上丝绸之路 69 个重要国家和地区按洲别划分

洲别	国家（地区）数量（个）	具体国家和地区
亚洲	28	中国大陆、韩国、日本、中国台湾、中国香港、越南、老挝、柬埔寨、泰国、缅甸、新加坡、马来西亚、印度尼西亚、孟加拉国、印度、斯里兰卡、巴基斯坦、伊朗、伊拉克、沙特阿拉伯、阿联酋、科威特、以色列、土耳其、菲律宾、卡特尔、阿曼、朝鲜
非洲	19	埃及、苏丹、南苏丹、厄立特里亚、埃塞俄比亚、吉布提、肯尼亚、坦桑尼亚、赞比亚、津巴布韦、南非、莫桑比克、刚果（金）、尼日利亚、摩洛哥、安哥拉、马达加斯加、毛里求斯、阿尔及利亚
欧洲	18	希腊、意大利、法国、西班牙、葡萄牙、英国、爱尔兰、比利时、荷兰、德国、挪威、丹麦、瑞典、芬兰、波兰、俄罗斯、塞尔维亚、冰岛
大洋洲	4	澳大利亚、新西兰、斐济、巴布亚新几内亚

考虑与中国的友好关系、经济互补性、区位优势、经济发展潜力，特别是潜在可以发展成为命运、利益与责任共同体等因素，我们选择了 57 个国家和地区作为海上丝绸之路重要伙伴国家和地区（包括中国大陆）。其中亚洲有 21 个国家和地区，欧洲 17 个国家，非洲 15 个国家，南太平洋国家 4 个（表 4 - 3）。57 个国家和地区国土面积、人口和 GDP 分别占世界的 46.5%、68.5% 和 54.8%（表 4 - 1）。

表 4 - 3　21 世纪海上丝绸之路 57 个重要国家和地区按洲别划分

洲别	国家（地区）数量（个）	具体国家和地区
亚洲	21	中国大陆、韩国、中国香港、老挝、柬埔寨、泰国、缅甸、新加坡、马来西亚、印度尼西亚、孟加拉国、印度、斯里兰卡、巴基斯坦、伊朗、沙特阿拉伯、阿联酋、科威特、阿曼、以色列、土耳其

洲别	国家（地区）数量（个）	具体国家和地区
非洲	15	埃及、厄立特里亚、埃塞俄比亚、吉布提、肯尼亚、坦桑尼亚、赞比亚、津巴布韦、南非、莫桑比克、尼日利亚、摩洛哥、安哥拉、马达加斯加、毛里求斯
欧洲	17	希腊、塞尔维亚、比利时、意大利、法国、西班牙、葡萄牙、英国、爱尔兰、荷兰、德国、挪威、丹麦、瑞典、芬兰、波兰、俄罗斯
大洋洲	4	澳大利亚、新西兰、斐济、巴布亚新几内亚

通过分析海上丝绸之路沿线各国社会经济发展，可以发现该地区经济发展很不平衡。118 个沿线国家中，有 25 个发达国家，占全球发达国家总数①的 62.5%，其中包括欧洲 20 个国家，亚洲的日本、韩国、以色列和大洋洲的澳大利亚、新西兰。有 4 个金砖国家和地区，即中国大陆、俄罗斯、印度、南非。有 31 个最不发达的国家，占联合国 2014 年公布的 48 个最不发达国家的 64.6%，其中亚洲 6 个，非洲 23 个，大洋洲 2 个。在 69 个重要沿线国家中，发达国家 20 个，金砖国家 4 个，最不发达国家 14 个。在 57 个重要伙伴国家中，发达国家 17 个，金砖国家 4 个，最不发达国家 11 个。

从 2014—2020 年 GDP 增长率看，在 69 个重要沿线国家中，除大多数发达国家 GDP 增长率只有 1% ~ 2.5%（其中日本和意大利不到 1%）外，30 个国家和地区超过 4%，其中 16 个国家和地区超过 6%。应该说，许多沿线国家有良好的经济发展前景。中国经济在国际经济不景气的大环境之下，依然保持着稳定增长的态势。2015 年，中国经济增长率达到 6.9% 的较高水平。非洲许多国家和印度经

---

① 按联合国贸易和发展会议数据，发达国家共有 40 国，其中欧洲 34 个国家，亚洲、北美和大洋洲各 2 个国家。

济增长速度举世瞩目。21 世纪海上丝绸之路建设，将为亚、欧、非及南太平洋国家经济发展提供机遇，成为拉动这些国家和世界经济增长的引擎。

21 世纪海上丝绸之路沿线国家和地区既是自然资源集中生产区，俄罗斯、西亚、澳大利亚和非洲的许多国家能源、矿产资源和土地资源丰富；同时又是自然资源集中消费区，中国、日本、欧洲是许多资源的重要需求国。

总体而言，海上丝绸之路沿线国家及地区除发达国家外，许多国家的经济发展较为落后、经济发展方式比较粗放、生态环境相对脆弱，这些已成为该地区可持续发展的瓶颈，但也同时为该地区开展经济技术国际合作提供了难得的契机、巨大的潜力和广阔的空间，各个国家和地区都有强烈的发展愿望及参与全球经济合作的诉求。

三、战略定位

海上丝绸之路是促进共同发展、实现共同繁荣的合作共赢之路，是增进理解信任、加强全方位交流的和平友谊之路。中国政府倡议，秉持和平合作、开放包容、互学互鉴、互利共赢的理念，全方位推进务实合作，打造政治互信、经济融合、文化包容的利益共同体、命运共同体和责任共同体。具体地讲，海上丝绸之路应具有五大功能：

一是布点。在海上丝绸之路沿线重要节点，建设位于海上丝绸之路上的境内城镇、口岸、机场、港口，与国内新型城镇化、工业化、信息化和农业现代化相结合。建设跨境合作区、自贸区、保税区，在人员往来、加工物流、旅游等方面实现特殊政策，推进沿海开发开放。

二是连线。在沿线推进航运、航空、铁路以及跨境油气管道、电力、电信等基础设施项目建设，与国内交通、产业布局相结合，同时推进通关、质检、标准等软件建设。

三是结对。推进我国沿海地区与沿线国家节点地区建立友好省市，促进彼此间的实质性经贸合作，深化地方旅游、教育、文化、生态环保合作。

四是互通。支持各类企业、智库、大学走出去，撬动民间资本参与海上丝绸之路建设。建设境外产业园区，带动境内产能转移，稳定获取海外能源资源，推动企业实践社会责任。同时，吸引沿线国家到中国境内投资办厂，开展项目合作，吸引更多外国人来华旅游、居住和留学。

五是搭台。通过搭建各种正式或非正式的平台，如双边及多边贸易协定、智库、博览会、论坛、社团、学术交流等，促进我国与沿线国家和地区的经贸及人文交流。

四、愿景和目标

中国政府官方公布的《推动共建丝绸之路经济带和21世纪海上丝绸之路的愿景与行动》明确提出，中国愿与沿线国家一道，不断充实完善"一带一路"的合作内容和方式，共同制定时间表、路线图，但对时间表、路线图的具体内容未做详细阐述。海上丝绸之路建设不可能是一厢情愿的事业，中国需要充分了解沿线国家的利益诉求，积极对接沿线国家发展和区域的合作愿望，并与沿线国家一道，共同制定时间表、路线图。

根据21世纪海上丝绸之路功能定位，确定其建设总体思路是：以21世纪海上丝绸之路通道建设为基础，以提升中国与海上丝绸之路沿线各国经贸合作关系或者自由贸易水平为总的发展方向，以经贸合作制度建设为支撑，以港口合作建设为切入点，通过以点（港口）带线（通道）、从线到片（腹地）、再从片到区域（国家）的方式，逐步形成 21 世纪海上丝绸之路区域合作新格局，推进中国与东南亚、南亚、中亚、西亚以及与欧洲的互利共赢的经贸合作关系。

作为一个全方位对外开放的战略，中国需要对海上丝绸之路战略的实施从时间和空间两个维度上进行规划。从时间上看，我们需要从中国自身发展和对外开放的需要出发，同时兼顾沿线国家的实际需求，就海上丝绸之路建设的近期、中期、远期目标做出梳理。从空间上看，需要对东南亚、南亚及波斯湾、红海湾及印度洋西岸等航线，实行空间规划和错位发展的部署。

（一）近期目标（"十三五"时期）：以点为主、重点布局

"十三五"期间，中国政府应将更多的外交和国际贸易、投资资源向海上丝绸之路沿线重要节点集中，并通过搭建双边和多边合作平台，优化贸易投资环境，带动国内和沿线国家企业实质进入港口等基础设施建设领域，力争在海上丝绸之路上形成若干战略支点，在贸易、投资、海洋经济、生态保护等方面形成初步的合作框架。

在空间战略走向上，宜把重心放在强化与东盟之间的经贸、投资和政治关系上，使其成为我国海上丝绸之路战略的基石，有效破解美国"亚太再平衡"给我国造成的"南海困局"。与此同时，继续深化与澳大利亚、新西兰等南太平洋国家的双边贸易关系，确立我国在南亚及波斯湾地区的战略存在，扩大与红海湾及印度洋西岸沿岸国家的经贸往来。

在这一阶段，应力争在以下方面取得突破：使沿线国家对建设海上丝绸之路形成广泛共识；中国和与一些重点国家就合作内容和实施方案形成制度性框架；中国与东盟自由贸易区升级版建成，与韩国、澳大利亚和新西兰自由贸易区协议得到全面实施，与南亚自

贸区谈判取得突破性进展；人民币成为国际储备货币，在部分主要沿线国家广泛运用；一批港口、管道、铁路、高速公路、电网、通信等互联互通项目开工建设；产业投资、经贸合作、人文交流等领域取得实质性进展；贸易、投资、人员往来便利化水平进一步提升，海关、检验检疫、标准、投资保护、出入境管理等方面的合作明显加强。

（二）中期目标（2021—2030 年）：以点带线、实质推进

在近期目标实现基础上再用 5 年左右时间，通过互联互通基础设施，实现以点带面，点线结合，推动相关国家产业融合发展，提升区域贸易金融合作水平，着力扩大对周边地区辐射影响，构建以我国为龙头的区域产业分工体系。

在空间战略走向上，中国需要继续经略与东盟的全面伙伴关系，与此同时，宜将重点放在加强与南亚及波斯湾航线各国、与红海湾及印度洋西岸航线国家的经贸合作关系和政治关系。南亚及波斯湾航线各国是中国建设陆地丝绸之路、打通西亚出海通道的重要"桥头堡"，是"一带一路"的交汇点，在区位上具有重要的战略意义。红海湾不仅是中国拓展非洲各国经贸关系的重要航线，而且是通向西亚、到达欧洲的重要海上通道，从长远看必须提升中国与东非各国经贸合作关系，并不断赋予其新内涵。

在这一时期，要力争在以下方面取得突破：与东盟、澳洲、南亚的高标准自由贸易区网络初步形成，更大范围、更宽领域、更深层次的区域经济一体化深入推进；与伊朗、巴基斯坦、印度经贸合作水平大幅提升，中国与伊朗、中国与印度自贸区初步建成；海上运输支撑保障体系建设取得突破性进展，通往波斯湾和印度洋的战略通道基本安全畅通；全方位开放新格局基本形成，以我国为主导的区域贸易投资规则基本形成，对亚太区域经济发展的主动权和主

导权基本实现；人民币国际化目标实现，全球美元、欧元、人民币三足鼎立的国际货币格局形成。

（三）远期目标（2031—2050 年）：深度融合、全面收获

在中期目标得以实现的基础上，再用 10 年至 20 年时间，力争到 21 世纪中叶，形成以我国为主体，合作共赢、融合共生的区域经济一体化新模式。具体地讲，安全高效的陆海空通道网络全面形成，"五通"目标全面实现；区域经济一体化新格局基本建立，与沿线国家形成利益共同体、命运共同体和责任共同体。

五、合作潜力和合作重点

沿线各国资源禀赋各异，经济互补性较强，彼此合作潜力和空间很大。以政策沟通、设施联通、贸易畅通、资金融通、民心相通为主要内容，重点在以下方面推进务实合作。

（一）加快互联互通基础设施建设

习近平主席在"加强互联互通伙伴关系"东道主伙伴对话会上的讲话指出，如果将"一带一路"比喻为亚洲腾飞的两只翅膀，那么互联互通就是两只翅膀的血脉经络。这一形象描述全景式地展示了互联互通在海上丝绸之路建设中的地位和作用。

加强互联互通建设规划，以港口、航道、铁路、公路建设为重点，拓展我国在周边国家以及非洲、欧洲等区域的海上通道战略布局，构建联通内外，安全畅通的综合运输网络。

加强与相关国家和地区交通建设规划、技术标准体系的对接，重点推进战略通道缺失段、连接线等关键项目，共同建设国际骨干通道。对巴基斯坦瓜达尔、缅甸皎漂、柬埔寨西哈努克港、斯里兰

卡汉班托塔、吉布提、比雷埃夫斯以及东南亚、非洲等具有重要战略意义的港口进行综合评估，按重要性和优先次序，进行开发、建设与运营。推进电网、信息、光缆等基础设施改造升级，推动北斗系统在东盟及周边国家落户，尽早让合作各方受益。

消除或减少制约互联互通的政府管制，实现制度规章的统一，实现贸易便利化、物流便利化。

（二）加强贸易平台和贸易规则建设

一是以中国－东盟（10＋1）多边合作平台为基础，用好东盟与中日韩（10＋3）合作、东亚峰会、中日韩合作、东盟地区论坛（ARF）、东盟防长扩大会（ADMM＋）、亚洲合作对话（ACD）、大湄公河次区域经济合作（GMS）、孟中印缅经济走廊等多个平台，统筹协调各种区域、次区域合作。

二是重点用好博鳌亚洲论坛、中国－东盟博览会、厦门"国际海洋周"等平台，进一步拓展中国－东盟技术转移与合作中心、中国－东盟青年联合会等平台，完善多层次合作机制，务实推进双边多边合作。

三是推进自由贸易区建设。进一步丰富中国东盟自贸区的实质性内容并适时扩大范围，开展新一轮服务贸易谈判，全面提升贸易、投资和金融合作水平，加快推进"区域全面经济伙伴关系"（RCEP）平台建设。尽早签署中韩、中日韩、中澳、中巴（巴基斯坦）、中斯（斯里兰卡）、中海（海湾合作委员会）自贸协定，努力建成一个从东北亚至西亚的海上丝绸之路自由贸易经济带，打造亚洲自由贸易体系，牢牢抓住亚洲区域经济一体化的主动权和主导权。

（三）加强产业链、价值链合作

依据我国产业升级和"走出去"的总体部署，以装备制造、能源、矿产、石化、煤化工等优势产业为主，针对有关国家需求和特点，依托海上丝绸之路沿线陆海空港及口岸，与沿线国家共建一批临港产业合作区、示范区，实现产业转移、培育地区经济新增长点。

加强农（渔）业合作。在粮食作物方面，以越南、老挝、柬埔寨、缅甸、泰国等中南半岛国家为重点，推动建立稻米产业综合开发区。在经济作物方面，与印度尼西亚、老挝、越南、柬埔寨、缅甸等国共建天然橡胶、棕榈油生产示范基地。依托国内成立区域性粮食流通交易中心，降低交易成本，掌握定价权。在海洋渔业方面，以印度尼西亚等海上东盟国家为重点，深入开展渔业合作，共同建设包括纳土纳、提米卡等在内的一批远洋渔业综合基地。

（四）加强金融合作

打造货币稳定体系，发挥清迈倡议多边机制作用，扩大本币互换规模和范围，加强金融政策和监管的协调配合；争取缅甸、越南等国家加大金融开放力度，稳步推进人民币国际化，促进人民币在"10＋3"区域贸易、投资等领域的多边使用；构建地区金融安全网，减少美元汇率波动对本地区货币和金融市场的冲击。

打造投融资体系，继续发挥中国－东盟投资合作基金的作用，推动亚洲基础设施投资银行和"丝绸之路基金"及早运行并发挥作用。整合我国对外发展援助、对外投资基金、政策银行对外信贷、商业银行走出去等各种金融资源，加强内部协调，形成对外投融资合力。

打造信用体系，培育具有国际影响力的我国评级机构，建立符合地区特点的亚洲信用评级体系与标准；发挥香港国际金融中心和人民币离岸中心的特殊作用，推动亚洲债券市场建设。

（五）加强能源资源合作

一是顺应资源国希望扩大就地加工规模的要求，鼓励化工、冶金、建材等重化工业企业或部分加工环节向能源矿产资源丰富、市场空间较大的国家和地区转移。

二是建立区域能源储备、交易机制和对话平台，积极推动我国与湄公河国家电力联网，支持成立区域电力协调中心，并争取其落户我国。

三是利用东南亚国家煤炭与水资源顺向分布特点和我国在光伏产业的比较优势，推动我国煤化工产业和光伏产业走出去。

（六）加强海上安全合作

一是加强海洋经济、海上互联互通、联合搜救、联合演习等海上合作，逐步扩大我国海上规则制定及热点问题的话语权，防止争议问题干扰海上丝绸之路建设大局。

二是加强同印度尼西亚、马来西亚、新加坡等国的交流与合作，加大对马六甲等国际海峡通道事务的参与力度，建立防长会议机制，深化战略互信，维护海上航道和通道安全。

三是通过国际合作提供公共安全产品，帮助周边发展中国家提升灾害预警、监测和救援能力，展示负责任大国形象。

四是推动非传统安全合作。积极参与国际反海盗行动，以军民联动、军民融合、军民共建和军民共享等方式，推进海外综合补给保障体系建设，以维护海上航道安全和防灾救灾为抓手，实现我军在太平洋和印度洋的常态化存在。

（七）加强人文交流与合作

充分发挥中国与东盟国家人文合作优势，共同制定文化合作行动计划，促进文教、青年、智库、媒体等领域交流，夯实合作的民意基础。深度发掘海上丝绸之路历史遗产，探讨广州、汕头、泉州等城市申报与海上丝绸之路有关的世界文化遗产。

六、需关注的几个问题

海上丝绸之路建设是一项系统工程，战略性强、敏感度高、涉及面广，应注意以下几个方面的问题。

（一）统筹海陆，协调建设"一带一路"

我国对外开放、区域经济发展总体呈现"东强西弱、海强边弱"和东中西发展不均衡特别是沿边开放明显滞后的特点，建设海上丝绸之路应着眼于亚欧大陆，依托周边、两洋齐重，从国家发展的战略全局科学谋划，坚持海陆统筹，协调"一带一路"（丝绸之路经济带和21世纪海上丝绸之路），有序推进海上运输通道与陆上基础设施、产业合作园区和机制平台建设，构筑全方位、多领域的合作体系，拓展发展新空间。形成海陆并举、两翼齐动的发展态势。

（二）妥善化解各方疑虑，为海上丝绸之路建设塑造良好的外部环境

当前周边国家对华心态仍较复杂，"中国威胁论"仍有相当的市场，且民意和社会舆论的影响越来越大，已成为海上丝绸之路建设能否顺利实施的重要因素。为此，我国宜致力于与周边国家增进共识、互通有无，构建和平稳定、繁荣共进的周边环境。

一是加强多层面的对话和交流，增进相互了解和理解，统筹推进双（多）边、区域次区域合作，树立和强化"合作发展""互利共赢"的理念。

二是厘清大国与小国利益的重叠和区别，在确保我国正当权益和核心利益前提下，着眼于总体目标和长远利益，坚持正确义利观，充分重视沿线国家尤其是小国的正当利益诉求。

三是对沿线发展中国家可考虑多予少取，先予后取，甚至只予不取。对于具体项目而言，除重大战略性项目外，能合作的优先搞合作，能多方合作的优先选择多方，只能由中方推动的才单干，相互踩脚的宁可不做。

四是重视民间交往、文化交流、人员往来、舆论沟通等软性方式，发挥华侨、智库、媒体、大学等团体影响朝野主张的作用，夯实双边、多边合作的社会民意基础，为推进海上丝绸之路建设营造良好国际氛围。

（三）抓好重点国家和地区，找准薄弱环节

海上丝绸之路沿线国家的差异性较大，对我国地缘政治和经济价值也各不相同，须因地因时确定不同的合作策略，明确各自的重点领域、优先项目和合作方式，集中资源投向对我国长远发展具有战略意义的地点和项目，避免"一刀切"和平均用力。综合来看，西线是我国重要的海上贸易通道和能源"生命线"，与我国友好、市场容量大的印度尼西亚、柬埔寨、马来西亚、泰国、缅甸、巴基斯坦应成为重点国别。

（四）构建新型大国关系，妥善处理矛盾和冲突

由于地缘政治的原因，推进海上丝绸之路建设的阻力主要来自美国。美国历史上是一个海权国家，曾将太平洋视为本国的内湖。

而我国历史上是一个陆权国家，建设海上丝绸之路在某种程度上表明我国走向海洋的决心和意图。这对于长期控制亚太制海权的美国来说是一个巨大的挑战。因此，建设海上丝绸之路的关键是如何处理好中美关系。

首先，我国要有大国气度和大国风范。在维护我国核心利益的同时，发挥经济交往作为中美关系"压舱石"的作用，加强与美战略与经济对话，着力构建新型大国关系。

其次，善于发现合作新动力和分歧消除点，扩大双方战略互惠点，把合作共赢不断推上新的台阶。要让美国认识到，中美的合作范围和潜力远远大于竞争，合作共赢、对抗皆输。

最后，以开放的心态、合理的诉求，巧妙运用中俄关系、中欧关系，消除中美在一些冲突和热点问题上的矛盾和分歧，使双边关系由消极共存向积极共生转化，减少战略误判，避免政治问题干扰经济合作。

（五）加强战略规划，实现有序推进

一是做好顶层设计。从我国经济社会发展的总体战略出发，充分考虑世界政治经济格局的发展趋势和不确定因素，统筹谋划，制定时间表和路线图，明确目标，确定各阶段、各区域的工作重点，有序推进。

二是加强与现有战略规划的衔接和对接。建设海上丝绸之路作为中国三大区域发展战略的有机组成部分，对内应与京津冀协同发展、长三角经济带以及西部大开发、东北振兴、中部崛起、东部新跨越等区域发展战略做好衔接；对外应与周边尤其是东盟、亚行、世行、APEC 等现有机制的规划、项目做好对接。加强项目的国际化、多边化和本土化，充分发挥地区合作伙伴的积极性，淡化中国色彩。让世界认识到，我国不是"另起炉灶"，而是致力于充实和完善现有合作平台和机制，更好地服务于地区发展大局。

三是建立高效协调机制。发挥中央部门、地方及企业、智库、媒体和其他非政府组织各自的优势，防止部门间相互掣肘，杜绝企业间恶意竞争；协调调动各方积极性，特别是发挥好上海、福建、天津、广东等沿海省市作用，统一步调，抱团出海，协同作战。

（六）用好华侨资源，做好民间外交

目前，我国已有超 5 000 万的海外华人华侨，其中约 80% 居住在海上丝绸之路沿线的东南亚国家和地区。华人华侨已成为经济上有实力、社会上有地位、政治上有作为、科技上有建树，综合影响力举足轻重的族群。华人华侨既是促进中外经济文化交流合作的桥梁和纽带，也是推进海上丝绸之路建设，实现中华民族伟大复兴的中国梦的重要"人和"力量。海上丝绸之路建设中，应发挥华侨在东南亚各国的政治、经济、社会影响力，架起更多我国与东南亚乃至世界沟通的桥梁。

第五章

建设 21 世纪海上丝绸之路面临的机遇和挑战

　　海上丝绸之路承载着我国对外交流与合作的悠久历史和丰厚资源。推进 21 世纪海上丝绸之路建设，是顺应世界经贸发展新趋势，坚持和平发展、合作共赢原则，强化区域经济纽带，培育国际经济合作竞争新优势，构建全方位开放新格局的重大部署。近年来，由于美国等西方势力不断介入，建设海上丝绸之路的敏感性和复杂性不断增加。当前，推进 21 世纪海上丝绸之路建设，既面临历史机遇，也存在诸多挑战。

一、优势和机遇

首先，我国经济发展潜力巨大，为建设海上丝绸之路奠定了坚实的物质基础。在过去的 5 年里，中国经济继续保持高速增长，国际影响力不断提升，世界各国对我国经济的依存度不断加大。2015 年，中国实现国内生产总值 67.7 万亿元人民币，经济总量位居世界第二；外贸进出口总额达到 4.0 万亿美元，成为世界第一货物贸易大国；外汇储备额达 3.33 万亿美元，位居世界第一；实际利用外资额达 1 263 亿美元（不含银行、证券、保险），位居世界第二；对外直接投资额 1 180 亿美元（不含银行、证券、保险），位居世界第三。随着经济全球化的深化和全球价值链的拓展，我国开放型经济仍然蕴含巨大发展潜力（表 5 - 1）。我国正在由"世界工厂"向"世界工厂"兼"世界市场"的角色转变，正在由"资金吸引国"向"资金吸引国"兼"资金出口国"的角色转变。根据经济学人智库（The Economist Intelligence Unit，以下简称"The EIU"）的预计，到 2017 年，中国的对外直接投资（ODI）将超过外商直接投资（FDI），达到 2 640 亿美元。届时中国将超过美国，成为全球第一大净投资国。[①] 未来 5 年，我国的城镇化建设将带动 4 万亿美元的需求，这给周边国家提供了最便捷、最具吸引力的市场机遇，也为我国拓展发展新空间提供了可能。东南亚、南亚、西亚和非洲有关国家人口众多、市场广阔，大多处于加快推进工业化的阶段，发展潜力大，与我国经济互补性强，分享我国发展红利的意愿强烈。

新战略、新愿景、新主张
——建设 21 世纪海上丝绸之路战略研究

---

① 参见 The EIU：《中国海外投资指数（2013）》，http://www.eiu.com。

表 5 – 1　我国主要对外经济指标（2010—2015 年）

指标	2010	2011	2012	2013	2014	2015	年均增速
国内生产总值（亿元人民币）	408 903	484 123	534 123	588 018	636 463	676 708	10.6%
实际利用外资（亿美元）	1 088	1 176	1 132	1 187	1 196	1 263	3.0%
对外投资额（亿美元）	688	746	878	1 078	1 160	1 180	11.4%
外贸进出口总额（亿美元）	29 739	36 418	38 671	41 589	43 199	39 586	5.9%
对外承包工程完成营业额（亿美元）	921	1 034	1 165	1 371	1 421	1 541	10.8%
年末外汇储备（亿美元）	28 473	31 811	33 166	38 213	38 430	33 304	3.2%

　　其次，我国与周边国家经济合作深度、广度和范围日趋扩大，为建设 21 世纪海上丝绸之路初步搭建起了合作平台和机制。我国已与海上丝绸之路沿线国家搭建了多个双边或多边合作平台。2010 年成立的中国 – 东盟自由贸易区，包括 11 个国家、19 亿人口，经济总量超过 6 万亿美元，贸易额超过 4.5 万亿美元，占世界贸易总额的 13%。目前，我国与东盟双向投资累计超过 1 200 亿美元，东盟也已超过澳大利亚、美国和俄罗斯等国家，成为我国对外直接投资的第四大经济体。我国与印度共同倡议建立"中印缅孟经济走廊"，与海湾阿拉伯国家合作委员会（简称"海合会"）展开了自贸区谈判，与巴基斯坦启动了"中巴经济走廊"建设。我国已同东南亚、南亚等国建立了 30 余个海上合作机制。充分利用并不断充实这些合作平台、机制，将大大降低建设 21 世纪海上丝绸之路的合作成本。

　　第三，我国与周边国家互联互通稳步推进，为建设 21 世纪海上丝绸之路创造了有利条件。我国同相关国家一起制定了包括《亚洲公路网政府间协定》《泛亚铁路网政府间协定》《中国 – 东盟交通合作战略规划》《大湄公河次区域交通发展战略》《中亚区域交通发展战略》等在内的区域性交通战略发展规划，确定东南亚、南亚"四纵三横"的运输通道格局。完成了印度尼西亚泗水 – 马都拉大桥、中越红河大桥、清孔 – 会晒湄公河大桥等项目，改善了澜沧江 – 湄公河国际航运通道通航条件，接收了瓜达尔港的经营权。建立了包括上海合作组织交通部长会议、中国－东盟交通部长会议、多层次的交通合作机制、马六甲海峡航行安全合作机制在内的交通合作机制。与老挝、缅甸和泰国签署了澜沧江－湄公河商船通航协定，实现了四国通航。上述规划、项目、机制的实施，将有助于进一步实现国际运输的便利化。

第四，金融合作初见成效，服务于21世纪海上丝绸之路建设的国际金融体系雏形正在形成。一是人民币国际化进展明显。自2009年跨境贸易人民币结算试点正式启动以来，国内银行已与多个国家开展了人民币结算业务。当地企业使用人民币结算的意愿也在不断增强，马来西亚、泰国已将人民币纳入外汇储备。2013年，人民币跨境贸易结算总额达到了4.63万亿元。我国与泰国、马来西亚、印度尼西亚等国的货币互换协议总额超过1.4万亿元。二是区域性金融合作平台建设取得实效。为了加强与东盟国家的海上合作、发展好海洋合作伙伴关系，2010年，中国－东盟银联体正式成立；2013年，我国又发起成立了中国－东盟投资合作基金。这些既促进了东盟地区基础设施建设与能源、资源开发，也为在"海上丝绸之路"框架下建立"亚洲基础设施投资银行"等区域性、开发性金融平台积累了丰富经验。三是银行业合作进程不断加快。截至2013年，东盟国家共在华设立了7家法人银行（下设35家分行），6家外国银行分行和5家代表处。中资商业银行也在东南亚国家设立了15个分支机构。

第五，我国与周边国家海洋合作取得成效，有助于推动21世纪海上丝绸之路成为和平安全的海上通道。我国同印度尼西亚、缅甸、马来西亚、泰国、柬埔寨、文莱、印度、巴基斯坦和斯里兰卡等国签署了一揽子海洋合作协议，积极落实《南海各方行为宣言》，合作范围已涵盖海洋经济、海上运输、海洋科技、海洋环保和海洋人文等多个领域，并逐渐向海上航道安全、海洋防灾减灾和海上执法交流等领域拓展。2011年，我国设立30亿元人民币的中国－东盟海上合作基金，支持双方海上务实合作项目。2012年，我国倡议建设"中国－东盟海洋合作伙伴关系"，东盟国家反响积极。2013年，在中国－东盟海上合作基金支持下，已启动了18个海上合作项目。

二、风险和挑战

由于海上丝绸之路地理位置相对松散，沿线国家分属于不同区域或次区域组织，政治生态迥异，宗教文化差异大，矛盾复杂多变，各方力量此消彼长，想要形成一个各方都高度认同的合作机制和共识难度较大。尤其是近年来西方势力不断介入，我国与邻国的岛礁主权争端升温，建设海上丝绸之路的敏感性和复杂性增加。

首先，沿线国家经济发展不平衡，利益诉求多元化。一些国家经济结构较为单一，过度依赖石油、旅游等少数行业，经济发展的基础并不稳固。比如，印度尼西亚的商业环境和基础设施正在恶化，马来西亚财政赤字日益严重，新加坡持续数年的结构转型未见成效。尤其是美国宣布缩减量化宽松政策后，东南亚国家的货币再次大幅贬值，但此轮贬值的主角，不再是基本面较弱的泰国和印度尼西亚，而是较为坚实的经济体，亚洲金融危机阴霾再次显现。有些国家政局还不稳定，政策连续性和稳定性较差，法律法规不健全，对投资者利益保护不够。比如，印度尼西亚"禁矿令"的颁布与实施屡生变数，提前一周宣布实施，又在最后一小时放宽条例，使投资者损失惨重。另外，在海上丝绸之路建设过程中，区域内各国利益诉求不尽一致。如日本欲求成为"正常国家"，印度尼西亚想当东盟的领导者，印度想扮演南亚霸主并把印度洋变成"印度之洋"，澳大利亚则想发挥亚太地区枢纽作用。多元化诉求增大了在一些关键问题上达成共识的难度。

其次，沿线一些国家基础设施滞后，国家政策支持不足。除我国和新加坡外，海上丝绸之路沿线各国主要港口规模小、基础设施不足、设备老化，集装箱吞吐量大多在 500 万吨以下，部分不足 100 万吨，临港产业发展不强。这一方面是因为规划的区域性骨干通道项目涉及地域广阔、线路长、基础弱、投资大，沿线国家对我国期待超出我国现有实力。另一方面，是因为国内相关投资体制、融资渠道还不完善，援外资金和优惠贷款规模也比较有限，国家还没有相应的支持或补偿政策，企业积极性较低，投资动力不足。

第三，西方势力不断介入，增加了海上丝绸之路建设的敏感性和复杂性。近年来，围绕我国周边的政治、经济、外交、军事等博弈日益激烈。美国高调"重返亚洲"，推行"亚太再平衡"战略，对我国周边投子布棋，旨在利用美日同盟，通过政治、经济、外交和意识形态等手段拉拢周边国家，肆意挑起主权争端，对我国进行"围堵"。奥巴马任美国总统期间，美国、日本力推《跨太平洋战略经济伙伴协定》（TPP）谈判，并有意无意排除中国，以期重构亚太贸易投资关系新版图。美国通过调配军事部署，介入我国领土、领海纠纷和亚太区域安全，并利用多重岛链对我国进行牵制，形成危及我国海上交通运输和能源资源安全的"马六甲困局"。

第四，我国海洋管理体制有待加强和完善，影响了海上丝绸之路建设的顶层设计效率。建设海上丝绸之路涉及国内多个管理部门，责任主体不明，政策不统一，协调难度大。目前，涉海部门正在整合之中，海洋保护开发管理等方面体制机制问题仍较突出，由于条块分割导致陆海统筹能力相对较弱，许多互联互通项目实施主体落实困难。另外，我国对外开展海洋交流合作的顶层设计不足，缺乏整体规划和部署。而在航道安全、防灾减灾等国际和地区涉海事务中，国际社会希望我国承担更多国际责任，而我国这方面的意识和能力尚有待提升。

三、国家风险：基于对国家整体风险环境的分析

由于海上丝绸之路规划涉及国家众多、资金巨大，因此有必要对目的国的风险挑战进行正确评估。各级政府和各类企业都必须了解沿线各国所存在的各类风险，并针对这些风险做好充分准备。

经济学人知库（The EIU）提供了一个对目的国家营商风险量化分析的标准框架，为我们考察海上丝绸之路建设过程中面临的国家风险提供了重要的理念和方法。[①]

The EIU 将一个国家的整体营商风险归纳为包括安全风险、政治稳定性风险、法律和监管环境风险、政府效能风险和基础设施风险在内的十大类。图 5-1 风险矩阵比较形象地反映了这十大类风险在

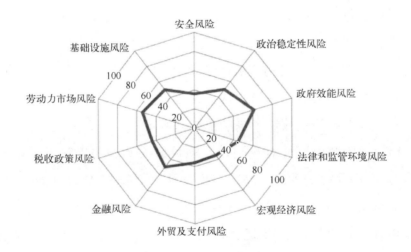

图 5-1　The EIU 风险矩阵

---

① 参见 The EIU：《中国海外投资指数（2013）》，http：//www.eiu.com。

国家营商风险中位置。[①] 按照一定指标可以将每类风险进行量化，量化的风险指数在 0～100 之间。作为两种极端情形，当风险指数为 0，表示该国在这个方面风险为零；而当风险指数为 100 时，表示该国在这个方面风险无限大。

（一）安全风险

主要指投资目的国是否存在武装冲突、恐怖主义、暴力示威游行、对外国人及其私有财产持有敌意、暴力犯罪、有组织犯罪、绑架勒索等风险。21 世纪海上丝绸之路沿线的一些国家深陷战火或恐怖袭击之中，如北非的索马里。这些国家存在严峻的安全风险，以至于投资者的人身和财产安全得不到保障。

（二）政治稳定性风险

指投资目的国社会和谐及稳定状况，包括是否存在社会动荡，政府换届是否能依法有序进行，是否存在政府行政权过大。政治风险对海上丝绸之路战略的实施有重要影响。一些大型基础设施项目往往是备受关注的建设项目，这意味着目的国政府会大量参与其中。必须对可能的政治变故给予高度重视并制定应对预案。

斯里兰卡政府更替对我国投资项目造成的冲击反映了国家政治风险对投资活动的影响。2015 年 1 月，迈特里帕拉·西里塞纳（Maithripala Sirisena）当选斯里兰卡新总理，由中国企业投资的、位于首都科伦坡的总额为 14 亿美元的港口项目因他的上台而变得前景不明。该国前总理马欣达·拉贾帕克萨（Mahinda Rajapaksa）与中国政府关系密切，其政府将数个大型基建项目交由中国国有企业。

---

① 参见 The EIU：《愿景与挑战——"一带一路"沿线国家风险评估（2013）》，http：//www.eiu.com。

截至 2014 年，斯里兰卡从中国获取的贷款总额已增至 40 亿美元。西里塞纳总理上任后曾承诺将重新审查这些贷款条款并调查外商投资项目是否存在腐败行为，同时他还叫停了港口的施工。尽管 2015 年 3 月西里塞纳总理来华访问，表明该项目可能会获得重启，但工程延误很可能大大增加开发商的经济成本。

斯里兰卡的中国开发商所遭遇的问题并非是个案。2015 年 2 月，柬埔寨政府宣布暂停中国水利水电建设集团此前获准在柬建造的总额 4 亿美元的水坝项目，至少 2018 年前都不会开工。此前，该大坝曾因环保原因受到非政府组织的批评。中国水电集团在柬埔寨的困境和中国电力投资集团在缅甸建设密松（Myitsone）水电站大坝时遭遇的情形类似。2011 年缅甸改革派新政府上台后，密松大坝项目被叫停。项目突然被叫停会让大多数债权方忐忑难安，债务方无力偿还贷款同样也会让他们坐立不安。

两国间的经济和政治关系对投资有着重大影响，尤其是潜在的军事争端会对商业活动构成较大的负面影响。如越南与中国之间曾多次发生军事争端，近年来两国在南海的领土纠纷推高中国在越南进行商业投资的风险。2010 年，越南国会投票否决了中国在该国建设一条高铁的建议。《南华早报》报道说，部分原因在于越南担心中国会利用这条铁路向越南运入军力。除越南外，中国与其他国家（如印度、菲律宾等）的历史领土争端和"冷战"时期的关系紧张都对中国的对外投资构成现实威胁。最近几年，钓鱼岛问题造成中日两国的矛盾升级，导致日本作为中国投资目的地的风险上升。

（三）政府效能风险

指投资目的国政府在商事制度环境、尤其是行政审批方面的效率，包括政策制定和实施的透明度、官员素质及其问责制、官僚主义和繁文缛节的严重程度、既得利益集团对政策游说能力以及腐败程度等。总体上看，海上丝绸之路沿线国家政府效能不尽如人意，东南亚一些国家家族政治和腐败盛行，增添了投资者的风险。以泰国为例，该国宏观经济风险极低，但政府效能风险较高。有意在泰国开展业务的公司最好先准备适应当地的繁文缛节和无处不在的腐败现象。

（四）法律和监管环境风险

指投资目的国法律规范对投资活动带来的影响，包括司法程序公正性及其执行速度、合同执行力、对知识产权保护和私有财产保护力度、对外国企业的公正度、会计诚信水平和物价管制程度等。不可预测的监管环境也会给一度向好的投资前景蒙上阴影。

2006 年，中国政府宣布在非洲建立经济特区，阿尔及利亚便是其中之一。2008 年，双方大张旗鼓地宣布成立这一特区，牵头的是中国汽车厂商——江铃汽车股份有限公司，但次年该国的外资法规突然发生变化，导致特区项目在 2010 年被取消。

法律风险不光发生在第三世界国家，富裕国家也存在其特有的风险。欧洲部分国家执行的安全、环境和劳动法规令众多中国投资者在震惊之余颇感困惑。比如，由于法律的特殊规定导致项目成本超支严重，中国海外工程有限责任公司退出了其承建的波兰某公路项目，该项目随之流产。这家中国承包商之前未将公路下方通道的建设费用计入预算，而这些通道是为方便当地蛙类迁徙所设计的。

（五）宏观经济风险

指投资目的国的要素市场和价格波动给投资活动带来的风险，包括汇率波动、经济衰退风险、物价不稳定和利率波动等。

宏观经济风险部分是由于投资目的国自身经济运行出现问题所致，如因为原油价格下跌导致卢布汇率暴跌，加剧了在俄罗斯经商的宏观经济风险。此外，美国货币政策的变化往往对贸易开放度较高的国家的宏观经济环境产生重要影响。历史上，美国加息、美元升值，往往是新兴市场爆发债务危机、货币危机的重要诱因。2013年年中，美国联邦储备系统（简称"美联储"）释放了要退出量化宽松货币政策的预期，触发了新兴市场资本外流和货币贬值。2014年，美联储量化宽松货币政策实质性退出，到当年年底完成了停止购债的操作，给新兴市场带来新一轮冲击。

（六）外贸及支付风险

指投资目的国政府信誉、贸易和关税、非关税政策等对投资活动带来的影响，如一国的财政收支状况，历史上是否出现主权债务危机和违约风险，是否存在过贸易禁运，现有关税政策中是否存在歧视性规定和对本国投资者的过度保护，资本项目和经常项目可兑换性，监管部门对资本管制程度，等等。委内瑞拉是一个获得中国巨额贷款的国家，由于油价下跌、经济低迷，委内瑞拉在偿还其560亿美元贷款方面存在困难，因此在债权方眼中主权风险将显得尤为重要。"一带一路"沿线各国跌中，中东的叙利亚和伊拉克因战乱导致政府财政陷入一片混乱，因此两国支付风险评分奇高。试图与债权方达成协议的希腊风险评分也很高。由于"一带一路"或将包含向海外政府贷款以资助所选项目，因此有必要关注国家违约的风险。

（七）金融风险

指投资目的国金融市场稳定程度对投资活动产生的影响，包括货币贬值风险、融资深度、本地市场准入、银行业健康状况和股市流动性等。金融市场成熟度及监管水平在相当程度上影响着企业融资成本。

（八） 税收政策风险

指投资目的国税收政策对投资活动产生的影响。包括两个方面：一是企业税负水平，高税负会加重企业负担，甚至威胁到企业生存；二是是否存在针对外国企业的歧视性税收，或者追溯征税。新加坡长期实行低税负和透明化的税收政策，这使得其在投资环境竞争中居于十分有利的位置。

（九） 劳动力市场风险

指投资目的国劳动力供求的价格弹性及其对投资活动产生的影响。与其他要素不同，劳动力价格不光受供求关系影响，劳工组织往往对劳动力价格产生重要影响。在一个存在强势工会的国家，企业通常成为劳资纠纷的受害者。频繁的罢工和过高的薪酬诉求会推高该国的劳动力市场风险。

根据非洲开发银行的报告，罢工频发成为拖累南非经济的重要因素之一，使南非在新兴市场国家中吸引外资的竞争力继续下滑。数据显示，汽车制造业对南非国内生产总值的贡献率约为6%，2013年该行业3万工人大罢工，据估计带来每天约6 000万美元的经济损失，而金矿行业罢工带来的经济损失每天也高达约3 400万美元。持续的罢工同时助推南非贸易赤字不断上升，并导致南非货币兰特大幅贬值。

（十） 基础设施风险

指投资目的国港口设施、机场设施、铁路及路网分布、电话网、公路网、电网等硬件条件对投资活动的影响。一般来讲，发达、通畅的基础设施有助于降低企业运行成本。

The EIU 对东盟各国的基础设施风险进行了量化（图 5 - 2）。结果显示，缅甸、老挝和柬埔寨在基础设施风险方面处于前三甲，而新加坡基本不存在此类风险。

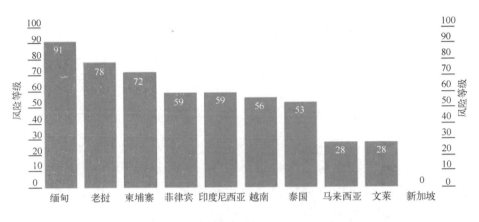

图 5-2　东盟国家基础设施风险（100 = 风险最高，0 = 无风险）

除以上 10 类风险外，投资目的国在文化接近性方面的差距也会导致中国企业面临截然不同的投资风险。根据 The EIU 的调查，有37% 的投资者将文化差异列为处理海外收购时面临的首要挑战。衡量文化差异的一项重要指标是华裔人口所占比例和中国出生的移民数量。对于工商业而言，在当地拥有使用共同语言或具有共同文化背景的人脉资源是一大有利因素。这一人际网络便于企业获取新客户，帮助新进入这一市场的企业了解当地的风俗和禁忌，也可提供有用的人力资源库，让企业从中招募新员工。

四、加强风险防范："走出去"的必修课

世界多极化、经济全球化为我们"走出去"开辟了广阔的前景，同时也使我们置于各种挑战和风险之中。要把 21 世纪海上丝绸之路由战略构想变为现实，需要对国际局势和沿线各国国情有准确判断，需要对我们自身实力和战略目标有清晰认知，并在此基础上建立有

效应对各种风险的政策体系。

（一）做好"走出去"的前期准备

首先，尽可能详细地收集合作方国家的政策和投资环境的详细资料。知己知彼方能百战不殆。推进与沿线国家的经贸合作，首要的工作是对合作中可能出现的风险加以研判。宜通过工作手段，全面了解合作方国家政治、经济、法律、文化和民族宗教等方面的政策和情况。

其次，对可能面临的风险进行科学评估。根据每个国家的国情和投资环境，细化风险评估，计算风险收益，制定合作方案和实施策略，避免考虑不周带来的"烂尾工程"。

第三，建立健全"走出去"服务体系。政府宜建立相应的服务机构，为"走出去"企业提供情报、信息、人才、保险等方面的支持，对驻外官员和企业员工进行风险防范方面的知识技能培训。

"走出去"企业也要规范商业行为，熟悉跨国企业运作模式，注重运用国际市场游戏规则，同时遵守东道国法律，尊重其风俗和宗教信仰，把风险降低到最小。还应注意发挥民间商会、协会和海外华人社团的桥梁作用，提升与东道国政府、企业和社会组织的沟通、谈判能力，维护捍卫自己的合法利益。

（二）建立健全风险管控机制

首先，宜强化命运共同体理念。正像习近平主席指出的，我们既要让自己过得好，也要让别人过得好。

必须突破传统区域经济合作模式，构建开放包容的合作体系。应充分了解东道国政府和民间的利益诉求，处理好与各方面的关系，尽可能满足其合理诉求，消除疑虑和敌对情绪。

其次，增加东道国政府和民众的获得感。"走出去"企业宜通过产业链跨国布局，带动沿线国家产业升级，让他们享受到更多的开放红利。宜增强"走出去"企业的社会责任意识，尤其是应注意资源和环境保护，适当克制对能源资源等敏感行业的投资，减少投资项目的关注度和政治风险。企业还应完善投资策略，切忌不切实际地盲目投资。

第三，密切政府间合作。推进签署双边和多边投资贸易保护协定，以政府间协议保护"走出去"企业利益。构建区域性安全合作机制，注重利用现行国际规则及机制，维护驻外人员生命财产安全。外交使馆应建立健全防范风险的预警和应急机制，最大限度保护我国企业和公民的财产及生命安全。

（三）适时以和平姿态推动中国军事力量"走出去"[①]

随着中国经济逐步融入世界经济体系，海外利益已经成为中国国家利益的重要组成部分，海外能源资源、海上战略通道以及海外公民、法人的安全问题日益凸显。截至 2015 年年底，约有 2 万家中国公司在全球 188 个国家和地区设立了约 3 万家企业，年投资额超过 1 000 亿美元。2016 年，中国公民年出境人数达到 1.2 亿人次，预计到 2020 年前将超过 1.5 亿人次。21 世纪海上丝绸之路战略的实施，必将进一步拓展中国海外利益。从传统单一的内陆型国家走向积极的海洋拓展型国家，是中国成为世界级大国的必经之路。如何维护中国海外投资利益、保护中国公民海外人身安全等都成为中国必须严肃对待的新课题。从近些年发生的地区武装冲突、恐怖主义袭击等来看，中国还缺乏能够进行快速反应和支援的战略前哨。适应形势变化，我们亟待以和平方式推动人民解放军"走出去"，开展

[①] 参见胡中健，胡欣：《布局与破局：中国的海外战略支撑点》，载《现代军事》，2015 年第 12 期。

海上护航、撤离海外公民及应急救援等海外行动。2015 年发布的《中国的军事战略》白皮书将维护海外利益安全列入中国军队八项战略任务之一，并首次提出"海外利益攸关区"说法，强调要"加强海外利益攸关区国际安全合作，维护海外利益安全"。这都表明维护中国的海外利益具有时代性、必然性和紧迫性。让中国军队"走出去"，是维护国家海外利益、促进地区和世界和平的需要，中国军事力量"走出去"的大趋势已然明朗清晰。

第六章
海上丝绸之路上的关键节点

　　21 世纪海上丝绸之路涉及众多沿线国家。推进 21 世纪海上丝绸之路建设的一项重要任务，就是要从这些沿线国家中，遴选出若干个对区域经济一体化，尤其是贸易投资一体化进程产生重大影响的国家，作为基础设施互联互通的重要环节，重点培育，使其成为 21 世纪海上丝绸之路建设的骨干和依托。

一、何谓 "关键节点"

海上丝绸之路建设中的关键节点是指在次区域的、区域的、跨区域的或全球的多边合作框架下，通过战略性的双边互动、交流与合作，能有效发挥全局或关键支撑作用，并能对多边合作其他各方产生积极的示范、引导和激励效应，从而切实保证多边合作进程稳定、和谐、有序的国家或地区。[①] 可通过收购、参股、租赁等方式，参与这些关键节点国家或地区的港口管理、航道维护和海上救助，为远洋运输、海外资源开发等提供商业服务。同时，逐步扩大合作范围，建设临港产业园区、境外产业合作区等各类园区，打造集远洋渔业综合补给、海外产业园、远洋运输港口和海外资源开发为一体的海外综合保障基地。

一般来讲，关键节点国家或地区具有如下几个特点：一是要具有重要的地缘价值。例如，马六甲海峡，无论在经济上或是军事上而言，都是很重要的国际水道，因此扼守海峡的马来西亚、印度尼西亚、新加坡理应作为海上丝绸之路的关键节点。二是要与我国政治关系稳定。关键节点国家应与我国保持长期的战略互信，能为双边或多边战略合作提供有效的和可持续的支撑作用。三是与我国经济相互依存。应持续推进与节点国家的互利共赢的双边经贸合作，并在此基础上不断深化利益共识及战略合作。四是要与我国在安全领域形成制度化的协同合作。与节点国家共同有效处置各类安全议题，从而为海上丝绸之路的地区安全合作新架构提供有力支撑。五是文化民心相互包容。双方具备良好的文化交流基础，在文化领域

---

① 周方治：《21世纪海上丝绸之路关键节点建设的几点看法》，载《国际政治与经济新视野》。

积极互动，切实增进文化的相互认知与理解。

实事求是地讲，能够同时满足上述五个要求的国家并不多。这在一定程度上预示着 21 世纪海上丝绸之路建设具有艰巨性，也让我们更加清醒地认识到推动这项战略的短板所在以及未来努力的方向。

二、选取关键节点的依据是什么

关键节点的选择与培育，是一项复杂的工作。需要遵循以下原则。

第一，"在商言商"与"在商言政"相结合。关键节点布局既要做到"在商言商"，又要做到"在商言政"，既充分考虑对外投资合作企业的商业利益，又要充分考虑所选国家（地区）的战略位置以及在我国外交关系中的地位等因素，做到保障国家战略利益和企业商业利益的结合。选取的重点国家（地区）尽量覆盖海上及海陆交汇的战略咽喉要道，通过推进上述国家和地区互利互惠的投资合作，有利于推动建设覆盖更广大地区的安全架构和稳定的国际政治格局，从而有利于保障我国国家安全。同时，扩大与节点国家的投资合作，可有利于巩固和深化我国同这些国家及区域的外交关系，增强我国在全球治理体系中的话语权。

第二，"以我为主"与"两情相悦"相结合。关键节点国家的选择，既要充分考虑到我国对外经济合作的需求，又要考虑对方的接纳意愿，做到"以我为主"和"两厢情愿"相结合。比如，哈萨克斯坦、印度尼西亚、俄罗斯和蒙古等国对习近平主席提出的"一带一路"已积极明确提出对接意愿，其中哈萨克斯坦的"光明大道"计划、俄罗斯主导的欧亚经济联盟建设、伊朗的"铁路丝绸之路"计划、蒙古国的"草原之路"倡议等有意对接"丝绸之路经济带"，印度尼西亚的"全球海洋支点"计划有意对接 21 世纪海上丝绸之路。我国对外投资的区位布局，这些国家无疑会重点考虑。而印度等国对我国"一带一路"战略构想总体呈观望态度，短期内就难以"一厢情愿"地将其作为我国对外投资重点国别来考虑。

第三，"高屋建瓴"与"脚踏实地"相结合，即"高屋建瓴定战略，脚踏实地谋发展"。关键节点的选取，既需要政府部门"高屋建瓴"，站在维护国家安全、外交和经济利益的全局性高度，同时又需要企业"脚踏实地"，尊重企业"用脚投票"的惯性。没有政府部门"高屋建瓴"地进行规划引领，对外投资重点国别（地区）和领域的选取容易陷入经验主义误区和出现自发盲目性。另一方面，不考虑企业"用脚投票"的选择，政府部门的规划将难以"接地气"，对外投资合作将失去可持续发展的微观基础。

第四，"全面布点"和"以点带面"相结合。关键节点布局应立足于对沿线各个区域的通盘考虑，实现"全覆盖"；同时也要考虑到在每个区域内选择的重点国别，而不是所有国家面面俱到。要有所为有所不为，突出重点，以点带面。所选的关键节点国家对周边国家（地区）具有较强的市场辐射功能和示范效应，可以带动中国与周边其他国家的经济合作，以点连线，最终实现海上丝绸之路在各个区域的畅通。

第五，"立足当下"和"着眼未来"相结合。关键节点的选取必须立足于长远规划和可持续发展，既要考虑我国和节点所在国现有的比较优势和投资合作的基础，更要着眼未来，发掘未来潜在的新优势。对那些尽管目前不适宜作为节点但未来有可能成为节点的国家，宜注重提前布局，逐步开展建设，杜绝"短期红利"和"抄近路"的利益冲动。应充分考虑东道国未来若干年的发展规划，如哈萨克斯坦的"光明大道"计划和印度尼西亚的"全球海洋支点"计划等，努力实现发展战略的对接。同时宜充分考虑推动我国与节点国家政府间的合作计划，如中巴经济走廊、孟中印缅经济走廊等。

三、何处有可能成为关键节点

（一）关键节点选择评价标准

1. 地缘战略价值

建设关键节点最主要的目的是要保障海上丝绸之路的畅通无阻，而要实现这一点，关键是控制住海上通道上的咽喉要道，比如马六甲海峡、苏伊士运河等。因此，地缘战略价值是选择关键节点的首要考量。一个国家所处的地缘位置越关键，则地缘战略价值越高。

2. 双边关系

对于关键节点而言，保持双边关系长期稳定十分重要，要避免在负面因素影响下出现波动甚至倒退，否则就很难为双边或多边战略合作提供有效的和可持续的支撑作用。例如，2014年7月，缅甸单方面宣布无限期搁置中缅高铁项目，不仅严重影响中南半岛的印度洋战略通道建设，而且在一定程度上损害了长期以来的政治互信。这里既有缅甸部分高层借机提高要价的政治因素，也有缅甸中央与少数民族地方的利益分歧因素，更有美国、日本等国家施加压力的外部因素。我国外交实行不结盟政策，外交关系中最密切的双边关系就是"伙伴关系"。我国目前的172个建交国家中，有53个国家与中国确立了正式的"伙伴关系"，而"伙伴关系"由低到高分为四个等级序列：合作伙伴、全面合作伙伴、战略（合作）伙伴和全面战略（合作）伙伴。例如，中国和俄罗斯互为"最主要、最重要的战略协作伙伴"；中国和英国由1998年"全面合作伙伴关系"上升到2004年的"全面战略伙伴关系"。因此，良好的双边关系及政治稳定性也是海上丝绸之路关键节点选择需要考虑的重要因素之一。

一个国家的政局越稳定，政治风险越低，反之则越高。

3. 投资风险

经济合作是 21 世纪海上丝绸之路建设的主要手段之一，也是关键节点建设的主要内容，因此，关键节点所在国的投资风险也是需要考虑的因素之一。在过去的一些境外投资中，很多企业由于缺乏对投资所在国的认识以及对海外投资环境的有效风险评估，致使投资项目失败。投资风险评估主要参考世界评估机构对国家主权的信用评级以及外交部的投资指南，投资风险越高则越不适宜企业投资。

(二) 评价结果

通过德尔菲法（专家打分法）、综合分析法，对各个国家的地缘位置、政治因素、投资风险、双边关系等进行综合评价（表 6 - 1），并根据评价结果，将海上丝绸之路关键节点划分为"战略节点"和"一般节点"两个层次：

1. 战略节点

地缘价值十分重要的国家，是我国必争必保的战略节点。主要包括：印度尼西亚、马来西亚、缅甸、泰国、柬埔寨、斯里兰卡、巴基斯坦、也门、阿曼、希腊、吉布提、埃及、厄立特里亚和斐济。

2. 一般节点

地缘价值中等、政治风险较高的国家，或与我国政治关系稳定、长期保持友好关系的国家。主要包括：新加坡、孟加拉国、印度、沙特阿拉伯、伊朗、土耳其、俄罗斯、肯尼亚、新西兰和巴布亚新几内亚。

表 6 - 1　海上丝绸之路沿线关键节点国家战略风险与节点建设

国家	海上丝绸之路建设战略价值评估				节点类型（关键港口）		节点建设方向和内容
	地缘价值	政治风险	投资风险	双边关系	战略节点	一般节点	
印度尼西亚	高	中	低	高	巽他港、巽他海峡	龙目海峡	港口建设、产业园区、远洋渔业基地
马来西亚	高	低	低	低	马六甲海峡	关丹港和巴生港	产业园区、远洋渔业基地、人文合作
新加坡	高	低	低	中		新加坡港	港口互联互通
缅甸	高	高	高	高	皎漂港		港口建设、产业园区、远洋渔业基地
泰国	高	中	低	高	克拉地峡	曼谷港	产业园区、人文合作
柬埔寨	中	低	中	高		西哈努克港	产业园区、人文合作
斯里兰卡	高	高	中	中	汉班托特港		港口建设、产业园区、远洋渔业基地、人文合作
巴基斯坦	高	低	中	高	瓜达尔港		中巴经济走廊、海外基地、港口建设、产业园区
孟加拉国	中	高	中	中		吉大港	防灾、港口建设、产业园区、远洋渔业基地
印度	高	中	中	中		加尔各答港	港口建设、产业园区

国家	海上丝绸之路建设战略价值评估				节点类型（关键港口）		节点建设方向和内容
	地缘价值	政治风险	投资风险	双边关系	战略节点	一般节点	
也门	高	高	高	低	亚丁港		撤侨、港口建设、产业园区
阿曼	高	中	低	低	马斯喀特港		海外基地、港口建设
沙特阿拉伯	中	中	低	高		吉达港	油气、港口建设、产业园区
伊朗	中	中	低	低		阿巴斯港	港口建设、产业园区
土耳其	中			中			港口建设、产业园区
俄罗斯	中			高			油气、港口建设、产业园区
希腊	高	低	低	高	雷埃夫斯港		港口建设、产业园区
吉布提	高	高	高	低	吉布提港		海外基地、港口建设、产业园区
埃及	高	高	低	中	塞得港		港口建设、产业园区、人文合作
肯尼亚	中	中	低	低		拉姆港	港口建设、产业园区、远洋渔业基地
厄立特里亚	高	低	高	低	阿萨布港		海外基地、港口建设
斐济	高	中	低	中	苏瓦港		海外基地、港口建设、远洋渔业基地
新西兰	中			低			港口建设、产业园区
巴布亚新几内亚	中	低	低	低		莫尔兹比港	港口建设、产业园区

四、关键节点的建设方向

（一）东南亚地区

印度尼西亚　印度尼西亚在海上丝绸之路建设中具有十分重要的战略地位。印度尼西亚是东盟最大的经济体、市场和东盟秘书处所在地，在东盟十国中具有举足轻重的作用。其所在的印度洋水域承担着世界上 50% 的集装箱货运和 66% 的海上石油运输，马六甲海峡更是中国海上货物运输和能源运输的"咽喉要道"。从某种意义上讲，印度尼西亚是真正的"世界十字路口"，中国要建设海上丝绸之路，打通从沿海港口经南海、印度洋进而连接海湾地区、非洲和欧洲的海上互联互通体系，印度尼西亚将是最为重要的一个战略节点。

马来西亚　马来西亚据守着马六甲海峡这一咽喉要冲，战略位置极为重要，是中国海上丝绸之路建设重要的战略支点之一。马来西亚是东盟中最早与中国建立外交关系的国家，中马两国关系正处于历史上最好时期，在政治、经济、文化、军事、旅游等各领域均保持着密切友好的合作关系。

新加坡　新加坡毗邻马六甲海峡南口，拥有闻名于世的天然良港，是著名的国际大洋航线枢纽，是东南亚的航运中心，起着沟通欧洲、亚洲、非洲和大洋洲的海上交通的作用。中新经济走廊是贯穿中南半岛国家的跨国陆路经济带，是共建 21 世纪海上丝绸之路的重要组成部分，是中国与东盟国家经贸合作的重要载体。同时，新加坡是东盟地区首个与中国签订自由贸易协定的国家，在推动"一带一路"和建设中国东盟自贸区"升级版"的进程中，中新经贸关乎大局。

缅甸 缅甸是我国西南方向最佳战略出海通道，有利于打破"马六甲困局"，对于中国有着非常重要的地缘战略意义。我国的出海通道处处受人围堵，东面有三道岛链，南面有马六甲海峡。建立从缅甸方向进入印度洋的出海口就显得特别迫切。西南战略出海通道的建立，将打开一个重要战略出口，大大降低我国对马六甲海峡的依赖，有效提升我国能源供给的安全性。

泰国 泰国位于中南半岛，与缅甸、老挝、柬埔寨和马来西亚接壤，东南经泰国湾出太平洋，西南临安达曼海入印度洋。规划中的克拉地峡运河，虽然尚在可行性研究阶段，但其重要作用不言而喻。2012 年中泰两国建立了全面战略合作伙伴关系，在贸易、农业、铁路、粮食以及防汛抗旱等方面开展了全方位合作。中国目前已成为泰国第二大贸易伙伴，而泰国是中国在东盟第三大贸易伙伴。2015 年中泰建交 40 周年以来，双边互惠迎来新的高度。泰国以其优越的海洋地理位置和全方位合作伙伴关系，成为 21 世纪海上丝绸之路的重要战略支点国家。

柬埔寨 柬埔寨是一个连接内陆、濒临海洋的国家，处于中国和印度两大文明板块之间，区位优势显著。柬埔寨作为湄公河流域的重要国家，在湄公河流域开发合作中占有举足轻重的地位。无论是亚洲开发银行主导的大湄公河区域（GMS）经济合作机制，还是湄公河委员会（MRC）制定的开发计划，抑或是东盟主导的东盟－湄公河流域开发合作（AMBDC）机制，甚至是美国和日本等区域外大国主导的合作机制，柬埔寨均在其中扮演重要角色；无论是公路或铁路建设、水电开发，还是航运开发，乃至"南部经济走廊建设"，柬埔寨都发挥重要作用。

（二）南亚地区

斯里兰卡 斯里兰卡位于印度洋，扼印度洋和马六甲海峡中枢，具有十分重要的地缘战略价值，是海上丝绸之路关键节点的首选地。其靠近欧亚国际货运主航线，在转运、中转和补给等方面具有天然的优势。随着印度洋贸易通道功能得到越来越多的重视，斯里兰卡的战略作用也备受关注。与南亚其他国家相比，斯里兰卡在交通条件、人口素质、法律制度、商业环境等方面都更胜一筹，已发展成为亚太地区极具吸引力的投资地之一。

巴基斯坦　巴基斯坦位于南亚的西北部，与印度、中国、阿富汗、伊朗接壤，拥有印度洋的出海口。对于我国"一带一路"战略来说，巴基斯坦可以作为印度洋航线的重要支撑点，也可以通过其陆地，将铁路连通西亚地区，无论是"一路"还是"一带"，都有着非常重要的意义。中巴经济走廊是"一带一路"非常重要的部分，沿线上的瓜达尔港是重要的战略支点。瓜达尔港处于波斯湾的"咽喉"附近，紧扼从非洲、欧洲经红海、霍尔木兹海峡、波斯湾通往东亚、太平洋地区数条海上重要航线的"咽喉"。

孟加拉国　孟加拉国地处南亚次大陆东北部，东、西、北三面与印度接壤，东南毗邻缅甸，南面濒临孟加拉湾，位于亚洲三大经济体中国、印度和东盟的交汇处，是连接孟中印缅经济走廊的重要桥梁，地理位置优越。随着中缅油气管道的开通，孟加拉湾海上交通线的安全关乎中国能源安全。2010年，中孟两国宣布建立和发展更加紧密的全面合作伙伴关系。孟加拉国是我国在南亚地区第三大贸易伙伴。中孟两国经济处在不同发展阶段，经济互补性强。孟加拉国人口规模大，劳动力成本低廉，经济发展快，市场容量大，不断吸引着中国的投资。孟加拉国也是我国在南亚对外承包工程的传统市场。孟加拉国可成为丝绸之路经济带与21世纪海上丝绸之路的重要交汇点。

印度　印度处于印度洋的中心位置，扼守连接太平洋和大西洋，贯通亚洲、非洲、大洋洲的重要通道，是欧亚次大陆最大国家，世界第二大人口大国，市场广阔、资源丰富，长期以来谋求控制印度洋。当前，经北印度洋海域的红海（波斯湾）—北印度洋—马六甲海峡—南海航线，是我国与欧美、中东和非洲最便利、最繁忙的海上贸易航线，该航线已成为我国能源和对外贸易的重要生命线。印度及印度洋成为我国开辟海上丝绸之路的核心区域之一。中印两国在陆上边界爆发过战争，且在陆上划界问题至今尚未取得突破性进展。印度对我国海上丝绸之路深入印度洋心怀警觉的同时，又有借此平衡与美国关系、借机繁荣本国经济的意愿。承认并支持印度追求印度洋地区主导地位，开展在"印度洋－太平洋"海洋领域中"共同利益"与"共同威胁"方面的合作，特别加强在海洋资源共同开发、公共产品供给和非传统安全领域的相互合作，是我国海上丝绸之路建设的重要内容之一。

（三）西亚/中东地区

也门 也门扼守红海—亚丁湾交汇处，战略位置十分重要。其亚丁港处于红海与亚丁湾交界处，是不可多得的深水良港，可为往来东非、红海、印度洋和阿拉伯海的船只和货物提供服务。中国与也门关系发展密切，近年来，双方签订了一系列经济贸易合作协议，包括燃气和燃煤发电厂建设、亚西湾港口扩建、亚丁炼油厂的工艺升级等。

阿曼 阿曼地处波斯湾通向印度洋的要冲，扼守着世界上最重要的石油输出通道——波斯湾和阿曼湾之间的霍尔木兹海峡，战略地位十分重要。自1978年中国与阿曼建交以来，两国关系发展顺利，阿方在涉及我国核心利益和重大关切问题上均给予支持。根据阿曼的区位优势、资源禀赋以及双方的合作基础等，可考虑建设海外补给基地。

沙特阿拉伯 沙特阿拉伯地处亚洲西部的阿拉伯半岛，东、西分别被波斯湾、红海相围，位于亚、非、欧三大洲交汇处，周边接壤或临近的国家包括也门、阿曼、约旦、埃及、叙利亚、伊拉克和伊朗等。沙特阿拉伯石油天然气资源丰富，石油储量和剩余产能均居世界首位；天然气储量占全球的 4.1%，位居世界第四位。沙特阿拉伯是阿拉伯国家联盟、海湾阿拉伯国家合作委员会、石油输出国组织和阿拉伯石油输出国组织的成员国，在阿拉伯地区发挥举足轻重的作用。沙特阿拉伯也是中东地区最大的经济体和消费市场，是世贸组织、二十国集团的成员国。自从 2011 年起，中国首次超过美国成为沙特阿拉伯最大贸易伙伴，而沙特阿拉伯则是中国最重要的石油进口国。2016 年 1 月，中国与沙特阿拉伯将双边关系提升为全面战略伙伴关系。沙特阿拉伯是保障我国能源安全的重要节点。

伊朗　伊朗是亚洲主要经济体之一，为世界石油天然气大国，石油储量世界第四、出口量世界第二，石油是其经济命脉。伊朗是少数的政教合一国家，也是中东地区少有的不依附于大国、独立的地区大国。伊朗在海上丝绸之路中的战略地位显著，它控制着波斯湾北岸全部长达 990 千米的海岸线以及霍尔木兹海峡以东 480 千米的阿拉伯海海岸线，是中亚各国通向印度洋的唯一陆路通道。中伊两国自古以来友好往来，是我国古代丝绸之路连接东、西方的桥梁。当前，我国是伊朗在亚洲第一、全球第三的贸易伙伴，是我国"一带"与"一路"的交汇点，两国已经就构建丝绸之路经济带和构建海上丝绸之路达成共识，未来在能源、基础设施和文化交流等方面可以开展全方位的合作。

（四）欧洲地区

俄罗斯　俄罗斯位于欧洲东部和亚洲大陆的北部，北邻北冰洋，东濒太平洋，西接大西洋，西北临波罗的海。中俄在一系列重大国际和地区问题上立场相同或相近，保持密切沟通和合作。中俄共同推动成立了上海合作组织，建立了"金砖国家"和中俄印合作等机制。双方领导人发表了《中俄两国关于深化全面战略协作伙伴关系、倡导合作共赢的联合声明》和《关于丝绸之路经济带建设和欧亚经济联盟建设对接合作的联合声明》，双方在海上丝绸之路建设中具有良好的合作基础。

土耳其　土耳其共和国横跨欧亚两洲，是欧、亚、非三大洲重要的中转地和交通枢纽，土耳其海峡是连接黑海以及地中海的唯一航道，地理位置和地缘政治战略意义极为重要。其有利的地缘优势、丰富的劳动力资源优势已成为欧洲经济的"发动机"，具有较强的经济贸易辐射能力，可作为我国进入欧洲市场，辐射中东、高加索地区、中亚和北非的一个战略投资基地。双方经贸关系几十年来不断发展，可进一步深化双边合作，在贯通亚欧的"丝绸之路"上构建起中国 – 土耳其"丝路战略"合作新模式。

希腊　希腊也是欧洲国家中对华最友好的国家之一，其所处的地中海是连接欧、非、亚三大洲的纽带。中国进口原油的运输，一半以上租借的是希腊船只。从中国广东到达希腊、经巴尔干半岛进入欧洲腹地，比传统的经福建泉州到达意大利威尼斯的行程缩短 7 ~ 10 天。希腊是中国与中东欧合作的重要纽带。物流和港口合作成为中希继航运合作之外的又一合作亮点。2009 年，中国远洋运输集团公司获得希腊第一大港口——比雷埃夫斯港口 35 年经营权，是船舶通向西欧、东欧、巴尔干半岛、黑海、地中海和非洲的良好中转港。该港口在 1997 年阿尔巴尼亚内乱、2006 年黎以冲突、2011 年利比亚危机中三次帮助中国撤侨；希腊面临主权债务危机的最困难时期，中国以投资码头、购买橄榄油和希腊债券等实际行动支持希腊走出债务危机。双方合作关系稳固良好。为此，应将希腊作为中国融入全球分工体系、参与全球化的重要支点，以及建设 21 世纪海上丝绸之路深入欧洲腹地的战略合作伙伴。

（五）非洲地区

吉布提 吉布提毗邻非洲和阿拉伯半岛间的曼德海峡。该海峡也是全世界最繁忙的航路，连接红海和亚丁湾。对于中国经济命脉而言，这里的地理位置至关重要，加之吉布提与索马里接壤，就在亚丁湾海域，海盗肆意劫掠商船，对包括中国在内的很多国家的海上运输安全危害极大。而吉布提国家小，财力不足，人口不足100万，无力为其他国家提供沿途安全保障。目前，美国、法国，甚至日本都在这里设有纯粹的军事基地，表面上是为了打击海盗，其背后的目的是加强对该地区的军事存在。中国海军自从2008年就在亚丁湾海域执行护航任务，但长期以来并没有固定的补给站点，多是依靠综合补给舰或某个临近港口实施临时补给，如吉布提港和亚丁港等。如果中国政府或企业能在吉布提建设一个民用港口，不仅可以带动当地经济发展，为吉布提提供更多就业机会，并可为更多途经船只提供更好的公共服务，同时也可以为中国海军亚丁湾护航编队提供临时"歇脚"的场所，将十分有助于中国海军护航编队持续为世界各国提供护航服务。

埃及 苏伊士运河是连接地中海和红海的重要交通枢纽，是我国通往欧洲的战略通道。埃及扼有苏伊士运河的航运要道，并地跨亚洲和非洲，其经济区位和地缘位置优势明显，无论在"一带"还是"一路"中都是重要的环节。同时，埃及也是我国传统友好国家，是我国在西亚-北非地区重要的经贸合作伙伴，也为中国拓展欧洲市场提供支撑。埃及石油天然气资源丰富，石油和天然气探明储量分别居非洲国家第五位和第四位。埃及是中国在非洲的重要战略伙伴，未来可以苏伊士运河为中心，建设中非经济、贸易、文化和科技中心。

肯尼亚 肯尼亚是东南非共同市场（Comesa）和东非共同体（EAC）的重要成员国，是撒哈拉以南非洲经济基础较好的国家之一，也是历史上与中国交往频繁的非洲国家之一。自建交以来，中国为肯尼亚援建的主要项目有莫伊国际体育中心、埃尔多雷特医院扩建工程、甘波基－塞勒姆公路等。2014 年 5 月，李克强总理访问肯尼亚期间，中肯两国签署了关于蒙巴萨－内罗毕铁路相关合作协议。这条铁路是肯尼亚百年来建设的首条新铁路，是东非铁路网的"咽喉"，也是东非次区域互联互通重大项目，规划全长 2 700 千米，预计总造价 250 亿美元。因此，肯尼亚具备作为海上丝绸之路关键节点的良好基础。

厄立特里亚　厄立特里亚位于东非及非洲之角最北部，属于最不发达国家，但其战略地位十分重要，西与苏丹接壤，南邻埃塞俄比亚，东南与吉布提相连，隔海与沙特阿拉伯、也门相望，东北濒临红海，国土面积 12.5 万平方千米，海岸线长 1 200 千米，主要港口及口岸为阿萨布港和马萨瓦港，特别是阿萨布港位于连接欧、亚、非三大洲海上通道的"咽喉"——曼德海峡，扼红海进出印度洋的门户，且基础设施条件较好，有全天候公路可通埃塞俄比亚首都亚的斯亚贝巴及吉布提港。厄立特里亚自与中国建交以来，双边关系发展稳定。中国主要向厄立特里亚出口机械和电子设备、日用品及食品等，进口皮革、海产品等。中国对厄立特里亚开展医院基础设施、港口、电信等多项援建项目，双方具有良好合作基础。应重视厄立特里亚的显著地缘战略地位，将其作为我国海上丝绸之路西线进入红海的重要门户支点，推进合作共建。

（六）南太平洋地区

斐济　斐济是南太平洋区域的重要岛国，是中国远洋渔船和海军的重要补给基地，是海上丝绸之路在南太平洋区域关键节点的首选。目前，中国已批准斐济为中国公民出境旅游目的国，斐济也给予中国游客落地签证待遇。斐济有望在未来几年成为中国出境旅游新的增长点。

巴布亚新几内亚　巴布亚新几内亚是南太平洋西部的一个岛国、大洋洲第二大国，西与印度尼西亚的伊里安查亚省接壤，南隔托雷斯海峡与澳大利亚相望。其地缘位置十分重要，与中国利益休戚相关的"第二岛链"向南横跨关岛至巴布亚新几内亚岛。该国海岸线全长 8 300 千米，包括 200 海里专属经济区在内的水域面积达 240 万平方千米。巴布亚新几内亚属英联邦成员国，包括新几内亚岛东半部及附近的俾斯麦群岛、布干维尔岛等共 600 余个大小岛屿。首都莫尔斯比港已经开通了公路，通往国内大部分城市。巴布亚新几内亚能源与资源十分丰富，包括渔业、林业、能源、港口及基础设施在内，都具有一系列丰富投资机遇。其政府强调"巴布亚新几内亚的未来利益在亚洲"，巴布亚新几内亚将进一步拓展与中国等亚洲国家的关系，与中国关系交好，双方在镍矿开发、液化天然气项目、贸易洽谈、旅游合作、留学生培养与艺术交流等方面建立多元化往来关系。应将其视为中国开拓南太平洋地区新兴市场和与太平洋岛国建立广泛深入联系的重要门户和支点，进行重点援建与合作交流。

新西兰　新西兰地处南太平洋，紧邻澳大利亚，与南太平洋岛国有着长期的紧密联系。中国与新西兰发展基于合作共赢的战略协商与合作关系，对于两国及太平洋地区的可持续发展意义重大。中新双方经济上保持着密切关系，相互间有着互利的互补性经济和市场结构。新西兰是第一个与中国达成自贸协定的发达国家，为中国与发达国家构建自贸区提供了经验。如今，中国是新西兰的第一大出口市场，13 亿人的巨大需求为新西兰提供了理想的大市场。特别是通过开放服务业领域，加大在服务领域的合作，包括金融、医疗、教育等，为双方经济关系打开新的拓展空间。为此，应重视新西兰在 21 世纪海上丝绸之路建设南线中的支点作用，把新西兰作为一个"发展关系的样板"和深化与南太平洋国家关系的重要合作伙伴。

第七章
推进基础设施互联互通

　　21 世纪海上丝绸之路构建全方位、多层次、复合型基础设施网络，实现交通运输、通信、油气管道等方向的互联互通，是建设的重要内容。基础设施互联互通，不仅是加强地区经贸联系、促进区域经济一体化的需要，也是促进我国与沿线国之间的政治互信、市场共享、安全共建与文化联系的需求，因而具有巨大的政治文化诉求。

一、互联互通是确保海上丝绸之路畅通之前提

以我国为主导的，包括交通、能源和通信在内的基础设施的互联互通，是21世纪海上丝绸之路的"血脉"与"经络"。对基础设施建设的投资，不仅本身能够形成新的增长点，激发区域内各国经济的潜力，更重要的是为区域各国未来发展打下坚实的基础。综合考虑中国及沿线国家的战略需求，基础设施互联互通应立足于四个"服务于"：

一是服务于中国参与构建21世纪全球新型经济治理体系的战略需求。当今国际力量对比发生深刻变化，全球经济危机后世界经济治理结构发生较大变革，以中国为代表的新型经济体开始成为拉动世界经济增长和影响政治多元格局的重要力量。新形势下，我国立足于通过21世纪海上丝绸之路战略建设，以推进基础设施互联互通为前提，牵引和带动与沿线国的深度开放与合作，努力构建21世纪全球新型经济治理体系和规则，促进经济要素有序自由流动、资源高效配置和市场深度融合，推动沿线各国实现经济政策协调，开展更大范围、更高水平、更深层次的区域合作，共同打造开放、包容、均衡、普惠的区域经济合作架构，提升我国地缘政治、经济和外交地位。

二是服务于推进区域全面经济伙伴关系（RECP）建设，构建沿线国家参与的利益共同体和命运共同体。当前，经济全球化深入发展，区域经济一体化加速推进，各国间相互依存程度不断加深，迫切需要加强国际合作，推动全球经济共同发展。建设21世纪海上丝绸之路，加强互联互通基础设施建设，有利于加强我国同东南亚、南亚、中东欧乃至南太平洋地区沿线国家的经贸联系，进一步拓展开放合作的广度和深度，打造具有巨大潜力的海上经

济大通道，构建全方位对外开放新格局；有助于增进我国与沿线国家的合作共识、互利共赢，共同打造政治互信、经济融合、文化包容的命运共同体和利益共同体，营造我国发展的良好外部环境。

三是服务于中国经济发展方式转型升级和供给侧改革、构建开放型经济发展格局的新要求。当前，我国经济正处于增长速度换挡期、结构调整阵痛期、前期刺激政策消化期"三期叠加"阶段，劳动力、土地和资源环境等红利正在减弱，外部市场空间收窄，经济运行下行压力增大，迫切要求以开放促进改革，以开放加速发展，激发发展内生动力。主动融入和加快推进 21 世纪海上丝绸之路建设，加快基础设施互联互通，有利于进一步拓展我国与沿线国在基础设施建设、航运物流、海洋能源、经济贸易、科技创新和生态环境等领域的全方位合作，加快海外市场拓展和产能技术走出去，构建全方位开放型经济格局。

四是服务于保障我国资源能源安全和贸易运输通道。海上丝绸之路沿线地区是我国重要的海上资源和贸易运输通道。我国已成为全球第二大经济体，保障交通、能源和通信的畅通对我国贸易有着至关重要的作用。交通基础设施包括海上交通及陆路跨境交通建设，是海上丝绸之路的"硬件"，可以拉近沿线国家在地理空间的距离。推进 21 世纪海上丝绸之路建设，应该把交通基础设施互联互通作为优先领域和重点，加强各国之间基础设施建设规划、技术标准体系的对接，以关键通道、关键节点和重点工程为切入点，优先打通缺失路段，畅通瓶颈路段，提升道路通达水平。能源基础设施互联互通是海上丝绸之路建设的另一个重点。在尊重相关国家主权和安全关切的基础上，促进沿线国家以"共同安全观"谋求海上油气通道与运输的安全。在信息化时代，还应当高度重视信息网络的互联互通。通过共同推进海上跨境光缆等通信干线网络的建设，加快推进双边跨境光缆等建设，规划建设洲际海底光缆项目，推进具有自主研发能力的"北斗"导航系统建设，促进国际通信互联互通的水平，扩大信息交流与合作，打造"信息丝绸之路"。

可以预见未来一段时期，随着互联互通和基础设施建设的不断推进，海陆丝绸之路将会对亚太区域生产网络的完善和重构、地区统一市场的构建、贸易和生产要素的优化配置起到积极的促进作用，也为沿线国家加强海上合作、寻找新的经济增长点、提升经济发展质量提供新的历史机遇。同时，基础设施互联互通带动的区域间生产要素自由流动，将有助于实现沿线国家地区间和地区内部的平衡发展、沿线国民福祉的提高和经济社会的可持续发展。

二、实现区域互联互通任重而道远

（一）发展现状

经过多年的快速发展，我国在与海上丝绸之路沿线国家的基础设施互联互通建设方面取得了积极成效，也积累了不少建设经验，具备了与沿线各国加强互联互通的有利条件。

1. 港口、铁路、公路等互联互通建设取得进展

目前，我国与沿线国家铁路互联互通建设已经启动。多式联运特别是海陆联运建设取得了积极成效。上海、大连、青岛等港口城市建立了铁路集装箱中心站，形成了铁路运输和海上运输的无缝衔接，铁路开通直达港口的货运"五定"（定点、定线、定车次、定时、定价）班列，建立集装箱运输网络，强化港口后方通道，并与港口、海关、商检部门紧密配合协商，做好海铁联运集装箱的快速过关、装船，从而提高了海铁联运的效率，缩短时间、减少费用。

我国已与毗邻11个国家的70个边境口岸开通了289条陆路客货运输线路，线路总长度为4万千米左右，基本建成了以重点城市为中心、边境口岸为节点、覆盖沿边地区并向周边国家辐射的国际道路运输网络。

2. 海上油气通道关键节点仍以马六甲海峡为重

我国进口石油主要来自中东、非洲与东南亚，海运航线主要有三条。第一条是中东航线：波斯湾—霍尔木兹海峡—马六甲海峡—台湾海峡—中国大陆；第二条是非洲航线：北非—地中海—直布罗陀海峡—好望角—马六甲海峡—台湾海峡—中国大陆；第三条是东南亚航线：马六甲海峡—台湾海峡—中国大陆。从上述三条油气能源通道来看，我国油气进口主要来自中东和非洲，海上能源通道航距漫长，且线路较为单一。

为平衡油气供给格局，我国大力拓展陆上能源通道，但就目前来看，我国油气进口对海上通道的依赖性并未因陆上通道的形成而下降。据国家海关总署统计，2014年中国原油进口来源地区及份额分别为：中东地区48%，非洲地区20.5%，俄罗斯10.7%，南美地区10.2%，其他地区8.1%。从以上数据可知，中国石油进口量中约70%来自中东和非洲等地，预计在未来较长一段时期内，这种格局不会发生大的变化。相对于海上运输，中国的陆路油气运输还只能作为一种补充，绝大部分石油仍需通过海上运输，而且苏伊士运河—印度洋—马六甲海峡—南海是必经之路。为减轻对马六甲海峡的依赖，我国也在积极拓展新的能源通道，如中缅油气管道的建设与营运，实现中东进口的石油从缅甸转运至云南，比绕道马六甲海峡从广州上岸转运的里程缩短了1 000多海里。

表 7-1 2014 年各国向中国出口原油的数量

国家	数量（吨）	比例（%）	国家	数量（吨）	比例（%）
沙特阿拉伯	49 665 924	16.11	蒙古	1 030 843	0.33
安哥拉	40 649 034	13.18	越南	1 482 481	0.48
俄罗斯联邦	33 106 943	10.74	加拿大	201 616	0.07
阿曼	29 743 576	9.65	澳大利亚	2 727 150	0.88
伊朗	27 462 540	8.91	墨西哥	682 302	0.22
伊拉克	28 578 213	9.27	阿根廷	322 332	0.10
科威特	10 618 772	3.44	阿鲁巴岛	277 716	0.09
委内瑞拉	13 786 231	4.47	巴布亚新几内亚	77 279	0.03
巴西	7 019 138	2.28	玻利维亚	237 440	0.08
刚果（布）	7 050 981	2.29	卡塔尔	360 995	0.12
哥伦比亚	10 091 321	3.27	阿尔及利亚	898 397	0.29
阿联酋	11 652 132	3.78	乍得	143 130	0.05
赤道几内亚	3 249 057	1.05	印度尼西亚	375 457	0.12
南苏丹	6 443 655	2.09	马来西亚	217 328	0.07
哈萨克斯坦	5 686 422	1.84	巴基斯坦	16 031	0.01
也门	2 499 508	0.81	英国	1 219 394	0.40
埃及	946 020	0.31	挪威	145 999	0.05
加蓬	1 554 808	0.50	阿塞拜疆	222 003	0.07
尼日利亚	1 996 445	0.65	文莱	81 933	0.03
厄瓜多尔	746 635	0.24	利比亚	965 547	0.31
苏丹	1 773 902	0.58	刚果（金）	968 183	0.31
加纳	879 553	0.29			
喀麦隆	519 737	0.17	世界总计	308 374 104	100

3. 我国海上通信基础设施建设具备良好基础

海底光缆是国际互联网的骨架。如果将世界各国网络看做一个"大型局域网"，海底光缆通信与陆上光缆则是将它们连成互联网的"中枢神经"。出于成本、技术等原因考虑，卫星、微波等传输途径可以作为补充，但仍无法取代海底光缆。为此，海底光缆系统建设是国家与世界实现互联互通的重要基础设施之一。我国运营商领导参与建设了 EAC、TPE、APG、TSE－1、AAE1、SMW5 等多个复杂的、大型的国际海底光缆系统。我国已经有多条海底光缆系统，并还在建设新的国际海底光缆系统。中国东部沿海是我国国际海底光缆主要的出口，目前已经有青岛、上海、福州、厦门、汕头和香港6个国际海底光缆出口。我国海底观测网建设正有计划展开，在海底观测网络的海底接驳技术、组网标准技术和集成布放技术等领域不断取得突破。

4. "北斗"卫星导航系统在海洋领域获得广泛运用

随着卫星导航应用技术与交通运输、智能终端和移动互联网的融合发展，"北斗"卫星导航系统在交通运输（如船舶监控与指挥调度）、公共安全、海洋渔业、气象预报、环境保护、防灾减灾、应急救援和海上测绘勘探等诸多领域日益发挥着重要作用。目前，包括公安、交通、救灾和旅游等部门都在使用"北斗"系统；5万多艘国内船舶安装该导航系统。"北斗"系统覆盖范围为北纬5—55度，东经70—140度，这个范围基本包括了我国全部管辖海域。

专栏 7－1

"北斗"导航系统在海洋渔业应用方面正向规模化、产业化迈进

近年来，国家对我国海洋渔业渔船管理方面提出了利用无覆盖盲区的多种卫星通信技术和导航技术，建立我国50海里以外远海的渔船船位监测系统。"南沙渔船船位监控指挥管理系统"是我国"北斗"卫星导航定位系统最大的民用推广项目。通过整合卫星导航定位系统、数据库等技术手段，构建了南沙渔业安全管理工作服务的统一信息服务平台，

通过"北斗"天枢运营服务中心，向南海渔政局管理部门、企业的地面监控台站、渔业作业船只提供监控管理、遇险救助、短信息通信等服务，实现对海南、广东、广西及港澳地区赴南沙作业的渔船和渔政船的监控指挥管理；在南海、东海、黄渤海远海海域的近万艘渔船安装了"北斗"海洋渔业船载终端，占目前远洋渔船"北斗"卫星终端安装数量的80%。以"北斗"系统为基础构建的"北斗"卫星海洋渔业综合信息服务网，实现了多网合一的渔船船位集中监控。该信息服务网能向渔业管理部门提供船位监控、紧急救援、政策发布、渔船出入港管理等服务；向海上渔船提供导航定位、遇险求救、航海通告、增值信息（如天气、海浪、渔市行情）等服务；并能提供船与船、船与岸间的短消息互通服务等。在黄岩岛对峙中，"北斗"系统极大地提高了渔政船和海监船的执法能力，维护了中国在南海的主权和海洋权益。

"北斗"卫星导航系统已获得国际海事组织认可，迈出国际化步伐。2014年6月，在国际海事组织伦敦总部召开的海上安全委员会第93次会议上，由我国制定提交的"船载北斗系统接收机设备性能标准"获得正式批准。这是国际组织批准通过的第一个"北斗"卫星导航系统在相关领域应用的国际标准，标志着"北斗"导航系统全球化应用迈出了坚实的第一步。2014年11月23日，国际海事组织海上安全委员会审议通过了对"北斗"卫星导航系统认可的航行安全通函，这标志着"北斗"卫星导航系统正式成为全球无线电导航系统的组成部分，取得面向海事应用的国际合法地位。中国的导航系统已成为第三个被联合国认可的海上卫星导航系统。

专栏7-2

"北斗"导航系统在海洋公共服务领域的应用
开始了有益探索

"北斗"系统已在我国溢油跟踪、水声浮标定位等方面进行了应用探索。"北斗"船载终端还能实现紧急报警和区域报警功能，跟踪海上泄漏的石油。将浮标投入厚油膜中随之一同漂移，溢油跟踪监测平台通过"北斗"卫星定位系统实时接收浮标的位置信息，可以对溢油的位置、漂移速度、轨迹、方向进行跟踪，而且还能对溢油未来走向进行预测。据悉，"北斗"二代卫星导航系统将应用于大规模海洋资料浮标的监控与管理，通过与GPS结合定位保证地理位置监控的精确度，采用数据分包传输机制保证多种类型浮标数据的传送，利用"北斗"双向通信优势对海上浮标进行操控管理。

（二）存在的主要问题

目前，我国与沿线国家之间基础设施互联互通方面工作刚起步，如果说取得一些进展，那也是点状式的，没有连成线，更没有形成面，"不联不通""联而不通""通而不畅"等问题并存，而背后的体制机制、资金来源、标准制度等障碍是制约我国与沿线各国进一步深化互联互通的薄弱环节。

1. 传统海上油气通道无法满足未来发展需求

我国已成为全球第二大经济体，当前我国经济已经是高度依赖海洋的开放型经济，90%以上的贸易运输通过海上实现，进口石油的70%以上和进口矿物50%以上是从海上输入的。随着我国经济生产发展和能源结构的不断调整优化，对油气为主的能源需求日益增多，我国国内油气用量进一步依赖国际市场。原油对外依存度年年上升，2015 年超过 60%。^① 而一般认为当一个国家资源的对外依存度达到 20%～30% 时，就面临较高风险。除航线单一、依赖马六甲海峡、容易被他国掣肘外，美国"亚太再平衡"战略正在影响亚太地区国际关系格局，对中国的海上安全构成重要影响，并间接对中国海上能源通道安全形成一定的压力；钓鱼岛问题和南海问题的摩擦与碰撞为中国海上油气安全带来不确定因素；海盗和海上恐怖主义的威胁、中东和非洲政局的动荡等均可能对我国能源安全格局和海上油气通道造成影响。

2. 海底光缆、导航系统等通信基础设施较薄弱

受制于地理位置和技术发展，我国海底光缆业务目前在技术壁垒、网络故障和抵御自然灾害方面仍存在着一些结构和技术问题。例如，受海底高压电力电缆制造长度的限制以及质量风险大、水密性能要求高等因素的影响，世界上只有法国耐克森公司、意大利比瑞利公司、瑞士艾波比集团公司、日本藤仓等公司成功研制开发相关产品，我国使用的 110 千伏及以上的产品为外国企业所垄断，220 千伏及以下光电复合海底电缆、海底交联电缆技术还在研发中。再如，我国国际海底光缆路线无一例外要穿过地震带，造成我国国际通信多年来一直受困于地震、海啸等自然灾害。2006年年底的台湾海域地震、2010 年日本海域的海啸和地震，都给中国国际海底光缆造成多起重大故障，使得中国国际通信大面积阻断。

3. 融资渠道有限单一，很难满足互联互通基础设施一体化需求

海上丝绸之路沿线国多属出口导向型经济体，对改善基础设施特别迫切。亚洲开发银行的评估报告显示，2010—2020 年间，亚洲

---

① 来源于中国石油集团经济技术研究院 2016 年 1 月 26 日发布的年度《国内外油气行业发展报告》数据。

基础设施投资需求总计接近8万亿美元，年均7 500亿美元，其中需要5.4万亿美元的投资用于国内新增基础设施建设（约占亚洲基础设施投资总体需求的68%），2.57万亿美元用于现有国内基础设施的维护和更新。需要2 870亿美元的投资用于跨境区域基础设施项目，涉及989个交通运输项目和88个能源项目。海上丝绸之路沿线国多为较不发达国家和最不发达国家，单一的融资渠道和有限的融资额度很难满足新兴市场国家对互联互通和基础设施一体化的需求。亚洲基础设施投资银行和海上丝绸之路基金的成立有望改变这一窘境。

4. 港口及铁路建设受非经济因素干扰，进展缓慢

由于我国在沿线国家合作建设项目和投资增多，在周边地区影响力增强，引起美国等大国的严重关切，认为中国通过建设港口等基础设施，目的是进入或者包围印度洋，并将之称为"珍珠链"战略。而"一带一路"沿线国家，从发展层面又对中国资金与技术有着强烈需求，同时又与美国等具有传统影响的大国存在千丝万缕的联系，在接受中国港口及铁路投资合作建设时，决策经常摇摆不定，受到此种非经济因素干扰，造成项目建设进展缓慢。例如，2015年3月，斯里兰卡新政府上台后，一系列涉外项目被叫停并重新评估，并以缺少相关审批手续为由要求科伦坡港口城项目暂停施工，在被叫停近1年后，才同意"推进"科伦坡港口城项目。我国高铁项目在对外合作建设中也经历了类似境遇：2015年12月中泰铁路历时9轮谈判，终于举行启动仪式，计划建设全长近900千米。但2016年3月泰国政府突然表示，仅建设曼谷—呵叻段一段，全长250千米，并决定自筹资金，不再向中方贷款，虽然仍将使用中国技术、信号系统和列车，但工程将使用泰国企业作为分包商，原材料、设备和劳动力也将来自泰国。

专栏 7-3

斯里兰卡科伦坡港口项目

科伦坡港口城，位于科伦坡中央商务区（Central Business District, CBD）核心，与希尔顿酒店等标志性建筑咫尺相连，被誉为未来城市。科伦坡港口城由中国交建与斯里兰卡国家港务局共同开发，规划建筑规模超过530万平方米。该项目计划3年完成填海造地276公顷，计划5年至8年初步形成规模，20年至25年全部建设完成。该项工程在2014年9月17日开工。

2015年3月5日，斯里兰卡政府表示，斯方决定暂时叫停由中国企业投资建设的科伦坡港口城项目的施工。斯里兰卡投资促进部部长卡比尔·哈什姆2015年3月4日对媒体表示，有指控称前政府在包括港口城项目在内的一些项目上涉嫌规避当地法律以及回避相关环境要求。中国驻斯大使易先良2015年3月5日和6日分别紧急约见斯里兰卡总理维克勒马辛哈和外长萨马拉维拉，就斯方暂停中国公司投资开发的科伦坡港口城项目提出交涉，要求斯方珍惜中斯互利合作成果，尊重双边协定和商业合约的严肃性，切实维护中国投资者的合法权益。

斯里兰卡政府2016年8月2日宣布，已同投资该国科伦坡港口城项目的中国港湾公司达成协议，后者放弃因项目停工对斯政府的索赔，斯政府另外划拨2公顷土地给中国公司，作为补偿。此外，斯里兰卡政府还决定，该项目中划归中方使用的土地将全部改为租赁99年，取消之前协议中20公顷土地为中方拥有永久产权的部分。

三、秉持"三位一体"的建设思路

（一）互联互通基础设施建设应把握的几个原则

第一，坚持以我为主原则开展战略合作。基础设施互联互通建设应服务于国家战略利益需求，同时充分考虑沿线各国的实际需求，根据合作意愿、合作基础、合作历史，按照"以我为主"的思路，合作开展跨区域的重大基础设施建设，包括港口合作共建、增加海上航线，加强海上物流信息化合作、铁路/公路联通、口岸合作开放、海上通道开拓维护、通信基础设施大串联等多领域、全方位的合作共建。

第二，坚持"三位一体"思路。亚洲太平洋、印度洋区域合作格局的变化和复杂性，海上政治、经济、外交与安全的角逐与合作，决定了中国在推动海上丝绸之路战略时，不仅要重视基础设施互联互通这一"硬件"实力的打造，还要创造性的结合基础设施、规章制度、人员交流三位一体合作模式。因此，基础设施互联互通建设不仅是"铺路架桥"这样单一的概念，而且是通过基础设施的联通，打造技术标准、规章制度的统一以及政策、贸易、资金和人文的沟通与并进，真正做到"政策沟通、道路联通、贸易畅通、货币流通和民心相通"。

第三，坚持陆海统筹，大力推进海铁联运、铁路口岸建设。在基础设施建设上要科学统筹丝绸之路经济带和海上丝绸之路两大战略，陆海并进，互相补充，互相促进，构筑多领域、全方位的对接，抓住基础设施的关键通道、关键节点和重点工程，优先打通缺失路段。以陆海联运为切入点，积极发展水铁、公铁等多式联运，扩展服务功能，建立布局合理、衔接顺畅、集疏便捷的港口后方通道，实现陆路与港口的无缝衔接。增设铁路口岸，升级泛亚铁路等跨境铁路，推进其他跨境铁路的建设，促进对外贸易发展。

第四，坚持标准规划先行，加强基础设施建设规划、技术标准体系的对接。在实现"硬件"互联互通的同时，应抓好制度和规划衔接为基础的软实力建设。应做好前期的规划总体设计与技术标准统一工作，对合作方向和合作重点、共建机制要开展系统研究、科学规划，增强基础设施计划之间的合作与协调，制定有关海上丝绸之路基础设施建设互联互通的规划计划、政策建议和指南文件。促进与沿线国在跨境通关、多式联运等方面的有机衔接，逐步形成兼容规范的运输规则，实现国际运输便利化。

（二）海上丝绸之路基础设施互联互通总体布局

适应 21 世纪海上丝绸之路建设的需要，充分利用"东盟 10 + 1"、上海合作组织、APEC 等现有的区域合作机制，力争形成海路交通通道、能源运输通道和信息通信通道的"三网贯通"格局。

1. 构建海陆联运立体网

衔接国内、国际陆上通道，对接新亚欧大陆桥、中巴、孟中印缅、中新和中蒙俄等国际经济合作走廊，构建连通内外、畅通、安全、高效的海上运输及海陆联运通道。

一是优化国内港口功能，推进"六路十港"海铁联运枢纽港口建设，形成以环渤海、长三角、珠三角、东南沿海、西南沿海地区港口群为出海通道，辐射我国东北、西部和西南内陆地区的陆海联运网络。

二是打造国外海上战略支点港口，通过投资、参股、租赁等方式参与其建设和经营，保障海上丝绸之路两个重要方向国际航运大通道的通畅。

三是贯通我国内陆地区铁路、公路主干线与海上丝绸之路主要枢纽港口衔接的国际陆上通道，促进节点口岸融入 21 世纪海上丝绸之路建设。

专栏 7 –4

中老铁路

中老铁路是泛亚铁路中线的重要组成部分，也是中老两国经贸合作关系的重要项目，其建成将会为老挝北部乃至老挝全国的经济社会发展发挥巨大推动作用。中老铁路北起中国云南省玉溪市，经普洱市、西双版纳、中老边境口岸磨憨，经老挝著名旅游胜地琅勃拉邦至老挝首都万象。中国段：即玉磨铁路近91千米。其中，玉溪至西双版纳段为双线，西双版纳至磨憨段为单线。老挝段：磨丁至万象的铁路全长418千米，由中方负责建设，将采用国际技术标准，客运时速160千米/小时，货运时速120千米/小时，是快速铁路。其中有76处隧道约195千米，桥梁154座，设有31个车站。项目占地面积为3 058公顷，对环境和社会的影响非常小。正线全长508.53千米，设计速度为每小时160千米，为国铁Ⅰ级电气化铁路。项目总投资505.45亿元人民币，工期5年。中老政府已商定，两国政府共同出资40%的总投资（其中，中国政府出资70%，老挝政府出资30%），余下的60%由中老两国国有企业共同投资。

2. 开拓多节点、多源地能源廊道网

在保障"波斯湾—阿拉伯海—北印度洋—保克海峡—马六甲海峡—南海—中国沿海地区"这条传统能源通道的基础上，力争开拓"印度尼西亚航道备选方案""中巴管道建设方案""克拉地峡方案"和"北极航道"远景方案，形成五大能源海陆一体廊道网络体系，确保我国能源供给与运输的安全与顺畅。

3. 打造海空一体智慧通信网

打造跨境洲际海底光缆通信网和"北斗"卫星"海空一体"智慧通信设施网络体系，通过建设五大光缆信息工程，支持由我国领导或参与的跨境洲际海底光缆项目建设，形成我国海底光缆通信基础设施多节点建设网络，助力打造中国成为区域信息汇聚和交换中心，建立通信战略资源储备；建设若干"北斗"卫星海上应用示范工程，促进"北斗"卫星在海洋领域的开发与应用，进一步打通与21世纪海上丝绸之路沿线国家的信息通道，实现信息畅通与安全。

四、努力在重点领域实现突破

（一）海上交通基础设施建设

应以海上重点港口为节点，着眼于优化国内港口功能和打造海外关键节点，加强国内外港口合作共建，建设通畅、安全、高效的运输大通道。

1. 国内港口建设

（1）优化国内港口功能

其一，整合国内沿海港口资源，构筑海上丝绸之路经济带枢纽和对外开放门户。继续推进环渤海、长三角、珠三角、福建沿海、北部湾等经济区港口群建设，形成各具特色的国际航线和出海通道，对接全球互联互通大格局。

其二，以自贸区战略为切入点，加强港口建设，升级通关服务。按照建设国际港口的要求，适应进出口贸易发展的需要，促使上海、天津、青岛、广州和海口等沿海城市港口的专业性和综合性能力提高，进一步调整优化港口货源结构与物流结构，加大集疏运体系建设和协调协作力度，并将建设范围从沿海港口向内河港口逐步推进，加强江海联运、海陆联运体系，打造海港与陆港无缝链接的交通大平台。完善外贸进出口服务体系建设，推进区域通关一体化，提高通关效率，推动货物的进出口进程。

其三，推进香港、深圳和上海等城市建设全球港口中心城市，在投融资、服务贸易、商务旅游等方面进一步提升对外开放水平和国际影响力，打造其成为 21 世纪海上丝绸之路的重要支点。

其四，积极推进远洋船队建设，鼓励航运企业的发展，提高大型骨干航运企业如中国对外贸易运输、中国海运、中国远洋运输集团的规模化、专业化和集约化水平。

（2）推进海铁联运枢纽港口建设

推进海铁联运枢纽港口建设，包括辐射我国东北、华北地区，与中蒙俄经济走廊衔接，位于"辽满欧"通道的大连港、营口港，位于"辽蒙欧"以及"辽海欧"通道的锦州港、丹东港和位于"蒙津俄"通道的天津港；辐射我国华北、华东、西北地区，作为"新亚欧大陆桥"桥头堡的天津港、连云港港、青岛港；辐射我国华东地区，作为"万里甬新欧"桥头堡的宁波－舟山港；辐射我国华东、华中、西南地区，腹地延伸至整个"长江经济带"的上海港；作为闽赣海铁联运出海通道，未来可辐射我国西南地区、对接东盟地区的厦门港；作为我国西南地区重要出海口，对接中新经济走廊和孟中印缅经济走廊的北部湾港和钦州港。

2. 合作共建海外港口

立足于联通和经略太平洋、印度洋，以东南亚为核心、以东北亚和中南亚为两翼向外辐射扩展，并与六大国际经济合作走廊及中亚丝绸之路经济带对接，在重要海域、通道和贸易前景好的区域选择一批港口，建设关键节点，统筹谋划、长远布局、分段实施，加强与所在国的港口合作，保障从我国沿海港口过南海到印度洋延伸至欧洲，以及从我国沿海过南海到南太平洋两个重要方向海上运输大通道的畅通。支持大型港航企业实施国际化发展战略，通过投资、收购、参股、租赁等方式，参与港口管理、航道维护、海上救助，为远洋渔业、远洋运输、海外资源开发等提供商业服务。

首先，将东盟作为港口合作建设的核心区。以中国－东盟自由贸易区升级版为契机，对接中新经济走廊和孟中印缅经济走廊，合作建设柬埔寨的西哈努克港，印度尼西亚的雅加达港、比通港，新加坡港，马来西亚的关丹港和缅甸的皎漂港。

其次，将印度洋周边和非洲作为港口合作建设的重点区。对接中巴经济走廊和孟中印缅经济走廊，合作建设巴基斯坦的瓜达尔港，斯里兰卡的科伦坡港、汉班托塔港，孟加拉国的吉大港、索纳迪亚港，沙特阿拉伯的吉达港，埃及的塞得港和也门的亚丁港。

第三，将南太平洋与北极区域作为港口合作建设的关注区。对于南太平洋与北极区域，我国应以加强科研调查能力、增强在该区域的活动能力和范围为目标，搞好港口合作建设，为未来我国战略利用打好基础。加强对南太平洋小岛屿国家的支持和援助，在南太平洋小岛屿国家开展合作港口建设，形成影响力。推动中、俄、朝鲜港口合作建设，取得日本海出海口，实现进入北冰洋战略通道。

表7-2 21世纪海上丝绸之路中国合作建设港口

区域类别	港口	所属国家	港口类型	战略价值	对接	合作方式
核心区	西哈努克港	柬埔寨	商港	柬埔寨最大海港和外贸出入门户，我国境外经贸合作区之一，我国轻纺等产业战略转移的重要区域	中新经济走廊、RCEP	建设经济特区
	新加坡港	新加坡	补给港	扼太平洋及印度洋之间航运要道，21世纪海上丝绸之路的必经之地	中新经济走廊、RCEP	合建、项目合作
	关丹港	马来西亚	商港	石化枢纽港，马来西亚铁矿和锰矿的出口基地，促进中国-东盟港口城市合作网络建设	中新经济走廊、RCEP	与钦州港缔结"姐妹港"，参股、扩建
	雅加达港	印度尼西亚	商港	亚洲南部与大洋洲间的航运中心，21世纪海上丝绸之路的必经之地	孟中印缅经济走廊、RCEP	投资
	比通港	印度尼西亚	渔港	21世纪海上丝绸之路沿线港口合作计划	孟中印缅经济走廊、RCEP	与泉州港缔结"友好港口"
	皎漂港	缅甸	商港	是中缅油气管道的起点，减轻对马六甲海峡的依赖，确保我国能源供给通道多样化	孟中印缅经济走廊、RCEP	援建

区域类别	港口	所属国家	港口类型	战略价值	对接	合作方式
重点区	瓜达尔港	巴基斯坦	商港	使我国辐射面直达南亚、中东、非洲，由此也大大减轻对马六甲海峡的依赖，确保我国能源供给通道多样化	中巴经济走廊	投资、援建
	科伦坡港	斯里兰卡	补给港	最繁忙国际海运航线上的重要航站，为中国横渡印度洋过往船只提供补给，提升中国在周边地区影响力		投资、合作开发
	汉班托塔港	斯里兰卡	补给港	连接南亚、东南亚以及中东、东非地区的重要航运枢纽，印度洋至太平洋地区最重要的后勤补给中心		合建
	索纳迪亚港	孟加拉国	补给港	海军战略节点，可服务于印度、缅甸和中国的内陆地区	孟中印缅经济走廊	合建
	吉大港	孟加拉国	商港	能接入孟中印缅公路网，最终联通我国昆明，为云南省陆上出海的又一条通道	孟中印缅经济走廊	援建、工业园区
	吉达港	沙特阿拉伯	商港	沙特阿拉伯最大的集装箱港，我国进口该国石油的重要港口	中国-海合会自贸区	合建
	塞得港	埃及	补给港	重要的货物转口港，21世纪海上丝绸之路的关键节点和重要延伸		与浙江省结为友好省份，项目合作
	亚丁港	也门	补给港	是海上丝绸之路的关键节点，海军海上活动补给港，我国远洋运输中转港	欧新出口走廊	扩建，经贸合作

3. 贯通海陆联运通道，促进口岸建设

贯通内地铁路、公路主干线与海上丝绸之路主要枢纽点衔接的国际海陆联运通道，形成连接亚欧大陆的完整物流体系。重点包括四个方向：

一是以中蒙俄经济走廊建设，黑龙江陆海丝绸之路经济带建设和内蒙古自治区"一堡一带"战略为契机，建设绥满铁路和中蒙铁路，融入以大连港为起点的绥满欧亚联运大通道和以天津港为起点的津蒙欧亚联运大通道，实现自我国沿海港口至波罗的海沿岸和汉堡、鹿特丹港的海陆联运。其中节点口岸包括绥芬河和满洲里。绥芬河口岸应发挥地缘优势，跟随"一带一路"战略的逐步实施，打造构建黑龙江经俄罗斯至日本、韩国的高速运输走廊。满洲里口岸是内蒙古向北开放的桥头堡，应促进区域合作，加速跨境电子商务发展，转变外贸发展方式、全面深化向北开放。

二是以孟中印缅经济走廊、中新经济走廊建设为契机，借助云南区位优势，着力打通连接印度洋的陆上战略通道，建设"一带一路"西南开放桥头堡。具体包括可延伸至缅甸皎漂港、实兑港的中缅铁路，中缅公路；融入泛亚铁路、延伸至新加坡的中老铁路、中泰铁路、中越铁路以及中越公路。节点口岸包括瑞丽、畹町、磨憨等。

三是以中巴经济走廊建设为契机，建设中巴铁路（喀什—巴基斯坦瓜达尔港）、中巴公路丝绸之路经济带铁路、公路通道，通过海上战略支点港口城市瓜达尔市与海上丝绸之路相衔接，形成"一带一路"闭环陆海联运通道。其节点口岸为红其拉甫口岸。

（二）海上油气通道保障和拓展

1. "马六甲困局"与中国传统海上油气运输通道

作为连接印度洋和南海的水道，马六甲海峡是印度和中国之间最短的海上航道。经马六甲海峡进入南海的油轮数量是经过苏伊士运河的 3 倍、巴拿马运河的 5 倍。目前，我国主要三条海上航线都必须通过马六甲海峡。波斯湾—阿拉伯海—北印度洋—保克海峡—马六甲海峡—南海—中国沿海地区等一线形成了"中国海上生命线"，而马六甲海峡是"中国海上生命线"最重要的一环。中国进口石油通过马六甲海峡运回国内，其间航程 12 000 千米（上海到霍尔木兹海峡的距离），基本上由美国海军控制。因此，中国石油存在单一运油路线可能被中断的运输危险，即所谓"马六甲困局"。

短期内，我国对马六甲海峡原油气运输通道的依赖仍无法转变，马六甲海峡在今后很长一段时期内仍是我国海上能源运输及货物运输的"咽喉"。为此，参与、维护马六甲海峡的安全，确保海峡的航道畅通，同时设法寻找相关替代通道，是我国面临的当务之急，也是 21 世纪海上丝绸之路建设的重点环节。

2. 将"印度尼西亚航道"（巽他海峡、望加锡－龙目海峡）作为进入印度洋的备选

南海东、南方向，是一片由 2 万多个岛屿所组成的"南洋群岛"。南洋群岛的南部外围岛链都属于印度尼西亚国土。其中，对我国进入印度洋具有战略价值的通道分别是西边的巽他海峡和望加锡－龙目海峡。巽他海峡位于苏门答腊岛和爪哇岛之间，长约 120 千米，一般宽 22～110 千米，最窄处 3.3 千米，峡底地形简单，平均水深远远超过马六甲海峡，非常适于大型舰船通航。位于巴厘岛东侧的龙目海峡大部分水深能达到 1 200 米以上，宽度则在 35～65 千米，并且没有暗礁，通行条件良好，相望印度尼西亚水域的望加锡海峡（苏拉威西岛和加里曼丹岛之间）与龙目海峡一起，成为印度洋通向太平洋的黄金水道，这条通道也为日本所高度重视。两条水道相比，对中国而言，巽他海峡航距稍短。但除成本因素考量外，无论是经由巽他海峡进入印度洋，还是经由望加锡－龙目海峡进入印度洋，"印度尼西亚通道"的显著优点在于可以避开印度的监控，并迂回至印度洋的腹地。相对其他沿海国家，中国与印度尼西亚矛盾较缓和，且基于各自的地缘政治定位，两国之间的战略合作前景颇为广阔。因此，应高度重视与印度尼西亚的

政治互信与经济建设合作，将"印度尼西亚航道"作为我国由太平洋进入印度洋的备选方案。

3. 中巴油气运输管道（波斯湾—瓜达尔港—新疆）

该条油气管道线路包括铺设一条从巴基斯坦南部瓜达尔港到中部纳瓦布沙阿（Nawabshah）市的液化天然气管道。瓜达尔港可直接用于向中国西部地区运输石油和天然气，如果石油运到瓜达尔港再由陆路输往中国，路程最多可缩短85%。建成之后，波斯湾地区的油气资源可以直接送到新疆喀什。中巴管道一旦建成，中国自波斯湾的油气运输就可以进一步避开印度，出波斯湾就可以进入"安全范围"，在能源、安全和经济上都有重要意义。

专栏 7-5

瓜达尔港

早在 30 年前，巴基斯坦政府就有了开发瓜达尔港的设想。20 世纪 90 年代，大名鼎鼎的美国 Uncol 公司计划投标巴基斯坦的输油管工程。但是，由于美国担心阿富汗内战影响工程的进展以及俄罗斯害怕美国以此插足中亚事务，因此俄罗斯急急忙忙买断了土库曼斯坦境内 80% 的油气储量开采权。就这样，土库曼斯坦每年生产的 820 亿立方英尺（约 23 亿立方米）的油气中的 620 亿立方英尺（约 18 亿立方米）被俄罗斯购走，其余则被伊朗等国瓜分，因此巴基斯坦的输油管处在了无米下锅的尴尬境地，美国的这项计划也就胎死腹中。再加上其他种种复杂的政治原因，Uncol 公司被迫退出竞标。直到 2001 年中国同意参与这个深水港的建设和开发，此项目才进入实施阶段，这对俾路支省乃至整个巴基斯坦来说都是个历史性的日子。2015 年 11 月 11 日，中国正式接手巴基斯坦瓜达尔港 2 281 亩（约 9.23 平方千米）土地使用权，租期 43 年。中方企业将管理瓜达尔国际机场、瓜达尔自由区和瓜达尔海运服务 3 家公司，全权打理瓜达尔港业务。

4. 克拉地峡方案

规划中的克拉运河贯穿泰国南部的克拉地峡，约100千米长，400米宽，水深25米。该运河建成后，船只不必经过马六甲海峡，可直接从印度洋的安达曼海进入太平洋的泰国湾，太平洋与印度洋之间的航程至少缩短1 200千米，大型轮船航行可节省2~5天时间，每趟航程预计可节省近30万美元，经济意义突出。但该工程预计耗资巨大且工期长，投资成本回收期限长，泰国政府自身或者仅依靠中国政府援助仍无法支付如此巨大的工程预算，其间的多国协调和资金筹措使得决策部门难下决心。

克拉运河的建设方案主要有两个，即北线方案和南线方案。北线方案穿越克拉地峡的狭长地带，连接位于泰国湾的春蓬和在安达曼海的拉廊，全长90千米。由于这条线路须要穿越山区，增加了工程难度。南线方案，选择在宋卡和沙敦之间开挖一条全长102千米的运河，长度比北线方案长，但地势较为平坦。决定采取的方案除了考虑工程难度外，还要考虑日后使用上的便利，就这一点而言，北线方案因为靠近北部的缅甸，减少通航里程，所以会比南线有优势。

5. 北极航道远景规划

北冰洋冰层融化加快，可能在几十年以后形成大片海洋及北极航道。作为近北极国家，北冰洋航道的开通将为中国开辟一条新的远洋航运通路，拉近中国与北美、欧洲之间的距离。同时有助于降低和分担途经马六甲海峡、巴拿马运河、索马里海域和苏伊士运河等政治高度敏感区域所带来的航运风险，避开马六甲海峡及索马里附近海域的海盗骚扰。为此，应尽早参与北极事务，将北极航道规划纳入我国对外经济战略总体布局中，包括航道建设与运营维护，做好北极的科学考察研究工作、节点布置等。例如加强和调整上海和天津建设航运中心设计计划，增加对接北极航道支点功能；设计规划图们江出海口途径北极的航道路线（可以缩短 5 000 ~ 6 000 海里的航程）等。

（三）通信基础设施建设

1. 海底光缆建设重点任务

与海上丝绸之路沿线国家开展基础设施互联互通合作，宜将国际海底光缆通信建设作为重大战略工程进行谋划和布局。通过前期规划布局、项目论证、技术攻关、金融支持等途径，支持若干由我国领导或参与的跨境洲际海底光缆项目建设，助力打造中国成为区域信息汇聚和交换中心，进一步打通与沿线国家的信息通道。

第一，调整国际海底光缆出口结构。为避免自然灾害，提前部署印度洋的国际海底光缆出口，如穿越缅甸、巴基斯坦等国，通过陆地光缆延伸到印度洋沿岸，再从印度洋出海，实现南亚、中东、非洲和欧洲的网络连接，使得中国东、西两个方向国际海底光缆出口结构对称，相互备份。同时，可以避开马六甲海峡国际海底光缆故障高发地带，有效地缩短物理路由，最大限度地提升网络安全性。

第二，实现运营商建设网络互联互通，实现多个伙伴合作，避免垄断和限制，做到为国际海底光缆进行有效备份，增强总体网络安全。

第三，持续推进太平洋地区海底光缆建设。未来 5 ~ 10 年间，美国无疑仍然是中国国际通信业务需求最旺盛的方向，因此，必须坚定不移地推进中美多路由直达海底光缆建设，满足业务需求，储备足够战略资源。同时，以中国—欧洲—美国的路由为备份路由。

第四，筹备开展若干重大国际海底光缆建设合作项目，以项目驱动，实现我国与海上丝绸之路沿线国乃至域外国家在通信基础设施的互联互通，项目主要有：

（1）中国—缅甸跨境光缆接入洲际海底光缆；

（2）中国—印度洋—欧洲跨境光缆并接入洲际海底光缆；

（3）亚太直达国际海底光缆工程（APG）；

（4）俄罗斯跨北极海底光缆传输系统（ROTACS）；

（5）新跨太平洋国际海底光缆工程（NCP）。

2．"北斗"卫星在海洋领域的建设方向与重点

一是适应海上用户对海上应急救援、综合减灾、船舶监控与指挥调度等应用需求，加大"北斗"卫星导航系统应用推广力度，建设若干海外应用示范工程。

二是推进"北斗"卫星在海洋工程、海洋测绘和海洋资源调查等领域的应用。适应对定位导航、通信指挥和实时信息服务的迫切需求，以"北斗"导航卫星系统为核心，建立我国及毗邻国家和地区海洋潮位数据实时传输和服务平台、面向海洋工程船舶的"北斗"卫星调度指挥系统、陆海一体化的"北斗"RNSS/GPS双模兼容型CORS系统及"北斗"卫星海洋工程服务中心。

三是积极推进"北斗"卫星导航系统进入国际民航组织和国际海事组织，促进其在民用航空和远洋船舶等方面的应用。

四是加大"北斗"卫星导航系统基础设施建设。如在南极地区布局"北斗"卫星导航系统基准站，在南极应用"北斗"卫星导航系统获取相关数据，以解决南极地区"北斗"卫星数据处理、多源卫星导航坐标框架无缝衔接以及不同基准框架一致性等关键问题，为我国实现自主卫星导航系统应用和南极"北斗"测绘基准体系的建立提供数据和技术支持。

五、补齐互利合作的制度短板

1．建立和完善国际、国内基础设施合作机制和制度设计，打通制约互联互通建设的瓶颈

就国际而言，区域基础设施互联互通涉及不同主权国家和利益

主体，面临地缘风险、自然环境制约、传统非传统安全威胁、边贸互补与均衡问题等诸多挑战，需要统筹协调各国政府、投资企业、国际组织和行业协会等广泛的参与者，秉持互利互惠、开放透明、合作共赢的原则，以现有区域和国际合作框架为基础，就合作模式、建设方式等各方面完善建设的制度框架，从而为基础设施互联互通提供长远的制度支持。

2. 加强规划、政策和组织协调推进，打造一批大型项目和重点领域的合作亮点

加强顶层设计，做好互联互通基础设施建设规划，明确职能分工，出台鼓励"走出去"的政策措施，包括海外投资的税收优惠政策、财政激励机制和全球化的人才引进政策等。在此基础上，加强统筹协调和信息共享，与重点国家开展港口、铁路建设等深度合作交流，成功打造一批大型亮点项目，发挥示范作用和带动作用，逐步扩大区域合作。

3. 加大对地区安全机制的参与度，构建全方位安全风险防范机制

我国应重视安全合作建设全局中的保障支撑作用，客观、精准化评估建设中的传统安全、非传统安全风险，在国家安全委员会和国家海洋委员会统筹协调下，协调政治、军事、外交等各方力量，形成一套完善的机制，参与区域安全保障合作机制的构建，输出我国"全面、共同、合作"的"中国式安全观"。扩大区域非传统安全合作力度，主导中国－东盟、中国－中亚及次区域的非传统安全保障工作，实现区域安全合作的深化和周边各国的互利共赢。

4. 加强信息化、智能化建设，提供全方位综合服务保障

基础设施"走出去"过程中，一方面需要包括地理信息、建设现状等相关方面的全方位数据信息，另一方面又面临着投资国家的安全、政治、经济和竞争、法律等各种风险。对此，可以充分利用

大数据、云计算、"互联网＋"等新兴信息技术，实现对港口、铁路、能源和通信等信息的高度融合，并以此为基础，完善国际海运航线网络，保障能源等战略物资运输安全，建立国外投资保护机制与保险产品，提供航运金融、保险、经济、法律和咨询等方面综合服务。

5. 加强融资保障，统筹用好财政资金、政策性银行、开发性金融、商业银行及亚洲基础设施投资银行等贷款资金

加大投入并充分发挥好我国援外资金、中国－东盟海上合作基金、中国－东盟合作基金、中国－东盟投资合作基金、亚洲区域合作专项基金等作用，必要时设立海上丝绸之路建设专项资金，对重大战略性项目提供优惠融资政策支持。建立海上丝绸之路重大基础设施建设项目库，列入国家年度国民经济社会发展计划和五年发展规划，积极引导社会资金，以公共私营合作制（PPP）模式参与建设，以政府资金撬动市场基金，调动私营部门、外资企业的积极性，共同为有关项目提供融资支持。加强金融基础设施建设，完善人民币跨境贸易结算的配套政策，建立人民币跨境支付和清算体系，完善境外人民币流动的循环机制，健全人民币境外贷款政策。促进人民币在外援优惠贷款等官方项目的使用，加快人民币国际化进程。

第八章
区域产业链和价值链合作

　　本章首先对国际产业转移理论和价值链理论进行了梳理，并归纳概括了四次国际产业转移浪潮。在此基础上进一步分析了 21 世纪海上丝绸之路沿线国家在全球产业价值链中的地位，并实证测度了我国各产业嵌入全球价值链的程度。进而在全面分析沿线国家经济概况的基础上，构建产业竞争力模型，使用主成分分析法计量了沿线各国的产业竞争力。根据计量结果选取我国与沿线国家进行合作的主导产业并进行具体分析。最后，分别从观念创新、理论创新、机制创新等维度提出相关建议。

一、全球产业转移和价值链发展呈现新趋势

（一）第一次全球产业和价值链转移

20 世纪 50 年代，美国在确立了全球经济和产业技术领先地位后，率先进行了产业结构的调整升级：在国内集中力量发展汽车、化工等资本密集型重化工业，把纺织业等传统产业通过直接投资向正处于经济恢复期的日本等国家转移。日本由于整体经济相对落后、劳动力成本相对较低，在承接了美国移出的轻纺工业后，很快成为全球劳动密集型产品的主要供应者，"日本制造"开始畅销全球。

（二）第二次全球产业和价值链转移

20 世纪 60—70 年代，科技革命推动发达国家加快产业升级的步伐，美国、德国和日本等国集中力量发展钢铁、化工和汽车等资本密集型产业以及电子、航空航天和生物医疗等技术密集型产业，而把劳动密集型产业尤其是轻纺工业大量向外转移。亚洲新兴工业化地区，如新加坡、韩国、中国的香港和台湾地区，积极把握这一轮产业转移机遇，大力发展出口导向的劳动密集型产业，其工业化取得了突出的业绩，启动了真正意义上"外围"国家的现代经济增长。

（三）第三次全球产业和价值链转移

20 世纪 70 年代后期，两次石油危机及其间世界性经济危机的爆发，迫使发达国家努力发展微电子、新能源和新材料等高附加值、低能耗的技术密集和知识密集型行业，将"重、厚、长、大"型的钢铁、造船和化工等重化工业以及汽车、家电等部分资本密集型产业进一步向外转移。与此同时，亚洲"四小龙"积极承接从发达国家转移出的资本密集型产业。东盟国家沿着亚洲"四小龙"的发展路

径，接过亚洲"四小龙"转移出的劳动密集型产业，将进口替代的轻纺工业纳入出口导向式的发展轨道，创造了良好的出口业绩和经济发展局面。

（四） 第四次全球产业和价值链转移

20 世纪 80 年代后期，亚洲"四小龙"面临着境内市场狭小与生产能力扩张之间的矛盾、生产要素成本上升与企业追求更多利润的矛盾和产业发展与资源环境瓶颈的矛盾，遂将其产业转移到中国内地及东南亚其他国家。改革开放后的中国内地地区是第四次国际产业转移的最大受益者。除了对亚洲"四小龙"产业的承接，中国内地地区以其广大的市场吸引了日本、美国和欧洲的大量投资，中国内地地区的制造业得到迅速发展。也可以说，对第四次国际产业转移的承接，奠定了中国作为世界制造大国的国际地位。

（五） 第五次全球产业和价值链转移

20 世纪 90 年代后期以来，世界经济经历了长达 10 年的高速增长，即人们所讲的"黄金 10 年"。发达国家制造业继续向新兴市场国家转移，而在服务业和新兴产业方面占据制高点；以中国为首的新兴国家在制造业方面的优势进一步凸显；中东和俄罗斯则处于能源供给者的位置。2008 年国际金融危机爆发，世界经济"黄金 10 年"结束，国际产业分工秩序被打破。欧洲、美国、日本等发达经济体陷入衰退，需求大幅萎缩；中国进入劳动力供求的"刘易斯拐点"，传统制造业成本上升，比较优势下降，结构性矛盾突出；越南、印度等国劳动力成本低廉，开始承接从中国转移出的劳动密集型产业。与此同时，以互联网和大数据为代表的新一代科技革命兴起，全球产业分工和价值链组合出现新的趋势，其最大的特点是中国经济的转型升级。中国经济能否转型成功，不仅关系到全球经济前景，也关系到海上丝绸之路战略的前景。

二、沿线主要国家在全球产业链和价值链中的地位

（一）我国及沿线国家在全球产业链和价值链中的地位

2008 年以来，在国际金融危机的影响下，全球虚拟经济受到重创，发达国家纷纷提出"再工业化"战略，大力发展高新技术产业，积极抢占全球产业价值链的战略制高点。在美国政府于 2012 年 2 月颁布《先进制造业国家战略计划》后，德国政府于 2013 年 4 月提出了"德国工业 4.0 战略"，英国也于 2013 年 10 月提出"英国工业 2050 战略"，日本则提出了"机器人新战略"。东南亚、南亚、非洲及拉丁美洲的广大发展中国家，凭借丰富的廉价劳动力资源、日益完善的基础设施建设和不断健全的法律政策保障，积极承接国际产业转移，对传统市场展开激烈竞争；中国经济发展呈现"新常态"，产业转型升级遇到窘境并提出了"中国制造 2025"计划，积极参与国际产业分工。全球产业链和价值链分级已显现，我国与 21 世纪海上丝绸之路国家在全球产业链和价值链的地位，如表 8 - 1 所示。

表 8 - 1　中国和沿线国家在全球产业链和价值链中的地位

位次	国家
第一梯队	无
第二梯队	日本
第三梯队	俄罗斯、以色列、澳大利亚、韩国、新加坡、中国
第四梯队	印度、泰国、印度尼西亚、马来西亚、越南、菲律宾、文莱、柬埔寨、缅甸、孟加拉国、斯里兰卡、东帝汶、巴基斯坦、马尔代夫、沙特阿拉伯、阿联酋、阿曼、伊朗、土耳其、埃及、科威特、伊拉克、卡特尔、约旦、黎巴嫩、新西兰、也门、巴布亚新几内亚、斐济

资料来源：根据苗圩在全国政协委员会第十二届常委会中对《中国制造 2025》的解读整理而得。

（二）基于 VSS 模型的我国嵌入全球价值链程度核算

本书主要采用垂直专业化分工指数（Vertical Specialization Share，VSS）来衡量我国嵌入全球价值链（Global Value Chain）的程度。该方法最早由 Hummels 等[①]提出，并使用该指数对 10 个世界经济合作与发展组织（OECD）国家和 4 个新兴市场国家进行了测算，指出垂直专业化分工促进了国际贸易的增长；Yi[②]进一步构建了垂直专业化分工的理论模型，并分析了其形成机制；Dean 等[③]使用该指数对中国进行了分析，指出中国出口的高速增长中，一个重要的因素便是进口中间品的大量增加。在国内，北京大学中国经济研究中心课题组[④]使用该方法测度了 1992—2003 年间中国的垂直专业化分工指数以及对美国出口的垂直专门化程度。

假设经济中有 n 个产业，Y_i 表示行业 i 的总产出，X_i 表示行业 i 出口量，M_i 表示行业 i 进口的中间投入，$M_i = \sum_{j=1}^{n} M_{ji}$，$M_{ji}$ 表示 i 行业进口 j 行业提供的中间产品，则行业 i 出口中进口中间投入数量，即生产非一体化数量可以表示为

$$VS_i = (M_i/Y_i)X_i = (X_i/Y_i)M_i \qquad (8.1)$$

那么行业 i 生产非一体化比重为

$$VSS_i = [(M_i/Y_i)X_i]/X_i = M_i/Y_i \qquad (8.2)$$

各行业整体的生产非一体化比重为

① Hummels D, Ishii J, Yi K M. "The Nature and Growth of Vertical Specialization in World Trade", Journal of International Economics, Vol. 54, No. 1, p. 75 – 96, 2001.

② Yi K. "Can Vertical Specialization Explain the Growth of World Trade?" Journal of Political Economy, Vol. 111, No. 1, p. 52 – 102, 2003.

③ Dean J M, Fung K C, Wang Z. How vertically specialized is Chinese trade, Office of Economics Working Paper, No. 2008 – 09 – D, 2008.

④ 北京大学中国经济研究中心课题组：《中国出口贸易中的垂直专门化与中美贸易》，载《世界经济》，2006 年第 5 期，第 3 – 11 页。

$$VSS_i = \frac{VS}{X} = \frac{\sum_{i-1}^{n} VS_i}{\sum_{i-2}^{n} X_i} = \frac{\sum_{i-1}^{n}[(VS_i/X_i)X_i]}{\sum_{i-1}^{n}X_i} = \sum_{i-1}^{n}\left[\left(\frac{X_i}{X}\right)\left(\frac{VS_i}{X_i}\right)\right]$$

$$(8.3)$$

将式 (8.1) 代入式 (8.3) 得

$$VSS_i = \frac{\sum_{i=1}^{n}VS_i}{X} = \frac{1}{X}\sum_{i=1}^{n}\left(\frac{M_i}{Y_i}\right)X_i = \frac{1}{X}\sum_{i=1}^{n}\frac{X_i}{Y_i}\left(\sum_{j=1}^{n}M_{ji}\right) = \frac{1}{X}\sum_{i=1}^{n}\sum_{j=1}^{n}\frac{X_i}{Y_i}M_{ji}$$

$$(8.4)$$

令 $a_{ij} = M_{ij}/Y_j$ 表示生产一单位 j 行业产品，从 i 行业进口中间产品数量，即进口系数。于是式 (8.4) 可改成

$$VSS_i = \frac{1}{X}(1,1,1,\cdots,1)\begin{bmatrix} a_{11} & \cdots & a_{1n} \\ \vdots & & \vdots \\ a_{m1} & \cdots & a_{mn} \end{bmatrix}\begin{bmatrix} X_1 \\ \vdots \\ X_n \end{bmatrix} = \frac{1}{X}\mu A^M X^V \quad (8.5)$$

若采用完全系数矩阵，那么式 (8.4) 可改为

$$VSS_i = \frac{1}{X}\mu A^M(I - A^D)^{-1}X^V \quad (8.6)$$

计算所用的数据主要来自中国投入产业学会编撰的《中国投入产出表》[①] 和联合国商品贸易数据库（UN Comtrade Database）的进出口数据，结果见表 8-2。

表 8-2　2002—2012 年中国各产业嵌入全球价值链程度

产业类别	2002 年	2005 年	2007 年	2010 年	2012 年
全产业	0.20	0.28	0.26	0.23	0.24
农林牧渔业	0.06	0.09	0.08	0.08	0.07
煤炭开采和洗选业	0.09	0.16	0.12	0.12	0.11

① 中国投入产出学会：《中国投入产出表》，http://www.iochina.org.cn/Download/xgxz.html。

产业类别	2002 年	2005 年	2007 年	2010 年	2012 年
石油和天然气开采业	0.07	0.10	0.12	0.11	0.11
金属矿采选业	0.13	0.21	0.19	0.19	0.18
非金属矿及其他矿采选业	0.12	0.21	0.16	0.17	0.16
食品制造及烟草加工业	0.09	0.12	0.11	0.12	0.11
纺织业	0.18	0.21	0.17	0.15	0.14
纺织服装鞋帽皮革羽绒及其制品业	0.19	0.21	0.16	0.16	0.15
木材加工及家具制造业	0.14	0.19	0.15	0.16	0.16
造纸印刷及文教体育用品制造业	0.15	0.22	0.19	0.19	0.18
石油加工、炼焦及核燃料加工业	0.23	0.21	0.32	0.34	0.32
化学工业	0.18	0.25	0.24	0.23	0.22
非金属矿物制品业	0.14	0.20	0.16	0.17	0.17
金属冶炼及压延加工业	0.17	0.27	0.26	0.27	0.26
金属制品业	0.18	0.25	0.22	0.22	0.21
通用、专用设备制造业	0.21	0.27	0.25	0.24	0.23
交通运输设备制造业	0.20	0.27	0.24	0.24	0.23
电气机械及器材制造业	0.22	0.28	0.28	0.26	0.25
通信设备、计算机及其他电子设备制造业	0.37	0.47	0.45	0.38	0.37
仪器仪表及文化办公用机械制造业	0.30	0.38	0.38	0.33	0.32
工艺品及其他制造业	0.11	0.20	0.17	0.13	0.12

数据来源：中国投入产出学会：《中国投入产出表》，http：//www.iochina.org.cn/Download/xgxz.html。

我国各产业嵌入全球价值链的程度与 VSS 指数的大小成正比。总体来看，我国各产业嵌入全球价值链的程度在 2008 年金融危机之前达到顶峰，但随着金融危机的爆发，部分发达国家实施了"以邻为壑"的贸易政策，使得国际产业分工进程受阻，我国嵌入全球价值链的程度有所下降。具体分行业来看，机电产业和制造业是我国嵌入全球价值链程度最高的产业，产业国际竞争力也较强；食品土畜产业因其产业特殊性，嵌入全球价值链的程度较低。

三、我国与沿线地区产业合作现状

（一）我国与沿线国家经济发展现状概述

　　国家的整体经济状况是其各产业发展的基础与动力源泉，了解海上丝绸之路沿线各国经济发展的总体水平，对于深入发掘其产业优势及其产业竞争力，实现产业链深度合作具有重要意义。海上丝绸之路沿线国家 2014 年经济发展概况见表 8 - 3。

表 8 - 3　2014 年海上丝绸之路沿线国家经济发展概况

国别	GDP（亿美元）	人均 GDP（美元）	GDP增长率（%）	出口额（亿美元）	进口额（亿美元）	出口增长率（%）	对外直接投资（亿美元）
中国	93 189	6 726	7.6	23 427	19 580	7.8	1 239
俄罗斯	21 441	15 011	1.5	5 233	3 430	- 1.1	792
日本	48 985	38 528	0.0	7 151	8 332	- 4.4	23
韩国	13 046	26 482	3.0	5 596	5 156	2.3	122
印度尼西亚	8 690	3 478	5.7	1 834	1 873	- 2.7	184
泰国	4 086	6 097	3.0	2 285	2 507	- 0.3	129
马来西亚	3 104	10 445	4.0	2 283	2 060	0.3	123
越南	1 709	1 864	5.2	1 320	1 320	15.3	89
新加坡	2 847	52 604	3.0	4 103	3 730	0.5	638
菲律宾	2 716	2 760	7.0	567	651	8.8	39
缅甸	610	1 146	5.3	112	120	26.5	26
柬埔寨	155	1 024	6.9	93	130	18.7	14
文莱	167	40 006	1.8	114	36	- 11.9	9
东帝汶	53	4 685	9.7	0.16	8	- 47.9	0.2
印度	19 245	1 537	4.9	3 132	4 660	5.5	282
巴基斯坦	2 254	1 237	3.6	252	447	2.4	13
孟加拉国	1 522	972	6.0	291	364	15.9	16

国别	GDP（亿美元）	人均GDP（美元）	GDP增长率（%）	出口额（亿美元）	进口额（亿美元）	出口增长率（%）	对外直接投资（亿美元）
斯里兰卡	659	3 100	6.7	99	180	6.1	9
马尔代夫	28	8 184	4.0	3	17	5.3	3
沙特阿拉伯	7 234	25 094	4.0	3 759	1 682	−3.2	93
阿联酋	3 922	41 967	3.7	3 790	2 510	8.6	105
阿曼	798	21 968	4.3	564	350	8.2	16
伊朗	5 028	6 493	−1.0	820	490	−21.2	30
土耳其	8 274	11 042	3.5	1 518	2 517	−0.4	129
以色列	2 737	35 392	3.6	668	749	5.8	118
埃及	2 483	3026	1.5	285	583	−3.1	56
科威特*	1 859	55 189	3.2	1 150	294	−3.3	23
伊拉克	1 640	4 858	7.8	896	610	−5.1	29
卡塔尔	2 000	92 228	4.8	1 369	349	2.9	−8
约旦	337	4 632	2.9	79	219	0.3	18
黎巴嫩	447	9 275	2.0	52	220	−7.9	28
也门	395	1 619	3.0	92	125	13.6	−1
澳大利亚	15 126	64 802	2.6	2 527	2 421	−1.5	498
新西兰	1 825	40 514	2.6	394	396	5.7	10
巴布亚新几内亚	154	2 108	4.0	56	57	−11.5	0.18
斐济	41	4 699	2.1	11	28	−8.8	3
汤加	5	4 473	1.3	0.15	2	−3.7	0.11

数据来源：联合国贸易与发展会议数据库，UNCTAD Stat。加 * 国家缺少 2014 年数据，暂使用 2013 年数据替代。

　　总体来看，海上丝绸之路沿线国家以发展中国家为主体，新兴市场国家较为集中，而发达国家屈指可数。丝绸之路沿线各国经济发展阶段相异、资源禀赋优势不同、产业结构互补，具有很大的合作空间与发展潜力。

（二）我国与沿线国家产业竞争力评测

21 世纪海上丝绸之路沿线国家不同的经济发展阶段和资源禀赋，造就了其各具特色的产业优势，产业互补性强、合作空间广、潜力巨大。区域产业合作的基础是产业比较优势和竞争优势的传递，产业强强联合、优势互补，因此详细了解区域内各国的相关产业竞争力对于产业合作的展开具有重要的导向作用。本节首先基于产业的比较优势、竞争优势和潜在优势，以 *RCA*、*NRCA*、*TC*、*IMS* 和 *Gi* 指数为基础构建了产业国际竞争力指标体系；然后援引 UN Comtrade Database 的数据和 SITC 标准产业分类法，使用主成分分析法计算了沿线各国十大产业的国际竞争力；最后，以实证结果为依据对沿线各国的优势产业和竞争力进行了评析，为后续的产业合作提供依据。

评测体系见表 8 - 4。

表 8 - 4　产业国际竞争力评价体系

评价项	一级指标	二级指标
产业国际竞争力	比较优势	$RCA_{ij} = (X_{ij}/X_i) / (X_{wj}/X_w)$
		$NRCA_{ij} = (X_{ij}/X_i) / (X_{ij}/X_i)$
	竞争优势	$TC_{ij} = (X_{ij} - M_{ij}) / (X_{ij} + M_{ij})$
		$IMS_{ij} = X_{ij}/X_{wj}$
	潜在优势	$G_i = (g_{ij} - g_i) \times 100$

1. 产业分类

测度 21 世纪海上丝绸之路沿线数十个国家不同产业的国际竞争力，必须采用国际通行的产业分类法进行统一测算。故使用《国际贸易标准分类》（Standard International Trade Classification，SITC），采用 2006 年第四次修订后的 SITC（Rev. 4），具体十大产业分类见表 8 - 5。

表 8 – 5　SITC（Rev. 4）产业分类

英文	中文
0 – Food and live animals	食品和活动物
1 – Beverages and tobacco	饮料及烟草
2 – Crude materials, inedible, except fuels	非食用原料（不包括燃料）
3 – Mineral fuels, lubricants and related materials	矿物燃料、润滑油及有关原料
4 – Animal and vegetable oils, fats and waxes	动植物油、脂和蜡
5 – Chemic and related product, n. e. s.	未列明的化学品和有关产品
6 – Manufactured goods classified chiefly by material	主要按原料分类的制成品
7 – Machinery and transport equipment	机械及运输设备
8 – Miscellaneous manufactured articles	杂项制品
9 – Commodities and transactions not classified in SITC	其他商品和交易

资料来源：由 UN Comtrade Database 数据整理而得。

2. 计算方法

根据以上建立的产业国际竞争力评价体系，依据联合国商品贸易统计数据库（UN Comtrade Database）2014 年的数据，计算出 RCA、NRCA、TC、IMS 和 Gi 指数，并使用软件 SPSS 22.0 进行主成分变换。沿线各国十大产业的 KMO 和 Bartlett 的检验结果显示，Kaiser – Meyer – Olkin 的最小值为 0.625，Bartlett 检验近似卡方的最小值为 61.762（df = 10，sig. = 0.000），均通过信度检验，适合使用主成分分析。

表 8 – 6　各产业主成分检验值及提取主成分方差贡献率汇总

产业分类	KMO	Bartlett	df	sig.	提取主成分个数（个）	方差累计贡献率（%）
0	0.653	118.589	10	0.000	2	80.78
1	0.723	121.437	10	0.000	2	80.41
2	0.711	183.136	10	0.000	2	82.47
3	0.751	118.853	10	0.000	2	78.41
4	0.621	296.395	10	0.000	2	86.31

产业分类	KMO	Bartlett	df	sig.	提取主成分个数（个）	方差累计贡献率（%）
5	0.665	173.050	10	0.000	2	80.66
6	0.806	136.544	10	0.000	2	81.20
7	0.779	243.386	10	0.000	2	82.80
8	0.772	166.627	10	0.000	2	77.88
9	0.570	57.225	10	0.000	3	85.38

注：KMO 和 Bartlett 检验值均可，主成分累计方差贡献率绝大多数超过80%，说明包含绝大多数信息。

3. 计算结果

根据以上得出的特征值和方差贡献率表，以及主成分矩阵，使用 SPSS 22.0 软件对海上丝绸之路沿线国家十大产业的国际竞争力进行计算，结果见表8－7。

表8－7　海上丝绸之路沿线各国十大产业国际竞争力

沿线国家	0	1	2	3	4	5	6	7	8	9
中国	2.056	0.697	-0.584	-0.688	-0.691	0.491	2.725	2.554	2.557	-0.291
俄罗斯	-0.414	-0.269	0.142	3.959	0.845	0.478	2.323	-0.651	-0.726	-0.443
印度尼西亚	-0.011	0.528	0.513	0.123	4.857	0.017	0.459	-0.256	0.824	-0.382
泰国	1.966	0.824	-0.171	-0.654	0.012	1.194	0.587	1.870	0.179	-0.422
马来西亚	-0.420	0.338	-0.299	0.154	4.786	0.690	0.530	1.580	0.335	-0.620
越南	1.245	0.250	-0.454	-0.361	-0.694	-1.230	-0.277	1.341	2.257	-0.152
新加坡	-0.339	1.550	-0.538	-0.147	-0.571	2.502	-0.048	1.837	0.125	1.446
柬埔寨	-0.168	-1.123	-0.108	-0.908	-0.045	-1.639	-1.377	0.484	2.420	0.322
文莱	-1.550	-1.014	-0.590	0.965	-1.222	1.161	-2.220	-1.031	-1.356	-0.570
印度	3.105	0.566	-0.394	-0.278	-0.519	1.279	2.674	0.697	1.785	-0.827
巴基斯坦	1.056	-0.507	-0.765	-0.766	-0.935	-1.040	2.373	-1.117	2.155	1.428
斯里兰卡	0.701	-0.020	-0.483	0.402	0.055	-1.366	-1.302	-0.554	2.614	-0.374
马尔代夫	1.308	-1.420	-0.655	-0.894	-1.041	-0.769	-1.471	-1.500	-1.638	-0.477
沙特阿拉伯	-1.280	-0.961	0.002	2.456	-0.568	1.549	-1.368	-0.981	-1.536	-1.270

沿线国家	0	1	2	3	4	5	6	7	8	9
阿曼	-0.906	-2.073	-0.884	1.796	0.011	1.863	-0.224	-1.752	-2.088	-1.303
土耳其	1.444	0.954	-0.720	-0.645	-0.136	-0.440	2.307	0.894	1.305	0.073
以色列	-0.797	-1.113	-0.699	-0.917	-0.780	2.766	2.381	0.730	-0.372	0.201
埃及	-0.401	-1.656	-0.851	-0.294	-0.669	1.096	0.205	-0.051	0.110	0.049
科威特*	-1.451	-1.066	-0.096	2.510	-0.991	0.049	-1.649	-1.550	-1.405	-0.661
卡塔尔	-1.689	-1.420	-0.662	1.942	-0.521	-2.107	-1.471	-2.048	-1.714	2.804
约旦	-0.309	0.035	-0.071	-1.020	-1.057	2.289	-0.868	-0.390	1.359	-1.052
黎巴嫩	-1.214	-0.687	-0.296	0.030	-0.638	-1.214	-1.685	-0.919	-0.943	-0.095
也门	-1.351	-1.363	0.460	0.646	-1.146	-1.904	-2.390	-1.823	-1.520	0.757
澳大利亚	1.799	0.517	4.020	4.572	-0.007	-0.951	-0.297	-0.888	-1.169	1.321
新西兰	3.439	1.514	0.401	-0.726	-0.391	-0.331	-0.420	-0.968	-1.163	0.352
巴布亚新几内亚	-0.087	-1.677	2.210	-0.848	3.561	0.823	0.496	-1.454	-1.400	-0.896
斐济	0.513	2.818	0.163	-0.417	-0.446	-1.173	-0.798	-0.037	-1.289	0.011

数据来源：UN Comtrade Database，加＊国家缺少 2014 年数据，暂使用 2013 年数据替代。

（三）我国与沿线国家地区优势产业评述

从表 8-7 的各产业国际竞争力的得分情况来看，中国在农业和食品产业具有较高的国际竞争力，这与中国有限的人均资源有关，我国以占世界 7% 的耕地养活了 22% 的世界人口，对我国农业劳动生产率的提高形成了有效的倒逼机制；中国产业国际竞争力得分最高的产业是制造业和机电产业，中国以较低的劳动力成本和较强的加工组装水平成功发展成为世界传统制造业大国，其中机电产业已经连续 20 年成为我国第一大出口产业，该产业在世界范围内的份额和影响力巨大；中国各大产业中，国际竞争力得分最低的是能源资源产业。自 2011 年起，我国已成为世界上最大能源消费国，2015 年石油对外依存度已达 60.6%、天然气对外依存度达 33.7%。庞大的经济体量和快速的经济发展对资源需求巨大，加之国内资源、能源远远供不应求，这都是造成我国能源资源产业发展滞后的因素。

东南亚国家大多位于亚热带、热带季风气候的中南半岛，雨水、光照丰富，农业发展迅速，渔业和食品产业国际竞争力较高。东南亚国家在原材料和加工制造业方面具有较高的得分，主要得益于该地区国家盛产木材、橡胶等原材料，并且依靠廉价劳动力优势承接国际产业转移，在传统加工制造业方面具有一定的国际竞争力；东南亚还是世界著名的旅游度假区，以旅游业为代表的服务产业发展迅猛，在国际上享有美誉。此外，东南亚地区海洋资源丰富，在海洋产业发展方面具有很大的潜力。新加坡的石油化工和新能源产业在世界上处于领先水平。

南亚国家在农业和食品产业的国际竞争力位于各地区之首，这主要得益于南亚地区肥沃而广阔的耕地资源和适宜的气候，使其成为世界主要的农产品和畜牧产品出口区。南亚地区丰富的矿藏资源，使其在矿物金属产业发展方面具有一定的世界影响力。此外，印度的软件产业发展具有很高的国际竞争力，班加罗尔被誉为"印度的硅谷"，大量世界高科技产业在此设立分支研发机构，产业集群效应得到充分发挥。

西亚和北非国家各大产业国际竞争力得分最高的是能源产业，这与该地区丰富的石油天然气资源密不可分，仅海湾八国的石油储量已经占到了全球已探明石油储量的一半左右，与之相伴的石油化工产业得到了快速发展。西亚北非沙漠广阔，水资源宝贵，农业发展受到很大制约，但以色列的节水农业发展处于国际顶尖水平。此外，以色列的可再生能源、生物技术、信息通信产业都具有很强的国际竞争力。

南太平洋地区在农业、食品产业、矿物金属产业方面具有较高的国际竞争力得分。南太平洋国家地广人稀，自然环境优越，种植业、畜牧业、水产养殖业都在世界范围内享有美誉。澳大利亚曾有

"坐在矿车上的国家"之称，矿产资源丰富，矿物金属产业发展迅速，具有较高的国际竞争力。近年来，澳大利亚高科技产业发展较快，产业国际竞争力不断提升，而旅游业和服务业也逐渐超过其他产业成为其国内经济的主导产业。

四、务实推进区域产业合作

（一）农业

1. 种植业与畜牧业

海上丝绸之路涉及的国家广泛，对于不同的国家，它们所拥有的农业资源是千差万别的。我们在进行与沿线国家农业合作的过程中，应当注意各自重点的农业资源领域，做到合作有的放矢。表 8 - 8 是沿线主要农业国家的重点农业资源领域。

表 8 - 8　沿线国家优势农业资源

地区	国家	重点农业资源	在世界农业中的地位
东南亚	印度尼西亚	棕榈油、橡胶种植、森林资源丰富	最大的棕榈油生产国和出口国；天然橡胶产量第二位
	泰国	稻米、橡胶种植	最大的稻米出口国
南亚	印度	耕地面积居亚洲之首	第二大小麦和大米生产国；第四大粗粮生产国
	巴基斯坦	棉花	棉花种植和消费大国
西亚	土耳其	小麦、大麦等作物种植，畜牧业发达	中东最大的小麦生产国
	以色列	农业科技发达	农业科技输出国之一
北非	埃及	小麦、大米、棉花种植	小麦、大米产量居世界前列；棉花重要出口国之一
	苏丹	长绒棉	长绒棉、花生、阿拉伯胶产量居世界前列

农业在沿线大部分国家经济中居于重要位置，新中国成立以来，中国与沿线国家开展了全方位、多层次的农业合作。"走出去"与"引进来"同步进行，为进一步扩大农业合作奠定了基础。

"走出去"方面：从对外农业投资存量分布区域看，俄罗斯和东盟位于前两位。中国中化集团公司在东南亚投资开发橡胶，云南企业在老挝、柬埔寨等国家建设农业科技示范园。近年来，中国为菲律宾、老挝、柬埔寨等国援助了农业技术示范中心，向东非和北非派遣了高级农业专家，成为农业援助的重要举措。中国与中非、俄罗斯及东南亚、澳大利亚和新西兰开展农业合作有较大潜力。通过建立种植与加工园区，中国与东南亚和南亚的大米种植合作空间较大。若泰国、缅甸、老挝和孟加拉国20%、印度5%的大米种植面积作为中国与之合作的大米种植园区，种植面积可超过15 000平方千米。

"引进来"方面：对泰国、以色列和新加坡等国均进行了一定投资，主要涉及种子、水产、畜牧、技术示范、果菜种植等领域。泰国的正大集团于1979年进入中国后在大部分省市投资设厂，成为家喻户晓的涉农外企。中国对外农业合作经过几十年的积累，打下了一定的基础，但总体发展较滞后，有较大的潜力可深入发掘。

作为"一带一路"重要组成部分的孟中印缅经济走廊正在建设中，孟中印缅畜牧业尤其是牛羊产业链合作前景广阔，在有效防控疫情条件下既可进口印度和缅甸的牛羊，也可在缅甸"金三角"地区大规模种植牧草和养殖牛羊，实现替代种植。

未来，宜重点同东盟地区达成深度合作。东盟国家农业资源丰富，在全球农产品市场中占有重要地位，稻谷产量占全球近30%，贸易量超过50%；天然橡胶、棕榈油、木薯产量分别约占全球的90%、85%和25%，甘蔗和经济林也占有一定位置。宜充分利用我国资金雄厚和农业技术领先等方面的优势，推动我国农业赴东盟投资合作，逐步实现同东盟农业合作由单纯贸易型向贸易投资型转变。

2. 海洋水产业

海洋水产业包括海水养殖、海洋采集与栽培、海洋捕捞、海产品加工等众多活动。我国海洋水产业起步晚，但发展快，近年来取得了不俗的成绩，但也面临着诸多的困境与挑战。一方面由于过度捕捞与开采，海洋渔业资源大幅下降；另一方面由于海洋污染问题日益突出，海产品健康安全问题受到广泛关注。此外，由于海洋渔业资源的共有性、洄游性及渔船作业流动性等特点，国际渔业纠纷案件呈爆发式增长。我国在南太平洋及印度洋捕捞合作方面有较大潜力。在 21 世纪海上丝绸之路战略指导下，我国应加强与沿线国家的渔业合作，科学评估渔业资源以确定捕捞总量与配额，共同加强渔业管理，打击非法捕捞，保障渔业资源可再生性。同时还要开拓新领域，向深海进军，发展远洋捕捞。积极开展综合利用，大力发展海水增、养殖业和水产品加工业。

（二）机电产业

2014 年，中国出口总额达到 23 427 亿美元，稳居世界第一大货物出口国。其中机电产品占我国出口总额的 55.96%，已连续第 20 年成为我国第一大出口产业。我国与沿线地区在机电产业合作方面具有广阔前景。

21 世纪海上丝绸之路沿线不乏德国、以色列和法国等机电制造业强国，同时还有印度、马来西亚和印度尼西亚等机电制造业大国，沿线国家在机电产业领域合作潜力巨大。在机电产业合作进程中，首先，我国应进一步加强与世界各国尤其是德国等发达国家间的技术交流与合作，与 ISO（国际标准组织）、IEC（国际电工委员会）、ITU（国际电信联盟）等权威的国际性标准机构加强沟通，以促进技术法规、国际标准、合格评定程序的国际互认。其次，要提升产品质量和科技含量，实施创新驱动战略。我国机电企业应全面改变传统的以量取胜、低价竞销战略，充分考虑环保、节能减排、社会责任、消费者健康安全和知识产权保护的因素，树立综合竞争力观念。鼓励良好企业行为，关心产业链及相关产业、企业发展，树立互利共赢的发展观念。实施创新驱动战略，不断提升产品的质量和科技含量，全面提升机电产业的国际竞争力。最后，要实施市场多元化、产品差异化战略。我国机电产品大多销往欧洲、美国、日本等发达国家，而发达国家也是技术性贸易壁垒（TBT）出台最为密集、标准最为苛刻的市场。随着欧美"再工业化"的实施，其对国内机电产业的保护也将进一步升级。而新兴国家的市场潜力巨大、技术标准相对宽松，我国机电企业可以进一步加大对东南亚、非洲和拉丁美洲的市场开拓，进一步丰富产品种类，满足不同市场的个性化需求，率先占领新兴市场。

（三）能源产业

积极推进与周边国家的能源合作，是践行21世纪海上丝绸之路战略的必由之路。结合我国与周边国家的资源禀赋、市场需求状况，我国与海上丝绸之路沿线国家的能源合作可以从两个方面展开：一是在能源基础设施合作方面，加强与东南亚国家能源通道建设合作，共同维护输油、输气管道等运输通道安全；推进跨境电力与输电通道建设，积极开展区域电网升级改造合作。例如中缅油气管道的建设，极大地便捷了油气能源的输入，保障了我国的能源安全。二是在拓展相互投资领域方面，我国将加强与有关国家和地区在煤炭、油气、金属矿产等传统能源资源勘探开发领域的合作，积极推动水电、核电、风电、太阳能等清洁可再生能源合作，推进能源资源就地就近加工转化合作，形成能源资源合作上、下游一体化产业链。加强能源资源深加工技术、装备与工程服务合作。促进在新能源等新兴产业领域深入合作，推动建立创业投资合作机制。海上丝绸之路建设在能源产业布局可以总结为：能源通道建设、传统能源资源勘探开发以及上、下游一体化产业链建设为重点，涉及风电能源产业链的构建、石油天然气产业链的完善以及能源基础设施合作。

中国与周边各国开展能源产业合作的具体方式，包括实体项目合作和软环境构建两类。实体项目包括扩大能源贸易规模、合作进行勘探开发与基础设施建设、开展能源道路运输合作、共建共营油气管线、冶炼加工与市场合作、共建共营新能源设施及相关技术合作等。继续落实、深化、开拓能源务实合作，将充实区域合作的内涵。软环境建设合作则包括投资与贸易便利化、交易本币化、创新合作模式、提升双多边关系、构建良好国际条法和舆论环境等。

（四） 互联网产业

在互联网时代，21 世纪海上丝绸之路战略的成功实施，须运用互联网思维、技术连接中国与沿线国家，打造出一条贯通海内外的"网上丝绸之路"，形成以互联网为媒介，综合商贸、物流、信息、资金的新型产业链条。从企业的角度看，"网上丝绸之路"重点在于搭建全球跨境电子商务平台，将中国制造产品推向国际市场，通过整合物流、信息流、资金流，不仅让中国的商品服务"走出去"，也为沿线国家的商品贸易提供"一站式"的综合服务平台，从而实现企业自身的成长与利润的增加。

如图 8 - 1 所示，"网上丝绸之路"以各方的需求为起点，对我国而言，主要是产品和资金的输出方以及各种资源的输入方；对沿线国家而言，主要是产品和资金输入方以及资源的输出方。在传统的贸易模式下，这种产品、资源和资金的输入输出主要依靠大型企业主导，效率较低，特别是资金的输出与输入，受到的限制更多，而在"网上丝绸之路"的平台下，物流、信息流、资金流以及信用

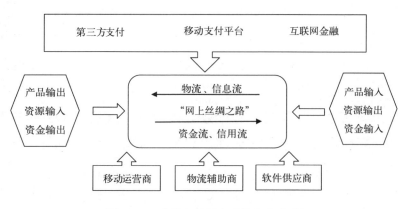

图 8-1　"网上丝绸之路"运行机制

流通过平台相互输送，实现跨境贸易的繁荣、调剂资金供给的余缺。不仅可以实现供求平衡，更可以带动移动运营商、物流辅助商、软件供应商等一系列行业的发展，促进就业，从而带动双方经济共同发展。

　　作为全球第二大经济体，伴随着全球影响力的提升，我国亟待拓展产业纵深，促进资源要素实现全球流动，使资源配置效率得到提高，实现不同地域、国家经济的优势互补。从国内看，部分行业产能过剩、资源能源对外依存度不断攀升；从国际看，需要推动与周边国家、地区经济的一体化发展。"网上丝绸之路"正是实现我国与沿线国家互利共荣、共同发展的必由之路。

（五）海洋运输及临港产业

　　海洋运输业以其运量大、运距远、成本低等独特优势成为国际物流运输的主要方式，占据国际贸易货物运输总量的 2/3 以上。海洋运输业对于我国经济快速发展发挥着重要的基础性作用，中国虽然在 2014 年才成为世界第一大货物贸易国，但在港口货物吞吐量和集装箱吞吐量上早已排名世界第一。我国与沿线国家开展海洋运输产业合作潜力巨大，在大型油轮货轮建造技术、远洋船队管理、海洋信息共享、船只补给维修等方面互补性强，合作空间广阔。此外，我国还应与沿线国家在打击海盗与处理海洋事故方面加强联系，保障海洋运输安全。

表 8 - 9　2014 年全球十大港口排名

全球前十大港口集装箱吞吐量			全球前十大港口货物吞吐量		
排名	港口	集装箱（万 TEU）①	排名	港口	货物（万吨）
1	上海港	3 529	1	宁波 - 舟山港	80 978
2	新加坡港	3 387	2	上海港	77 600
3	深圳港	2 396	3	新加坡港	55 958
4	香港港	2 227	4	天津港	50 000
5	宁波 - 舟山港	1 945	5	广州港	45 512
6	釜山港	1 868	6	苏州港	45 430
7	广州港	1 660	7	青岛港	45 000
8	青岛港	1 658	8	唐山港	44 620
9	迪拜港	1 525	9	鹿特丹港	44 046
10	天津港	1 405	10	大连港	40 840

数据来源：上海国际航运研究中心 - 航运数据库，http：// www. shippingdata. cn/index_ gkmt. html。

　　21 世纪海上丝绸之路的建设与可持续发展离不开沿线重要港口的支持与支撑，加快推进沿线港口和园区的建设，大力发展临港产业，不仅能够有效提高海洋经济的附加值，还能带动相关产业的协同发展。具体来看，临港产业主要包括：货物装卸、商品集散、仓储物流等直接关联产业；商品贸易、造船维修、钢铁石化等间接关联产业；还包括金融保险、商业服务、饮食住宿、房地产等派生产业。临港产业附加值高、带动性强、产业集聚效应明显，是我国与沿线国家未来海洋产业发展的重点。

　　中国 - 东盟港口物流合作潜力巨大。中国是东盟第一大贸易合作伙伴，东盟是中国第三大贸易合作伙伴。随着中国 - 东盟自贸区

---

　　①　注：TEU（Twenty - feet Equivalent Unit）是以长度为 20 英尺的集装箱为国际计量单位。

升级版的建成，到 2020 年双边贸易额将突破 1 万亿美元，随之而来的是巨大航运和港口物流需求。未来 5 年，中国与东盟港口间的航运将增长近 1 倍。

目前，东盟国家也建立了港口协会和港口联盟，并制定了地区 47 个港口的互联互通规划。2016 年 5 月 27 日，中国 – 东盟港口物流信息中心在钦州港口启用，我们应以此为契机，推动制定"中国 – 东盟港口互联互通计划"，实现区域港口航运体系的发展对接。国家应出台更多便利政策，进一步推进中国优势企业与东盟港口合作，推动临港产业园区建设，打造更全面的经济共同体。

五、创新区域产业合作体制机制

（一）我国与海上丝绸之路沿线国家进行产业链和价值链合作原则

顺应世界产业转移大势，通过加强国家间的沟通合作，提高区域产业分工与价值链合作水平，将极大提升区域经济竞争力和海上丝绸之路战略辐射带的实力。在这一过程中，应秉持以下原则：

（1）坚持先行先试，适度超前的原则。大胆进行政策体制创新，在投资环境较好、条件相对成熟的地区尝试建立自由贸易区、产业园区等产业合作模式，不断探索构建开发开放的新途径、新平台。同时要加大投入，加快构建适度超前、内外联通的现代化基础设施，为加快沿线地区经济社会全面发展提供有力支撑。

（2）坚持互利共赢，共同发展的原则。既要立足周边，充分利用好、开发好周边国家的市场和资源，不断扩展沿线地区发展空间，又要从睦邻、富邻出发，充分考虑沿线国家的诉求，创新合作模式，扩展合作领域、推进区域、次区域的全方位合作，强化产业协调，共同打造跨境产业链、边境国际经济带和国际经济走廊，促进区域共同繁荣发展。

（3）坚持统筹规划，因地制宜的原则。既要着眼长远，谋篇布局，统筹区域发展规划，突出重点，有序推进，又要根据每个区域不同的特点，立足区位和资源优势，在功能定位和产业布局上体现错位竞争和互动发展，在政策设计上突出针对性，注重防范自然、经济、安全和国际政治风险，提高开放开发的效率和效果。

（4）坚持经济效益、社会效益和环境效益统筹原则。企业作为我国与沿线国家进行产业链和价值链合作的主体，在保障经济利益的同时，要全面提升企业社会责任。在中国企业投资项目的周边建立配套的教育文化、医疗卫生、道路桥梁、金融扶贫等基础设施，提升当地群众的生活水平，加速其社会经济发展，为我国投资创造良好的社会氛围。在国外的能源矿藏开发过程中，一定要做好配套的环境保护与污染防治工作，使经济效益、社会效益和环境效益有机结合。

（二）观念创新：树立全球化运作思维

我国以往参与国际分工，始终坚持"两种资源、两个市场、两套本领"的传统国际分工思维，人为地将资源、市场、运作本领割裂为国外资源和国内资源、国外市场和国内市场、国外运作本领和国内运作本领。随着经济全球化的深入发展，资本和资源禀赋在国际间的快速流转，国际产业链和价值链的全球布局，传统国际分工思维已不能满足全球化的发展速度。正视当前国际分工的深刻调整，结合我国"一带一路"战略的全球布局，应坚持"一个战略、一种资源、一个市场、一套本领"的新型国际分工思维。一个战略就是要制定产业发展的全球战略，并以此确定本国在全球价值链中的地位；一种资源即全球资源，随着国际贸易便利化程度的不断提高，全球物流运输环节效率的日益提升，生产要素和资源禀赋在全球范围内加快流动与重组，世界资源已融为一体；一个市场即全球市场，随着国际贸易通关程序的简化，世界范围内区域性的自贸区建设正在蓬勃发展，双边和多边自贸区谈判协定正在如火如荼地进行，全球市场正融为一个密不可分的整体；一套本领即全球化运作本领，随着全球区域经济一体化的深入推进，多边投资贸易规则和国际投资贸易格局正在酝酿着深刻的调整，国内外标准规则逐步统一协调，凸显了国际化运作本领在新型国际分工模式中的重要作用。

（三）价值创新：坚持经济效益、社会效益和生态效益的有机统一

随着海上丝绸之路战略的全面推进，政府间的国际合作、企业间的国际投资、民众间的国际交往将日益紧密而频繁。企业作为市场经济中最具活力的主体，在国际贸易、产业投资、技术合作等领域发挥着重要的作用。而在日益激烈和多元化的国际竞争中，传统的比较优势和竞争优势理论已远不能满足需要，因为其只关注经济效益，而在多元文化背景下，经济效益并不足以完全支撑产业投资与合作的成功。当前，我国一些企业在沿线国家的产业投资，走上层路线，实施掠夺性的开发，破坏生态环境，造成恶劣的社会影响，甚至造成部分国家民众的反华情绪，严重危及海上丝绸之路战略的顺利推进。适应全球投资价值取向的新变化，我国对外投资必须坚持集经济效应、社会效益、生态效益于一体的多元价值取向。经济效益是企业一切生产经营活动的动力源泉，社会效益是企业获得全方位支持的重要支撑，生态效益是企业可持续发展的有力保障。只有坚持多元价值统一，才能使海上丝绸之路战略迸发持久的生机与活力。

（四）机制创新：全产业链合作

广义的产业链内涵丰富，具体包括商品链、供应链、价值链、

技术链和空间链。其中商品链是连接整条产业链的有机载体和媒介，具体形态包括原材料、零部件及半成品、包装完好的制成品等，正是这些不同形态的商品，才把产业链的上、中、下游有机联系在了一起。随着海上丝绸之路沿线各国产业分工专业化程度的提高，商品链也将深度细分，区域产业链也将更加紧密地联系在一起。供应链是产业链中的主体——企业间供给和需求关系的体现，具体内容既包括产品也包括服务，完整顺畅的供应链能够有效地降低企业的交易成本，提高劳动生产率和竞争力，因此，高效便捷的供应链建设是海上丝绸之路沿线国家产业链发展的必然趋势。价值链表现为产业链中研发设计、原料采购、生产组装、物流运输及品牌营销等各个环节的价值增值过程。产业链上的不同位置，其价值增值程度也不同，只有在沿线国家合理布局价值链，才能真正做到互利共赢、协同发展。技术链和产业链是一个双向互动关系，技术进步能够促进产业的发展，而产业发展也能促进技术创新，因此海上丝绸之路沿线各国主导产业的选择和发展，必须建立在完整的技术链条之上。空间链是指产业链的空间布局形式，既有按照资源禀赋优势建立的生产标准化产品的分散布局，也有依据主导产业建立起的产业集聚区，合理的空间布局对于海上丝绸之路沿线产业链的深度扩展具有重大意义。沿线国家基于各自优势和产能基础上的产业链合作，应是海上丝绸之路建设的重点。在产业链合作过程中，中国应积极发展跨国企业，掌控关键环节尤其是供应链。

（五）注重运用产业园区开展产业链合作

产业园区是产业集聚的核心，应对现有的中国海外产业园区进行全面清理，根据产业链合作需要建设产业园区。借鉴新加坡裕廊模式的经验，鼓励国内相关产业园区走出去，成立园区连锁集团，尤其应支持国内成功园区到沿线国家开展受托管理。产业园区在 21 世纪海上丝绸之路建设过程中发挥着重要作用：一是产业聚集整合。结合所在地区的区位优势和资源禀赋优势，将横向或纵向联系紧密的企业聚集在一起，共享基础设施、信息、资源和市场，降低交易成本，提高劳动生产效率和产业竞争力。二是产业转型升级。产业园的建设大多是围绕某一主导产业建立而成，通过主导产业的前瞻效应、旁侧效应和回顾效应，带动相关产业的共同发展，成为区域经济的增长极，同时淘汰落后产业，实现产业更新升级。三是产业技术升级。产业园区对于专业技术人员的聚集具有很大的吸引力，不同类型的专业技术人员通过协同创新，能够快速推进产业技术的升级换代。四是企业项目孵化。综合性产业园区对于创新性的中小型企业能够有效地提供资金扶持、人员培训和项目对接等多种帮助，为具有发展潜力的企业提供生存发展的理想环境。

（六）创建产业链合作基金

应根据产业特点和发展前景与沿线国家共同建立区域产业合作基金，也可建立国别的产业合作基金，如孟中印缅农业合作基金、中非农业合作基金。基金采取相关国家和企业自愿加入的方式，完全按照市场规划运作。尤其应重视采取 PPP 的融资模式使用产业链基金；促进投资主体多元化，有效分散投资风险，提高投资效率。海上丝绸之路沿线国家众多，投资环境复杂多变，不少地区存在着民族宗教问题。我国以 PPP 模式参与沿线国家的产业投资，不仅能够起到快速、有效、深度切入的效果，还能获得较高信用的政府保障支持，产业链合作基金与 PPP 模式宜成为我国推进海上丝绸之路战略，实现区域全产业链布局的重要抓手。

六、务实推进两岸产业合作

（一）两岸关系的现实评估

两岸经济合作在经过起步、发展阶段后，进入了攻坚阶段。2008 年以来，我们按照"先经后政、先易后难"的思路，全面推动两岸经济合作加快发展，两岸经济合作制度化和机制化建设取得了一系列重要突破，极大地促进了两岸经济合作的深化和扩大，实现了两岸同胞期盼已久的两岸全面、直接、双向"三通"（通航、通邮、通商）。两岸两会恢复接触商谈以来，两岸签署 19 项协议，达成多项共识，着力解决两岸在"三通"、金融、农产品检疫检验、知识产权保护、投资促进与保护、贸易自由化等众多经济领域合作中存在的制度性问题，建立了联系沟通机制，为相关领域的合作扫除了制度性障碍。成功签署两岸经济合作框架协议（ECFA）等一系列协议，推进了两岸经济关系正常化、制度化和自由化，进一步提升了两岸的贸易自由化和投资便利化程度，为加快建立和逐步完善两岸经济繁荣发展的合作机制起到了重要而积极的作用。

值得注意的是，近两年，海峡两岸关系发展虽然总体上仍保持前进的势头，但受制于岛内因素的变化已呈现出动力减弱、阻力增大的疲态。2014 年年初，以"张王会"为标志，两岸事务主管部门常态化联系沟通机制确立，2 月"习连会"反响积极，月底两会领导人在台北举行第十次会谈达成可喜成果。但是，两岸关系发展的良好开局，在 3 月下旬岛内爆发以"太阳花学运"为旗号的"反服贸运动"之后明显被打乱，此前积极的氛围迅速降温。此后，岛内以"九合一"地方选举为主轴的朝野对抗日渐升级，国民党无心无力发展两岸关系，民进党在"立法院"对服贸协议踩刹车，并不断进行民粹动员，与学运、公民运动等相结合，将"反马、反国民党"与"反大陆、反统一"交织在一起。最终，岛内认同"九二共识"、反对"台独"执政的国民党在年底选举中全面溃败。由此，两岸关系进入整体曲折颠簸、个别领域停滞不前的换挡期，遭遇了自2008年两岸关系实现历史性大发展以来的第一次重大挫折。

蔡英文在2015年5月20日就职演讲中，多次提到台湾要推出一个"新南向政策"，使台湾可以参与到未来多边和双边的经济合作以及贸易谈判，摆脱单一市场依赖。当年李登辉和陈水扁时期强行推动过所谓"南向政策"，这类为政治目的服务、违反经济规律的做法，给许多台商的利益造成巨大损害，也给台湾的经济造成不良影响。而今，在21世纪海上丝绸之路进入实施阶段之时，蔡英文推出"新南向政策"，加力台湾与东南亚各国的全方位合作，加之美国、日本、俄罗斯等国家的合力干扰，必定会为21世纪海上丝绸之路建设带来更多的负面影响。在21世纪海上丝绸之路建设过程中如何正面引领台湾"新南向政策"走向，将其深度融入21世纪海上丝绸之路建设实施框架，共同促进两岸政治经济和谐统一步调发展，是主要的课题。

（二）海上丝绸之路利好两岸融通、合作

21世纪海上丝绸之路建设将在更大程度上为两岸经济合作提供新的基础和动力。

1. 构筑两岸经济合作新平台，增强两岸经贸关系发展新动力

近年来，特别是国际金融危机爆发后，随着全球经济形势深刻变革，以及两岸各自经济转型进程的加快，两岸经贸关系无论从市场层面，还是制度层面均出现内生动力不足的趋势。从市场层面看，台商对大陆投资增速趋于放缓，两岸贸易额增长也日渐乏力；从制度层面看，台湾当局推动两岸经济合作的保守性有所增强，两岸经贸关系的制度化与机制化进程也有所放缓。在此背景下，若台湾参

与 21 世纪海上丝绸之路建设，将构筑两岸经济合作新的平台与机制，为两岸经贸关系发展注入新的活力。

2. 有利于推动解决当前两岸经贸关系发展中的一些深层次问题

当前，随着两岸经济合作持续推进，两岸经贸关系发展中的一些深层次问题日益浮现，如两岸政治互信不足，成为制约两岸经济合作的最大障碍；两岸经贸合作日益密切，引发台湾岛内对经济"过度依赖"大陆的忧虑，促使台湾当局试图通过加强对外经济合作来对冲大陆日益增长的影响力；两岸在保持经济总体互补性的同时，局部产业、局部领域的竞争性有所增强，引发岛内产业界部分人士的担忧；两岸经济政策层面互动不足，导致两岸各自产业发展、对外经济合作等政策领域的分歧增加。21 世纪海上丝绸之路是大陆实现"中国梦"的海上大通道，重在对外传递和平信息，若台湾参与，无疑有助于增进两岸政治互信，彰显双方推动两岸关系和平发展的决心与意志，也将扩大两岸经济利益的汇合点，利于减少两岸政治互信不足、两岸产业竞争性增强和对外经济合作矛盾增加等深层次问题，加快形成两岸利益共同体及命运共同体的进程。

3. 为两岸经济共同发展与亚太区域合作机制相衔接提供可行途径

自 2010 年 6 月两岸签订《海峡两岸经济合作框架协议》（ECFA）后，台湾当局推动参与亚太区域经济合作的急迫性不断上升。尽管台湾已分别与新西兰、新加坡签订"经济伙伴协议（ASTEP）"和"经济合作协议（ANZTEC）"，取得了历史性的进展，但 2014 年以来，台湾当局频频参与亚太区域经济合作，不仅扩大提升负责参与区域经济合作的"国际经贸策略小组"级别，加强对外沟通与游说，还召回驻相关国家和地区的代表回岛内参加集训，冲刺 TPP 和 RCEP。与此同时，台湾当局还在 APEC、国台办与陆委会主要负责人会晤等多种场合，向大陆表达参与亚太区域经济合作的诉求，期望大陆"不阻挠"

甚至协助台湾参与。在此背景下，若台湾参与 21 世纪海上丝绸之路建设，不仅能为两岸深化经济合作创造新的平台，推动两岸经济共同发展，同时也可为台湾通过大陆这一平台与东盟、南亚等沿线国家和地区建立更紧密的经贸关系创造新的条件，避免经济被日益边缘化的潜在危机，是推动两岸经济共同发展与亚太区域合作机制相衔接的务实之举。

（三）两岸深化合作、融通的机制建构和发展趋势

在 21 世纪海上丝绸之路的推进过程中，两岸不仅要进一步增进政治互信，培植合作根基，更应着眼未来，加快推进与深化两岸产业合作，提升两岸产业在国际分工中的地位和竞争优势，从而在参与 21 世纪海上丝绸之路建设中更有效地发挥彼此优势。

首先，两岸应实现优势互补，打造具有国际竞争力的产业。在一些高新技术产业领域，台湾具有较为先进的技术和创新能力，大陆拥有庞大的制造能力、完善的产业体系和巨大的市场潜力。在 21 世纪海上丝绸之路建设的进程中两岸加强领域合作，必然能打造出国际领先的产业和国际知名的产品。

其次，积极推动两岸产业形成合理分工与整合布局。两岸产业合作不能只是一种简单的投资项目与利益争取，而应放在 21 世纪海上丝绸之路建设中来进行规划和布局。未来的两岸产业合作，应充分利用 21 世纪海上丝绸之路战略的发展机遇，逐步改变过去以台湾接单—大陆生产—海外销售为主的产业方式，向两岸合作、共同创造、全球销售的新方式转变。同时，在两岸各自产业发展的策略上进行相互定位，协调各自重点发展的优势产业与项目，避免重复建设与恶性竞争。在产业布局上，两岸应将对方产业作为自己产业体系的重要延伸或组成，形成相互支撑、充分发挥各自比较优势的格局。在合理分工的基础上，推动两岸行业和企业进行产业链与价值

新战略、新愿景、新主张

——建设 21 世纪海上丝绸之路战略研究

链整合，共同提高两岸经济在全球产业链、价值链中的地位。

第三，加速两岸合作对外投资的深度和广度。两岸应加快合作对外投资的步伐，尤其要利用台商在 21 世纪海上丝绸之路区域内的既有产业网络，深化两岸合作规模。可以通过相互参股、相互持股与合作投资方式，积极参与 21 世纪海上丝绸之路的基础设施建设与产业园区发展，从而将两岸产业合作延伸到 21 世纪海上丝绸之路区域，实现合作效益的外溢，为两岸深化经济合作提供新动力。

最后，应密切关注台湾"新南向政策"走向，尤其是要重视美国、日本和俄罗斯等国在"新南向政策"中的干扰动作，通过具体的多边合作项目将台湾"新南向政策"深度融入 21 世纪海上丝绸之路战略框架，实现两岸共举、共谋发展的 21 世纪海上丝绸之路美好愿景。

第九章
区域金融合作

　　建设21世纪海上丝绸之路是实现中华民族伟大复兴的重要抓手，任重而道远。金融危机后，我国对世界经济发展的贡献日趋显著，发展中国家和新兴经济体在全球经济所占比重越来越大。改革完善国际金融体系，增加发展中国家金融话语权，是适应世界经济结构转型，促进世界经济发展的重大选项。建设海上丝绸之路是我国适应全球战略格局新变化，拓展和平发展、合作共赢新空间，构建全方位开放新格局的重大战略部署。在这个大背景下，加速推进人民币国际化，加强以亚洲基础设施投资银行、金砖国家开发银行、亚洲金融市场、应急储备机制等为代表的国际和区域金融合作，将为区域及世界经济发展注入新的活力。

一、金融合作是海上丝绸之路建设的重要抓手

金融是现代经济的核心，渗透在国民经济的方方面面，推进我国与沿线国家的金融合作，对于促进海洋经济发展，提升海上丝绸之路建设的水平和速度，形成全方位开放新格局，都有着十分重大的意义。

一是为区域经济发展提供强大的融资支持。海上丝绸之路沿线国家众多，连接东亚、中亚、西亚、南亚，辐射东欧、南欧和北非，东边牵着活跃的亚太经济圈，西边系着发达的欧洲经济圈，有巨大的投资潜力。一方面，沿线多数国家是发展中国家和新兴经济体，基础设施建设、资源能源开发、产业发展需要大量的资金投入。据测算，2020 年以前，亚洲地区每年仅基础设施投资需求就高达 7 300 亿美元。另一方面，沿线国家多数资本市场发展较为缓慢，企业普遍缺少安全和高效的直接融资渠道，现有的国际金融组织提供的资金也只是杯水车薪。通过我国与沿线国家的金融合作，可以撬动国内资本和国际资本投入到沿线国家发展之中，有效弥补沿线国家和地区建设的资金缺口。

二是更好地服务我国企业"走出去"。海上丝绸之路为我国企业扩大出口、加快海外投资布局提供了很大的空间，既有利于我国稳增长、调结构、深入推动国际产能合作，也有利于沿线发展中国家发展经济、增强自身"造血"能力。在国际市场激烈竞争过程中，我国企业要"走出去"，既要具备先进的技术和产品，也需要资本的支持和投资咨询服务。通过加强区域金融合作，尤其是设立区域性金融机构，将为我国企业走进沿线国家提供深度的国别和行业投资咨询、高质量的风险评估、有效的融资结构方案设计和强大的资本支持等服务。

三是推动外汇资产投资的多元化。我国外汇资产主要以美元为主，且主要以购买美国国债和企业债为投资方向。投资渠道过于单一，不仅使得外汇资产容易受到国际市场尤其是美国金融市场波动的影响，而且"鸡蛋放在一个篮子里"还增加了外汇资产的政治风险。多年来，中国人民银行致力于改变这种局面，但囿于缺乏国际金融体系话语权，中国庞大的外汇储备一直缺乏安全有效的投资渠道。21世纪海上丝绸之路的开辟，为中国巨大的外汇储备提供了更为广阔的投资空间。

二、区域金融合作的目标和原则

区域金融合作的目标可以概括为三个方面：

一是服务于域内国家和地区共同发展。区域金融合作虽然由我国发起和主导，但从服务对象看，则应服务于海上丝绸之路的大战略，并非只强调我国的利益，而是要更加开放，服务于域内国家和地区共同发展、互利共赢。投资重点不在国内，而是更多地投向沿线国家，促进区域内基础设施互联互通、产业合作。区域金融机构需要保持对国内国际的开放，发挥四两拨千斤的作用，吸引更多的民间和国际资本加入，扩大资本规模、多元化资本结构。

二是推进人民币国际化。推进区域金融合作，既有利于消化我国部分过多的外汇储备，也适应了当前国外投资结算的现实需要，同时便于国外投资者通过市场化方式加入。以我国为主导的区域金融合作，必将逐步增加人民币融资和投资比例，包括在国际资本市场开展人民币融资，用人民币投资相关项目，促进沿线国家和地区更多使用人民币进出口货物服务等，还要扩大人民币跨境结算规模，加快人民币离岸市场建设，促进货币回流渠道畅通，从而推动人民币国际化步伐。

三是促进沿线国家和地区金融体系互联互通。金融体系联通是加快海上丝绸之路建设的基础保障和重要支撑，是实现域内资源优化配置的重要手段，是区域经济走向一体化的高级表现和必然要求。加强我国与沿线国家金融合作，尤其是通过设立区域性国际金融机构，将会推动区域内跨国投资，促进各类资本市场、债券市场互联互通，带动区域内金融机构和监管机构之间的协调和合作，从而实现区域高水平、深层次的大开放、大交流、大融合。

借鉴现有国际金融合作机制以及沿线国家的特殊需求，区域金融合作宜坚持三个原则：一是坚持合作共赢原则。合作共赢才能持续发展。区域金融合作在商谈项目成本分担、收益分享比例时，要摒弃零和游戏思维，坚持双赢、共赢理念，在追求自身利益时兼顾他方利益，在寻求自身发展时促进共同发展。在项目选择上，要充分考虑到投资所在国的需求和发展战略，只要符合"一带一路"建设和发展总体方向，满足互联互通基本原则，能够为双方带来合理收益的，都可以研究参与。二是坚持市场化原则。区域金融合作不是援助性或者捐助性的资金，而是建立在财务可持续基础上的金融合作机制。宜坚持市场化原则，采取自主经营、市场运作和自担风险的方式进行运作和管理，投资有效益的项目，并努力实现中长期合理的投资回报，维护好股东的权益。采取更加专业化的管理方式，搭建规范的公司治理结构，建立完善的风险控制机制，加快建设专家资源库，根据投资区域和行业要求，组建一支既熟悉投资、财务、金融、工程、项目建设，又通晓"一带一路"相关国别政治、经济、法律的专业化管理团队。三是坚持国际化原则。区域金融合作结构的融资对国际开放，投资主要分布在国外，应按照国际化原则进行运作，既要遵守我国的相关规定，也要遵守投资所在国的法律法规，维护国际通行的市场规则和国际金融秩序。投资决策过程中，除了对项目的经济效益进行评估之外，还要按照国际标准和投资所在国规定进行环境和社会保障评估。应加强与国际和区域多边金融机构开展投融资项目合作，提升国际化运作水平，减低投融资风险，实现优势互补、合作共赢。

三、已有实践基础

近年来，我国主要金融机构对"一带一路"沿线国家的业务和比重大多呈现上升势头。比如中国进出口银行，2015 年年底在"一带一路"沿线国家贷款余额超 5 200 亿元人民币，较 2015 年年初增长 46%，占全部境外贷款的 37%。该行有贷款余额的海上丝绸之路项目 500 多个，项目分布于 49 个沿线国家，涵盖公路、铁路、港口、电力、资源和通信等多领域。再比如，中国银行也实现了在沿线国家布局的深入推进。目前，中国银行已在海上丝绸之路沿线的 13 个国家设立分支机构，未来的目标是覆盖 50% 以上的沿线国家。至 2015 年 5 月末，中国银行建立包括"21 世纪海上丝绸之路"在内的"一带一路"重大项目储备接近 300 个。再比如，中国出口信用保险公司等政策性金融机构在"一带一路"沿线国家业务发展势头良好。2015 年，中国出口信用保险公司对我国面向沿线国家出口、投资和承包工程的承保规模达到 1 163.9 亿美元。

在对外金融业务量不断增加的同时，我国金融机构服务于"一带一路"的金融产品和服务领域也在不断拓展。中国进出口银行深入跟踪"一带一路"沿线国家的国情和企业的现实需求，既做强做精进出口融资、"两优"贷款（援外优惠贷款和优惠出口买方信贷）、境外投资贷款、对外承包工程贷款等传统优势贷款品种，也综合运用进出口信贷、互惠贷款、对外担保等多样化金融工具，积极开发混合贷款、投贷结合等各种融资品种。中国工商银行在国内商业银行中率先实现外汇业务面向海上丝绸之路沿线国家全覆盖。2015 年 6 月，中国银行宣布成功发行 40 亿美元 "一带一路" 债券。中国建设银行（亚洲）股份有限公司则于 2015 年 11 月在马来西亚吉隆坡交易所发行了全球首支 "海上丝绸之路" 离岸人民币债券。这些创新操作都为深化 21 世纪海上丝绸之路建设提供了发展动力。

四、国际货币体系改革与人民币国际化

（一）推进人民币国际化是区域金融合作的重要路径

近年来，中国积极推进人民币国际化，不断扩大区域多边与双边货币互换的范围和规模、拓展人民币跨境贸易结算和加强境外人民币离岸市场建设。截至 2016 年 1 月，中国已与 32 个国家和地区签订了双边本币互换协议，金额达到 5 万亿元。跨境贸易人民币结算自启动以来持续快速增长，2014 年已达到 6.55 万亿元，同比增长 41%，相当于全年贸易额的 24.7%。同时，人民币全球离岸市场在东亚和欧洲稳步开拓，人民币已是全球第二大贸易融资货币、第五大支付货币和第六大外汇交易货币。

事实上，沿线国家经济以出口导向型为主，以美元计价的出口价格使区域合作面临较大的汇率风险。沿线国家还是世界储蓄率较高的地区，如仍以美元结汇，则导致结汇美元走出一条先投放回美国再由美国金融机构把外汇投资到这一区域的弯路。在区域内加强货币流通和合作，可以直接以本区域的储蓄满足投资需求，从而提高区域合作中内部贸易比重和经济融合程度。因此，货币合作对促进区域经贸合作稳定发展发挥着关键性作用，同时也有助于稳步推进人民币国际化。

一是着力推动人民币区域化和国际化。在海上丝绸之路建设中应正确处理人民币与美元、欧元和卢布之间的关系，根据政治环境、市场情况、实体经济发展需要，分阶段、有重点地推进人民币国际化，扩大货币互换范围与规模，以投资拉动、促进贸易，增加贸易人民币计价结算的便利性，切实降低人民币的交易成本，为人民币国际化打下更加坚实的基础。

二是增强人民币在大宗商品贸易中的份额。目前，我国已成为最大石油进口国，在全球能源价格下行的背景下，我们应该充分借鉴英国、美国国际金融中心的成功经验，建立并完善一套人民币大宗商品定价的市场规则和机制，从而获得石油、天然气及其他大宗商品的期货定价权，引导石油等大宗商品的现货市场价格，夯实能源、大宗商品计价结算的市场基础。

三是创新金融合作模式。海上丝绸之路建设中的重大基础设施项目、产业园区和经济新区建设需要大规模、长期的资金支持。为了建立一个高效的金融支持体系，必须创新金融模式，在沿线国家的关键城市大力发展人民币离岸市场，建立适当的人民币离岸和在岸市场的互动机制，满足境外人民币资金需求，并引导人民币金融产品定价。应加强与沿线国家当地金融机构的合作，共同组建国际金融机构，共担风险，争取双赢。

四是加快金融基础设施建设。鼓励金融机构开立境外机构人民币结算账户，办理跨境人民币结算业务，构建区域性统一、安全、有效的人民币跨境支付清算体系。鼓励边境地区商业银行加挂人民币与沿线国家货币的兑换牌价，加强在汇付、托收和信用证等国际结算方面与境外商业银行建立账户往来关系，在此基础上创新更加便捷、高效的支付工具和支付方式。

（二）"特里芬难题"与人民币国际化

美元作为单一世界货币存在的最大问题，在于难以克服所谓的

"特里芬难题"，即当储备货币发行国的国内经济自主同国际货币秩序之间发生严重冲突，导致其国内经济利益与全球经济利益激励不相容。美元在国际货币体系中的垄断地位已经给世界经济贸易发展及全球繁荣带来了很大的负面影响，此次金融危机更是引发了各国经济的不稳定；美国为挽救本国经济采取了扩张性的货币政策，这种以邻为壑的做法，引发国际社会的强烈不满。由于国际货币体系缺乏有效的监督机制，国际货币政策协调变得异常困难、无效甚至逆效。2008年，国际金融危机爆发与蔓延，反映出以美元为主要储备货币的国际货币体系的内在缺陷，关于国际货币体系的改革呼声日益高涨。

（三）东亚地区货币错配风险呼唤国际货币体系改革

国际货币体系在东亚地区存在货币错配、期限错配和结构错配，美国经济一旦"打喷嚏"，东亚国家都得"感冒"。

一是货币错配的风险。沿线国家大多是发展中国家，主要走出口导向型发展道路。企业出口以美元计价，收入则以本币为主，收入与负债存在货币错配。在主要经济体复苏乏力、外部需求严重不足的情况下，企业美元收入将减少，一旦美元汇率再出现大幅波动，将极大影响区域经贸活动，甚至诱发国际金融风险。比如，2014年，印度、韩国、马来西亚、泰国和印度尼西亚等国以美元计价的外债比重均超过了50%，2015年美元升幅超过12%，致使印度、马来西亚和泰国等沿线国家债务负担明显加重。

二是期限错配的风险。沿线国家经济发展充满活力，基础设施需求旺盛，需要长期资本投入。但国际投资者主要投资于短期债券，短期资本比较敏感，受国际金融环境影响较大。国际上认为，短期外债占全部外债比重应控制在25%警戒线以下，而很多沿线国家短期外债水平都超过了警戒线，有的甚至高达80%。资金的短期供给与长期使用之间的期限错配，推高了亚洲债务风险。

三是结构错配的风险。沿线国家和地区通过出口积累的大量美元外汇，又通过购买美国国债投回美国，美国金融机构再把这些资金投向沿线国家。这种资本结构的错配已不能满足区域经济发展的需要。早在十几年前亚洲金融危机时，人们就意识到上述问题的严重性，并通过建立"清迈机制"，以求通过货币合作来分散亚洲国家建设面临的国际金融风险。2008 年国际金融危机爆发后，这些错配问题不但没有解决，反而更加凸显。因此，加快亚太地区货币合作步伐成为建设 21 世纪海上丝绸之路的重要内容，这也是加快人民币国际化的大背景。

四是经济信息不对称风险。21 世纪海上丝绸之路沿线国家众多，其人文、历史、发展阶段以及与中国的历史渊源和地缘关系都有巨大差别，"走出去"企业往往信息掌握不充分，投资方向选择存在一定盲目性，常出现多家中资企业竞相加价和溢价过高的情况。对外投资只偏重政府关系，忽视与当地非政府组织和国际公民社会打交道，导致项目因环保、民生等问题频频受阻。在国家层面上缺乏一个统一、集约的信息研究和情报分析系统，无法满足走出去企业日益攀升的信息需求。

（四）人民币国际化是一个渐进过程

国际金融危机在世界范围内的广泛传导凸显以美元作为主要储备货币的国际货币体系存在严重的系统性缺陷。理论上讲，国际货币体系面临三种发展和改革的情景：一是维持以美元为中心的现状，无解的"特里芬难题"将使得金融危机不可避免；二是建立以 SDR（特别提款权）为主的国际货币，但 SDR 为主的国际货币距实际应用还有相当距离，难以实现；三是建立多元货币体系。美元的中心地位虽然短期内不可替代，但长期随着发展中国家经济体量和占比的上升，"一元货币"体系必将改变。此时，我国提出了"一带一路"倡议，而21世纪海上丝绸之路是"一带一路"战略构想"一体两面"之一。其推进与所成将对世界经济格局以及国际金融格局产生重大影响。事实上，海上丝绸之路沿线国家特别是广大发展中国家迫切希望改革全球货币体系，使国际储备货币以币值稳定、供应有序、总量可调为原则进行调整和完善，从根本上维护区域经济稳定、保护沿线各国的经济利益。

随着人民币国际化进程加快，特别是2016年人民币成功加入SDR，国际货币体系多元化已是大势所趋，并成为推动海上丝绸之路金融合作的重要基石。人民币国际化既是国际经济格局变动的产物，也预示着新的国际经济秩序的重构，反映了真实世界的有效需求。

然而，人民币国际化是一个渐进过程。从历史的经验来看，各国经济实力的改变与国际货币的替代并非同步发生，而是存在严重的滞后效应。以美元取代英镑的世界货币地位为例，美国的经济规模早在1870年就已经超过英国，而美元成为国际货币则是发生在第二次世界大战的前后，滞后时间长达70年之久。同样，即使中国在今后一二十年后超越美国成为世界最大经济体，但要想使人民币取代美元的国际地位，远非一蹴而就。

（五）稳步推进人民币国际化的总体安排

海上丝绸之路沿线国家经济发展充满活力，基础设施需求旺盛。但基础设施项目大多带有公共产品属性，社会效用较高、投资周期长、经济收益偏低的特点明显。在其建设需要大量长期资本投入的背景下，"企业'走出去'＋人民币资本输出"的投资思路越来越受到沿线国家的欢迎。通过人民币项目贷款、银团贷款等方式为这些国家改善基础设施提供融资，不仅可以促进我国与东盟、中亚和非洲等国家互联互通的进程，而且有利于打造境外"人民币走廊"。

1. 扩大货币互换合作

坚持加强货币合作、推动人民币国际化有利于降低建设海上丝绸之路结算和货币流通成本，增强抵御金融风险能力，提高本地区经济国际竞争力。目前，中国已与30多家中央银行签署互换协议，涉及海上丝绸之路沿线10多个国家和地区，规模达到数万亿元人民币。大型银行加强与沿线国家的货币互换合作，便利双方企业以人民币开展投资贸易活动，推动双边商业银行提供人民币结算和贸易融资服务。开辟和扩大我国与沿线各国之间的货币互换规模，完善人民币跨境支付和清算体系，加快人民币跨境支付系统（CIPS）建设，扩容人民币跨境贸易结算试点机构，为商业银行和企业的融资提供保障和便利。鼓励各国企业使用本币结算，开展外汇市场货币直接交易，减少汇率中间套算，降低汇兑成本。在全球14个清算银行安排中，7个在海上丝绸之路沿线（新加坡、卡塔尔、马来西亚、泰国和中国香港、澳门及台湾地区）。未来，大型银行要构建以新加坡和中国香港、澳门及台湾地区为中心，辐射海上丝绸之路的布局合理的区域内人民币清算安排。

2. 统筹发展人民币在岸和离岸市场

在当前我国资本账户尚未开放的情况下，吸取日元忽视区域化的教训，充分利用自贸区、沿边金融综合改革试验区等推动跨境人民币业务创新，统筹协调离岸和在岸市场建设，丰富人民币投资渠道，提高海外人民币计价的债券品种、规模，完善人民币回流机制。拓展香港人民币离岸市场的广度和深度建设，扩大人民币离岸市场范围。在风险可控的前提下，稳步推进人民币利率和汇率改革，支持境内外机构和个人使用人民币进行跨境直接投融资。适当放松管制，鼓励境内外银行为跨境项目提供人民币贷款，引导更多的沿线国家和机构发行人民币债券，重点建设以人民币债券为主导的亚洲债券市场。

3. 推动亚洲金融市场开放，加强区域合作与监管

海上丝绸之路涉及数十个国家和地区，区域金融合作包含多样化的金融市场环境和制度安排，仅靠单边努力难以发挥协同作用、应对风险挑战。宜以东亚及太平洋中央银行行长会议组织（EMEAP）、东盟与中日韩（10＋3）金融合作机制等为主要载体，从多边合作入手，逐步建立海上丝绸之路区域金融监管合作机制。进一步扩大本地区基金牌照互认范围，推进亚洲资本市场互联互通，建设完善亚洲债券市场，促进跨境相互投资。建设符合亚洲国家特点，充分体现独立、多样、公正的新型亚洲信用评级体系。强化区域监管协调，构建区域性金融风险预警体系，健全应对跨境风险和危机处置的交流合作机制，协调各方的行动，规避国际资本冲击，共同维护区域金融稳定。

五、推进区域金融合作平台建设

2014 年年底，丝路基金注册成立；2015 年年底，亚洲基础设施投资银行正式成立。二者的成立，标志着中国主导的区域金融合作平台的框架初步确立。然而，这只是万里长征走过的第一步。中国缺乏管理多边金融机构的实践和经验，如何有效运营丝路基金和亚洲基础设施投资银行，是摆在我们面前的重大任务。

丝路基金和亚洲基础设施投资银行都是顺应"一带一路"战略构想的实施而产生的，但这两个机构在业务性质和治理结构上有很大的不同。中国需要在积极借鉴现有国际金融机构运营经验和充分了解沿线国家融资特殊要求的基础上，不断完善丝路基金和亚洲基础设施投资银行的运营及管理机制。

（一）丝路基金

2014 年 11 月 8 日，中国国家主席习近平在加强互联互通伙伴关系对话会议上宣布，中国将出资 400 亿美元成立丝路基金。2014 年 12 月 29 日，丝路基金在北京正式成立。丝路基金的宗旨目标是秉承"开放包容、互利共赢"的理念，重点致力于为"一带一路"框架内的经贸合作和双边多边互联互通提供融资支持。丝路基金的有效运营需要解决以下几个问题。

1. 创新融资模式

丝路基金是一个开放的合作平台，基金目前设计规模为 400 亿美元，其中首期启动资金 100 亿美元，主要由国家开发银行、进出口银行和中国投资有限责任公司等中资机构投入。今后随着业务发展，需要进行较大规模的再融资。一种方式是向国内外相关机构募集。丝路基金不同于风险投资基金或一般的私募股权投资基金，不以高风险、高成长的企业为投资对象，而是侧重于基础设施、能源资源和装备制造产业等，投资规模较大、期限较长、收益也不会很高，募集对象应集中在养老基金、主权财富基金等有长期投资需求、追求稳定回报的机构。为更灵活地满足投资者风险、流动性偏好，可以按照行业、国别等设立子基金，如电力基金、中亚基金等，以子基金名义募集资金，封闭运行、分别核算。另一种方式是发行公司债券。丝路基金采用了有限责任公司组织形式，可以相对容易地在金融市场发行债券，获取低成本资金。也可以考虑在项目所在国金融市场发行当地币种计价的专项收益债，规避汇率风险。

现阶段国际金融市场资金供应宽裕，为丝路基金市场化融资提供了有利的外部环境。为应对经济下行，发达国家和其他新兴经济体也实行了比较宽松的货币政策，国际国内资金供给充裕。尤其是随着投资者在全球范围内进行资产配置，国际资本供给规模可能会更大。根据测算，到 2020 年全球金融资产规模将达到 900 万亿美元，比实际全球经济生产总值高 10 倍多。丝路基金采取开放式、动态发展的模式，将来可以随着实际投资需要，采取股权、债权等多元化融资方式，从国际国内资本市场筹集资金，将丝路基金规模放大，更好地服务"一带一路"战略实施。

2. 确定丝路基金投资的重点行业

一是基础设施互联互通建设。基础设施互联互通是深化区域经济合作、推进区域经济一体化的基础，是"一带一路"建设的优先领域。重点投资国际骨干通道建设，尤其是关键通道、关键节点和重点工程，优先打通缺失路段，畅通瓶颈路段，提升道路通达水平；投资口岸基础设施建设，畅通陆水联运通道；投资跨境光缆等通信干线网络建设，提高国际通信互联互通水平，逐步形成连接亚洲各次区域以及亚、欧、非三大洲之间的基础设施网络。

二是我国优势产能和装备制造国际合作。支持我国优势产能向"一带一路"沿线国家转移，有利于形成我国新的经济增长点，推动经济结构调整和产业转型升级，有利于相关发展中国家提高经济发展水平、增强自身"造血"能力。

三是能源资源投资合作。能源资源合作是建设"一带一路"的重要战略支点。目前，我国石油、天然气等对外依存度已分别超过 60% 和 30%，众多矿产资源也高度依赖国际市场。未来保障国家能源资源安全的关键在西部方向，即中东、中亚的油气和非洲的矿产资源。丝路基金宜着力支持我国与"一带一路"相关国家加大煤炭、油气、金属矿产等传统能源资源勘探开发合作项目，投资输油、输气管道等运输通道建设。

四是农业产业合作发展。2014 年我国谷物净进口 1 874.7 万吨，同比增长 38.0%；大豆进口 7 139.9 万吨，同比增长 12.7%；油菜子进口 508.1 万吨，同比增长 38.7%。虽然我国农产品自给率总体较高，但进口结构不均衡，大豆、棉花、植物油等对外依存度高。而且我国农产品年消耗总量非常大，因此即使进口比例的小幅上升，也会成为国际农产品价格上涨的刺激因素。丝路基金宜支持国内企业加大对"一带一路"沿线国家农产品种植、市场流通、贸易和加工环节的投资，有效增强我国农产品的保障能力。

3. 科学设置投资运作模式

基金运作模式设计需要根据项目的行业、地域、合作伙伴等的具体情况进行综合考虑确定。但从近年来我国海外投资尤其是在亚洲、非洲等相关发展中国家投资实践看，有一些共通经验可以借鉴。

一是设置特殊目的公司负责项目具体运作有利于风险隔离。从我国一些成功的投资案例看，可先由我国企业在被投资国或其他不敏感的地区注册成立特殊目的公司（SPV），或者由我国企业与被投资国企业共同出资组建合资公司，投资基金对特殊目的公司或合资公司进行注资，再进行具体的项目运作，可以减少被投资国的舆论或限制性政策的影响，有利于项目的顺利实施。

二是吸收当地民间资本加入。采用公私合营（PPP）模式，一方面可以激励民间资本进入，发挥基金的杠杆作用，即丝路基金为一个项目投入部分项目资本金，有了项目资本金作为信号，民间资本发现项目有保障，就愿意参与，然后就会促成公私合作的模式，进而使社会资本与民间资本结合起来；另一方面，也有利于激发当地的积极性，通过引入当地民资的参与，使当地群众产生参与感和积极性，更可以为项目营造出良好的社会关注以及舆论氛围。

三是完善退出机制。基金投资后会考虑在一定期限内退出，可以采取的退出方式：一是上市退出，也就是说，丝路基金可以通过其投资的企业在境内或境外证券市场上市，实现投资退出；二是协议转让退出，包括丝路基金投资的企业股权由被投资企业的原有股东或企业回购、丝路基金投资的企业股权协议转让给其他投资者、丝路基金对基础设施项目的投资可有偿转让给所在国家政府或其他机构。

4. 健全区域投资风险防控体系

在"一带一路"沿线开展境外投资，既有商业风险，也面临政府更迭、战争、政策变更、政府不当干预和舆论反对等风险，需要在政府和企业两个层面建立境外投资风险防控体系。

从政府层面看，一是加快与"一带一路"沿线国家签订双边或多边投资保护协定，建立申诉索赔机制，为我国企业境外投资合法权益提供政策保障。二是建立健全境外投资法规，引导境外投资企业贯彻、运用好国际法则、商业惯例。三是加强外交部、商务部和使领馆等涉外部门的商务外交力度，发挥涉外磋商机制作用。四是成立全国性境外投资信息咨询服务机构，为我国企业境外投资提供政策指导、企业调查、预警信息，开展论证、咨询、代理服务。进一步整合商务部国别障碍报告系统、投资促进局国别投资指南和中国出口信保公司国别风险报告三家信息支持系统，形成共同的、权威性的中国企业境外投资风险指南。五是建立国家战略指引。加强对行业协会的协调功能，组织完善境外投资合作体系，对企业境外投资行为进行协调，避免境外抬价"火拼"局面，维护境外投资秩序和国家整体利益。

从企业层面看，丝路基金及其他开展境外投资的企业也需要加强风险防控管理。一是做好投资前风险评估。投资前要多渠道收集有关投资所在国政治、经济和社会资料，并邀请国际问题专家、经济学家、熟悉该国的新闻媒体、外交人员、商界人士等进行综合评议。二是加强与投资所在国政府、企业、社区及媒体的合作。例如，与投资所在国的企业共同建立合资公司，多雇佣一些当地的工作人员，形成利益共同体；与当地政府各级机构建立经常性联系；资助东道国社会公益事业等。三是多渠道融资，除了丝路基金投入外，可以引入投资所在国银行贷款，在当地发行项目收益债券，或与国际金融机构联合融资等。四是根据投资项目特点购买相关保险，分散风险。五是加强公司治理结构建设，完善财务管理制度和风控体系，防范决策不科学、"预算软约束"等带来的经营管理风险。

（二）亚洲基础设施投资银行

2013 年 10 月，中国国家主席习近平在雅加达同印度尼西亚总统苏西洛会谈时表示，为促进本地区互联互通建设和经济一体化进程，中方倡议筹建亚洲基础设施投资银行，愿向包括东盟在内的本地区发展中国家基础设施提供资金支持。2014 年 10 月，包括中国、印度和新加坡在内的 21 个首批意向创始成员国的财政部长在北京签约，共同决定成立亚洲基础设施投资银行。2015 年 3 月，英国向中方提交了作为意向创始成员国加入亚洲基础设施投资银行的确认函，正式申请加入，成为首个申请加入亚洲基础设施投资银行的主要西方国家。2015 年 12 月 25 日，由中国倡议、57 个国家共同筹建的亚洲基础设施投资银行正式成立，总部设在北京。

亚洲基础设施建设投资银行（AIIB，简称"亚投行"）是一个政府间性质的亚洲区域多边开发机构，重点支持基础设施建设。亚投行得到了全球范围内广大国家的支持，具有广泛的代表性。在 57 个亚投行意向创始国成员中，有 34 个来自亚洲国家，18 个来自欧洲国家，2 个来自非洲，1 个来自美洲，2 个来自大洋洲。其中东盟 10 个成员国悉数加入，拥有 28 个成员国的欧盟有 14 个国家加入，G20 集团中有 14 个加入，而"金砖五国"全部跻身首发阵容。

亚投行的成立标志着中国迈向世界的重要一步。中国作为世界负责任的大国，将发挥应有的领导作用。要让这第一步迈得扎实，中国尚需要借鉴现有多边国际金融机构长期积累的经验，同时根据

新战略、新愿景、新主张
——建设 21 世纪海上丝绸之路战略研究

自身及亚洲国家的需要，不断完善治理机制。

1. 建立规范透明的治理结构

规范透明不仅是国际上的共识，也是相对弱小的其他成员国的最主要诉求。治理结构的规范透明和机构的运行效率往往是一对矛盾。国际金融机构的成员都是各成员国的政府部门，本来各国对于一个可能牵涉多个政府部门的决策，处理过程就很复杂，几十个国家在一起互相协调，沟通成本就更高。这就是许多国际金融机构都被批评为"低效"和"官僚"的主要原因。作为一个新的国际金融机构，亚投行应该在这方面有所改进，但不能有不现实的期望，因为其治理结构和其他现存的国际金融机构没有本质区别。在亚投行的创始阶段，为了确保规范透明，宁可牺牲一点效率。

2. 鼓励民间投资的进入

中国企业已经开始全面进入全球化时代，民间有大量的海外投资需求。亚投行如果能够和民间的资金嫁接、合作，将会撬动比股本金大得多的资源。民间的企业和资金缺少对目标国家地区的了解和经验，亚投行每进入一个国家和地区，都可以分享经验教训，在每个国家成功的投资都能鼓励民间投资的进入。

3. 循序渐进推进人民币国际化

使用何种货币单位、用什么货币进行结算，将是亚投行筹建过程中面临的最核心问题。70多年前筹建国际货币基金组织和世界银行时，英国的凯恩斯和美国的怀特曾就货币单位进行激烈论战。最终，怀特凭借自己国家的强大后盾占据上风，布雷顿森林体系成立，美元成为合法的国际货币。中国作为亚投行发起人，肯定希望人民币成为亚投行的货币单位。但人民币成为主要交易货币需要亚投行多数份额票批准，英国、德国和法国等欧洲国家能否认同仍是问号。如果仍使用美元，则对人民币国际化意义大减，同时鉴于人民币高位，这些国家在获得美元后，可能去购买其他地区较低价格的商品和投资品，难以对我国经济产生拉动作用。我们认为，在亚投行成立初期，仍应以美元作为亚投行的主要货币单位，但同时尝试采用人民币作为辅助性结算工具，这样阻力小，结算成本也较低。随着我国资本项目的逐步放开，应积极引导亚投行更多使用人民币作为结算单位，最终确立人民币作为亚投行的主要货币单位。

4. 设定争端解决机制

富有活力的国际机构，大多配套有完善的争端解决机制，否则难以存活。世界贸易组织有独立完整的解决贸易争端的司法系统，即"争端解决机制"。世界银行建立了"解决投资争端国际中心"。亚投行本质上也是一家多边机构，成员之间的纠纷在所难免，同贷款国出现纠纷也难以避免。因此，有必要建立一个独立的仲裁机构，并为之设计配套的法律和执法机制，以保证长期健康运营。

5. 积极做好亚投行与联合国等国际机构的合作

从参与者的广泛性、国际规则的权威性、提出议程的国际影响力等方面来看，联合国以及世界银行、世界贸易组织、国际货币基金组织等多边机构的基础性地位是无可替代的。而且随着国家实力的提升，中国在世界银行等各个专门组织中的地位也逐步提高。因此，中国有能力而且也应该在现行的联合国体系、多边发展机构中发挥更重要的作用，直接参与和推动联合国发展议程的实施。亚投行作为中国主导的"南南合作"平台，对现有多边发展机构的国际格局起到了有益的平衡和补充作用。亚投行的平稳发展，需要理顺与现有多边发展机构的关系。宜积极发展与现有多边机构的合作关系，通过与现有机构进行具体的项目合作，积累管理经验，弥补现有机构如世界银行的信用规模不足，促进亚投行以国际秩序的完善者而非挑战者的角色融入联合国的发展议程框架当中。

第十章
区域海洋经济和管理合作

以海上丝绸之路建设为契机，通过海上互联互通，港口城市合作，共建若干海洋高新技术产业园；加强海洋公共服务能力建设合作，增强与海上丝绸之路沿线地区和国家在海洋经济、科技、生态环境保护、预报预警及防灾减灾、联合搜救等领域的务实合作。

一、合作现状及存在问题

（一）合作基础

1. 我国海洋经济水平不断增强

众所周知，海洋是地球生命的起源，蕴藏着丰富的资源，包括生物资源、油气资源、海水资源、空间资源和海洋可再生能源等。人类对这些海洋资源的开发利用形成了各类产业活动，从早期的海洋捕捞业、海水制盐业、海上交通运输业发展到现在的海洋油气业、海洋船舶工业、海洋生物医药业、海水利用业、滨海旅游业以及潮汐能和风能发电业等，这些产业活动就是海洋经济的主体构成。因此，海洋经济就是指人类开发、利用和保护海洋的各类产业活动，以及与之相关联的活动的总和。

具体来说，从内容角度看，海洋经济由海洋产业和海洋相关产业两部分构成。海洋产业是直接开发和利用海洋资源的产业活动，具有五个特征：一是直接从海洋中获取产品的生产和服务活动，如海洋捕捞业、海洋油气业；二是对直接从海洋中获取的产品所进行的一次加工生产和服务活动，如海洋化工业、海洋生物医药业；三是直接应用于海洋和海洋开发活动的产品生产和服务活动，如海洋船舶工业；四是利用海水或海洋空间作为基本要素所进行的生产和服务活动，如海水利用业、海洋交通运输业；五是支撑和保障海洋开发利用的海洋科学研究、教育、管理和服务活动，如海域使用管理、海洋灾害预报等。海洋相关产业是指与海洋产业在产品、服务和技术上有关联的产业活动，也就是海洋产业的上、下游产业，如海洋仪器设备和生产设备制造业，涉海商务、金融保险、信息和技术服务业等。

我国经济已是高度依赖海洋的开放型经济，海洋经济对国民经济和社会发展的支撑作用越来越明显，成为我国国民经济的重要组成部分和新的经济增长点。"十二五"期间，我国海洋经济继续保持总体平稳的增长势头，年均增长 8.1%，高于同期国民经济0.3 个百分点。2015 年海洋经济总量接近 6.5 万亿元，比"十一五"期末增长了 65.5%；海洋生产总值占国内生产总值比重达到9.6%；涉海就业人员 3 589 万人，较"十一五"期末增长了7.1%。海洋经济成为拉动国民经济发展的有力引擎。另一方面，"十二五"期间海洋产业结构调整也出现了积极变化，海洋经济三次产业结构比由 2010 年的 5.1∶47.8∶47.1，调整为 2015 年的5.1∶42.5∶52.4，"三二一"的三次产业结构格局逐步形成。海洋经济发展正在从规模速度型向质量效益型转变，海洋传统产业转型升级加速，海洋战略性新兴产业已成为海洋经济新的增长点，"十二五"期间海洋战略性新兴产业年均现价增速达到 15% 以上；海洋服务业增长势头显著，增速明显超过海洋传统产业。我国海洋产业的国际地位与影响不断提升，国际竞争力和抗风险能力不断增强，在全球港口货物吞吐量前十大港中，我国占据 7 个。海洋油气勘探开发进一步向深远海拓展，海水养殖比重进一步提高，高端船舶和特种船舶的完工量有所增加。海洋关键技术取得重大突破，"蛟龙"号载人潜水器、深海遥控无人潜水器作业系统海试成功，海洋深水工程重大装备及配套工程、3 000 米水深半潜式钻井平台通过验收。海洋科技成果转化明显加快，转化率超过 50%，海水淡化设备国产化率由 40% 上升到 85% 左右。

2. 我国海洋科技和公共服务等综合实力不断增强

"十二五"期间，海洋科学技术成效显著，"十二五"期末涉海专利总数是"十一五"期末的两倍多。海洋生物、海洋油气、海洋气象等基础研究领域取得阶段性成果。海域使用管理深入推进，用海管理与用地管理衔接试点启动。海洋生态环境保护与修复取得明显成效，累计修复岸线 2 000 余千米，各级各类海洋保护区占管辖海域面积的比重进一步提高。海洋公共服务能力增强，海洋预报区域从我国近海延伸到全球大洋和南北两极，海洋灾害预警发布频率显著提高，海洋渔业生产安全和海上搜救环境保障服务系统投入试运行，管辖海域巡航执法时空覆盖率进一步提高，海上维权能力显著增强。此外，近年来我国海军力量迅速发展，"走出去"步伐加快。海军赴亚丁湾参与国际护航合作已有 5 年，积累不少经验。

3. 我国与周边国家海上合作机制框架初步形成

目前，我国同东南亚、南亚国家已建立了 30 余个海上合作相关机制。其中，我国同印度尼西亚、缅甸、马来西亚、泰国、柬埔寨、文莱、印度、巴基斯坦和斯里兰卡等国签订了政府或部门间海洋合作协议，同东盟等区域组织建立落实了《南海各方行为宣言》、中国－东盟海事磋商、中国－东盟海洋合作论坛等相关对话合作机制，并在亚太经合组织、东亚峰会、东盟地区论坛等机制下参与多边海上事务对话与合作。2011 年，我国投资 30 亿元人民币成立中国－东盟海上合作基金，支持双方务实开展海上合作项目。2012 年，我国提倡建立"中国－东盟海洋合作伙伴关系"，东盟国家反响积极。2013 年，在中国－东盟海上合作基金支持下，我国启动了 18 个海上合作项目。

（二）合作现状

有关海洋领域的合作涵盖海洋经济、海洋科技、海洋生态环保和海洋人文等多个领域，并逐步向海上航道安全、海洋防灾减灾、预警预报和海上执法交流等领域拓展。

1. 海洋经济领域合作全面展开

一是涉海企业"走出去"取得积极成效。目前，从中国沿海港口过南海到印度洋，延伸至欧洲，以及过南海到南太平洋两条线路上，中国在沿线29个国家有涉海投资项目。从企业规模和涵盖行业领域范围看，覆盖渔业、水产品加工、船舶、海上运输、海洋石油开发、海洋工程设计、港口航道建设、涉海贸易等多个领域。截至2014年累计注册公司193个，其中业务领域涉及养殖、捕捞及水产品加工企业75个，占全部企业数量的38.8%；业务领域涉及航运及船舶制造、租赁的企业56个，占29.0%；从事海洋工程及港航建设的28个，从事海洋石油勘探开发及技术服务的24个，其他业务领域企业10个。在海上丝绸之路沿线积累了一定的对外投资基础和优势。

二是涉海园区"走出去"成为主流模式。园区"走出去"是以我国优秀企业、优秀产业园区为重要载体，在政府推动、协会协调的发展机制下，通过资本、人才、管理等方面的多种合作模式，建立以园区为载体的国际化合作平台，推动园区形成产业生态、社会生态和自然生态的可持续发展模式。一方面，园区"走出去"是促进中国与沿线国家之间政策沟通、设施联通、贸易畅通、资金融通和民心相通的具体举措，可以平衡国际收支，规避贸易壁垒，使优势产能或富余产能大规模地转移出去，同时也为东道国提供税收，扩大就业，提高产业技术水平等；另一方面，与以往企业单枪匹马"走出去"不同，以产业园区模式"抱团出海"，可以有效降低企业海外风险和成本，发挥集群效应，在金融、移民、法律、政治谈判等诸多领域形成合力，是一种多方互利共赢的模式。随着上海、天津、广东和福建自贸区相继设立，我国已有多个产业园区模式向沿线国家"走出去"的范例，实践证明取得了良好效果。根据商务部统计，目前中国已在150个国家建成、在建和拟建118个园区，主要涉及加工制造、资源开发、农业开发和商贸物流4种产业类型，35个合作区处于丝绸之路经济带的沿线国家，42 个处于 21 世纪海上丝绸之路的沿线国家。例如中国和马来西亚在"两国双园"建设项目中共同致力于打造国际产能合作示范区，园区建设内容包括海洋工程装备制造业、海洋电子信息产业及海洋现代服务业等。可以预见，以生产制造业为核心，集生产、生活配套服务在内的现代化工业基地将是未来园区输出的主导模式之一。

三是产业合作涵盖传统产业改造升级、能源开发、新兴技术产业化和服务业发展等多个领域。

在远洋渔业、海外养殖基地建设及出口加工方面，我国先后与亚洲、非洲、南美和太平洋岛国等许多国家建立了渔业合作关系，与 20 多个国家签署了渔业合作协定、协议，加入了 8 个政府间国际渔业组织，实现了我国远洋渔业在现有国际渔业管理格局下的顺利发展。远洋渔业作业区域不断拓展，分布在太平洋、印度洋、大西洋等公海海域和印度尼西亚、印度、缅甸、毛里塔尼亚、几内亚比绍等国家经济专属区海域。远洋渔业产业由单一捕捞向捕捞、加工、贸易综合经营转变，成立了 100 多家驻外代表处和合资企业，建设了 30 多个海外基地，在国内建立了多个加工物流基地和交易市场，产业链建设取得重要进展。如福建省目前在印度尼西亚、缅甸、毛里塔尼亚等国投资兴建了 7 个集渔船停泊、维修、制冰和加工等设施较为齐全的境外远洋渔业基地；积极推动"中国－东盟"渔业产业合作及渔产品交易平台（包括建立"中国－东盟"海产品交易所）建设。广西与文莱、越南、马来西亚、印度尼西亚、阿曼和也门等国家在远洋渔业、水产品加工出口与贸易等方面开展紧密合作。

在海洋能源资源开发利用方面，中国海洋石油总公司海外业务涉足亚洲、非洲、美洲、欧洲和澳洲等地的 26 个国家和地区，每年从旗下海外油田运回的原油及天然气已超过 4 000 万吨，2014 年

LNG（液化天然气）进口总量达 1 411 万吨。海上丝绸之路沿线国家和地区，一直是中国海洋石油总公司国际化经营的重点地区。目前，已经在海上丝绸之路地区形成了四大区域业务群：东南亚作业群，业务遍及印度尼西亚、缅甸、菲律宾、泰国、新加坡、柬埔寨、越南和文莱 8 个国家；中东作业群，业务涉及沙特阿拉伯、伊拉克、阿曼、伊朗、阿联酋、卡塔尔 6 国；非洲作业群，涉及埃及、马达加斯加、突尼斯、利比亚、安哥拉、尼日利亚、刚果（布）、赤道几内亚和坦桑尼亚等国；以及大洋洲作业群（主要为澳大利亚）。在海洋矿产资源开发利用方面，我国已取得了南太平洋地区海床内矿产勘探开发的牌照。

在海洋新兴产业方面，以海洋工程装备技术、海水淡化和综合利用技术、海洋生物技术等为代表的技术应用与产业化是我国海洋产业结构不断调整升级的重要推动力，与之相关的海洋工程装备制造业、海水利用、海洋生物医药、海洋新材料等战略性新兴产业逐步成型并实现产业化和规模化发展，发展势头强劲，正成为我国海洋经济发展的一大亮点。随着全球海洋资源勘探开发步伐不断加快和海上钻井平台更新换代，我国海洋工程装备制造企业订单增加，海洋工程装备的国际市场占有率不断提高。2014 年我国新承接海工装备订单 147.6 亿美元，在全球市场份额中位居第一。我国海水利用业逐渐实现从"引进来"到"走出去"的转变，海水淡化技术日臻成熟，建造和运营经验不断丰富，涌现了中冶海水淡化投资有限公司等一批进入国外市场的海水淡化企业，为我国海水淡化企业进入国际市场积累了实力。如我国自主设计制造的 4 台低温多效海水淡化装置出口印度尼西亚，相关技术达到国际先进水平，成为世界上少数能完整自主设计建设海水淡化工程的国家之一。天津海水淡化与综合利用研究所中标了印度尼西亚 3 个海水淡化工程及 6 套 MED 装置，合同总额达 2.6 亿元，实现了国产 MED 技术走出国门。

江苏丰海新能源淡化海水发展有限公司开发的1万吨非并网风电淡化海水示范项目，将风电与海水淡化相结合，被商务部列为援外技术培训项目。我国海洋生物医药技术产业化项目的国际合作步伐不断加快，海洋生物技术实现与国际先进技术接轨，并在产业链延伸、精深加工等方面实现跨国/区域合作。

在海洋服务业发展方面，海洋交通运输业为海洋产业"走出去"、开展国际合作的典型行业类型。我国是海洋交通运输大国，海运业实现快速发展，海运船队规模进一步扩大，服务能力取得了显著提升，船队运力达到1.42亿载重吨，约占全球海运船队总运力的8%，居世界第3位，初步形成了以大型干散货、邮轮、集装箱船和杂货船为主，客滚船、特种运输船及液化天然气船等为辅的现代化船队。而港口方面，港口合作正逐渐成为中国与港口国家交往的一种重要方式。在国际港口的投资建设运营合作方面已有许多成功的案例，如我国已相继获得巴基斯坦瓜达尔港、斯里兰卡科伦坡港等海外重要港口运营权；我国企业已经投资建设和运营了希腊比雷埃夫斯港集装箱码头等。烟台港环球码头开辟了直通东南亚、中东地区并连接欧洲地中海地区的贸易通道。此外，深圳港也已经与全球14个重点港结成友好关系，下一步还将继续拓展友好港的范围。海洋旅游跨区域合作成为推动21世纪海上丝绸之路战略的重要领域。我国分别与新加坡、澳大利亚签署了旅游、教育培训等合作协议；东盟已成为我国游客出境游的首选目的地，我国公民赴东盟旅游的出境人数占中国内地出境旅游人数的1/3。受国内消费需求与激励政策的双轮驱动，海洋旅游业保持了平稳较快的增长态势。2014年，滨海旅游业实现增加值8 882亿元，近四年年均增速11.2%。航运金融服务业的合作步伐也进一步加快。上海、天津、大连和厦门等国际航运中心建设成就显著，上海自贸区政策创新优势初步显现，一批保税港区建设积极推进，港口服务功能向现代物流、航运服务和综合保税等领域大力拓展。

2. 海洋科学与技术合作取得突破

在海洋科技共建合作方面，2012年4月，国家海洋局与泰国自然资源与环境部签署了《关于建立中泰气候与海洋生态系统联合实验室的安排》，在泰国建立了中泰海洋生态与气候变化联合实验室。在举办国际性海洋科技会议方面，2013年11月，由国家海洋局和联合国教科文组织政府间海洋科学委员会（IOC/UNESCO）发起的首届中非海洋科技论坛在杭州召开。在合作协议方面，2014年10月，国家海洋局天津海水淡化与综合利用研究所与环印度洋地区合作联盟区域科技转移中心共同签署了《中国国家海洋局天津海水淡化与综合利用研究所与环印度洋地区合作联盟区域科学技术转移中心关于技术合作、转移和交易的谅解备忘录》。2015年4月20日，国家海洋局与巴基斯坦科技部互换了关于共建中巴联合海洋研究中心的议定书，推动双方在海洋科学研究、海洋卫星遥感技术应用、海洋灾害预防与管理、海洋环境与生态保护等领域的务实合作，为两国的共同发展提供服务和保障。2015年5月15日，国家海洋局与印度地球科学部签署了《关于加强海洋科学、海洋技术、气候变化、极地科学与冰冻圈领域合作的谅解备忘录》。在人才交流方面，2012年，中国政府颁布了海洋奖学金计划，计划每年支持东南亚国家20~30人来华攻读海洋相关学位。国内大学和院所开展了多年的涉外海洋专业学位教育和联合培养，UNESCO/IOC海洋动力学和气候研究培训中心、IOC/WMO海洋仪器监测评价中心、MOMSEI暑期培训班以及一批双、多边合作项目已经实施了300余人次的培训。

3. 海洋生态环保合作稳步推进

在举办会议方面，2012年11月，国家海洋局第三海洋研究所与印度尼西亚科学院海洋研究中心在厦门联合召开首届中国–印度尼西亚海洋生物多样性研讨会，双方将在印度尼西亚北苏拉威西海的比通地区共同建设生态观测站，以开展长期的热带典型海洋生态系统的合作研究。论坛研讨方面，2012 年 11 月，国家海洋局相关人员访问了印度尼西亚海洋与渔业部，并出席了在印度尼西亚梭罗举行的第六届中国－印度尼西亚海洋科研和环保研讨会。会议就未来合作方面达成 7 项共识："（一）继续巩固双方海洋部门高层领导互访与对话机制。（二）续签《中印尼海洋领域合作谅解备忘录》（简称《备忘录》）和《关于建立中印尼海洋与气候中心的安排》。（三）制定《中印尼海洋领域合作共同行动计划（2013—2017 年)》。（四）召开中印尼海洋领域合作第二次联委会。（五）共同支持第七次中印尼海上合作技术专家组会上通过的中印尼中心发展与联合观测站建设项目。（六）加强《南海及其周边海洋国际合作框架计划（2011—2015 年)》框架下中印尼合作项目的实施和邀请印度尼西亚青年学者参与'中国政府海洋奖学金计划'。（七）加强在亚太经合组织等多边框架下的合作，共同推动蓝色经济在亚太区域的发展。"2015 中国－东盟环境合作论坛在广西的成功举办，标志着双方在加强海洋经济、海上联通、科研环保、海上安全和海洋人文等领域迈上新台阶。

4. 海洋预报预警与防灾减灾合作不断加强

在交流合作方面，2012 年 4 月，中国与印度尼西亚签署地震合作协议。2015 年 6 月，民政部国家减灾中心派现场评估小组，赴尼泊尔评估地震损失。2015 年 9 月，孟加拉国灾害管理与救助部专家访问民政部国家减灾中心，就灾情数据管理、损失评估及遥感监测等问题进行了深入交流，推动了中孟双方在灾害管理领域的务实交流与合作。2014 年 2 月，东盟地区论坛第 13 届救灾会在成都开幕，就中国大灾害应对经验、灾害预警与风险评估、灾后损失评估与灾区重建等话题展开对话与交流。在会议论坛方面，2013 年 10 月，国务院总理李克强在出席第 16 次"中国－东盟"（10＋1）领导人会议期间就今后十年中国－东盟开展宽领域、深层次、高水平、全方位合作框架提出了七个领域的建议，宣布了首批 17 个获中国－东盟海上合作基金支持的项目，其中包括国家海洋局申报和实施的"东南海海洋环境预报与减灾系统建设""中国－东盟濒危海洋生物合作研究"和"中越北部湾海洋与海岛环境管理"三个合作项目。2015年 6 月 2 日，东亚峰会"空间信息技术在重大自然灾害监测评估中的应用研讨会"在杭州召开，会议就先进遥感技术在减灾领域的应用和防灾减灾空间信息服务方面议题展开了讨论。在救灾演习方面，2012 年 8 月，中越两国举办海上搜救应急通信联合演习。2015 年 5 月，中国和马来西亚联合举办东盟地区论坛第四次救灾演习，此次演习进一步提升亚太地区救灾合作水平，加强中国与周边国家的友好合作关系。

5. 海上联合搜救合作不断发展

2012 年，《第五次中日韩领导人会议关于提升全方位合作伙伴关系的联合宣言》就强调要加强中国、日本、韩国三国海上搜救的国际合作，以确保海上安全的重要性。2015 年 3 月，广西钦州建设中国－东盟海上搜救分中心项目，以期推进中国－东盟海上搜救网络布局，打破现有壁垒，共享海上搜救信息资源。2012 年 4 月与2013 年 7 月，中国和俄罗斯在黄海和日本海举行了两次联合军事演习，双方演练了海上联合搜救等科目。2012—2013 年期间，中韩两国在北京、大连、青岛等地多次轮流举行海上搜救联合通信演习。2012 年 8 月，中越两国举办海上搜救应急通信联合演习。同年 10 月21 日，圣文森特籍"明洋"号船在日本那霸海域失火，中国东海救助局接到救助信息后立即派"东海救 111"号船于 10 月 22 日抵达现场与日本巡逻艇会合，经与日方现场沟通后将船上的 64 名中国船员全部安全转移到"东海救 111"号船上。2013 年 6 月，"东盟 10 ＋8"防长扩大会议人道主义援助救灾与军事医学联合演练在文莱举行，18 个国家军队参加联演，总规模约 3 000 人。2015 年 5 月，中国和马来西亚联合举办东盟地区论坛第四次救灾演习，此次演习进一步提升亚太地区救灾合作水平，加强中国与周边国家的友好合作关系。同年 11 月，由中国海上搜救中心和印度尼西亚国家搜救局首次联合举办的中国-印度尼西亚国家海上搜救沙盘演习在海南海口举行。2014 年 4 月 16 日韩国"岁月"号客船失事后，中国外交部和驻韩使领馆立即启动应急机制，驻光州总领事还赶赴现场慰问中国遇难者家属，中国外交部发言人表示中方愿随时在海上搜救方面提供帮助。

（三）存在的主要问题

当前，我国与沿线国家开展海洋领域合作面临诸多问题和挑战。

一是我国对外开展海洋交流合作的顶层设计不足。缺乏整体规划和部署，双边和多边机制有待进一步完善，人、财和物投入不足。在国际和地区涉海事务中，如海洋生态环境保护、航道安全和防灾减灾等方面，我国承担国际责任的意识和能力有待进一步提高。

二是企业园区"走出去"缺乏系统的引导。企业在海外发展环境复杂，面临所在国政治风险、投资环境、恐怖威胁、环境保护、劳工需求、设备标准和汇率变动等诸多不确定因素。国内律师、税务等咨询服务业未能及时拓展相关服务。企业普遍感到对当地的产业政策、法律法规、融资渠道和税收优惠等缺乏了解。以园区为载体"走出去"定位不明确，国家支持不足，国际人才难吸引、难培养，东道国的社会信用、基础设施等软硬件不够完善，海外投资总体收益低。

三是海上形势复杂多变，增加"走出去"的政治风险。我国与周边国家海洋权益争端日益增多，地缘政治关系更加复杂多变，阻碍我国企业"走出去"和 21 世纪海上丝绸之路建设的实施，部分地区和国家政治社会动荡不安，贸易保护主义抬头，我国对外投资风险日益增加。

四是我国对海洋经济"走出去"的金融服务有待加强。海洋产业资金需求量大、周期长、风险高，"走出去"需要更加完善的金融服务。国内资本市场不成熟，以中国进出口银行、国家开发银行为主的政策性金融对企业规模和盈利前景要求较高，主要服务对象为大中型国有企业，导致中小企业缺乏资本市场有效支撑，融资渠道狭窄，融资成本高昂，发展受到严重的制约。现行法规对国际商业融资的控制过严，在一定程度上导致包括涉海企业在内的我国境外企业对外部资金使用不够及时灵活。现有的授信体系下，企业的境外子公司不能利用国内母公司的授信额度。企业跨国经营形成的资产不能作为抵押担保在境内贷款。上述规定制约了我国各类银行为涉海企业"走出去"提供全球授信服务。

二、合作方向及路径

（一）重点合作方向

为适应 21 世纪海上丝绸之路建设的需要，我国应高度重视与沿线国家在海洋事务方面的合作。

一是加强政策层面的沟通与协调。积极推进与沿线国家政府间双边海洋合作，构建多层次政策沟通和工作协调机制，就经济发展战略、政策与规划进行充分交流与对接，深化利益融合，增进开放包容，促进政治互信，共同制定推进合作的规划、路线图和政策措施支持。

二是在加强发展层面的合作基础上互惠互利。推广我国在海洋经济发展、海域管理和海洋资源开发等方面的管理经验。鼓励推动海水养殖、海水淡化、海洋生物医药和海洋新能源等产业"走出去",扩大产品市场和服务范围。联合开展大型合作项目,拓展海洋资源开发利用合作领域。

三是加强海洋环保方面的合作。与沿线国家开展海洋环境监测、跨境污染治理,推动区域海洋环境保护和海洋生物多样性保护,加强海洋保护区监测与管理,建立长效合作机制。

四是加强海洋服务方面的合作。推动与沿线国共建海上丝绸之路公共产品合作机制,形成服务于政府、行业和社会,有利于海洋经济发展、海洋防灾减灾和海洋生态环境保护等的公共服务产品。共建海洋科技合作平台,强化海洋文化和人文交流,增强海洋教育培训。建立突发性海洋环境灾害和海上灾难应急处置合作机制,提供人道主义援助。

(二) 推动形成多元化海洋事务合作平台

区域海洋经济和科技合作,有赖于沿线各国政府、企业和社会组织间建立机制化的合作平台。

一是建立健全双边合作机制。巩固与东盟国家海洋合作成果,深化与环印度洋国家务实合作,拓展与南太平洋国家合作,推动签署政府间、部门间合作协议或备忘录,共同制定合作计划。

二是充分利用多边合作机制。积极发挥联合国政府间海洋委员会、亚太经合组织(APEC)、中国-东盟合作机制、东亚海洋环境合作伙伴关系(PEMSEA)、国际海洋学院(IOI)、环印度洋地区合作联盟、中非合作论坛、中国-太平洋岛国经济发展合作论坛等多边平台在海上丝绸之路建设中的作用。发挥厦门国际海洋周、APEC蓝色经济论坛、中国-东盟海洋合作论坛、发展中国家海洋部长论坛、中国海洋经济博览会等国际平台的建设性作用。

三是积极打造海洋合作平台。加强 APEC 海洋可持续发展中心、IOC – WMO 亚太海洋仪器检测与评价中心、IOI 亚洲培训与合作中心、中国 – PEMSEA 合作中心、中国 – 环印度洋海水淡化技术合作中心等平台的能力建设。做大做强"中国政府海洋奖学金"。

四是拓展海洋公共外交。支持引导涉海非政府组织、公益组织和民间智库与沿线国相关组织机构开展海洋公益活动、学术研讨、文化交流、科技活动和知识传播等海洋公共外交，促进民心相通。

五是依托重大工程项目。以重大工程项目为依托，发挥引领和示范带动作用。

三、海洋事务合作重点领域

（一）加强海洋经济合作

1. 传统产业改造升级

一是鼓励渔业企业开展境外合作，出口先进养殖设施和海水养殖技术，在海外建立远洋渔业基地和水产品加工基地，联合制定海产品安全标准。

二是重点围绕海水养殖业、海水利用业、海洋化工业和海洋盐业等领域，探索构筑沿海地区循环产业体系，积极推广循环经济等传统海洋产业发展新模式。

三是积极打造各类合作交易平台，如水产品交易电子商务平台等，实现中国与沿线国对海洋资源的有效、合理开发与利用，整合提升区域性综合实力，加强区域海洋产业在世界的话语权和影响力。

2. 海洋能源资源开发利用

一是深化矿产资源勘查开发领域的国际合作，提高矿业利用外资质量和水平，引进国外矿业先进技术和管理经验。以石油、天然气、铁、镍、铬、锰、铝、铜和钾盐等矿产为重点，探索与东南亚及非洲国家在海滨砂矿的勘查、勘探开采、开采加工等方面开展合作，推进我国企业积极参与矿业投资国际合作，实现矿业共赢发展。

二是积极推动海上风电、海洋能等清洁可再生能源合作，开展潮流能、波浪能等领域的科研技术合作与交流。鼓励我国企业积极承建海外风电项目，推进能源资源就地就近加工转化合作，形成能源资源合作上、下游一体化产业链。

3. 海洋新兴技术产业化

一是开展海水淡化产业合作。鼓励企业和科研院所到国外承揽海水淡化与综合利用工程，通过合作建厂、设备出口、工程设计和技术服务等多种方式开展合作。研究制定海水淡化标准体系。推进与环印度洋联盟秘书处、中东海水淡化研究中心等国际组织的合作，搭建海水淡化技术转移平台。针对不同地区和国家特点，在低温多效海水淡化技术、反渗透海水淡化技术、海水循环冷却技术、膜技术和海水水处理技术及化学品等领域，开展有针对性的海水淡化与综合利用技术转移和装备输出。搭建远程海水淡化技术支持服务平台，开展海水淡化工程技术和管理培训。大力开展热带海岛可再生能源开发技术和装备研发。

二是联合开展海洋药源生物筛选和育种工作，建立海洋药物资源库。合作开展微藻种质库建设、室外养殖系统建设技术服务，开展龙须菜、麒麟菜等大型海藻养殖示范，开展珍珠养殖和插核技术培训。合作开展天然海绵、珊瑚生物活性物质开发利用。

三是推进船舶制造和海洋工程装备产业合作。以远洋捕捞大渔船建造需求，南海诸岛礁开发所产生的海洋浮体结构物需求，南海区域现有的海洋油气资源、其他海洋资源开发装备制造维修及零配件的保税存储需求为导向，引导船舶企业由传统船型向高端船型或海工装备转型升级，打造若干船舶制造与海洋工程产业园区，积极拓展邮轮、游艇以及专业工作船舶市场，拓展对沿线国家的船舶出口业务。支持国内企业并购或参股国外高端装备制造企业和研发机构，支持国内企业培育国际化品牌，开展国际化经营，多层次参与国际合作。研究制定海洋工程装备制造标准体系，鼓励大型成套设备和标准向东南亚、南亚和中东等国家输出。鼓励大型船舶配套企业通过对外合资、合作、租赁等手段，依托国外供应商的成熟网络提升营销服务能力。鼓励船舶企业、科研院所与国外相关机构开展联合设计和技术交流，建立产业技术创新联盟。

四是推动生产性工程服务业（技术标准输出、安装维护等）的国际合作。鼓励和规范具备一定规模和条件的机床、造船、钢铁等企业在国外建立生产基地、营销中心和研发机构等。

4. 推动海洋服务业合作发展

一是推动区域内港口、铁路、公路等交通基础设施建设，构建国际大通道，支持亚洲公路网、上海合作组织、东盟区域合作以及中俄地区合作规划等涉及的口岸建设。积极参与重要海上运输通道的合作，完善国际海运航线网络，保障能源等战略物资运输安全。推进澜沧江－湄公河国际航运便利化，推进东北亚地区陆海联运发展。支持大型港口及航运企业实施国际化发展战略，增强能源、原材料运输保障能力。

二是扩大与沿线国家海水产品贸易、冷链物流，推进国际物流节点建设，发展国际集装箱多式联运。通过我国单建、与其他国家联合建设或者租用现有驿站等形式，在丝绸之路沿线谋划建设若干"海上驿站"，具备货物装卸的码头功能以及提供轮船和人员补给的服务，为建设"海上丝绸之路"提供安全的通道保障。

三是推动 21 世纪海上丝绸之路邮轮旅游合作，在南海周边国家建立海洋旅游合作网络，促进海洋旅游便利化。

5. 开展海洋经济研究

一是推进与海上丝绸之路沿线国家（如韩国、印度尼西亚等）的海洋研究机构或海洋组织建立战略合作关系，建立人员培训、技术交流和项目合作的长效工作机制。

二是建立沿线国家海洋经济信息交流与项目合作网络，通过网络共建/维护、资料互换、人员互访等途径，共享各方关于海洋经济方面的研究成果。

三是通过定期、定向召开海洋经济学术研讨会，推进与丝绸之路沿线国家在海洋经济研究领域的学术交流与合作，通过人员培训，学术互访，举办论坛、会展，联合发行期刊或合作编写多语种报告等途径，加强与沿线国家在海洋经济领域的学术交流与合作。利用多种形式开展宣传活动。

四是在海洋产业分类、经济统计、海洋经济核算等领域，通过设立各类学术基金、合作研究项目等，组织与沿线国家合作开展相关专题的分析与研究工作。如合作开展蓝色经济示范项目、中印蓝色经济合作示范项目等。表 10 - 1 为我国海洋产业"走出去"的主导项目。

五是主持开展沿线国家海洋经济发展指数研究、21 世纪海上丝绸之路发展指数研究等，联合发布海洋发展指数。将我国成熟学术理念和技术经验输出，在区域乃至国际上掌握话语权。

六是开展蓝色经济分类框架研究和海洋经济分类与核算体系标准化建设，实现"概念术语标准化、产业分类标准化、统计指标标准化和统计方法标准化"四个国际标准化。

表 10 – 1　我国海洋产业"走出去"的主导项目

领域	地区	模式	重点建设内容
海洋渔业	舟山	国家远洋渔业基地	打造"一港一城一区一中心",即建设远洋渔业现代化专业母港、国际水产城、远洋水产品加工冷链物流区和远洋渔船修造中心
	舟山	开展远洋水产品产地规范交易市场建设试点	远洋渔业规范化管理、打击走私和建立远洋水产品源头追溯制度等,试行远洋自捕鱼首次交易须进产地市场交易,探索建立规范有序的远洋水产品交易秩序,条件成熟后向全国推广
	琅岐	中非渔业合作基地	积极筹建远洋渔业产业园,最终形成养殖、捕捞、加工、销售、运输等有机结合的完整远洋渔业产业链和产业集群,配备渔船基地、海员培训学校、海洋生物研究中心和大型鱼类美食城的同时,琅岐岛上还将建立冷链物流基地、水产品加工基地以及世界最大的鱼类交易中心和交易所,将琅岐打造成为世界海洋渔业贸易中心
	斐济	渔业资源开发合作项目	中斐在渔业捕捞、水产品加工方面具有一定的投资合作前景。上海远洋渔业有限公司、浙江鑫隆远洋渔业有限公司在斐济设有分公司或办事处,从事海洋捕捞或渔业物资补给
能源资源	马来西亚	合作共建东海岸经济区(包括东海岸吉兰丹州、登加楼州、彭亨州及柔佛州的丰盛港地区)	旅游业、油气及石化产业、制造业、农业和教育等
	马来西亚	砂捞越再生能源走廊	油气产品、铝业、玻璃、旅游业、棕油、木材、畜牧业、水产养殖、船舶工程和钢铁业等
	沙特阿拉伯	沙特阿拉伯B区块天然气勘探开发项目	中国石油化工集团公司与沙特阿拉伯阿美公司组建了中沙天然气公司,双方对该项目的累计投资已经超过5亿美元

领域	地区	模式	重点建设内容
能源资源	沙特阿拉伯	福建炼油一体化项目	沙特阿拉伯阿美公司、福建石化有限公司与埃克森美孚公司在中国福建合资建设
	沙特阿拉伯	天津炼油化工一体化项目	中国石油化工集团公司和沙特阿拉伯基础工业公司合资兴建,已于2009年建成投产
	沙特阿拉伯	2 000万吨红海炼厂项目	中国石油化工集团公司参股沙特阿拉伯阿美石油公司在沙特阿拉伯延布2 000万吨红海炼厂项目,项目设计原油加工能力为40万桶/日(约2 000万吨/年),以沙特阿拉伯重油作为原料
海水淡化	沙特阿拉伯	海水淡化项目十年计划	拉比格建设世界上最大的淡化水厂;吉达建设一家1 200万立方米的储水厂
	吉布提	吉布提港区新兴产业建设项目	吉布提–埃及引水项目、海水淡化项目、吉布提盐业码头建设项目、新港口多功能码头建设项目等
海洋服务业	上海	自贸试验区平台	发展高端航运服务业。将上海自贸区打造成为大宗商品期货交易地、交货地、资金交割地,成为和新加坡一样的国际中转枢纽港;在上海探索船舶的经营、登记、航运金融、中介等航运服务业的准入、税收等体制机制瓶颈突破,与国际通用规则接轨,为上海创造条件集聚航运资源、健全航运服务功能,在航运服务业领域有能力与伦敦航运中心竞争
	天津	中国(天津)自由贸易试验区	天津港片区重点发展航运物流、国际贸易、融资租赁等现代服务业;天津机场片区重点发展航空航天、装备制造、新一代信息技术等高端制造业和研发设计、航空物流等生产性服务业;滨海新区中心商务片区重点发展以金融创新为主的现代服务业
	福建	中国(福建)自由贸易试验区	建设海上丝绸之路核心区。与港、澳、台地区和侨界携手,构建多层次常态化交流平台与合作机制,推进与海上丝绸之路沿线国家和地区互联互通、经贸合作和人文交流。加快区域海上通道、陆海联运通道和信息通道建设,完善集疏运体系,提升口岸通关功能。支持有条件的企业"走出去",推动与沿线国家、地区合作建设产业园区和商贸基地,拓展远洋渔业对接合作

领域	地区	模式	重点建设内容
海洋服务业	广东自贸区	港口合作	加强与东南亚、中东和西非等新兴市场的港口联系。深圳港或可发展成为亚洲地区的中转港，为东南亚及欧美等国家进出口货源服务。深圳港依托前海的扶持政策，可充分利用海陆空基础设施优势，发展海铁、海空等多式联运，成为欧美与东南亚等地的中转中心，形成与新加坡的比较优势
	中国－东盟港口网络平台		推动中国－东盟47个港口城市建设；以建设中国－东盟港口物流中心为载体，加快海上丝绸之路港口基础设施建设，加快集装箱码头建设，推进30万吨级航道建设，加快完善综合技术运输体系和大通关能力建设；以中国、马来西亚两国双园为范本，加快构建海上丝绸之路的临港产业带
	连云港	上海合作组织（连云港）国际物流园	以中哈两国"一园三区"项目合作为样板，通过建立大型物流基地和陆海综合交通枢纽，承担为上海合作组织及"一带一路"沿线地区和国家提供过境物流中转、中外集运、仓储服务、加工贸易、货代报关、电子商务、航运保险和保税金融等服务，重点拓展多式联运业务，大力发展日韩、欧美集装箱运输，大力发展面向中国中西部、中亚、俄罗斯和欧洲的集装箱班列，强化政策共享、港口公用、园区共建、产业共育，逐步打造成为中亚－环太平洋沿岸国家和地区间的货物转运中心、依托港口的物流增值服务创新基地和布局合理、功能完善的综合服务型现代化物流园区
	斯里兰卡	参与斯里兰卡海运和旅游中心建设	2013年年底，斯里兰卡政府提出要将斯里兰卡建设成为知识、航空、能源、商业、海运和旅游中心。中国可参与共建科伦坡港、新建汉班托塔港，进一步增强国际航运能力，大力发展海洋经济；通过投资该地港口基础设施建设，参与帮助和支持发展临港产业和服务业

领域	地区	模式	重点建设内容
海洋服务业	斯里兰卡	科伦坡港口城项目	中国交通建设集团与斯里兰卡港务局共同开发的大型投资项目。中方直接投资14亿美元,带动二级开发投资130亿美元,未来将创造超过8.3万个就业机会。"港口城"项目计划在斯里兰卡首都科伦坡填海形成的陆地上,打造一个包括购物中心、水上运动区、高尔夫球场、酒店、公寓和游船码头在内的港口城。项目的实施,不仅对斯里兰卡吸引外资、解决就业与推动旅游业发展有重要意义,而且将助力科伦坡港成为整个南亚地区重要的海上航运枢纽
	缅甸	孟中印缅经济走廊产业园区共建	2013年缅甸政府宣布开始建设皎漂经济特区。缅甸政府将把皎漂建设成环境友好型经济特区,着重吸纳雇佣当地民众的轻工业企业。中国企业可以通过招投标的方式加入皎漂经济特区的港口、道路建设,并且按照园区产业定位投资建厂
	斐济	海洋旅游业合作	中国已批准斐济为中国公民出境旅游目的国,斐济也给予中国游客落地签证待遇。斐济有望在未来几年成为中国出境旅游新的增长点。中资企业入驻斐济旅游业、旅游设施建造业具有一定的市场前景
		中日韩地方经济合作示范区建设	共同支持在山东七市所属的国家级经济技术开发区内,合作规划建设这两大产业园,这两大产业园又各由七市根据自身产业特色分别由7个特色产业园构成。打造中日韩经贸交流会展中心。在示范区城市召开中日韩三国经贸部长会议、中日经贸副部级磋商、中韩经贸联委会以及构建中日韩自贸区谈判和磋商各级别会议,举办构建中日韩自贸区官产学研高层学术研讨会等
	青岛	国家东亚海洋合作平台	加快推动青岛-潍坊-日照城镇组团一体化发展试点,成立海洋优势产业行业协会或战略联盟

新战略、新愿景、新主张
——建设21世纪海上丝绸之路战略研究

（二）区域海洋生态环保合作

1. 合作领域

海洋生态监测和生态灾害管理。与沿线国家共同研发海洋环境保护与生态修复技术，开展生态修复示范和合作，联合实施海洋生态监测和生态灾害管理。建立海洋生物样品库和重要海洋生物种质资源库，开展海洋濒危物种保护和外来入侵物种防范合作，搭建海洋保护区网络，开展海洋保护区选划、管理经验交流和技术分享。

污染物防控技术交流合作。进行陆源污染物总量控制技术交流，主要包括：海洋环境容量和污染物排海总量监测评估；海洋石油勘探、海洋工程建设和海洋倾废活动监督管理；船舶油污水、压载水、生活污水和固体废弃物跟踪技术；针对海洋污染损害赔偿评估和机制建立交流；海洋环境监测与评价等方面。建立海洋环境突发事故监测和应急合作机制。开展对持久性有机污染物、重金属、内分泌干扰物和生物毒素等监测评价技术合作。

2. 合作路径

务实推进海上丝绸之路环境保护合作战略。在高层政策对话、生物多样性和生态保护、环境可持续、城市建设等方面积极参与中国－东盟环境保护合作，实现环境可持续发展。

进行东印度洋－西太平洋永久性暖池（印太暖池）及气候变化应对研究。开展印太暖池上层海洋热力学结构变化特征及海气相互作用观测研究，研究大尺度海－气耦合事件（ENSO，IOD）的关联及对季风降水影响的形成机理。

开展亚洲大陆边缘合作调查研究。开展西北太平洋及其边缘海、东北印度洋合作调查研究。与俄罗斯、韩国、日本合作开展中高纬度边缘海（东海、日本海、鄂霍次克海、白令海）调查研究，与印度尼西亚、马来西亚、泰国等国合作开展南海、苏禄海、安达曼海调查研究，与印度、孟加拉、巴基斯坦及非洲国家开展孟加拉湾、阿拉伯海和东北印度洋合作研究。研究大陆边缘的形成和演化，加深对亚洲大陆边缘"源汇"过程和环境演化的认识，掌握边界流系的变异演化及对气候的影响，促进对生物多样性的认识保护。

3. 重点合作工程

打造海上丝绸之路沿线绿色发展合作示范区。重点开展循环低碳经济、生态农业、生态旅游、环保产业和绿色贸易等领域的交流与合作。推进区域发展，绿色转型，实现优势互补，互利共赢。

建设海上丝绸之路沿线海洋环境合作实验区。深化海洋环保与科研合作，加强海洋和岛屿环境的管理合作，共同开展海洋环境监测、海洋资源开发、海洋生态系统保护和海洋环境应急。共同构建海洋生态环境安全屏障。

构建海洋酸化和生态立体实时监测系统。开展海洋酸化与生态环境演变过程的观测监测与研究，开展海洋酸化和生态环境调查与研究，对海洋酸化、富营养化、赤潮和缺氧的变化进行预测和预警。

建立海上丝绸之路区域典型海洋生态保护区网络。对珊瑚礁、红树林、海草床等典型热带海洋生态系统进行保护研究；对伊洛瓦蒂海豚、白海豚、儒艮、绿海龟等海洋濒危动物开展保护研究；开展海洋濒危哺乳动物及其生态系统变化和环境影响因子研究，合作建立海洋濒危哺乳动物保护区；开展海洋珍稀物种种群遗传学研究，开展种质资源评估。

（三）海洋科技与教育合作

1. 合作领域

海洋气候变化研究及预测评估。围绕海洋低频动力过程、大尺度海洋－大气相互作用和近海对气候变化的响应与适应深入开展合作研究，整体提高短期气候预测和未来气候变化情景评估能力。围绕海洋与气候变化、海洋环境保护、海洋生态系统与生物多样性、海洋防灾减灾和区域海洋学等领域，开展西亚印太地区海洋及其对全球气候变化的影响和反馈、海气相互作用与短期气候预测研究。

海洋监测技术和仪器装备。推进岸站海洋水文气象观测设备、中小型海表层环境监测浮标和剖面漂流浮标及海底原位观测设备在海上丝绸之路沿线国家的应用，实施援建、联合观测研究，开展海洋仪器维护、校准技术培训，提供技术支持。在沿线国家推广我国海洋环境观测标准、检定规程和标准物质经验，实现知识共享。

2. 合作路径

建立完善的科技合作政策支撑体系。进一步完善与海上丝绸之路国家间科技合作的相关法律、法规以及政策，制定相应的合作模式政策，为我国与沿线国家间的科技合作提供完善的法律、法规等合作政策。

制定前瞻性的发展规划。科技合作既要充分体现各国（地区）的特色，又要合理整合各国（地区）的优势，实现优势互补，共同推动双方的科技进步。共同规划建立完善的科技合作发展体系，尽最大可能满足各方的利益，形成平等互利的局面。

加大对科技合作的资金投入。我国与海上丝绸之路沿线国家间的科技合作仍处于起步阶段，一些合作项目因缺乏足够的资金而搁浅。应建立完善的融资平台，扩宽融资渠道以解决项目资金缺乏的难题。与此同时，需要进一步完善公路、铁路、航空、水运等交通网络体系，提高人流、物流等的流通速度，完善沿边相应的服务设施建设，提高相关的服务功能；加快海上丝绸之路节点省市与沿线国家建立的次区域内信息化建设。

加强人力资源开发合作。探索建立与沿线国家人员交流的长效机制，通过国际科技合作基地等平台，引进一批顶尖的海外专家和优秀团队来中国工作，鼓励其以合作研究或学术交流、技术培训以及工作任职等多种形式为自主创新服务。同时应创造条件，鼓励和支持更多科技人员主动"走出去"，积极参与沿线国家各种科技创新活动，包括参加重要沿线国家组织举办的国际科技会议、重大科技交流活动以及参与沿线国家的科技合作计划等。

3. 重点合作工程

建设海外联合研究中心（实验室）。推动形成区域海洋科技产业联盟，推进海洋技术产业化。实施科技兴海工程，引导海洋生物、海洋工程装备制造、海水综合利用、海上清污和海洋能等科研成果转化，发展苗种繁育、绿色养殖和精深加工等海洋生物资源开发与高效利用技术。

构建中国－东盟海洋合作伙伴网络。建立中国－东盟新型海洋合作机制，有效推动区域合作与发展，提升国家和地区影响力。建立中国－东盟海洋研究中心，加强中泰联合实验室、中巴中心建设，建立海上丝绸之路地区海洋研究机构伙伴联盟，加大中国政府海洋奖学金对沿线国家的支持力度。建立科技合作项目申报网，提高科技项目申报与管理的质量，为推动双方科技合作奠定良好的基础。

建立科技合作专项基金。支持符合条件的科技合作企业发行债券，鼓励民间资本参与税收减免以及低息贷款等，进行系统化融资，吸引外部资金和民间资金来打破双方科技合作缺乏资金的"瓶颈"。

（四）海洋预报预警与防灾减灾合作

1. 合作领域

观测服务合作。提高沿线国家的海洋灾害观测能力，构建沿岸观测、海底观测、海上平台、浮（潜）标、船舶、航空遥感和卫星遥感立体观测网络。加强海上重要通道、国际航线等重点海域的观测能力建设。大力推进志愿船和应急移动观测，加大海啸监测力度。

灾害风险评估合作。开展海上丝绸之路沿线海洋和海岸带灾害风险分析评估、海洋灾害损失及其对海洋环境影响调查评估，重点针对海岸带侵蚀、港口泥沙回淤、地面沉降、海水倒灌、土地盐碱化、风暴潮、海啸及海平面上升等开展海洋灾害风险评估关键技术研究，为沿线国家制定工程防护规范标准提供科学指导和技术支持。

预报预警合作。加强与海上丝绸之路沿线国家海洋、气象、地震、环保、水利、海事、民政及渔业等部门的协调配合，研究制定海上丝绸之路海洋和海岸带灾害预测、预报和预警方法及应急办法，建立健全海洋预报体系，提供分级分区的海洋预报服务。

应对气候变化合作研究。提升海上丝绸之路沿线国家对气候变化影响的分析预测能力，开展厄尔尼诺、拉尼娜、印度洋偶极子等对气候影响的预测工作，开展气候变化影响调查评估，开展海平面上升、海洋生态系统退化等对沿线国家社会经济影响的监测调查和趋势分析。开展沿海湿地保护合作和交流，开展沿海林带、沿海重大工程项目和城镇市政污水排海设施的设计标准，增强沿线国家应对气候变化的能力。

2. 合作路径

整合共同利益，打造新型合作关系。开展减灾合作时，要充分照顾到东南亚、南亚等丝绸之路沿线国家的小国和弱国心态，让他们从合作中得到更多的好处。一是加强长期减灾援助。中方应主动提高双方减灾合作基金的资金募集比例，降低资金使用比例。中方的减灾援助将继续坚持不干涉他国内政、不与其他问题相捆绑的传统。二是积极参与地区与国际合作机制建设，进一步提高国际机制的创设能力和参与的主动性。中国应以技术支持与援助者的身份参与合作，把更多管理权交由东盟等区域组织操作，充分尊重沿线国家的合作选择权。三是要构建双方都认同的国际合作核心价值体系。例如，东南亚国家在文化传统上与中国有很多相似的地方，中国应该把东南亚国家与中国相似的文化传统作为纽带，以共同利益和价值诉求为基础，强调合作，尊重差异，包容多样，构建起一个更具亲和力的国际合作核心价值体系。

做好合作机制和制度安排。一是加强全球范围的规划和协调。支持联合国在建立健全预警机制进程中发挥领导和协调作用；支持东南亚国家在本地区发挥重要作用。二是建立高层统筹协调机制。合作各方应选择有权威的部门牵头负责双方各自的内部协调，并由高规格领导人担任合作委员会主席。三是高水平编制减灾合作规划。规划要进一步明确合作的中长期目标、重点领域、重点项目和经费投入，建立合作项目库以备选，并重点加强应急救援与应急准备合作，突出政府应急能力建设。

建立信息共享机制。建立网络沟通平台和统一的信息交换标准，规范灾害信息更新和交流机制；建立区域知识和专家库，深度了解和评估成员国培训需求，开展各类相关科技合作、信息交流和人员培训，通过如"10＋3"论坛和"东盟灾害风险管理日"等平台，开展海洋灾害应急管理经验交流和技术援助。加强合作各方在卫星通信、广播电视、互联网、导航定位和移动信息终端合作，开发、整合和利用现有信息资源，提高对沿线各国信息资源的应用水平和共享程度，共同防灾减灾。

促进产业合作，推动能力建设。一是开展紧急救援物资与装备研发制造合作，发挥中国在技术、人才、制造能力和品牌等方面的综合优势，鼓励中国公共安全装备制造企业积极开拓沿线国家市场，并在相关国家设立合资合作企业。二是鼓励中国工程建设和工程咨询等服务企业参与东盟减灾工程建设与管理，参与沿线国家重点防灾减灾工程的规划、设计、监理、总承包或分包，帮助相关国家提高防灾减灾工程的质量和效益。三是建立区域救灾物资储备库。充分借鉴中国救灾经验，建立区域性灾害物资储备制度，中国应积极参与相关工程建设和物资生产及储备指导工作。四是开展减灾救灾融资合作。加强与各国政府和非政府组织合作，推动企业与私营机构参与减灾救灾。适时建立海上丝绸之路预报预警与防灾减灾基金，并寻求世界银行等机构资金支持。

3. 重点合作工程

构建海上丝绸之路海洋生态灾害预警系统。开发可视化海洋灾害防范与决策系统，实施海洋灾害监测信息管理、风险评估、预报预警和应急响应集成化，实现海洋预警信息共享，提升海洋环境风险管控与决策能力。

合作开发"海上丝绸之路国家减灾空间信息辅助决策系统"。应用遥感技术（RS）、地理信息系统（GIS）、全球卫星定位技术（GPS）和互联网等新技术，建立以3S（RS、GIS、GPS）集成技术为核心，数字化为基础，结合现代通信技术为一体的空间信息辅助决策支持系统。实现各方卫星图片信息交换与卫星航天技术共享，实现空间数据的完整及业务化运行。

联合开展海洋溢油和危险品突发事故应急监测、预警与评估工作。实施海洋溢油和危险品应急监测与损害评估技术、生态修复技术、海洋搜救漂移预测及辅助决策系统研究与应用。

建立海洋石油平台溢油监测专家系统。开展海上溢油、搜救方面的技术和设备输出。在沿线国家推广使用海水溢油监测与评估技术、溢油鉴别技术，联合建立海上丝绸之路海域溢油漂移预测和应急辅助决策支持系统。

（五）海上联合搜救合作

1. 合作领域

海上搜救授权及标准。制定许可搜救人员、设备、船舶和飞机等进入本国水域的授权规定；请求方应在搜救人员、设备、船舶和飞机等抵达前做好准备；援助方应该向请求方提供必要的信息，以便搜救人员、设备、船舶和飞机得到快速批准。

海上搜救机构。建立沿线国家海上搜救国际合作办公室，具体负责有关海上搜救国际合作的日常协调工作。建立遇险信息传递的标准格式或规范，避免因信息问题给海上搜救带来困扰。设立沿线国家海上搜救国际合作基金以应对重大海上联合搜救任务。选拔优秀的海上搜救人员组建一支专业的海上联合搜救队，整合区域内最先进的海上搜救技术及设备，以应对重大海上险情。

建立海上搜救共享网。共同建立沿线国家海上联合搜救资源共享网，及时更新海上搜救相关信息。协商制定海上联合应急搜救预案，加强对重大险情和渔船的联合搜救。

2. 合作机制

明确协作区域。以北部湾、中国南海和马六甲海峡等海上交通运输线海域为主。

确定协调机构和主管部门。①协调机构。海上搜救应急协作的协调机构建议由协作组、现场协作组和临时协调工作小组构成。按照《中国国家海上搜救应急预案》的规定，中国国家海上搜救应急组织指挥体系由中国海上搜救中心、省级海上搜救机构组成。因此，中方搜救协作组建议由中国海上搜救中心担任，现场协作组建议由省级海上搜救机构担任。东盟各国的协作组和现场协作组的协调机构由各国自行确定。为了便于在事故发生时现场作业指挥，建议组成临时协调工作小组，负责策划、统筹和指挥联合搜救行动。参与搜救行动的各方应通过协商确定一方作统筹指挥，原则上以国家水域属地确定，发生在公海的以船籍确定。各国各设一个协作组办公室，承办协作组的一切指令和日常管理工作。建议中国协作组办公室设在中国海上搜救中心，东盟各国的协作组办公室设在海事或搜救部门。②主管部门。中国海上搜救中心负责全国海上搜救工作的统一组织和协调，日常工作由交通运输部海事局承担。中方搜救协作组的主管部门建议为交通运输部或交通运输部海事局，现场协作组的主管部门为各省级人民政府。东盟各国的协作组的主管部门建议为海运主管部门。

确定通信联络方式。中国的通信联络可通过中国海上搜救中心值班室电话。沿线各国的通信联络可以为各国的搜救中心值班电话。

确定"协作计划"的启动原则。搜救协作可分为日常工作协作和搜救协作两部分。日常工作协作主要包括信息交流、业务技术研讨、技术合作、培训和演习，定期召开联席会议等内容。搜救协作一般是在发生较大事故，各方依靠自身的力量难以尽快完成搜救任务的情况下才需要启动应急协作计划。启动原则是：发生在公海、各国管辖水域中间或交界水域的重大事故，单靠任何一方无法完成，需要各方协作、尽快完成搜救时；事故发生在各国内水，但因事故严重，依靠自身力量不足以应对，需要寻求其他国家力量的援助时；在搜救行动中需要各方提供信息等方面的支援时。

确定应急反应行动中各方应提供的条件。为了方便搜救人员、设备、船舶和飞机参与协作，各方应尽力在紧急情况下给予最大方便。在应急反应行动中，船舶和飞机不得违反对方规定，并且仅能在得到明确请求和许可后才可在对方行动区域内作业。

制定技术交流与合作计划。搜救协作组可通过信息交流或联席会议的方式制定技术交流和协作计划。

明确协作计划的认可形式。建立《丝绸之路国家搜救协作计划》，通过各国签署备忘录的形式认可。

四、主要结论和政策要点

（一）加强领导与组织实施

一是明确海洋事务的最高决策机构。未来涉及海上丝绸之路的各项工作，应以我国周边外交原则为指导，在国家安全委员会和国家海洋委员会统筹协调下，相关涉海部门具体组织实施。二是要加强海上通道的安全和保障；协调政治、军事、外交等各方力量，形成一套完善的机制，对海上丝绸之路建设形成有效的安全保障。

（二）以涉海园区为载体开展海洋产业合作

以产业园区共建为载体和抓手，通过海上互联互通、港口城市合作，与周边国家共建一批海洋产业园区和产业示范基地，形成海洋产业发展集聚优势和产业链跨境联动优势，积极推动海洋产业"走出去"，促进国内产业梯度转移和国内出口，带动驻在国就业，促进海洋产业结构调整升级，提升在国际产业分工的地位，同时带动驻在国区域综合发展等多方面功能，实现共赢。加快在广东、广西、福建、海南、云南等沿海、沿边省区推进自由贸易园（港）区建设，形成引领国际经济合作与竞争的开放区域（如泰中罗勇中国工业园、马中关丹工业园等境外经济贸易合作区建设），促进优势产业和富余产能向外转移，辐射带动区域合作进一步深化。

（三）出台鼓励海洋产业"走出去"的政策措施

制定完善海外投资的税收优惠政策、鼓励"走出去"的财政激励机制和全球化的人才引进政策等，为海洋产业提供保障。加快推进海水养殖产业的产能合作和技术输出。将海水淡化工程纳入国家领导人出访推介、援外的重要内容。依托海外互联互通基础设施建设，推动海洋工程建筑、海洋船舶、海洋工程装备制造等海洋先进制造业对外合作。继续支持我国石油企业参与中东、非洲等地区的油气开发。

（四）加大资金投入与加强金融合作

以亚洲基础设施投资银行、金砖国家开发银行、上海合作组织开发银行和"丝路基金"为平台，进一步拓展基础设施融资渠道，加强区域财政金融合作，降低贸易壁垒，推进货币互换和本币结算等措施。用好"中国－东盟"海上合作基金，设立南海共同开发专项基金，保障各类项目资金支持。

（五）加强政府指导与服务

充分发挥"丝路基金""中国－东盟"海上合作基金等基金作用，加大政策性银行的长期支持力度，引导企业利用亚洲基础设施投资银行等多边金融机构，推动商业性投资基金和社会资金共同参与。建立海洋产业海外投资信息库，定期发布各国投资环境信息报告，引导投资主体或中介机构建立行业细分信息交流平台。签订政府间境外重大工程保护协定，保障工程建设。建立沿线国家对外合作风险评估与预警机制，降低企业海外投资风险。国内企业要加强对当地投资环境的研究与评估，理性选择，自主决策，努力规避投资风险。

（六）完善市场化服务

建立针对沿线国家的对外投资社会中介服务体系，着重发展金融服务、信息咨询、法律咨询和援助、会计审计、税务咨询、市场调查和营销咨询等服务功能。完善海外投资保险业务，鼓励和引导国内保险机构结合实际，自主开发涉海企业海外投资风险险种。鼓励在海外投资的涉海企业利用海外资本市场，推动符合条件的跨国涉海企业发行不同期限的债务与股权融资工具。建立系统的企业海外风险管理机制，帮助企业规避投资风险，提高投资效率，优化产业链条，提升配套能力，促进产业集群发展。

（七）海洋产业"走出去"标准化建设

加强海洋产业"走出去"标准化建设。积极参与国际标准的研究和制定，共同就海洋产业分类、海洋经济统计核算等领域开展区域性/国际性标准的研究和推广等工作，推动并主导蓝色经济指标体系的建立与区域合作。建立海洋产业标准制定与转化公共平台，鼓励各类涉海主体参与海洋产业标准化建设。

（八）加强对外宣传和公共外交工作

综合运用国家外交、宣传和舆论工具，向相关国家宣传我国建设海上丝绸之路的"和平开放、睦邻友好、合作共赢"理念，重点突出提供海上公共服务产品和中国的贡献，让命运共同体意识在周边国家落地生根。

（九）构建应对海洋非传统安全区域保障体系

扩大区域海上非传统安全合作力度，共同打击海盗、海上恐怖主义、海洋灾害和海洋生态安全等非传统威胁，主导中国－东盟及次区域的海上非传统安全保障工作，参与印度洋－非洲海上安全保障合作的构建，实现区域海上安全合作的深化和周边各国的互利共赢。

（十）充分发挥国际化机制交流平台作用

以博鳌亚洲论坛等国际交流平台为基础，充分发挥我国作为机制主导方的优势，并依托由政府、职业咨询机构、高等院校和各大商会组成的多元智库，建立涉海名人专家库等多种形式，开展与沿线国的对话与交流，对所在国有更深层次、更富有前瞻性的了解，并促进与海上丝绸之路沿线国家的合作。

第十一章
区域贸易与投资合作

新时期21世纪海上丝绸之路建设，宜在原有经贸合作基础上，更注重建设绿色丝绸之路，更关切参与方彼此舒适度。在贸易合作领域，宜更加着重自由贸易协定的作用，侧重价值链整合与提升，精准定位合作领域，夯实以中国为枢纽的贸易体系。在投资合作领域，宜聚焦关键通道，提升基础设施互联互通和融资合作水平，同时强化投资对贸易的引领作用，推进多种方式融合的投资经营模式。在区域经贸合作框架上，宜重视参与诸如RCEP等公共治理产品的供给，更加关注拓展新兴经贸议题，同时通过加快构建开放型经济新体制，推动我国与沿线地区经济一体化进程，最终形成以我国为主的区域内的共同市场。

一、沿线国家贸易与投资概况

海上丝绸之路 118 个国家和地区在世界货物进出口贸易、利用外资和对外投资中处于重要地位。表 11 - 1 显示，2014 年 118 个国家的进出口贸易达 28.3 万亿美元，其中出口约 14.6 万亿美元，占世界出口总额的 76.6%；进口约 13.7 万亿美元，占世界的 71.9%。从利用外资看，118 个国家和地区 2014 年利用外国直接投资（FDI）流量合计达 8 433 亿美元，占世界总量的 68.7%；存量达 14.9 万亿美元，占世界总量的 60.5%。从对外投资（ODI）看，同期 118 个国家和地区对外投资流量合计达 9 117 亿美元，占世界总量的 67.3%；存量合计达 15.3 万亿美元，占世界总量的 62.1%。

如果我们把海上丝绸之路沿线国家缩小到 69 个重要国家和地区，那么 2014 年合计商品进出口贸易额达 27.6 万亿美元，其中出口和进口分别占世界总额的 75.0% 和 69.9%；FDI 流量和存量分别占世界的 64.9% 和 57.8%，ODI 流量和存量分别占世界的 66.5% 和 61.4%（表 11 - 1）。

表 11 - 1　2014 年海上丝绸之路沿线国家和地区对外贸易与投资情况

单位：亿美元

项目	世界总量	118 个国家和地区		69 个国家和地区		57 个国家和地区	
		数量	占世界（%）	数量	占世界（%）	数量	占世界（%）
出口	190 020	145 642	76.6	142 545	75.0	127 487	67.1
进口	190 910	137 495	71.9	133 438	69.9	118 576	62.1
进出口		283 174		276 006		246 083	
FDI 流量	12 283	8 433	68.7	7 975	64.9	7 668	62.4
FDI 存量	246 265	149 025	60.5	142 414	57.8	137 353	55.8
ODI 流量	13 543	9 117	67.3	9 010	66.5	7 594	56.1
ODI 存量	246 028	152 818	62.1	151 106	61.4	135 672	55.1

数据来源：根据联合国贸易与发展会议（www.unctad.org/stat）网站数据库有关数据计算。

如果我们把海上丝绸之路沿线国家进一步缩小到 57 个重要伙伴国家和地区，那么 2014 年沿线进出口贸易额达 24.6 万亿美元，其中出口和进口分别占世界的 67.1% 和 62.1%。FDI 流量和存量分别占世界的 62.4% 和 55.8%，ODI 流量和存量分别占世界的 56.1% 和 55.1%（表 11 - 1）。

二、我国与沿线国家贸易与投资潜力巨大

（一）中国经济发展迅速

经过 30 多年的改革开放，中国经济取得了举世瞩目的发展。国内生产总值（GDP）在 2009 年超过日本位居世界第二，出口于 2007 年超过美国位居世界第一，进口 2009 年超过德国位居世界第二，进出口贸易总额于 2013 年超过美国位居世界第一。2015 年比 2010 年 GDP、出口、进口、进出口贸易总额、FDI 流量（含银行、证券、保险，下同）、FDI 存量、ODI 流量、ODI 存量分别增长了 85.8%、44.2%、20.5%、33.1%、18.2%、107.7%、111.7% 和 246.1%（表 11 - 2）。

表 11 - 2   2000—2015 年中国开放型经济发展

单位：百万美元

项目	2000 年	2005 年	2010 年	2011 年	2012 年	2013 年	2014 年	2015 年
人口（千人）	1 269 974.6	1 305 600.6	1 340 968.7	1 348 174.5	1 355 387.0	1 362 514.3	1 369 435.7	1 376 048.9
GDP	1 208 915	2 291 432	6 005 388	7 441 981	8 471 426	9 518 402	10 430 590	11 156 254
出口	249 203	761 953	1 577 754	1 898 381	2 048 714	2 209 005	2 342 293	2 274 949
进口	225 024	659 953	1 396 247	1 743 484	1 818 405	1 949 990	1 959 233	1 681 951
进出口	474 227	1 421 906	2 974 001	3 641 865	3 867 119	4 158 995	4 301 526	3 956 900
FDI 流量	40 714.81	72 406	114 734	123 985	121 080	123 911	128 500	135 610
FDI 存量	193 348	272 094	587 817	711 802	832 882	956 793	1 085 293	1 220 903

项目	2000 年	2005 年	2010 年	2011 年	2012 年	2013 年	2014 年	2015 年
ODI 流量	915.8	12 261.2	68 811	74 654	87 804	107 844	123 120	145 667
ODI 存量	27 768.4	57 205.6	317 211	424 781	531 941	660 478	882 642	1 097 865

数据来源：根据联合国贸易与发展会议（www. unctad. org/stat）网站数据库有关数据计算；2015 年数据主要来自《2015 年中国国民经济与社会发展公报》；2010—2015 年 ODI 流量和存量数据来自商务部、国家统计局、国家外汇管理局：《2015 年度中国对外直接投资统计公报》，北京：中国统计出版社，2016 年。

表 11 – 3 表明，中国 GDP、商品出口、进口、进出口、FDI 流量和存量、ODI 流量和存量在世界中的地位持续提升。2015 年 FDI 流量和存量、ODI 流量和存量分别位居世界第二和第四、第二和第八。中国经济发展是世界经济增长的重要发动机。

表 11 – 3　2000—2015 年中国 GDP、进出口、FDI 及对外投资占世界比重（%）

项目	2000 年	2005 年	2006 年	2007 年	2008 年	2009 年	2010 年	2011 年	2012 年	2013 年	2014 年	2015 年
人口（百万）	20.73	20.03	19.89	19.75	19.61	19.48	19.35	19.22	19.10	18.97	18.85	18.72
GDP	3.59	4.85	5.46	6.08	7.20	8.53	9.09	10.10	11.17	12.14	13.00	14.9
出口	3.86	7.25	7.99	8.70	8.86	9.57	10.31	10.35	11.08	11.66	12.33	13.80
进口	3.38	6.12	6.41	6.72	6.88	7.93	9.05	9.47	9.76	10.30	10.31	10.09
FDI 流量	2.99	7.81	5.22	4.46	7.27	8.01	8.64	7.92	8.63	8.45	10.46	7.7
FDI 存量	2.68	2.48	2.15	1.91	2.52	2.69	3.00	3.48	3.77	3.91	4.41	4.9
ODI 流量	0.08	1.54	1.57	1.24	3.30	5.13	5.04	4.70	6.84	7.73	8.57	9.9
ODI 存量	0.38	0.49	0.51	0.65	1.16	1.31	1.55	2.02	2.28	2.49	2.97	4.4

数据来源：根据联合国贸易与发展会议（www. unctad. org/stat）网站数据库有关数据计算。

（二）中国与海上丝绸之路国家贸易与投资的发展

海上丝绸之路沿线国家是中国重要的贸易伙伴。2014 年沿线 117 个国家和地区与中国的进出口贸易额合计达 31 203 亿美元，占中国进出口贸易总额的 72.5%。其中出口 17 105 亿美元，占中国出口贸易总额的 73%；进口 14 097 亿美元，占中国进口贸易总额的

71.9%。2014年，这些国家和地区对中国直接投资额1 074.8亿美元，占中国FDI总流量的89.9%；中国对这些国家和地区投资额达967.4亿美元，占中国ODI总流量的78.6%（表11-4）。2015年中国与这些国家和地区进出口额、出口额、进口额、对外投资流量和存量分别为27 918亿美元、16 433亿美元、11 485亿美元、1 353亿美元和9 007亿美元，分别占中国对应指标的70.6%、72.2%、68.3%、92.9%和82%。

表11-4　2014年中国与海上丝绸之路沿线国家贸易与投资

单位：亿美元

项目	中国总量	117个国家和地区		68个国家和地区		56个国家和地区	
		数量	占世界（%	数量	占世界（%	数量	占世界（%）
与中国进出口	43 015	31 203	72.5	30 047	69.9	23 124	53.8
中国出口	23 423	17 105	73	16 437	70.2	13 477	57.5
中国进口	19 592	14 097	71.9	13 610	69.5	9 647	49.2
中国FDI流量	1 195.1	1 074.8	89.9	1 049	87.8	985	82.4
中国ODI流量	1 231	967.4	78.6	947.6	77	932	75.7
中国ODI存量	8 826.4	6 933.2	78.6	6 798	77	6 683	75.7

数据来源：根据联合国贸易与发展会议（www.unctad.org/stat）网站数据库及《2015中国统计年鉴》有关数据计算。

68个重要国家和地区在中国对外贸易与投资发展中居于重要地位。2014年它们分别占中国商品进出口贸易额、出口、进口、利用外资、对外投资流量和存量的69.9%、70.2%、69.5%、87.8%、77%和77%。2015年68个重要伙伴国家和地区与中国进出口贸易额、出口、进口、对外投资流量和存量分别达26 953亿美元、15 780亿美元、11 172亿美元、1 335亿美元和8 885亿美元，分别占中国相应指标的68.1%、69.4%、66.4%、91.6%和80.9%。56个重要伙伴国家和地区2014年分别占中国商品进出口贸易额、出口、进口、利用外资、对外投资流量和存量的53.8%、57.5%、49.2%、82.4%、75.7%和75.7%（表11-4）。2015年56个重要伙伴国家和地区与中国进出口贸易额、出口、进口、对外投资流量和存量分别达 20 504 亿美元、12 904 亿美元、7 599 亿美元、1 318 亿美元和 8 713 亿美元，分别占中国相应指标的 51.8%、56.7%、45.2%、90.4% 和 79.4%。

与"一带一路"相关国家投资合作进展顺利，国际产能合作引领业务快速发展。根据商务部数据，2015 年，我国对外非金融类直接投资创下 1 180.2 亿美元的历史最高值，同比增长 14.7%，实现中国对外直接投资连续 13 年增长，年均增幅高达 33.6%。"十二五"期间，我国对外直接投资规模是"十一五"的 2.3 倍。2015 年年末，中国对外直接投资存量首次超过万亿美元大关。我国企业共对"一带一路"相关的 49 个国家进行了直接投资，投资额合计 148.2 亿美元，同比增长 18.2%；我国企业在"一带一路"相关的 60 个国家承揽对外承包工程项目 3 987 个，新签合同额 926.4 亿美元，占同期我国对外承包工程新签合同额的 44%。同期，我国企业投向交通运输、电力、通信等优势产业直接投资累计约 116.6 亿美元，同比增长 80.2%。装备制造业对外直接投资 70.4 亿美元，同比增长 154.2%。截至 2015 年年末，我国企业正在推进的合作区共计 75 个，其中一半以上是与产能合作密切相关的加工制造类园区，建区企业累计投资 70.5 亿美元，入区企业 1 209 家，合作区累计总产值 420.9 亿美元，上缴东道国税费 14.2 亿美元，带动了纺织、服装、轻工、家电等优势传统行业部分产能向境外转移。

根据《2015 年度中国对外直接投资统计公报》数据，2015 年我国共对 63 个"一带一路"沿线国家和地区进行了直接投资，投资额合计 189.3 亿美元，投资存量达 1 157 亿美元；其中属于海上丝绸之路沿线国家的有 43 个，对外投资流量和存量分别为 209.6 亿美元和 1 004 亿美元，占我国对外投资总流量和存量的 14.4% 和 9.1%。比重低的主要原因是统计范围太窄，海上丝绸之路国家和地区没有包括东亚的日韩朝、我国的港澳台、所有南太平洋国家、西欧和南欧诸国，非洲只列埃及一国。

中国进出口贸易在许多海上丝绸之路沿线国家中具有重要地位，中国成为许多国家最重要的贸易伙伴。2014年，中国进出口占68个重要国家和地区进出口的比重达10.9%，其中10%以上的有37个国家和地区，20%以上的有22个国家和地区，30%以上的有9个国家和地区；中国出口占68个重要国家和地区进口的比重为12.3%，其中10%以上的有43个国家和地区，20%以上的有19个国家和地区；中国进口占68个重要国家和地区出口的比重为9.6%，其中10%以上的有26个国家和地区，30%以上的有14个国家地区。2015年中国出口、进口和进出口贸易在68个国家和地区的平均占比分别提高到16.2%、11.2%和13.7%，超过10%比重的国家和地区分别达46个、24个和41个（表11-5）。

中国对外贸易和对外投资对海上丝绸之路国家和地区的社会经济发展做出了重要贡献。2014年与2010年相比，世界出口和进口分别增长了24.1%和23.3%，但中国出口和进口增速分别高达48.5%和40.3%，118个海上丝绸之路沿线国家和地区自身出口和进口只增长19.7%和20.4%，但对中国出口和进口增长高达36.8%和52.2%，高出自身进出口增长率1倍；68个国家和地区自身出口和进口只增长20%和20.2%，但对中国出口增长43.7%，进口增长51.5%；2015年尽管进出口都出现了负增长，但对华贸易的负增长率低于自身对外贸易额下降幅度（表11-6）。

表11-5　中国进出口在68个重要国家和地区中超过10%比重的数量

单位：个

年分	项目	68个国家和地区平均	10%～19%	20%～29%	30%～49%	50%及以上	合计
	出口	12.3	24	11	4	4	43
2014年	进口	9.6	6	6	11	3	26
	进出口	10.9	15	13	6	3	37

年份	项目	68 个国家和地区平均	10% ~19%	20% ~29%	30% ~49%	50% 及以上	合计
	出口	16. 2	23	12	8	3	46
2015 年	进口	11. 2	9	7	7	1	24
	进出口	13. 7	19	12	8	2	41

数据来源：根据联合国贸易与发展会议（www. unctad. org/stat）网站数据库、《2015 中国统计年鉴》及中国海关网站有关数据计算。

表 11 - 6   2010—2014 年世界、中国与海上丝绸之路国家进出口贸易增长率（%）

年份	项目	世界增长	中国增长	118 个国家和地区		68 个国家和地区	
				自身	对中国	自身	对中国
2014 年比 2010 年	出口	24. 1	48. 5	19. 7	36. 8	20	43. 7
	进口	23. 3	40. 3	20. 4	52. 2	20. 2	51. 5
	进出口		44. 6	20	44. 8	20	43. 7
2015 年比 2014 年	出口	-13. 2	-2. 9	-18. 7	-18. 5	-15. 4	-17. 9
	进口	-12. 7	-14. 2	-13. 7	-3. 9	-14	-4
	进出口		-8. 1	-16. 3	-10. 5	-14. 7	-10. 3

资料来源：联合国贸易与发展会议（www. unctad. org/stat）网站数据库、《2015 中国统计年鉴》及中国海关网站有关数据计算。

（三）中国与海上丝绸之路沿线国家贸易与投资中存在的主要问题

从中国与海上丝绸之路国家贸易与投资发展情况看，有几个问题需要注意：

一是贸易与投资过度集中于若干个国家和地区。从进出口贸易看，2014—2015 年 60% 的贸易集中在 24 个国家和地区；50% 的贸易集中在 16 个国家和地区；三分之一贸易集中于 6 个国家和地区。其中 2015 年香港分别占出口、进口和进出口贸易的 14. 5%、0. 8% 和 8. 7%；日本占 6. 0%、8. 5% 和 7. 0%；韩国占 4. 5%、10. 4% 和 7. 0%；中国台湾占 2. 0%、8. 5% 和 4. 8%；德国占 3. 0%、5. 2% 和 4. 0%；澳大利亚占 1. 8%、4. 4% 和 2. 9%（表 11 -7）。贸易多元化是海上丝绸之路建设的重要内容。

新战略、新愿景、新主张
——建设21世纪海上丝绸之路战略研究

表11-7 16个国家和地区在中国进出口贸易中的地位

单位:万美元

国家和地区	2014年						2015年					
	出口	占比(%)	进口	占比(%)	进出口	占比(%)	出口	占比(%)	进口	占比(%)	进出口	占比(%)
中国	234 229 270	100	195 923 465	100	430 152 734	100	227 494 984	100	168 195 089	100	395 690 173	100
澳大利亚	3 914 595	1.7	9 763 089	5.0	13 677 684	3.2	4 032 225	1.8	7 364 271	4.4	11 396 498	2.9
中国香港	36 307 714	15.5	1 262 137	0.6	37 569 852	8.7	33 083 568	14.5	1 276 725	0.8	34 360 308	8.7
中国台湾	4 627 662	2.0	15 200 713	7.8	19 828 375	4.6	4 489 880	2.0	14 330 669	8.5	18 820 551	4.8
德国	7 270 305	3.1	10 501 277	5.4	17 771 581	4.1	6 916 091	3.0	8 762 277	5.2	15 678 371	4.0
印度	5 421 742	2.3	1 635 869	0.8	7 057 611	1.6	5 824 017	2.6	1 338 272	0.8	7 162 292	1.8
日本	14 939 134	6.4	16 292 051	8.3	31 231 185	7.3	13 567 063	6.0	14 298 703	8.5	27 865 772	7.0
韩国	10 033 345	4.3	19 010 877	9.7	29 044 222	6.8	10 129 640	4.5	17 451 819	10.4	27 581 463	7.0
马来西亚	4 635 339	2.0	5 565 224	2.8	10 200 563	2.4	4 399 026	1.9	5 330 028	3.2	9 729 056	2.5
荷兰	6 492 852	2.8	934 013	0.5	7 426 864	1.7	5 946 295	2.6	879 244	0.5	6 825 542	1.7
俄罗斯	5 367 694	2.3	4 159 351	2.1	9 527 045	2.2	3 478 441	1.5	3 327 611	2.0	6 806 054	1.7
沙特阿拉伯	2 057 524	0.9	4 850 803	2.5	6 908 327	1.6	2 162 284	1.0	3 003 529	1.8	5 165 814	1.3
新加坡	4 891 117	2.1	3 082 873	1.6	7 973 991	1.9	5 200 829	2.3	2 755 644	1.6	7 956 475	2.0
南非	1 569 915	0.7	4 456 813	2.3	6 026 728	1.4	1 586 080	0.7	3 018 213	1.8	4 604 294	1.2
泰国	3 428 923	1.5	3 833 193	2.0	7 262 116	1.7	3 829 328	1.7	3 716 951	2.2	7 546 281	1.9
英国	5 714 114	2.4	2 372 674	1.2	8 086 787	1.9	5 958 168	2.6	1 893 663	1.1	7 851 834	2.0
越南	6 373 001	2.7	1 990 640	1.0	8 363 641	1.9	6 612 391	2.9	2 894 176	1.7	9 506 570	2.4
合计	123 044 977	52.5	104 911 596	53.5	227 956 573	53.0	117 215 326	51.5	91 641 795	54.5	208 857 173	52.8
占比(%)	52.5		53.5		53.0		51.5		54.5		52.8	

数据来源:根据中国海关网站2014—2015年数据计算。

2014年中国 FDI 中，6 个国家和地区占据实际外资总额的83.2%。其中中国香港高占 68%，新加坡、日本、韩国、德国和中国台湾分别占 4.9%、3.6%、3.3%、1.7% 和 1.7%。

根据《2015 中国统计年鉴》，2014 年中国对外投资流量及其存量 67% 集中于 7 个国家和地区，其中中国香港分别占 57.6% 和57.8%；澳大利亚占 3.3% 和 2.7%；新加坡均占 2.3%；英国占1.2% 和 1.5%；德国占 1.2% 和 0.7%；俄罗斯占 0.5% 和 1%。2015年中国香港分别占对外投资流量和存量的 61.6% 和 59.8%，新加坡占 7.2% 和 2.9%，荷兰占 9.2% 和 1.2%，澳大利亚占 2.3% 和2.6%，俄罗斯占 2% 和 1.3%，超过 1% 的还有印度尼西亚和英国，7 个国家和地区合计占 84.7 和 70.7%。

二是贸易不平衡问题严重。在 68 个国家和地区中，2014 年中国贸易顺差达 2 827 亿美元，占顺差总额的 73.8%。有 23 个国家与地区是贸易逆差，除日本、韩国、德国、中国台湾等外，其他主要是能源等资源输出国；2015 年贸易顺差增至 4 609 亿美元，占顺差总额的 77.7%，贸易逆差国家和地区有 21 个。

三是贸易和企业结构有待改善。2014 年，加工贸易占我国出口的 45%、进口的 50% 和进出口贸易的 45%；外商投资企业占我国出口的 44%、进口的 49% 和进出口贸易的 46%。对发达国家主要是进口设备、高档消费品，出口劳动密集型消费品；对发展中国家则主要是进口能源资源，出口劳动密集型消费品。我国生产的商品处于全球价值链的中低端，产业链和最终市场掌控力低，缺乏有国际竞争力的品牌和跨国公司尤其是全球公司；产业和产品较易被其他国家替代。对外贸易特别容易受市场波动及经济危机影响。

四是自由化程度低。在海上丝绸之路沿线国家中，我国只有与东盟十国、巴基斯坦、韩国、澳大利亚、新西兰、巴基斯坦和冰岛签署自由贸易协定（FTA），与这些国家的进出口贸易只占进出口贸易的1/3。2015年对签署FTA国家的出口8 209亿美元，进口6 082亿美元，进出口14 291亿美元，顺差2 127亿美元，分别占全国的36.1%、36.2%、36.1%和35.9%。

五是对外投资缺乏战略与规划，投资布局混乱，效益不高，一些企业社会责任较差，对生态和环境保护意识比较薄弱。

六是如何加强风险防范与控制。许多发展中国家法制不完善，政局多边，宗教与民族矛盾冲突经常发生，因此投资风险很大。

三、推进中国与沿线地区自由贸易体系建设

（一）签署FTA促进了海上丝绸之路沿线国家贸易与投资发展

近年来，在世界贸易组织（WTO）发展的同时，区域范围的双边和多边贸易协定迅速遍及全球，自由贸易区的发展已是经济全球化的又一新特征。区域性贸易协定（regional trade agreements，RTA）和优惠贸易安排（preferential trade arrangements，PTA）不断增加是国际贸易发展的重要表现形式。WTO鼓励成员国不断达成新的RTA并通报给WTO。

在WTO中，RTA被定义为两个或多个成员签署的互惠性的贸易协定，主要形式有自由贸易协定（FTA）、关税同盟（customs unions）和更紧密的区域经济一体化（如欧盟）。PTA是指单方面的非互惠的安排，主要是指发达国家单向给予发展中国家的优惠关税待遇，如普遍优惠制（GSP），这些安排也要向WTO通报。

根据WTO数据，自20世纪90年代以来，RTA发展迅速，截至2016年2月1日，向WTO/GATT通报的RTA有625个，其中419个已经生效。

海上丝绸之路国家和地区是RTA的积极运用者。118个国家和地区中除东帝汶、刚果（布）、吉布提、毛里塔尼亚、索马里和南苏丹外，

112 个国家和地区与其他国家和地区签署了 RTA，涉及 4 708 个国家和地区。67 个重要海上丝绸之路国家和地区签署的 RTA 涉及 3 124 个国家和地区。51 个重要伙伴国家签署的 RTA 涉及 2 670 个国家和地区。

表 11 - 8 给出了主要沿线国家运用 RTA 发展对外贸易的情况，欧盟及其成员积极运用 RTA 发展对外贸易。欧盟对外签署的 RTA 涉及 65 个国家和地区，若考虑 28 个成员国，则达 93 个国家和地区，欧盟成员国签署的 RTA 一般都涉及 103 个国家和地区；新加坡、韩国、印度签署的 RTA 分别涉及 63 个、59 个和 52 个国家和地区；澳大利亚、日本、俄罗斯签署的 RTA 涉及的国家和地区分别只有 25 个、16 个和 12 个；墨西哥、巴西和美国签署的 RTA 涉及的国家地区则达 58 个、46 个和 20 个。在这些 RTA 中，包含商品和服务贸易的 FTA 是主要形式。

表 11 - 8　沿线国家签署 RTA 涉及的国家和地区数量

单位：个

签署国	涉及国家和地区数	签署国	涉及国家和地区数	签署国	涉及国家和地区数
英国	103	韩国	59	阿尔及尔亚	42
意大利	103	坦桑尼亚	58	挪威	36
希腊	103	墨西哥	58	冰岛	35
西班牙	103	莫桑比克	58	土耳其	30
瑞典	103	摩洛哥	58	新西兰	29
葡萄牙	103	菲律宾	53	塞尔维亚	25
芬兰	103	印度	52	澳大利亚	25
荷兰	103	尼日利亚	52	毛里求斯	24
德国	103	孟加拉国	51	中国	23
丹麦	103	伊拉克	51	以色列	21
波兰	103	巴基斯坦	51	赞比亚	20
法国	103	缅甸	48	安哥拉	20
比利时	103	马来西亚	48	美国	20
爱尔兰	103	印度尼西亚	48	南非	17
欧盟	93	越南	48	沙特阿拉伯	16
苏丹	64	泰国	48	日本	16
新加坡	63	斯里兰卡	46	俄罗斯	12
埃及	61	巴西	46		
津巴布韦	59	伊朗	42		

数据来源：根据 WTO 网站有关数据编制。

（二）中国 FTA 的发展

随着中国对外贸易的快速增长，外贸成为拉动中国经济增长的三驾马车之一。中国政府十分重视通过双边和多边谈判，加快与主要贸易伙伴的自由贸易区谈判。中国自由贸易区发展包括三种情况，即已签署的 FTA（22 国）、正在谈判的 FTA（11 国）和研究中的 FTA（5 国），共涉及 38 个国家（表 11 - 9）。

目前涉及中国 FTA 的 38 个国家，国土面积 2 376.6 万平方千米、人口 25.47 亿、国内生产总值（GDP）总量 172 270 亿美元，分别占世界的 17.6%、35.1% 和 22.2%。其中与中国已签署、正在谈判和研究 FTA 的海上丝绸之路国家有 30 个，涉及国土面积达 2 024 万平方千米、人口 23.99 亿、GDP 总量 155 837 亿美元，分别占世界的 15%、33% 和 20.1%（表 11 - 10）。

表 11 - 9 中国自由贸易区的发展

已签署协议的自贸区	正在谈判的自贸区	正在研究的自贸区	优惠贸易安排
中国 - 澳大利亚（2015）	中国 - 海合会	中国 - 印度	亚太贸易协定
中国 - 韩国（2015）	中国 - 挪威	中国 - 哥伦比亚	
中国 - 瑞士（2014）	中日韩	中国 - 摩尔多瓦	
中国 - 冰岛（2014）	《区域全面经济合作伙伴关系协定》（RCEP）	中国 - 斐济	
中国 - 秘鲁（2010）	中国 - 斯里兰卡	中国 - 尼泊尔	
中国 - 新加坡（2009）	中国 - 巴基斯坦自贸协定第二阶段谈判		
中国 - 新西兰（2008）	中国 - 马尔代夫		
中国 - 智利（2006）	中国 - 格鲁吉亚		

已签署协议的自贸区	正在谈判的自贸区	正在研究的自贸区	优惠贸易安排
中国－哥斯达黎加（2011）			
中国－巴基斯坦（2007）			
中国－东盟（2005）			
内地与港澳更紧密经贸关系（2003）			
中国－东盟（"10＋1"）升级			

资料来源：中国商务部网站。

表 11－10　2014 年与中国已签署、正在谈判、正在研究 FTA 的国家和地区概况

		国土面积（×10³ 公顷）	人口（百万）	GDP（10 亿美元）	人均 GDP（美元）
	世界	13 466 591.73	7 265.79	77 450.90	10 660
	中国	956 291.1	1 367.82	10 356.51	7 572
已签 FTA	印度尼西亚	191 093	252.165	888.65	3 524
	文莱	577	0.413	17.10	41 460
	柬埔寨	18 104	15.313	16.55	1 081
	老挝	23 680	6.898	11.68	1 693
	马来西亚	33 080	30.6	338.11	11 049
	缅甸	67 659	51.419	63.14	1 228
	菲律宾	30 000	99.434	284.62	2 862
	新加坡	71.7	5.47	307.87	56 287
	泰国	51 312	68.657	404.82	5 896
	越南	33 097.2	90.63	185.90	2 051
	东盟合计	448 673.9	621.00	2 518.44	4 056

		国土面积（×10³公顷）	人口（百万）	GDP（10亿美元）	人均GDP（美元）
已签FTA	澳大利亚	774 122	23.626	1 442.72	61 066
	中国香港	110	7.267	290.90	40 033
	中国澳门	3.03	0.58	54.68	94 271
	中国台湾	3 596	23.434	529.60	22 600
	冰岛	10 300	0.326	17.04	52 315
	韩国	10 026.6	50.424	1 410.38	27 970
	新西兰	26 771	4.555	197.50	43 363
	巴基斯坦	79 610	186.19	246.85	1 326
	18个海丝国家地区合计	1 353 212.53	917.40	6 708.1	7 312
	占世界（%）	10.0	12.6	8.7	68.6
	智利	75 609.6	17.819	258.682	14 517
	哥斯达黎加	5 110	4.775	49.604	10 389
	秘鲁	128 522	31.424	202.901	6 457
	瑞士	4 128.5	8.14	701.227	86 146
	22个国家和地区合计	1 566 582.63	979.56	7 920.51	8 086
	占世界（%）	11.6	13.5	10.2	75.9
正在谈判FTA	日本	37 796.2	127.061	4 602.37	36 222
	巴林	77	1.268	33.86	26 701
	阿曼	30 950	3.717	77.78	20 927
	科威特	1 782	3.999	172.61	43 168
	卡塔尔	1 161	2.235	210.11	93 990
	沙特阿拉伯	214 969	30.77	746.25	24 252
	阿联酋	8 360	9.302	399.45	42 944
	马尔代夫	30	0.342	2.89	8 433
	斯里兰卡	6 561	20.964	74.92	3 574
	挪威	38 517.8	5.156	499.82	96 930
	10个海丝国家合计	340 204	204.814	6 820.05	33 300
	占世界（%）	2.5	2.8	8.8	312.4
	格鲁吉亚	6 970	3.73	16.515	4 428
	11国合计	347 174	208.54	6 836.57	37 782

		国土面积（×10³公顷）	人口（百万）	GDP（10亿美元）	人均 GDP（美元）
正在研究FTA	印度	328 726	1 275.92	2 051.23	1 608
	斐济	1 827	0.885	4.29	4 844
	2 个海丝国家合计	330 553	1 276.806	2 055.517	1 610
	占世界（%）	2.5	17.6	2.7	15.1
	尼泊尔	14 718	28.109	19.761	703
	摩尔多瓦	3 380	3.558	7.983	2 244
	哥伦比亚	114 174.9	47.662	377.867	7 928
	5 国合计	462 825.9	1 356.135	2 461.128	1 815
	占世界（%）	3.4	18.7	3.2	17.0
30 个海丝国家和地区	总计	2 023 969.5	2 399.0	15 583.7	6 496
	占世界（%）	15.0	33.0	20.1	60.9
所有国家和地区	总计	2 376 585.1	2 547.1	17 227.0	6 764
	占世界（%）	17.6	35.1	22.2	63.5

数据来源：根据国际货币基金（IMF）、联合国粮农组织（FAO）网站有关数据编制。

1. 已签署的 FTA

截至 2016 年 4 月，中国与 22 个国家和地区签署了 FTA。除智利（2006 年）、秘鲁（2010 年）、哥斯达黎加（2011 年）、瑞士（2014 年）外，中国与 21 世纪海上丝绸之路沿线的东盟十国（2005 年）、巴基斯坦（2007 年）、新西兰（2008 年）、新加坡（2009 年）、冰岛（2014 年）、韩国（2015 年）和澳大利亚（2015 年）签署了 FTA，内地与港澳地区签署更紧密经贸关系安排（2003 年），海峡两岸则签署经济合作框架（2010 年）。与印度、孟加拉国和斯里兰卡 1976 年签署了亚太贸易协定，对部分商品进行进出口关税减免。2015 年 11 月，中国与东盟结束自贸区升级谈判并签署升级《议定书》。

中国与东盟结束自贸区升级谈判并签署升级《议定书》

中国–东盟自贸区是我国对外商谈的第一个也是最大的自贸区，于2002 年开始实施"早期收获"，2010 年全面建成，有力地推动了双边经贸关系的长期稳定健康发展，成为发展中国家间互利互惠、合作共赢的良好合作范式。在自贸区各项优惠政策的促进下，中国与东盟双边贸易从 2002 年的 548 亿美元增长至 2014 年的 4 804 亿美元，增长近 9 倍，双向投资从 2003 年的 33. 7 亿美元增长至 2014 年的 122 亿美元，增长近 4 倍。目前，中国是东盟最大的贸易伙伴，东盟是中国第三大贸易伙伴，双方累计相互投资已超过 1 500 亿美元。

为进一步提高本地区贸易投资自由化和便利化水平，2013 年 10 月，李克强总理在中国–东盟领导人会议上倡议启动中国–东盟自贸区升级谈判。2014 年 8 月，中国–东盟经贸部长会议正式宣布启动升级谈判。经过 4 轮谈判，双方于近日就《议定书》内容达成一致。

2015 年 11 月 22 日，中国与东盟签署中国–东盟自贸区升级谈判成果文件——《中华人民共和国与东南亚国家联盟关于修订〈中国–东盟全面经济合作框架协议〉及项下部分协议的议定书》（以下简称《议定书》）。《议定书》是我国在现有自贸区基础上完成的第一个升级协议，涵盖货物贸易、服务贸易、投资、经济技术合作等领域，是对原有协定的丰富、完善、补充和提升，体现了双方深化和拓展经贸合作关系的共同愿望和现实需求。

《议定书》的达成和签署，将为双方经济发展提供新的助力，加快建设更为紧密的中国–东盟命运共同体，推动实现 2020 年双边贸易额达到 1 万亿美元的目标，并将促进《区域全面经济伙伴关系协定》谈判和亚太自由贸易区的建设进程。

新战略、新愿景、新主张
——建设 21 世纪海上丝绸之路战略研究

截至目前，与中国签署 FTA 国家和地区国土面积达 1 566.6 万平方千米，人口达 9.8 亿，分别占世界总量的 11.6% 和 13.5%。其中与中国签署 FTA 的 18 个 21 世纪海上丝绸之路国家和地区面积 1 353.2 万平方千米、人口 9.17 亿、GDP 67 081 亿美元，分别占世界的 10.0%、12.6%、8.7%。

2. 正在谈判的 FTA

中国 – 海合会 FTA 谈判。海合会①地处丝绸之路经济带和海上丝绸之路的结合部，加强与海合会的合作对推动"一带一路"建设具有重要意义。海合会 6 国是我国最大的石油进口来源地、全球第二大承包工程劳务市场和第二大工程建设市场，中国则是海湾六国的第八大贸易伙伴。近年来，双方在经济、文化、外交、能源、科技等各领域交往越来越密切。2004 年，中国和海合会决定启动中海自贸协定谈判，并于 2009 年就结束货物贸易框架下 97% 左右商品的市场准入问题达成一致。中国和海合会已于 2016 年 1 月 17 日恢复了一度中断的自由贸易协定谈判，并将加快谈判节奏，以期在 2016 年年内达成一份全面的自由贸易协定。

中日韩 FTA 谈判。中日韩自贸区谈判于 2012 年 11 月启动，目前已进行至第九轮。三方均认为，建立中日韩自贸区有助于充分发挥三国间的产业互补性，发掘提升三国贸易投资水平的潜力，促进区域价值链进一步融合，符合三国整体利益，有利于本地区的繁荣与发展。2015 年 11 月，三国领导人发表联合宣言，重申将努力加速谈判，最终缔结全面、高水平和互惠的自贸协定。2016 年 1 月 18 日，中日韩自贸区第九轮谈判首席谈判代表会议在日本东京举行。

---

① 海合会是海湾阿拉伯国家合作委员会（Gulf Cooperation Concil）的简称，有 6 个成员国，包括沙特阿拉伯、科威特、阿联酋、巴林、卡塔尔和阿曼。

RCEP 谈判。RCEP（Regional Comprehensive Economic Partnership，即《区域全面经济伙伴关系协定》）是由东盟发起，邀请中国、日本、韩国、澳大利亚、新西兰、印度共同参与（"10＋6"），通过削减关税及非关税壁垒，建立 16 国统一市场的自由贸易协定。RCEP 是当前亚洲地区规模最大的自由贸易协定谈判，也是我国参与的成员最多、规模最大、影响最广的自贸区谈判，其成员国人口约占全球人口的 50%，国内生产总值、贸易额和吸引外资接近全球三分之一。推动 RCEP 的背景主要有两点：一是有效整合亚太地区经济合作机制的现实需要；二是平衡美国掌控东亚经济合作主导权的战略需要。

RCEP 的谈判目标是在 16 个国家范围内达成一个现代、全面、高品质、利益互惠的经济协议。具体内容包括：第一，货物贸易方面，在关税细目和贸易价值高比例基础上消除关税，以实现高规格的关税减免，对于最低发展水平的成员国将优先给予产品早期关税减免。第二，服务贸易方面，RECP 将针对成员国之间的服务贸易，全面、高质量、根本地消除限制和歧视政策。第三，投资方面，在区域内建立一个开放、便利和全方位的投资环境，将涵盖促进、保护、便利和自由四个核心问题。第四，经济及技术合作方面，将在现有成员之间所达成的经济合作安排基础上，对包括电子贸易以及 RCEP 成员国互相认同的其他领域给予承诺。第五，知识产权方面，通过推广经济一体化，促进知识产权使用、保护和执行方面的合作，从而减少与知识产权相关的贸易投资壁垒。第六，竞争政策方面，将在竞争促进、经济高效、消费福利等方面加强合作，并认识到成员国在竞争领域内存在的显著差别。第七，争端解决方面，RCEP 将囊括一个为协商和解决争议提供的高效、迅速、透明的处理机制。

RCEP 谈判于 2013 年 5 月正式启动，目前已举行了 18 轮谈判。各方就货物、服务、投资、知识产权、经济技术合作、电子商务、法律条款等领域进行了深入磋商，谈判取得积极进展。

中国－斯里兰卡 FTA 谈判。中斯自贸协定谈判启动于 2014 年 9 月 16 日，两国签署了《关于启动中国－斯里兰卡自由贸易协定谈判的谅解备忘录》。自贸协定能够有效平衡两国之间的贸易关系，使更多的斯里兰卡产品出口到中国。目前双方正就列入自贸协定内容的免税商品清单进行商讨，希望除服装、茶叶、橡胶外，有更多种类的产品列入其中。

除以上自贸区谈判外，中国还与马尔代夫、格鲁吉亚开展了 FTA 谈判，与巴基斯坦启动了自贸协定第二阶段谈判。

正在谈判的 11 个国家国土面积达 347.2 万平方千米，人口 2.08 亿，GDP 总量 68 366 亿美元，其中海上丝绸之路沿线 10 个国家国土面积 340.2 万平方千米，人口 2.05 亿，GDP 总量 68 201 亿美元，分别占世界的 2.5%、2.8% 和 8.8%。

3. 正在研究中的 FTA

中国正在与印度、尼泊尔、斐济、摩尔多瓦、哥伦比亚研究 FTA 问题。这些国家国土面积达 462.8 万平方千米，人口 13.56 亿，GDP 总量 24 611 亿美元，其中海上丝绸之路 2 个国家国土面积 330.6 万平方千米，人口 12.77 亿，GDP 规模 20 555 亿美元，分别占世界的 2.46%、17.6% 和 2.7%。

(三) 与 FTA 相关海上丝绸之路沿线国家贸易投资发展

1. 与 FTA 相关海上丝绸之路沿线国家在世界贸易与投资中占据重要地位

从贸易情况看，2014 年，与中国签署 FTA 的 22 个国家和地区商品进出口达 68 434 亿美元，其中出口和进口为 34 573 亿美元和 33 861 亿美元，分别占世界的 18.2% 和 17.7%；18 个海上丝绸之路国家和地区商品进出口达 59 983 亿美元，其中出口和进口为 30 196 亿美元和 29 787 亿美元，分别占世界的 15.9% 和 15.6%（表 11 - 11）。

与中国谈判 FTA 的 11 个国家商品进出口达 33 425 亿美元，其中出口和进口为 18 657 亿美元和 14 768 亿美元，分别占世界的 9.8% 和 7.7%；10 个海上丝绸之路国家和地区商品进出口达 33 311 亿美元，其中出口和进口为 18 629 亿美元和 14 682 亿美元，分别占世界的 9.8% 和 7.7%（见表 11 - 11）。

5 个正在研究 FTA 国家商品进出口达 9 242 亿美元，其中出口和进口为 3 810 亿美元和 5 432 亿美元，分别占世界的 2% 和 2.8%；2 个海上丝绸之路国家和地区商品进出口达 7 893 亿美元，其中出口和进口为 3 230 亿美元和 4 663 亿美元，分别占世界的 1.7% 和 2.4%（表 11 - 11）。

38 个国家和地区合计商品进出口达 111 101 亿美元，其中出口和进口为 57 040 亿美元和 54 061 亿美元，分别占世界的 30% 和 28.3%；30 个海上丝绸之路国家地区合计商品进出口达 101 186 亿美元，其中出口和进口为 52 054 亿美元和 49 132 亿美元，分别占世界的 27.4% 和 25.7%（表 11 - 11）。

表 11 - 11　2014 年与 FTA 相关海上丝绸之路沿线国家贸易与涉外投资状况

单位：百万美元

	出口	进口	进出口	FDI		ODI	
				流量	存量	流量	存量
世界	19 002 000	19 091 000		1 228 283.3	24 626 455.4	1 354 337.2	24 602 826.0
中国	2 342 306	1 959 356	4 301 662	128 500.0	1 085 293.0	116 000.0	729 584.7

		出口	进口	进出口	FDI		ODI	
					流量	存量	流量	存量
	文莱	10 509	3 599	14 108	567.9	6 218.9	0.0	133.8
	柬埔寨	10 800	13 500	24 300	1 730.4	13 035.0	31.9	483.6
	印度尼西亚	176 293	178 179	354 472	22 579.6	253 081.7	7 077.3	24 052.3
	老挝	2 650	3 300	5 950	720.8	3 630.4	2.0	
	马来西亚	234 139	208 864	443 003	10 799.2	133 767.2	16 445.5	135 684.7
	缅甸	11 031	16 226	27 257	946.2	17 651.9		
	菲律宾	62 100	67 546	129 646	6 200.5	57 093.0	6 990.0	35 602.7
	新加坡	409 769	366 247	776 016	67 523.0	912 355.4	40 659.9	576 395.8
	泰国	227 574	227 952	455 526	12 565.7	199 310.9	7 691.5	65 768.7
	越南	150 475	149 261	299 736	9 200.0	90 991.3	1 150.0	7 490.0
	东盟合计	1 295 340	1 234 674	2 530 014	132 833.3	1 687 135.6	80 048.1	845 611.6
已签FTA的国家和地区	澳大利亚	241 222	236 919	478 141	51 854.2	564 608.2	−350.7	443 519.2
	中国香港	524 065	600 613	1 124 678	103 254.2	1 549 848.8	142 700.5	1 459 947.4
	中国澳门	1 241	11 396	12 637	3 046.1	26 746.9	461.7	2 277.3
	中国台湾	313 696	274 026	587 722	2 839.0	68 636.0	12 697.0	258 829.0
	冰岛	5 053	5 375	10 428	436.1	7 425.4	−247.3	7 955.3
	韩国	572 664	525 514	1 098 178	9 898.5	182 036.8	30 558.0	258 552.6
	新西兰	41 622	42 518	84 140	3 391.3	76 790.9	−4.1	18 677.7
	巴基斯坦	24 714	47 636	72 350	1 747.0	30 892.0	116.0	1 695.0
	18个海上丝绸之路国家和地区合计	3 019 617	2 978 671	5 998 288	309 299.6	4 194 121	265 979	3 297 065
	占世界（%）	15.9	15.6		25.2	17.0	19.6	13.4
	智利	75 674.847	72 159.057	147 833.9	22 949.206 5	207 677.991 7	12 999.031 3	89 732.843 7
	哥斯达黎加	1 1251.853	17 186.173	28 438.026	2 105.92	24 309.112	218.108	2 048.635
	秘鲁	39 532.683	42 346	81 878.683	7 606.632	79 428.788 13	83.763	4 205.431 871
	瑞士	311 203.425	275 741.665	586 945.09	21 914.313 3	681 849.155 8	16 797.585 3	1 130 614.7
	22个国家和地区合计	3 457 279.8	3 386 103.9	6 843 383.7	363 875.6	5 187 385.7	296 077.7	4 523 666.6
	占世界（%）	18.2	17.7		29.6	21.1	21.9	18.4

265

第十一章

区域贸易与投资合作

	出口	进口	进出口	FDI		ODI	
				流量	存量	流量	存量
巴林	20 470	13 910	34 380	957.4	18 771.3	−79.8	10 671.5
日本	683 846	822 251	1 506 097	2 089.8	170 615.1	113 628.8	1 193 136.6
科威特	104 250	31 484	135 734	485.8	15 362.4	13 108.4	36 530.5
马尔代夫	326	1 993	2 319	363.3	2 489.7		
挪威	143 893	89 185	233 078	8 682.5	185 620.3	19 246.6	213 947.5
阿曼	53 221	30 367	83 588	1 179.9	19 706.9	1 164.3	7 453.2
卡塔尔	131 716	34 600	166 316	1 040.4	31 004.1	6 748.4	35 182.3
沙特阿拉伯	353 836	163 000	516 836	8 012.0	215 908.8	5 396.0	44 698.7
斯里兰卡	11 295	19 417	30 712	944.2	10 511.0	66.8	607.0
阿联酋	360 000	262 000	622 000	10 065.8	115 561.2	3 071.8	66 297.5
10 个海上丝绸之路国家合计	1 862 853	1 468 207	3 331 060	33 821.13	785 550.82	162 351.26	1 608 524.91
占世界（%）	9.8	7.7		2.8	3.2	12.0	6.5
格鲁吉亚	2 861	8 593	11 454	1 279.1	12 241.2	201.8	1 514.2
11 个国家合计	1 865 714	1 476 800	3 342 514	35 100	797 792	162 553	1 610 039
占世界（%）	9.8	7.7		2.9	3.2	12.0	6.5
印度	321 596	463 033	784 629	34 416.8	252 331.4	9 848.4	129 578.1
斐济	1 373	3 250	4 623	278.9	3 713.4	0.8	50.8
2 个海上丝绸之路国家合计	322 969	466 283	789 252	34 697	256 045	9 849	129 629
占世界（%）	1.7	2.4		2.8	1.0	0.7	0.5
哥伦比亚	54 795	64 029	118 824	16 054	141 667	3 899	43 082
尼泊尔	889	7 561	8 450	29.56	541		
摩尔多瓦	2 339.5	5 317	7 656.5	207.39	3 646.88	41.17	178.25
5 国合计	380 992	543 190	924 182	50 987	401 899	13 789	172 889
占世界（%）	2.0	2.8		4.2	1.6	1.0	0.7
30 个海上丝绸之路国家和地区 合计	5 205 439	4 913 161	10 118 600	377 816	5 235 716	438 180	5 035 219
占世界（%）	27.4	25.7		30.8	21.3	32.4	20.5

行首标签（左侧栏）：
- 正在谈判 FTA 的国家
- 正在研究 FTA 的国家

		出口	进口	进出口	FDI		ODI	
					流量	存量	流量	存量
38 个国家和地区	合计	5 703 986	5 406 094	11 110 080	449 962	6 387 077	472 420	6 306 595
	占世界（%）	30.0	28.3		36.6	25.9	34.9	25.6

数据来源：根据联合国贸易发展会议网站数据库（www.unctad.org/stat）有关数据编制。

从投资情况看，2014 年，FTA 相关 38 个国家和地区的 FDI 流量和存量、对外投资流量和存量分别为 4 500 亿美元、63 871 亿美元、4 724 亿美元和 63 066 亿美元，分别占世界的 36.6%、25.9%、34.9% 和 25.6%。其中 30 个海上丝绸之路国家和地区 FDI 流量和存量、对外投资流量和存量分别为 3 778 亿美元、52 357 亿美元、4 382 亿美元和 50 352 亿美元，分别占世界的 30.8%、21.3%、32.4% 和 20.5%（表 11 – 11）。

22 个签署 FTA 国家和地区 FDI 流量和存量、对外投资流量和存量分别为 3 639 亿美元和 51 874 亿美元、2 961 亿美元和 45 237 亿美元，分别占世界的 29.6%、21.1%、21.9% 和 18.4%。其中 18 个海上丝绸之路国家和地区 FDI 流量和存量、对外投资流量和存量分别为 3 093 亿美元和 41 941 亿美元、2 660 亿美元和 32 971 亿美元，分别占世界的 25.2%、17%、19.6% 和 13.4%（表 11 – 11）。

11 个正在谈判 FTA 国家 FDI 流量和存量、对外投资流量和存量分别为 351 亿美元、7 978 亿美元、1 626 亿美元和 16 100 亿美元，分别占世界的 2.9%、3.2%、12.0% 和 6.5%。其中 10 个海上丝绸之路国家和地区 FDI 流量和存量、对外投资流量和存量分别为 338 亿美元、7 856 亿美元、1 624 亿美元和 16 085 亿美元，分别占世界的 2.8%、3.2%、12% 和 6.5%（表 11 – 11）。

2. 与 FTA 相关海上丝绸之路沿线国家和地区对华贸易及投资增长迅速

与中国签署、正在谈判和研究 FTA 国家同中国的商品进出口贸易增长迅速，已占据半壁江山且地位不断提升。2014 年，与 FTA 相关的 38 个国家和地区对华进出口、出口和进口分别高达 22 016 亿美元、11 564 亿美元和 10 453 亿美元，比 2010 年分别增长 61.2%、32% 和 45.9%；其中 30 个海上丝绸之路国家地区对华进出口、出口和进口分别达 20 855 亿美元、11 217 亿美元和 9 638 亿美元，增长 60.9%、29.3% 和 44.6%（表 11－12）。

22 个签署 FTA 国家和地区对华进出口、出口和进口分别达 16 128 亿美元、8 659 亿美元和 7 469 亿美元，增长 70%、40.3% 和 54.8%；其中 18 个海上丝绸之路国家和地区对华进出口、出口和进口分别达 15 517 亿美元、8 426 亿美元和 6 731 亿美元，增长 70.6%、38% 和 54.4%；同期东盟十国对华进出口、出口和进口分别达 2 721 亿美元、2 082 亿美元和 4 803 亿美元，增长 96.9%、34.6% 和 64%（表 11－12）。

2015 年中国出口、进口和进出口分别比上年下降 2.9%、14.2% 和 9.6%。38 个 FTA 相关国家和 30 个海上丝绸之路国家下降速度基本与全国降速相同，但 22 个 FTA 签署国家和地区与 18 个海上丝绸之路签署国家和地区对华进出口、出口和进口降速低于全国平均水平，分别只下降 2.4%、9.5%、7% 及 2.6%、9.8% 和 7.2%；东盟表现良好，对华出口增长 2%，进口和进出口只减少 6.9% 和 0.7%（表 11－12）。

表 11 –12　2010—2015 年中国与 FTA 相关国家和地区进出口贸易发展

单位：万美元

	2010 年			2014 年			2015 年		
	出口	进口	进出口	出口	进口	进出口	出口	进口	进出口
中国	157 775 432	139 624 401	297 399 832	234 229 270	195 923 465	430 152 734	227 494 984	168 195 089	395 690 073
文莱	36 761	66 433	103 194	174 681	18 972	193 653	140 881	9 722	150 603
柬埔寨	134 734	9 363	144 097	327 474	48 291	375 765	376 494	66 659	443 153
印度尼西亚	2 195 357	2 079 672	4 275 028	3 905 961	2 448 525	6 354 485	3 434 223	1 988 821	5 423 044
老挝	48 362	60 149	108 512	183 948	177 788	361 736	122 714	155 431	278 145
菲律宾	1 154 026	1 622 197	2 776 223	2 347 358	2 098 413	4 445 771	4 399 026	5 330 028	9 729 054
马来西亚	2 380 204	5 044 680	7 424 884	4 635 339	5 565 224	10 200 563	965 461	562 467	1 527 928
缅甸	347 552	96 655	444 207	936 765	1 560 128	2 496 893	2 667 336	1 897 614	4 564 950
新加坡	3 234 723	2 472 875	5 707 598	4 891 117	3 082 873	7 973 991	5 200 829	2 755 644	7 956 473
泰国	1 974 108	3 319 594	5 293 702	3 428 923	3 833 193	7 262 116	3 829 328	3 716 951	7 546 279
越南	2 310 154	698 454	3 008 608	6 373 001	1 990 640	8 363 641	6 612 391	2 894 176	9 506 567
东盟十国	13 815 981	15 470 072	29 286 054	27 204 566	20 824 048	48 028 614	27 748 683	19 377 513	47 126 196
澳大利亚	2 722 026	6 112 205	8 834 232	3 914 595	9 763 089	13 677 684	4 032 225	7 364 271	11 396 496
中国香港	21 830 205	1 226 042	23 056 247	36 307 714	1 262 137	37 569 852	33 083 568	1 276 725	34 360 293
中国澳门	214 080	12 355	226 435	359 286	21 241	380 527	459 260	18 536	477 796
中国台湾	2 967 449	11 573 865	1 4541 314	4 627 662	15 200 713	19 828 375	4 489 880	14 330 669	18 820 549
冰岛	7 101	4 140	11 241	14 376	5 976	20 352	12 501	6 607	19 108
韩国	6 876 626	13 834 885	20 711 512	10 033 345	19 010 877	29 044 222	10 129 640	1 7451 819	27 581 459
新西兰	276 450	376 292	652 741	473 794	950 553	1 424 347	492 097	658 390	1 150 487
巴基斯坦	693 760	173 102	866 862	1 324 448	275 387	1 599 835	1 645 040	247 670	1 892 710
海上丝绸之路18 个国家和地区	49 403 678	48 782 959	98 186 637	84 259 787	67 314 020	151 573 807	82 092 894	60 732 200	142 825 094
智利	802 463	1 795 308	2 597 771	1 301 750	2 098 588	3 400 338	1 329 110	1 859 432	3 188 542
哥斯达黎加	68 804	310 685	379 488	110 954	418 627	529 581	133 112	82 597	215 708
秘鲁	354 967	638 490	993 457	610 085	814 087	1 424 172	635 507	811 938	1 447 445
瑞士	303 115	1 703 924	2 007 039	308 848	4 044 052	4 352 900	316 712	4 109 849	4 426 561
22 个国家和地区合计	50 933 026	53 231 365	104 164 392	86 591 424	74 689 374	161 280 798	84 507 335	67 596 016	152 103 350

（签署 FTA 的国家和地区）

		2010 年			2014 年			2015 年		
		出口	进口	进出口	出口	进口	进出口	出口	进口	进出口
正在谈判FTA的国家	巴林	79 950	25 191	105 142	123 178	18 396	141 575	101 206	11 156	112 362
	日本	12 104 349	17 673 610	29 777 959	14 939 134	16 292 051	31 231 185	13 567 063	14 298 703	27 865 766
	科威特	184 859	670 836	855 695	342 872	1 000 496	1 343 369	377 329	749 528	1 126 857
	马尔代夫	6 348	5	6 352	10 399	38	10 437	17 266	18	17 284
	挪威	283 632	323 059	606 692	273 144	446 769	719 914	285 682	414 639	700 321
	阿曼	94 450	977 923	1 072 372	206 538	2 379 586	2 586 124	211 686	1 507 242	1 718 928
	卡塔尔	85 544	245 584	331 128	225 401	833 673	1 059 074	227 689	461 160	688 849
	沙特阿拉伯	1 036 644	3 282 905	4 319 549	2 057 524	4 850 803	6 908 327	2 162 284	3 003 529	5 165 813
	斯里兰卡	199 485	10 228	209 712	379 280	24 827	404 107	430 502	25 873	456 375
	阿联酋	2 123 534	445 155	2 568 689	3 903 451	1 576 336	5 479 786	3 702 989	52 020	3 755 009
	10 个海上丝绸之路国家合计	16 198 795	23 654 494	39 853 289	22 460 922	27 422 975	49 883 897	21 083 696	20 523 868	41 607 564
	格鲁吉亚	27 493	4 525	32 018	90 868	5 311	96 179	76 880	4 386	81 267
	11 个国家合计	16 226 288	23 659 019	39 885 308	22 551 789	27 428 286	49 980 076	21 160 576	20 528 254	41 688 831
正在研究FTA的国家	斐济	12 764	95	12 859	28 725	5 288	34 014	32 890	2 138	35 028
	印度	4 091 496	2 084 625	6 176 120	5 421 742	1 635 869	7 057 611	5 824 017	1 338 272	7 162 289
	2 个海上丝绸之路国家合计	4 104 259	2 084 720	6 188 979	5 450 468	1 641 157	7 091 625	5 856 907	1 340 410	7 197 317
	哥伦比亚	381 996	210 336	592 332	804 333	759 889	1 564 222	758 191	354 732	1 112 923
	尼泊尔	73 126	1 142	74 267	228 358	4 707	233 065	83 425	3 200	86 625
	摩尔多瓦	8 052	671	8 724	11 520	2 479	14 000	9 996	2 149	12 144
	5 个国家合计	4 567 433	2 296 869	6 864 302	6 494 679	2 408 232	8 902 912	6 708 519	1 700 491	8 409 009

	2010 年			2014 年			2015 年		
	出口	进口	进出口	出口	进口	进出口	出口	进口	进出口
30 个海上丝绸之路国家和地区合计	69 706 733	74 522 173	144 228 905	112 171 176	96 378 152	208 549 329	109 033 497	82 596 478	191 629 975
38 个国家和地区合计	71 726 748	79 187 253	150 914 001	115 637 892	104 525 893	220 163 785	112 376 430	89 824 761	202 201 190

数据来源：根据 2011—2015 年《中国统计年鉴》、中国海关网站有关数据编制。

FTA 相关国家和地区在中国进出口贸易中占据重要地位且呈上升趋势。38 个相关国家和地区与 30 个海上丝绸之路国家和地区占据中国进出口贸易的半壁江山，签署 FTA 的 22 个国家和地区与 18 个海上丝绸之路国家和地区占据三分之一份额。38 个国家和地区出口占中国进口比重由 2010 年的 45.5% 增至 2015 年的 49.4%，进口占中国出口比重则降至 53.4%，进出口占比由 50.7% 增至 51.1%；30 个海上丝绸之路国家和地区出口占中国进口比重由 44.2% 增至 47.9%，进口占中国出口比重则由 53.4% 降至 49.1%，进出口占比从 48.5% 降至 48.4%。但签署 FTA 国家和地区占比则呈上升趋势。同期 22 个签署国家和地区出口、进口和进出口占比分别由 32.2%、38.1% 和 35.0% 增至 37.1%、40.2% 和 38.4%；18 个海上丝绸之路国家和地区出口、进口与进出口占比分别由 31.3%、34.9% 和 33.0% 均增至 36.1%；东盟十国出口、进口和进出口占比分别由 8.8%、11.1% 和 9.8% 增至 12.2%、11.5% 和 11.9%（表 11 - 13）。这说明我国的自由贸易区战略是成功的。

表 11 - 13　2010—2015 年与 FTA 相关国家在中国进出口贸易中的地位（%）

	2010 年			2014 年			2015 年		
	出口	进口	进出口	出口	进口	进出口	出口	进口	进出口
中国	100.0	100.0	100.0	100.0	100.0	100.0	100.0	100.0	100.0

		2010 年			2014 年			2015 年		
		出口	进口	进出口	出口	进口	进出口	出口	进口	进出口
	文莱	0.0	0.0	0.0	0.1	0.0	0.0	0.1	0.0	0.0
	柬埔寨	0.1	0.0	0.0	0.1	0.0	0.1	0.2	0.0	0.1
	印度尼西亚	1.4	1.5	1.4	1.7	1.2	1.5	1.5	1.2	1.4
	老挝	0.0	0.0	0.0	0.1	0.1	0.1	0.1	0.1	0.1
	菲律宾	0.7	1.2	0.9	1.0	1.1	1.0	1.9	3.2	2.5
	马来西亚	1.5	3.6	2.5	2.0	2.8	2.4	0.4	0.3	0.4
	缅甸	0.2	0.1	0.1	0.4	0.8	0.6	1.1	1.1	1.2
	新加坡	2.1	1.8	1.9	2.1	1.6	1.9	2.3	1.6	2.0
	泰国	1.3	2.4	1.8	1.5	2.0	1.7	1.7	2.2	1.9
	越南	1.5	0.5	1.0	2.7	1.0	1.9	2.9	1.7	2.4
签署 FTA 的国家和地区	东盟十国	8.8	11.1	9.8	11.6	10.6	11.2	12.2	11.5	11.9
	澳大利亚	1.7	4.4	3.0	1.7	5.0	3.2	1.8	4.4	2.9
	中国香港	13.8	0.9	7.8	15.5	0.6	8.7	14.5	0.8	8.7
	中国澳门	0.1	0.0	0.1	0.2	0.0	0.1	0.2	0.0	0.1
	中国台湾	1.9	8.3	4.9	2.0	7.8	4.6	2.0	8.5	4.8
	冰岛	0.0	0.0	0.0	0.0	0.0	0.0	0.0	0.0	0.0
	韩国	4.4	9.9	7.0	4.3	9.7	6.8	4.5	10.4	7.0
	新西兰	0.2	0.3	0.2	0.2	0.5	0.3	0.2	0.4	0.3
	巴基斯坦	0.4	0.1	0.3	0.6	0.1	0.4	0.7	0.1	0.5
	海上丝绸之路18个国家和地区	31.3	34.9	33.0	36.0	34.4	35.2	36.1	36.1	36.1
	智利	0.5	1.3	0.9	0.6	1.1	0.8	0.6	1.1	0.8
	哥斯达黎加	0.0	0.2	0.1	0.0	0.2	0.1	0.1	0.0	0.1
	秘鲁	0.2	0.5	0.3	0.3	0.4	0.3	0.3	0.5	0.4
	瑞士	0.2	1.2	0.7	0.1	2.1	1.0	0.1	2.4	1.1
	22 个国家和地区合计	32.3	38.1	35.0	37.0	38.1	37.5	37.1	40.2	38.4

		2010 年			2014 年			2015 年		
		出口	进口	进出口	出口	进口	进出口	出口	进口	进出口
正在谈判FTA的国家	巴林	0.1	0.0	0.0	0.1	0.0	0.0	0.0	0.0	0.0
	日本	7.7	12.7	10.0	6.4	8.3	7.3	6.0	8.5	7.0
	科威特	0.1	0.5	0.3	0.1	0.5	0.3	0.2	0.4	0.3
	马尔代夫	0.0	0.0	0.0	0.0	0.0	0.0	0.0	0.0	0.0
	挪威	0.2	0.2	0.2	0.1	0.2	0.2	0.1	0.2	0.2
	阿曼	0.1	0.7	0.4	0.1	1.2	0.6	0.1	0.9	0.4
	卡塔尔	0.1	0.2	0.1	0.1	0.4	0.2	0.1	0.3	0.2
	沙特阿拉伯	0.7	2.4	1.5	0.9	2.5	1.6	1.0	1.8	1.3
	斯里兰卡	0.1	0.0	0.1	0.2	0.0	0.1	0.2	0.0	0.1
	阿联酋	1.3	0.3	0.9	1.7	0.8	1.3	1.6	0.0	0.9
	10 个海上丝绸之路国家合计	10.3	16.9	13.4	9.6	14.0	11.6	9.3	12.2	10.5
	格鲁吉亚	0.0	0.0	0.0	0.0	0.0	0.0	0.0	0.0	0.0
	11 国合计	10.3	16.9	13.4	9.6	14.0	11.6	9.3	12.2	10.5
正在研究FTA的国家	斐济	0.0	0.0	0.0	0.0	0.0	0.0	0.0	0.0	0.0
	印度	2.6	1.5	2.1	2.3	0.8	1.6	2.6	0.8	1.8
	2 个海上丝绸之路国家合计	2.6	1.5	2.1	2.3	0.8	1.6	2.6	0.8	1.8
	哥伦比亚	0.2	0.2	0.2	0.3	0.4	0.4	0.3	0.2	0.3
	尼泊尔	0.0	0.0	0.0	0.1	0.0	0.1	0.0	0.0	0.0
	摩尔多瓦	0.0	0.0	0.0	0.0	0.0	0.0	0.0	0.0	0.0
	5 国合计	2.9	1.6	2.3	2.8	1.2	2.1	2.9	1.0	2.1
30 个海上丝绸之路国家和地区合计		44.2	53.4	48.5	47.9	49.2	48.5	47.9	49.1	48.4
38 个国家和地区合计		45.5	56.7	50.7	49.4	53.4	51.2	49.4	53.4	51.1

数据来源：根据 2011—2015 年《中国统计年鉴》、中国海关网站有关数据编制。

FTA 相关国家和地区在中国 FDI 和 ODI 中的地位更重要，占比均在三分之二左右。38 个国家和地区 2014 年对华 FDI 流量、中国对其 ODI 流量和存量分别高达 992 亿美元、878 亿美元和 6 130 亿美元，占中国总量的 83%、71.3% 和 69.5%。22 个签署 FTA 国家和地区是重点，对华 FDI 流量、中国对其 ODI 流量和存量分别为 948 亿美元、854 亿美元和 5 949 亿美元，占中国总量 79.3%、69.4% 和 67.4%；其中 18 个海上丝绸之路国家和地区对华 FDI 流量、中国对其 ODI 流量和存量分别为 944 亿美元、853 亿美元和 5 934 亿美元，高占 79.0%、69.3% 和 67.2%。11 个正在谈判 FTA 的国家（主要是 10 个海上丝绸之路国家）相关指标分别为 44 亿美元、19 亿美元和 139 亿美元，占 3.7%、1.5% 和 1.6%（表 11 - 14）。这说明 FTA 与中国对外贸易和投资发展有很大的正相关性。

表 11 - 14 2014 年 FTA 相关国家和地区在中国投资中的地位

单位：万美元

| | | FDI 流量 | 中国对外投资 | |
			流量	存量
	中国	11 956 156	12 311 986	88 264 242
已签 FTA 的国家和地区	文莱	7 094	-328	6 955
	柬埔寨	312	43 827	322 228
	印度尼西亚	7 802	127 198	679 350
	老挝		102 690	449 099
	马来西亚	15 749	52 134	178 563
	缅甸	585	34 313	392 557
	菲律宾	9 707	22 495	75 994
	新加坡	582 668	281 363	2 063 995
	泰国	6 052	83 946	307 947
	越南	7	33 289	286 565
	东盟合计	629 976	780 927	4 763 253
	澳大利亚	23 853	404 911	2 388 226

続表

| | | FDI 流量 | 中国对外投资 | |
			流量	存量
已签FTA的国家和地区	中国香港	8 126 820	7 086 730	50 991 983
	中国澳门	55 057	59 610	393 074
	中国台湾	201 812	18 370	59 862
	冰岛			
	韩国	396 564	54 887	277 157
	新西兰	4 748	25 002	96 241
	巴基斯坦	2 323	101 426	373 682
	18 个海上丝绸之路国家和地区合计	9 441 153	8 531 863	59 343 478
	占中国（%）	79.0	69.3	67.2
	智利	625	1 629	19 583
	哥斯达黎加		−19	398
	秘鲁	39	4 507	90 798
	瑞士	33 953	3 364	38 766
	22 个国家和地区合计	9 475 770	8 541 344	59 493 023
	占中国（%）	79.3	69.4	67.4
正在谈判FTA的国家	10 个海上丝绸之路国家合计	441 332	164 138	1 335 096
	占中国（%）	3.7	1.3	1.5
	11 个海上丝绸之路国家合计	441 332	186 573	1 389 660
	占中国（%）	3.7	1.5	1.6
正在研究FTA的国家	2 个海上丝绸之路国家合计	5 082	28 002	352 719
	占中国（%）	0.0	0.2	0.4
	5 国合计	5 104	50 816	421 670
	占中国（%）	0.0	0.4	0.5

		FDI 流量	中国对外投资	
			流量	存量
30 个海上丝绸之路国家和地区	合计	9 887 567	8 724 003	61 031 293
	占中国（%）	82.7	70.9	69.1
38 个国家和地区	合计	9 922 206	8 778 733	61 304 353
	占中国（%）	83.0	71.3	69.5

数据来源：根据《2015 中国统计年鉴》的有关数据编制。

中国已经成为多数 FTA 相关国家和地区的主要（最大）贸易对象国。2014 年对华出口占其总出口比重超过 10% 的有 21 个国家和地区，其中 8 个国家和地区超过 30%。38 个国家和地区出口比重达 18.3%，其中 30 个海上丝绸之路国家和地区达 18.5%；22 个签署 FTA 国家和地区出口比重占 21.6%，其中 18 个海上丝绸之路国家和地区占 22.3%。进口占比中，27 个国家和地区超过 10%，其中 7 个超过 30%；38 个国家和地区合计达 21.4%，其中 30 个海上丝绸之路国家和地区达 22.8%；22 个签署 FTA 国家和地区达 25.6%，其中 18 个海上丝绸之路国家高达 28.3%（表 11 - 15）。

表 11 - 15　2014 年中国贸易与投资在相关国家和地区的比重（%）

		出口	进口	进出口	FDI	FDI 存量	对外投资流量
已签 FTA 的国家和地区	东盟合计	16.1	22.0	19.0	5.9	2.8	7.9
	18 个海上丝绸之路国家和地区合计	22.3	28.3	25.3	27.6	14.1	35.5
	22 个国家地区合计	21.6	25.6	23.6	23.5	11.5	32.0
正在谈判 FTA 的国家	10 个海上丝绸之路国家合计	14.7	15.3	15.0	4.9	1.7	2.7
	11 个海上丝绸之路国家合计	14.7	15.3	15.0	5.3	1.7	2.7

		出口	进口	进出口	FDI	FDI 存量	对外投资流量
正在研究 FTA 的国家	2 个海上丝绸之路国家合计	5.1	11.7	9.0	0.8	1.4	0.5
	5 国合计	6.3	12.0	9.6	1.0	1.0	0.4
30 个海上丝绸之路国家和地区合计		18.5	22.8	20.6	23.1	11.7	22.6
38 个国家和地区合计		18.3	21.4	19.8	19.5	9.6	21.0

数据来源：根据联合国贸发网站数据库（www.unctad.org/stat）及《2015 中国统计年鉴》有关数据编制。

FTA 相关国家与地区对华贸易增长率明显高于其本身进出口增长率。2014 年与 2010 年相比，38 个国家和地区出口增长 23.8%，而对华出口则增至 32%；其中海上丝绸之路 30 个国家和地区自身出口增长 22.5%，而对华出口则增 29.3%。特别需要指出的是，与中国签署 FTA 的国家对华进出口贸易增速大大超过其自身增长。同期东盟十国出口增速为 23.3%，而对华出口增速高达 34.6%，多出 11.3%；22 个签署 FTA 国家和地区出口增速为 24.8%，而对华出口则增长 40.3%，多出 15.5%；其中 18 个海上丝绸之路国家和地区出口增长 22.9%，而对华出口则增长 38%，增速多出 15.1%（表 11-16），若扣除对中国出口增长部分，则差距更为明显。这说明 FTA 明显有利于促进海上丝绸之路国家与中国的贸易和投资的发展。

表 11-16 2010—2014 年 FTA 相关国家对外贸易及与中国进出口增长（%）

		自身对外贸易			与中国贸易		
		出口	进口	进出口	出口	进口	进出口
	世界	24.1	23.3				
	中国	48.5	40.3	44.6	48.5	40.3	44.6
签署 FTA 的国家和地区	东盟	23.3	29.6	26.3	96.9	34.6	64.0
	海上丝绸之路 18 国家和地区	22.9	27.1	24.9	70.6	38.0	54.4
	22 个国家和地区	24.8	29.1	26.9	70.0	40.3	54.8

		自身对外贸易			与中国贸易		
		出口	进口	进出口	出口	进口	进出口
正在谈判 FTA 的国家	海上丝绸之路 10 国	18.9	28.2	22.8	38.7	15.9	25.2
	11 国	19.0	28.3	22.9	39.0	15.9	25.3
正在研究 FTA 的国家	海上丝绸之路 2 国	42.6	32.4	36.4	32.8	−21.3	14.6
	5 国	41.9	35.3	37.9	42.2	4.8	29.7
海上丝绸之路 30 个国家和地区合计		22.5	27.9	25.0	60.9	29.3	44.6
38 个国家和地区合计		23.8	29.5	26.5	61.2	32.0	45.9

数据来源：根据联合国贸发网站数据库（www.unctad.org/stat）及《2015 中国统计年鉴》有关数据编制。

（四）中国 FTA 发展中存在的主要问题

中国与相关 FTA 海上丝绸之路沿线国家贸易与投资发展中存在诸多问题需要改进。主要表现在：

一是严重贸易差额问题。在 FTA 相关 38 个国家和地区中，只有与中国共同研究 FTA 的 5 个国家 2010—2015 年自身每年都存在贸易逆差，其他国家和地区自身进出口都处于顺差地位。尽管 2010 年中国顺差额高达 1 815 亿美元，但除了与签署 FTA 的 18 个海上丝绸之路国家和地区及共同研究 FTA 的 5 个国家分别有 621 亿美元和 227 亿美元顺差外，中国与其他国家和地区均处于逆差地位。与 38 个相关国家和地区逆差总额达 746 亿美元，其中 30 个海上丝绸之路国家和地区达 481 亿美元。2014 年中国贸易顺差增至 3 831 亿美元，比 2010 年增长 111%。除与谈判 FTA 的 10 个海上丝绸之路国家（主要是中东石油输出国）有 496 亿美元逆差外，中国与其他国家和地区均处于贸易顺差状态。38 个国家和地区顺差额达 1 111 亿美元，其中 30 个海上丝绸之路国家和地区高达 1 579 亿美元。2015 年中国贸易顺差更是达到创纪录的 5 930 亿美元，比上年增加 54.8%。中国与 FTA 相关国家都保持贸易顺差状况。38 个国家和地区顺差额达 2 255 亿美元，其中海上丝绸之路 30 个国家和地区高达 2 643 亿美元，签署 FTA 的 18 个海上丝绸之路国家和地区高达 2 136 亿美元，分别相当于中国顺差总额的 38%、44.6% 和 36%（表 11 – 17）。

表 11 – 17　2010—2015 年中国与 FTA 相关国家和地区进出口贸易差额的变化

		自身贸易差额（百万美元）			中国贸易差额（万美元）		
		2010 年	2014 年	2015 年	2010 年	2014 年	2015 年
	中国	181 507	383 060	592 998	18 150 731	38 305 805	59 299 895
签署 FTA 的国家和地区	东盟	96 937	59 567	71 794	− 1 654 091	6 380 519	8 371 170
	海上丝绸之路 18 个国家和地区合计	112 099	38 614	107 069	620 720	16 945 767	21 360 694
	22 个国家和地区合计	144 980	68 844	135 821	− 2 298 339	11 902 050	16 911 319
正在谈判 FTA 的国家	海上丝绸之路 10 国合计	434 886	412 552	113 782	− 7 455 699	− 4 962 054	559 828
	11 国合计	431 306	406 820	108 262	− 7 432 731	− 4 876 497	632 322
正在研究 FTA 的国家	海上丝绸之路 2 国合计	− 124 848	− 142 093	− 126 569	2 019 540	3 809 310	4 516 497
	5 国合计	− 132 212	− 160 977	− 152 616	2 270 564	4 086 447	5 008 028
海上丝绸之路 30 个国家和地区合计		422 137	309 073	94 282	− 4 815 440	15 793 024	26 437 019
38 个国家和地区合计		444 074	314 687	91 467	− 7 460 506	11 112 000	22 551 669

数据来源：根据联合国贸发网站数据库（www. unctad. org/stat）及《2015 中国统计年鉴》、中国海关网站有关数据编制。

二是中国签署的 FTA 多停留在商品关税减让和减少非关税壁垒，包含服务贸易、投资、金融、人力资源等领域合作较少。中国 – 巴基斯坦 FTA 第二阶段谈判努力提升双边自由贸易与投资水平。2015 年 11 月 22 日，中国 – 东盟自贸区升级谈判成果文件《议定书》签署。《议定书》是我国在现有自贸区基础上完成的第一个升级协议，涵盖货物贸易、服务贸易、投资、经济技术合作等领域，是对原有

279

第十一章　区域贸易与投资合作

协定的丰富、完善、补充和提升，体现了双方深化和拓展经贸合作关系的共同愿望和现实需求。

专栏 11－2

贸易赤字促使巴基斯坦与中国重新签订自贸协定

据巴基斯坦《新闻报》9 月 3 日报道，巴基斯坦商务部邀请卡拉奇工商会对正在进行的中巴第二轮自贸协定谈判提建议，卡拉奇工商会主席沃拉（Iftikhar A Vohra）建议政府通过新自贸协定减少来自中国的制成品和半制成品进口。

沃拉表示，中巴是好朋友，现在又在合作进行中巴经济走廊建设，但巴基斯坦确实未因签订中巴自贸协定而获得好处。实际情况是，在巴基斯坦与中国、马来西亚以及斯里兰卡签订的三个自贸协定中，除斯里兰卡外，另两个自贸协定均使巴基斯坦贸易赤字状况更加恶化。以中国为例，从 2007 财年到 2014 财年，虽然双边贸易增长了 262%，但巴基斯坦对中国贸易赤字扩大了 112%。对于很多巴基斯坦拥有竞争优势的产品，政府并未能够争取到关税豁免或足够的关税减让。沃拉表示，目前中巴贸易有巨大的差距，巴基斯坦主要出口低附加值的原材料产品，如棉纱、鱼货、皮革、大理石、水果蔬菜等。而中国出口产品范围广泛，从原材料到高科技产品都包括在内。中巴自贸协定签署后，来自中国的很多产品如轮胎、瓷砖、复合纤维、电子产品以及化工品等迅速占领了巴基斯坦国内市场。这对巴基斯坦国内工业发展造成了损害。正如国家税务委员会（NTC）主席扎拉（M Abbas Raza）所说，自贸协定应建立在互惠互利的基础上，但国内产业的特殊需求也应充分考虑。

三是中国目前 FTA 数量少、区域局限性大、谈判进程缓慢。目前签署的 10 个 FTA 协议包含 21 个国家和地区（两岸协议没有列在 WTO 的 RTA 通知中），主要分布在东亚（1 国、2 个地区）、东南亚

（10 国）、南亚（1 国）、南太平洋（2 国）、欧洲（2 国）和拉丁美洲（3 国），没有非洲国家。而欧洲发达国家（各 103 国）、欧盟（65 国）、新加坡（63 国）、埃及（61 国）、韩国（59 国）、墨西哥（58 国）、菲律宾（53 国）、印度（52 国）、巴基斯坦（51 国）、泰国（48 国）、马来西亚（48 国）、印度尼西亚（48 国）和缅甸（48 国）、巴西（46 国）签署的 FTA（RTA）数量及涉及的国家和地区大大超过中国。已开展谈判 FTA 考量因素太多，谈判进程缓慢。一些研究的 FTA 过分强调模型的作用，考虑双边国家国情不够。

四是贸易与投资高度集中于少数几个国家和地区。2014 年中国香港占中国 FDI 流量、ODI 流量和存量的 68%、57.7% 和 57.8%；进出口贸易主要集中于中国香港、日本、韩国、中国台湾和一些东盟国家和地区。

四、命运多舛的 TPP 协议及其对中国的潜在影响

（一）TPP 的产生背景及其主要内容

TPP（跨太平洋伙伴关系协议，Trans－Pacific Partnership Agreement）前身是跨太平洋战略经济伙伴关系协定（Trans－Pacific Strategic Economic Partnership Agreement），由亚太经济合作组织成员国中的新西兰、新加坡、智利和文莱四国发起，从 2002 年开始酝酿的一组多边关系的自由贸易协定。2010 年 3 月美国开始牵头 TPP 谈判并扩员，共举行了 20 轮谈判。2015 年 10 月 5 日，TPP 谈判取得实质性突破，美国等 12 国就 TPP 达成一致。TPP 将对近 18 000 种类别的商品降低或减免关税。2016 年 2 月 4 日，美国、日本、澳大利亚、文莱、加拿大、智利、马来西亚、墨西哥、新西兰、秘鲁、新加坡和越南 12 个国家在新西兰的奥克兰市正式签署了 TPP 协议。

TPP 是一个涵盖广泛领域的高水平的自由贸易协定。TPP 的条款共 20 条，主要内容如下：贸易自由化和便利化；海关程序、原产地规则、动植物检验检疫、贸易技术壁垒和贸易救济；消除非关税壁垒；服务贸易自由化；政府采购；知识产权保护；战略合作；竞争政策和争端解决机制；补充协定（《关于劳动合作的备忘录》和《环境合作协定》）等。

2017 年 1 月 20 日，美国新任总统特朗普就职当天宣布从 TPP 中退出，并于 2017 年 1 月 23 日在白宫签署行政命令，标志美国正式退出 TPP，特朗普政府将与美国盟友和其他国家发掘双边贸易机会。尽管如此，定位于"高标准、全面的自由贸易协定"仍可能代表未来自由贸易协定的一种趋势，值得认真研究分析。

（二）TPP 的可能影响

2014 年 12 个 TPP 参与国合计 GDP 总量达 28 万亿美元，人口超过 8 亿，商品出口 4.38 万亿美元，进口 5.24 万亿美元，分别占世界的 40%、12%、23% 和 27.5%。GDP 和人口超过欧盟，进出口贸易额仅次于欧盟。在 12 个成员中，日本、澳大利亚、新西兰、马来西亚、越南、新加坡和文莱 7 国属于海上丝绸之路沿线国家。

根据美国彼得森国际经济研究所 2012 年 11 月份发表的《TPP 与亚太一体化的量化分析》（The Trans – Pacific Partnership：A Quantitative Assessment）计算的结果，"亚太自由贸易区"（FTAAP）如果采用 TPP 路径，可以给 TPP 成员额外增加 4 917 亿美元收益，给"区域全面经济伙伴关系"（RCEP）成员带来 10 825 亿美元收益；如果用 RCEP 路径，则分别带来 2 459 亿美元和 6 286 亿美元收益。可见 TPP 具有明显优势。进而，通过 TPP 路径，可以给整个 APEC 带来 25 171 亿美元额外收益，而通过 RCEP 只能带来 14 107 亿美元收益；给整个世界则分别带来 23 585 亿美元和 13 151 亿美元收益。

报告表明，TPP 是通往 APEC 亚太自贸区目标的最佳路径，也将给世界带来最大收益。但另有报告表明，TPP 只能给成员国带来 2 300 亿美元的额外收益，RCEP 则可带来 6 420 亿美元收益，差不多是前者的 3 倍。

TPP 若成功实施，很可能将吸引 APEC 成员中尚未加入的纷纷加入，包括韩国、泰国、印度尼西亚、菲律宾、我国台湾和香港，增至 18 个，只剩中国、俄罗斯和巴布亚新几内亚在外面。若不采取反制措施，很可能在构建 FTAAP 中，TPP 占据主导地位。也可能吸收中美洲和南美洲其他国家参加。

TPP 致力于在整个亚太地区取得广泛影响，从而能够对中国和亚太其他地区经济发展方面建立起某些规范。诚然，如果 TPP 能如预期设想一样，毫无疑问，TPP 协议中所覆盖的各项议题将大大加强和深化其成员国间的贸易和投资联系。值得指出的是，TPP 的影响并不仅限于其成员国，它还会在亚太地区乃至全球范围内对包括中国在内的各国的贸易结构和构成方式、WTO 的多边贸易体制、美国在亚太地区战略利益等产生重大影响。

TPP 是一种全新的贸易安排。它不同于以往的双边或者多边自由贸易协定这一普通模式，也不同于多边的关税同盟，而是一种史无前例的自由贸易安排（自由贸易区）。TPP 可以被认为是一种自由贸易协定，但是又不仅仅是纯粹的贸易方面的协定。对比 TPP 和现有的其他经贸合作机制，我们不难看出，两者之间具有很大的重叠性。这也就意味着，TPP 的最终建成将会对包括 APEC 在内的其他经贸合作机制产生替代性，后者将会面临着被架空的风险。在谈判中，美国和其他 TPP 成员国寻求建立一种"全面、面向新时代的区域协定，从而放宽在贸易和投资方面的限制，应对传统的贸易问题和 21 世纪的挑战"。当然，TPP 条款里暗含"排他"和"软"歧视的做法有悖于 WTO 的相关规则。作为重返亚太和"再平衡"战略的一个重要部分，美国力推 TPP 是为了防止出现美国在亚太区域合作进程中被边缘化，TPP 在得到美国的力推和支持后的快速发展反映了亚太地区实力格局的变化和发展。

TPP 不乏政治色彩，也从侧面印证了亚太地区国家间的战略博弈，表现出的是在亚太地区一体化进程主导权和规则制定权的争夺。

美欧是否会联手以 TPP/TTIP 为基础，在 WTO 发动新一轮全球多边贸易谈判，以此为基础构建 21 世纪贸易规则。可能性存在，但成功希望很小。根本原因在于世界的多样性和巨大的差异性。能够获得大多数国家和地区支持的经济贸易规则必须是包容的，而不是单纯高标准的。另外，TPP 包含内容太多，很多不在 WTO 范围之内，很难被许多 WTO 成员接受；TPP 谈判也很仓促，有很多政治考量及歧视性规定，很多内容没有经过很好的设计，很难在 WTO 成员中通过；根据 WTO 规则，中国、印度等国家很容易否决美国的这种做法。

（三）TPP 对中国的影响

1. TPP 成为美国实施新遏制中国战略的重要手段

众所周知，TPP 本是亚太四个小型经济体间的自由贸易协议（P4），其影响力是微不足道的，然而如今却成为推动亚太区域甚至全球范围自由贸易发展的发动机，其背后的关键因素则是美国的积极推动。美国于 2009 年高调加入 TPP，其目的不言自明：美国力推 TPP 谈判与其"亚太再平衡"战略密不可分，有着其政治、经济以及战略等方面的现实考量，其中遏制中国的快速崛起是其主要目标之一。在国际关系领域，政治问题和经济问题总是相互联结，相互影响，密不可分。因此，TPP 除了在某种程度上给美国等带来经济福利以外，更多的其实就是一场地缘政治的作秀，是其权力运作的一个工具而已，以实现遏制中国、建立亚太新霸权的战略目的。然而跟之前的冷战思维不同，TPP 成为 2008 年全球金融危机以来，美国实施新遏制中国的重要战略手段，这可以从经济与政治两个角度进行分析。

客观地说，TPP 协议也是一个经济层面的区域多边合作协议，因此，经济利益的驱使是美国推动 TPP 谈判最直接，最客观的动因。TPP 正是美国进入亚太地区，打开亚太市场的一种方式，有利于改善美国的贸易环境，促进美国与亚太国家间的经济贸易合作。然而深层次分析可以看出，美国更高远的目标在于：通过建立一个排除中国的多边协议组织 TPP，遏制中国的经济发展，进而确保美国的全球经济霸主地位。

因此，鉴于中国在东亚地区进而整个亚太地区的经济主导地位逐渐上升，美国主导 TPP 机制正为其提供了一个"合法"进入东亚地区的经济平台，它以一种具有高标准、高质量的全新自由贸易机制参与到亚太地区经济合作进程中，以一种竞争性的机制来削弱甚至架空目前在亚洲地区运作的"10＋1""10＋3""10＋6"以及东亚峰会等区域合作机制，进而扭转之前美国被排除在亚太市场之外的不利局面，最终寻求在亚太市场上拥有更大发言权，主导区域经济合作秩序，从而绝对避免再出现一个排除美国在外的地区贸易机制，最终阻碍甚至削弱中国经济发展，来维护其全球经济霸主的地位。

就像其他的贸易机制一样，TPP 并不是一个单纯的经济贸易协议，它有着地缘政治的考量。从地缘政治的角度看，美国此次力推 TPP 的战略目标非常明确，即加深美国在亚洲地区的存在，从而减弱中国在亚洲地区的政治及经济影响力。在后冷战时期，美国一方面依然依赖于其在冷战期间构建的军事同盟来维护其在东亚太平洋地区的霸权，另一方面通过加强区域经济合作的方式来加深其与地区国家间政治和文化联结，强化既有联盟体系，重新分化和组合亚太地区现有的权力结构，防止权力结构失衡而危及美国的利益。在亚洲经济市场不断发展壮大之时，美国主导 TPP 的实质则是利用亚太地区的一种"经济福利"来达到遏制中国的目的。

2. TPP 对中国经济的影响有限

目前，TPP 各方尚未确定货物贸易和服务贸易的最终开放程度，但在 TPP 的蓝本中拟定 2017 年所有产品将实施零关税，而美国现有的自由贸易协定如美韩（99%）、美澳（99%）、美智（100%）和 RAFTA（99%）的零关税占比均在 97% 以上，预计 TPP 很有可能推动在货物贸易领域零关税，例外产品及降税过渡期可能非常有限。

与 TPP 现有及潜在成员相比，我国的总体关税水平较高，其中非农产品平均关税为 8.7%，仅低于越南；农产品平均关税 15.6%，仅低于韩国、日本和越南。在我国目前所签署的自由贸易协定中，除中国–巴基斯坦 FTA 外，零关税产品税目占比均在 90% 左右，但我国例外产品较多。此外，我国在 FTA 中设置的过渡期也比较长，立即取消关税的比例很小。客观而言，未来 TPP 低关税在短期内将迫使我国面临较大的关税调整压力，尤其是在农产品方面。

TPP 成员国是我国重要的贸易伙伴。2014 年我国与 12 个成员国的进出口贸易额达 1.43 万亿美元，占我国贸易总额的 33.3%，其中出口 8 314.6 亿美元，进口 6 011.8 亿美元，分别占 35.5% 和 30.7%。不可否定，若 TTP 成功实施，对中国纺织服装等一些传统劳动密集型产业有一定影响。我国对美国一些出口可能被越南等国替代。2014 年我国对美国出口达 3 961 亿美元，占我国出口总额的 16.9%。

但应该看到，TPP 的成功实施有一定难度。首先，美国国内对 TTP 仍有较大分歧。新任总统特朗普明确表示反对。民主党和共和党都有反对声音，国会顺利通过难度很大。其次，由于涉及内容过于庞杂且谈判时间太短，即使美国国会通过，TPP 的实施在美国及许多成员国将大打折扣；另外，美日 FTA 谈判旷日持久仍没签署，日本出于对华遏制的政治考虑勉强签署了 TPP，但能否全面有效执行有待观察。

需要关注的是，TPP 12 个成员国中相互之间签署了许多自由贸易协定（FTA），这使 TPP 的贸易替代和创造效应受到了较大影响。

特别需要指出的是，没有中国参与的 TPP 恐怕难以真正成功。据美国官方统计，2014 年，美国与 TPP 其他 11 个参加国商品贸易额为 16 100 亿美元，占其全球贸易的 40.6%。其中与加拿大和墨西哥两国贸易额为 11 945 亿美元，占 74%；与其他 9 国贸易额 415 亿美元，仅占 1/4。根据中国统计，2014 年中国与美国、加拿大和墨西哥以外 9 国进出口贸易额为 7 789 亿美元，占中国与 12 个 TPP 成员国贸易额的 54.4%（其中出口 3 731.3 亿美元，占 44.9%，进口 4 057.6 亿美元，占 67.5%），为美国与它们贸易额的 1.88 倍；中国是许多 TPP 成员国的重要贸易伙伴。2014 年中国对其进出口贸易额比重超过 10% 的有 10 个国家（加拿大和墨西哥除外），超过 20% 的有日本、马来西亚、越南、澳大利亚和智利；除加拿大和墨西哥外，中国出口占其进口比重超过 10% 的有 10 个国家，其中马来西亚、越南和文莱超过 20%；中国进口占其出口超过 10% 的有 7 国（新加坡、文莱、美国、加拿大和墨西哥除外），超过 20% 的有 6 国（日本、马来西亚、澳大利亚、新西兰、秘鲁和智利）。中国已经成为大多数 TTP 成员国的最大贸易伙伴。另外，中国已经成为世界制造包括产业链中心，这在较长时间内不可能被越南等国替代。中国同澳大利亚、东盟（新加坡、越南、马来西亚和文莱是 TPP 成员）、新西兰、智利和秘鲁即 TPP 的 8 个成员国已经签署了 FTA。另外，2014 年，美国与中国贸易额为 5 551 亿美元，很难被他国取代。从发展前景看，根据国际货币基金组织的统计，美国的 GDP 将由 2014 年的 17.4 万亿美元增至 2020 年的 22.3 万亿美元，增长 28.5%。12

个 TPP 成员的 GDP 将由 28 万亿美元增至 34 万亿美元，增加 60 001 亿美元，增长 21.5%，而同期中国 GDP 由 10.4 万亿美元增至 17.1 万亿美元，增长 65.1%，大大超过 12 国总和。

五、对策与建议

（一）以试点推动合作水平的不断深化

与海上丝绸之路沿线国家建立命运、责任和利益共同体是"一带一路"建设的重点。应从海上丝绸之路 56 个重点友好国家中选择一批国家（如马达加斯加等）作为试点。首先帮助制定这些国家的发展战略与规划，与"一带一路"建设对接，支持、促进这些国家的经济社会发展，迅速提升经济发展水平（包括 GDP 和人均 GDP）；其次，通过加大对其援助、产能合作等，促进贸易与投资发展，实现优势互补、互利共赢、共同发展、共同繁荣，使之成为"一带一路"建设成功合作的典范。

（二）加快实施自由贸易区战略 加快构建开放型经济新体制

首先，宜提升现有 FTA 水平。促进与新西兰、澳大利亚、韩国、巴基斯坦、冰岛等 FTA 向综合性 FTA 发展。

其次，宜加快 RCEP 谈判。目前，RCEP 谈判进程正处于关键的十字路口，需要加大推进力度。一是在 RCEP 谈判进程中夯实东盟中心地位，尊重东盟在推动 RCEP 的进程中发挥主导作用。二是推进本地区平行的 FTA 谈判。RCEP 建立在 5 个 "10＋1" FTA 基础上，要进行自贸协定的整合，难点在于某些重要自贸协定的缺失，例如中日韩 FTA。中日韩自贸区是区域内三个最大的经济体，实现中日韩 FTA，将是 RCEP 进一步发展的重要推动力，这也有助于在

新战略、新愿景、新主张
——建设 21 世纪海上丝绸之路战略研究

未来稳定三国政治关系。然而区域内地缘政治的变化，使得中日韩FTA的实现将面临很多困难。目前中韩自贸区已经完成实质性谈判，这将有利于中日韩FTA和RCEP谈判的进一步推进。三是赋予RCEP谈判方式新的活力。目前RCEP谈判采用"东盟方式"，同时强调"一致性"和"灵活性"，导致谈判进展缓慢。宜放宽"一致性"原则，制定明确议程和谈判时间表。四是引入"试点项目"以维持谈判势能。为消除16个国家的分歧和差异，除了给东盟部分最不发达国家提供特殊政策外，可以考虑选择一些更易实现、易谈成的"试点项目"入手，让各方看到收益的前景而为下一步谈判增添动力。这将有利于进一步推进RCEP谈判，避免小国和发展中国家对谈判失去兴趣和信心，从而陷入谈判僵局。

第三，加快与海湾合作组织6国、挪威、日本、韩国、斯里兰卡、马尔代夫FTA谈判。争取在1~2年签署FTA，促进相互贸易与投资的发展。

第四，将与印度、斐济等共同研究的FTA尽快转化为FTA谈判。

第五，参照欧盟、美国开展区域性FTA（如NAFTA、TPP）的做法，考虑海上丝绸之路沿线国家的国情和经济发展水平，以优势互补、互利共赢、共同发展为原则，推出跨海上丝绸之路（或"一带一路"）伙伴关系协议（Trans–Road Partnership Agreement，TRPA或Trans–Belt & Road Partnership Agreement，TBRPA）。

第六，积极开展与海上丝绸之路沿线其他国家的FTA研究与谈判。这些国家包括欧盟、塞尔维亚、以色列、土耳其、孟加拉国、伊朗、伊拉克、非洲（如马达加斯加、厄立特里亚、埃及、坦桑尼亚、尼日利亚、摩洛哥、肯尼亚、南非、津巴布韦、莫桑比克、安哥拉、毛里求斯等）等（表11–18）的FTA研究与谈判，构建新型跨海上丝绸之路（或"一带一路"）伙伴关系协议。

表 11 −18   海上丝绸之路沿线部分国家签署 FTA 涉及国家和地区数

国家和地区	签署 FTA（RTA）涉及国家和地区数（个）	国家和地区	签署 FTA（RTA）涉及国家和地区数（个）
阿尔及利亚	42	摩洛哥	58
安哥拉	20	莫桑比克	58
孟加拉国	51	尼日利亚	52
埃及	61	巴布亚新几内亚	15
厄立特里亚	15	塞尔维亚	25
埃塞俄比亚	15	南非	17
伊朗	42	苏丹	64
伊拉克	51	坦桑尼亚	58
以色列	21	土耳其	30
肯尼亚	15	赞比亚	20
马达加斯加	4	津巴布韦	59
毛里求斯	24	欧盟	65

数据来源：WTO 网站 RTA 数据库。

（三）建立特别优惠制度和鼓励进口措施

目前，欧洲、美国和日本等发达国家和地区对许多发展中国家建立了非互惠的普遍优惠制（GSP），对这些国家的一些产品给予进口关税减让等优惠待遇，并通报给 WTO，为促进发展中国家对其出口做出了贡献。作为全球第二大贸易国，我国应参照这一做法，创新优惠贸易安排（PTA），针对低收入发展中国家尤其是 48 个最不发达国家（包括海上丝绸之路沿线国家）建立非互惠的特别优惠制（Special System of Preferences，SSP），给予它们更多产品进口减免关税待遇，并通报给 WTO，以促进这些国家与我国贸易的发展。

另外，我国对海上丝绸之路沿线许多国家尤其是发展中国家存在较大的贸易顺差，应采取积极措施，如给予特殊减免进口税待遇，增加进口许可证和配额，中国进出口银行加大进口优惠信贷，建立支持进口基金等措施，支持从这些国家进口产品，促进贸易可持续发展。

第十二章
区域人文交流与合作

    21 世纪海上丝绸之路就是以海上经济合作走廊为依托，以人文交流为纽带，建设我国同沿线各国经贸和文化交流的大通道。加强各国之间的人文交流与合作，从而为区域经济合作夯实民意基础、提供民意支持，有利于推进各国人民相互了解和理解、相互支持和帮助，有利于增进国家间的友谊与互信。抓住战略机遇期，因地制宜地创新人文交流与合作机制，深化区域人文项目交流与合作，广交朋友，对外介绍我国的内外方针政策，讲好中国故事，让命运共同体意识在沿线国家落地生根。

一、我国与沿线国家人文交流有待深化

随着我国的日益开放，我国与海上丝绸之路沿线国家之间的人文交流范围不断拓展，规模不断扩大，并取得丰硕的成果。但是，由于地区形势和国际格局急剧变化，加上历史遗留问题的叠加影响，使得人文交流的深化和成果的巩固面对很大挑战。

（一）"人文交流"的内涵及价值体现

根据现有文献记载，"人文"一词最早出现于《易经》中"贲卦"的彖辞："刚柔交错，天文也。文明以止，人文也。观乎天文，以察时变；观乎人文，以化成天下。"而在西方，"人文"一词，其含义则更为具体，"指以观察、分析和批判来探讨人类情感、道德和理智的学科和知识总称，比如哲学、文学、艺术、历史和语言等"。而"交流"一词，指的是人与人之间的互动与沟通。一般说来，"人文交流"包含三个层面的交流，即人员交流、思想交流和文化交流，其目的是促进国家之间人民的相互了解与理解，从而塑造区域文化认同、价值认同，最后达成区域性经济、政治合作合法性的支持。

在现代国际关系体系中，人文交流是仅次于政治安全合作、经济贸易合作后推动国家间关系发展的第三推动力。人文交流与公共外交相互促进和补充，构成文化外交和民间外交。但人文交流不等同于公共外交。人文交流由政府和民间双向推动，其范围更广，手段更丰富，对象更多元，对双边关系起着"润物细无声"的作用。"人文交流以人文领域中相关内容的传播、交流与沟通为主要内容，通过人文相关领域的交流与合作来影响外国受众，它是促进国家间友好合作的重要载体和工具。在理念方面，它是既包含了以人为本的普世性价值，又有着中华文化的个性化内涵"。与政治交流和经贸交流相比，人文交流具有自身独特优势，"人文交流是人与人之间沟通情感和心灵的桥梁，是国与国加深理解与信任的纽带，它比政治交流更久远，比经贸交流更深刻，它同其他外交交流手段相比更具有基础性、先导性、广泛性和持久性"。

在推进21世纪海上丝绸之路建设的当下，我国必须更加积极主动发展与沿线国家的关系，加强我国在区域合作事务中的话语权，构建对我有利的国际舆论环境，增进彼此互信。在开展人文交流时要秉承亲、诚、惠、容的思想理念，要坚持以政府为主导，以社会组织为主体，充分体现共建、共商、共享的交往原则，努力塑造我国"负责任大国"形象，向各国人民提供公共产品。

（二）合作范围及其作用

海上丝绸之路沿线国家文化习惯、宗教信仰和经济水平等存在差异，我国与各国开展人文交流时应采取个性化的方案和机制框架，尊重差异性，强化共同点，着重在教育、科技、医疗和体育等方面开展务实合作，它们在人文交流中发挥着各自独特的魅力和作用。

1. 教育交流

教育是人文交流的重要载体，是培养人文修养、传承人文精神和人民力量的重要途径。教育交流包含高等教育、中等教育和初级教育等各层级和类别的教育交流。当前我国与海上丝绸之路沿线国家的教育交流侧重于高等教育交流，在语言教学、互派留学生、合作办学、校长交流等方面取得了长足的进步。而民间教育交流和职业教育交流有待逐步增强和完善。

2. 科技交流

充分利用政府和民间途径，加强国家间的科技交流与合作是各国经济和社会发展的内在需要，也是人文交流的重要组成部分。我国与海上丝绸之路沿线国家在医药、生物、航天、信息和电子等技术方面开展了交流合作，并且取得了可喜的成果。但总的看，区域科技交流合作力度并不均匀，深度也不够厚，这里既有科技水平差异影响，也有历史传统因素，同时也受到经济、政治、军事等因素的影响和制约。

3. 医疗交流

医疗交流主要有援外医疗、中医药推广应用、国际紧急救援等形式。医疗交流是一种花钱少、收效快、影响大的人文交流方式。过去几十年，中国向亚洲和非洲派出了一批又一批援外医疗队，充分体现了我国对于人类共同利益的关怀，弘扬了中华文化中"兼相爱，交相利"的人文精神和价值理念，对于增信释疑和价值沟通，树立和平发展的国家形象，起到了积极的作用。在海上丝绸之路建设过程中，宜进一步发挥我国在援外医疗方面的优势，并探索新的医疗合作途径，为提高各国人民的健康水平做出更大贡献。

4. 旅游交流

旅游交流是民间交流的重要渠道，也是人文交流的重要桥梁。旅游交流以和平发展为基础，价值沟通为本质，民间交往为途径，形式更柔和，效果更长久，因此堪称国家间有效交流的"第三轨道"。海上丝绸之路建设过程中，宜密切我国与沿线国家的旅游交流与合作，进一步拉近与沿线国家人民之间的感情，增强彼此的认知，使得人文交流更加丰富、立体和鲜活，推动我国和沿线国家关系的发展。

5. 体育交流

体育可分为大众体育、专业体育和学校体育等种类，包括体育文化、体育教育、体育活动、体育竞赛、体育设施、体育组织和体育科学技术等诸多要素。人文外交最大的吸引力和影响力来源于社会和民众，恰恰体育对各国民众有着强烈的吸引力。体育作为世界性大众文化活动，具有超越意识形态和文明的中性色彩，可以超越国家政治障碍，为国家间相互理解和联系创造条件。

6. 媒体交流

媒体是传播信息和塑造国际形象的重要平台，是世界各国人民了解他国人民生活状况的重要窗口，也是海上丝绸之路沿线国家人民认知中国的重要途径。我国与沿线国家媒体的交流是减少双方认知差异的重要渠道，也是推动人文交流的重要抓手。

7. 文化交流

文化交流包括文学、艺术、影视和宗教等多种文化要素的交流与合作，是人文交流的重要组成部分。海上丝绸之路沿线国家文化、宗教多样，应积极开展相关文化交流，进行文明对话，探讨各种文明和谐共处之道，实现文化的多样性和相互借鉴，促进区域文化繁荣。

8. 熊猫交流

熊猫这种憨态可掬的动物，自古便是中国对外交往中展示和平友好的"外交大使"。熊猫交流不仅有助于塑造我国形象，增进价值观沟通，而且是人文交流的重要手段。通过租借形式与沿线各国分享熊猫这一国宝级吉祥物，不仅能展示出我国对沿线国家的尊重和友好，更能通过沿线国家人民对大熊猫的喜爱，获得当地国民对中国的热爱和支持，提高我国的国际声誉。

（三）人文合作现状

21世纪海上丝绸之路建设，为人文交流赋予了新的时代内涵，并将进一步拓展双边及多边人文交流的范围。

近年来，我国同海上丝绸之路沿线国家及区域组织签署了多项双边及多边人文交流与合作机制文件，政府间和民间立体互动交流取得了显著成效。中国与东南亚国家之间的人文交流规模逐年扩大。

2010 年 8 月，我国与东盟签署了《中国－东盟教育部长圆桌会议贵阳声明》，一致同意深化教育交流与合作。截至 2014 年 6 月，我国在东盟国家开设孔子学院和孔子课堂达 45 所。旅游是近年来我国与东盟国家人文交流增长最为迅速的领域。比如，我国赴马来西亚旅游人数于 2010 年首次突破 100 万人次，为带动中马两国民间交往提供了坚实的基础和继续深化的动力。我国与南亚国家在人文交流方面有许多成功的实践。中印之间开展了中印青年互访项目、中印名人论坛、中印旅游年活动、泰戈尔纪念活动、纪念印度援华医疗队和柯棣华的活动。目前，在印度设立两所孔子学院，同时两国民间还成功举办了以佛教为特色的宗教交流活动。中国对巴基斯坦开展技术援助和灾难援助，修建中巴友谊公路，开展抗震相互救助等活动，结下了"好朋友、好兄弟"全天候友谊。中非人文交流源远流长，进入 21 世纪后，中非多边人文交流合作迎来了历史机遇期。以中国对非洲提供各方面的援助为主，中非多边人文交流涉及基建、科学、教育、文化、卫生等各个领域，成果丰硕。中国与阿拉伯国家人文交流空前活跃，在教育、宗教、文艺交流等方面都取得长足进展。自 2004 年以来，中阿媒体交流稳步发展，实现合作机制化，交流常态化。双方于 2008 年在第一届中阿新闻合作论坛期间签署了《中国与阿盟成员国新闻友好合作交流谅解备忘录》。2007—2012 年间，我国已相继在黎巴嫩、埃及、苏丹、约旦、摩洛哥和阿联酋等阿拉伯国家设立了 10 所孔子学院。中国穆斯林前往麦加朝觐是一种特殊的人文交流形式，加强了中国和沙特阿拉伯之间的信任和了解，2011 年中国朝觐人数已达 1.37 万人。2002 年 11 月，"开罗中国文化中心"在埃及开罗揭幕，这是我国在阿拉伯世界设立的第一个中国文化中心，成为我国在阿拉伯国家海外的文化窗口、宣传舞台和沟通友谊的桥梁，同时也成为中埃人文交流的重要依托。

（四）存在的主要问题

我国与海上丝绸之路沿线国家在人文交流领域已取得显著成果，但还存在一些不容忽视的问题。

首先，重政府间合作而轻民间交流。近几年，中国与东盟、非洲和欧洲之间建立许多双边人文交流高层磋商机制，签订许多成果性文件，但大多"官热民冷"，没有均衡深入推进和落实。开展人文交流仅活跃在政府层面，双方民众的直接互动十分有限，更谈不上密切交往，沿线国家大多数民众对中国或中国文化的认知较为模糊，普通民众所熟知的仅限于"功夫"和"李小龙"，从而反映出中外人文交流的不足。在教育合作方面，语言推广应用和高等教育得到深度交流与合作，然而民办教育的沟通有限，双边的职业教育和幼儿、初中、中等教育的交流进展缓慢，"请进来"适度发展，"走出去"显得滞后，"宽领域、全方位、多层次"的教育交流与合作还任重道远。在科技交流方面，中国与沿线国家签署许多科技战略合作协议，但我国不合理的科研管理机制和学术腐败成为科技交流进程中的"毒瘤"，双方民间科技交流和科技成果的转化应用还有待加强。在医疗交流方面，我国在援外医疗和国际紧急救援时向世界宣传的力度还不够大，我国中医药在人文交流合作中还没有发挥出其独有的作用。在旅游方面，一些中国游客在境外旅游的不文明行为对国家形象造成一定负面影响。在体育方面，我国缺乏对民族特色体育资源的整合，民间体育交流力度不大，体育产业没有形成国际影响力。在文化交流方面，文化交流的渠道和手段单一，民族文化发掘和"走出去"力度亟待加强。在吸收借鉴外来文化时，我们的文化安全意识薄弱。

其次，重视交流中的经济因素，而轻视互动过程中深层文化价值认同的影响。在青年交流方面，主要局限于经济、教育、体育等应用性领域，缺乏文化艺术等精神层面的深层交流。我国派出去的青年代表团多为政府官员、青年企业家和学生代表等，且双方青年交流持续时间普遍较短，无法深入了解对方文化。

再次，与大国交流频繁，与小国互动不足。例如，中国与海上丝绸之路沿线国家在媒体交流方面出现不平衡现象。一方面是中国媒体大量进驻沿线国家，报道沿线国家的新闻，另一方面是沿线国家主流媒体较少进驻中国，他们发布关于中国的新闻，大都采用西方媒体的报道，这在一定程度上影响了对中国客观公正的报道。同时，我国与一些有影响力的地区大国间的媒体互动较深入全面，而与小国互动较弱。

二、多元文化带来的机遇和挑战

海上丝绸之路给沿线多元文明的发展带来机遇。与此同时，潜在的文化摩擦或冲突带来的挑战也不容觑视。

（一）多元文明交流互鉴时面对的优势和机遇

21世纪海上丝绸之路既是一条商贸之路，更是一条文化交流之路、友谊之路和文明传播之路。

1. 古代海上丝绸之路留下中国"崇尚和平"的精神遗产

古代海上丝绸之路为今人留下丰厚的历史人文资源，必须把宝贵的精神遗产资源盘活为现实人文交流资源，为新时期的人文交流服务，从而丰富人文交流的内容，增加人文交流的自信，筑实现实人文交流的根基。

古代海上丝绸之路兴起后，中国不仅向世界提供丝绸等商品，还向世界提供"协和万邦"的和平外交理念、"强而不霸"的国际关系行为准则、和平与发展并重的"郑和文化"以及互惠与包容的

"丝路精神"等，使得"海上丝绸之路"最终成为中国贡献给世界的一个公共产品，这个公共产品的核心价值就是和平互鉴。从历史中汲取营养，我国今天重建海上丝绸之路，必须继承这一核心价值。新一代中国领导人赋予了海上丝绸之路新的精神内涵，即和平合作、开放包容、互学互鉴、互利共赢，使"丝路精神"得以传承并发扬光大。

古代海上丝绸之路文明交往呈现鲜明的特点和规律，为21世纪海上丝绸之路的建设提供启发和借鉴。首先，"丝路精神"折射出中华文明的成长规律——"国强、路畅、交往密、文明盛"。国强是丝绸之路畅通的前提，交往使文明得以繁荣昌盛。其次，古代海上丝绸之路以和平性、互惠性和包容性为主的交往特征，官民并举的交往态势，成为新时期"亲、诚、惠、容"和平外交理念的历史依据。再次，古代海上丝绸之路之所以成为当时世界最兴旺繁荣的贸易之路，就是因为中国是世界的制造中心和发明中心。21世纪海上丝绸之路能否建成，关键是我国要成为区域科技、产业和贸易中心。最后，古代海上丝绸之路成功之处在于，当时中国对外展示"权威"和"实力"的同时，没有任何的领土扩张和占有欲，这正是我国和平外交政策及强而不霸的历史基因和血脉渊源。

2. 相同或相近的人文背景、宗教与民族文化心理需求，为多元文化的交流奠定了情感基础

自古代海上丝绸之路开辟以来，中国与沿线国家不仅进行商贸往来，更重要的是进行着全方位的文化交流，互学互鉴，逐步形成相同或相近的区域人文背景，带来诸如宗教信仰、民族文化心理、价值观追求等方面的趋同性，这都为沿线多元文明的交流奠定了坚实的情感认同基础。比如我国与丝绸之路沿线国家拥有庞大的相同宗教信仰主体，相关各方在社会风俗、人生观念、思维方式和价值观念上很容易达成共识，相同的宗教情感就成为多元文明沟通的

桥梁。

我国与多数沿线国家处于发展中国家行列，都面临着加快经济发展、实现民族振兴、增进国民福祉的任务。相同的历史使命容易形成相互理解和尊重、互相同情与支持的共鸣。我国提出的"和平相处""和平发展""和谐世界""命运共同体意识"等人文价值观得到多数沿线国家和人民的积极响应，这为多样文明的交流和互鉴提供了可靠的情感基础。

3. 信息化为相异文化的交流与共生提供了广阔空间和便捷通道

互联网技术的不断发展，对国际关系和国际政治产生重要影响，对不同文化主体之间的人文交流也起到了很大的推动作用。网络外交已经成为当前各国外交的重要手段，它不仅有效地提高各国的国际知名度和美誉度，更有利于双边及多边人文思想和信息的传递。网络交往呈现人文交流的主体多元化、交流互动形式的多元化以及时效性强等特点。

网络民间外交是官方外交的有力补充。网络民意的表达能够在真实性方面得到显著提升，从而更加容易为彼此所接受，增进各国民众对彼此的认知，促进各个民族间的感情沟通。

（二）多元文明交流互鉴时所面临的主要挑战

海上丝绸之路沿线民族、宗教、语言乃至意识形态多元纷繁，在区域合作的很多方面看法不尽一致，这在一定程度上增添了区域合作的复杂性和艰巨性。

1. 多元文化和价值的冲突与融合

文化是一个国家或民族精神生活和物质生活的抽象和概括，具有传承、传播、育人及化人的功用。文化与价值观有着内在的联系，可以说，文化的核心就是价值观。价值冲突的最深厚根源在于日益差异化、多样化的人类历史实践。海上丝绸之路沿线是中华文化、伊斯兰文化、佛教文化和基督教文化发展、传播、碰撞的交汇区。在这种多元文化背景下，由全球化、现代化等多种实践活动共同推动的世界范围内各种不同文化的频繁接触、交流、碰撞、激荡与交汇，造成了普遍存在的、纵横交织的区域组织或民族国家间的价值冲突。

正确应对和处理多元文化和价值的冲突，一是正视和尊重文化与价值多样性的现实，同时积极发掘并弘扬各个文明的"共同性"，积极吸收其优秀成果。二是要警惕某些域外势力用文化的差异性挑拨离间，从中渔利。三是要丰富和发展我国有影响力的核心价值体系。一个没有核心价值体系的国家必然"行之不远"。中国需要建立起一套对海上丝绸之路沿线国家有吸引力的核心价值体系，这是历史经验的告诫。20世纪60年代以来，中国倡导并实践了"和平共处五项原则""睦邻友好""和平发展道路""和谐亚洲""和谐世界""命运共同体""平等互信、包容互鉴、合作共赢""和而不同"等价值观，得到海上丝绸之路沿线国家的认可和践行，从而赢得了话语权，增强了"软实力"，推动了不同文化主体间价值观的整合，促进了地区稳定。

2. 政治制度和民族宗教政策差异制约了文化交流

首先，沿线国家的政治制度迥异，其文化政策也与我国存在着明显的分歧。比如泰国、柬埔寨和马来西亚都实行君主立宪体制，沙特阿拉伯实行君主专制，君权至上，人文交流不允许与之冲突；阿富汗、巴基斯坦、伊拉克、叙利亚和也门等国内部民族关系复杂，各民族间的冲突和纠纷频繁发生，在这些国家开展人文交流项目必须高度谨慎，避免引发国际纠纷。

其次，沿线各国多元的民族政策一定程度上限制了区域文化交流。缅甸实行的是各民族邦共同组成联邦的制度；越南坚持维护各民族的政治权利平等；泰国则只承认通用泰语和老挝语的居民有完整的公民权；印度尼西亚的主体民族则结成政党参与政治活动；伊朗什叶派悲情主义和救世主情结常常表现出很强的宗教情怀；印度实行严格的种姓等级制度；埃及实行平等的民族政策。这些现实情况都会使人文交流与合作背景复杂化，致使人文交流在不同国家的开展需要采取不同的方式，尤其是要回避一些敏感的民族问题，这无疑会增加人文交流与合作的难度。

再次，各国的宗教政策差异也十分明显。泰国和柬埔寨将佛教确立为国教；马来西亚和文莱则以伊斯兰教为国教；印度尼西亚虽未将伊斯兰教确定为国教，但穆斯林基本控制着政治权力；在菲律宾，基督教徒、天主教徒有很强的政治势力，二者经常爆发激烈的宗教冲突；越南在原则上反对宗教信仰；印度教派冲突尤其是伊斯兰教和印度教的冲突经常发生，而且屡屡酿成流血事件；也门、巴基斯坦、伊朗、沙特阿拉伯自古就存在逊尼派与什叶派两大派别，两大派别时常发生流血冲突。这些错综复杂的宗教背景，也会增加人文交流与合作的难度；在泰国、缅甸、柬埔寨，各佛教寺院都有自己的文化社团，可以独资兴建医院、学校，组织文艺演出和新闻出版活动；在马来西亚、印度尼西亚和文莱等国，伊斯兰清真寺拥有左右文化政策的特权。在上述国家，若不能求得当地宗教领袖的认同和支持，人文交流很难深入稳定进行。

三、政府在文化交流与合作中的角色

人文交流与合作宜官民并举，坚持政府为主导、民间为主体、全员共参与的思路。宜建立政府间协商合作机制，确保各项人文合作得到实施和落实。

（一）旅游产业合作

应在深入研究海上丝绸之路沿线各个国家文化特征、社会风俗、民族心理、旅游资源和产业政策等基础上，制定出个性鲜明的旅游产业合作方案，最终形成"政府主导、企业参与、协会促进"的内外协助型合作模式。应加强我国与沿线国家政府双边或多边合作，积极落实已签署的旅游合作备忘录及协议等一系列机制文件。一是应通过定期或不定期召开联席会议、举办高峰论坛，对旅游合作的机制、制度进行安排，并规范合作的内容、约束合作各方的行为，共建双赢的旅游合作框架；二是依托政府联合进行旅游形象的推广，设计各方旅游宣传口号、印制统一的宣传资料，统一绘制区域内交通示意图等；三是加强各方在旅游投资、技能培训、旅游安全和品质保障等方面的合作，为各方公民赴外旅游提供便利。通过加强政府间合作，可以加强资源共享、信息共享和经验交流，促进旅游各要素在区域间的合理配置和有序流动。

几年来，我国部分游客在境外旅游时的不文明表现严重损害了我国的国际形象，与文明古国和礼仪之邦的风范相左。建议国家旅游主管部门制定完善海外旅游文明公约，对出境旅游公民及从业人员进行《中华人民共和国旅游法》《中华人民共和国出入境管理法》《中国公民出国（境）旅游文明行文指南》中的文明旅游条款的宣讲和学习，同时进行文明礼仪、安全常识以及目的国的法律和习俗的学习。

（二）教育合作

当前，我国与沿线国家的教育合作还仅限于高等教育和汉语推广两个领域。我国应该充分考虑到教育合作的机制、模式、原则、主体、范围、途径、内容及资金来源等要素，积极与沿线各国签署双方互补的教育合作协议或备忘录，深化教育合作内容，逐步形成宽领域、深层次、多形式的教育交流与合作新机制。

一是办好孔子学院。孔子学院作为我国文化"走出去"战略的品牌项目，对我国逆转文化产品"入超"现象具有一定的积极作用。我国应继续加强与沿线国家开展孔子学院和孔子学堂的合作建设。二是促进双方学生交流。充分利用"中国－东盟教育交流周"平台，增加对东盟国家的中国政府奖学金数额，鼓励学位互认，落实我国提出的"2020 双十万学生流动计划"倡议。三是继续深化中学及高等教育机构间的务实合作，适时在人才培养、学生流动、学分互认、联合科研和语言教学等方面加强交流与合作。四是鼓励制定有效的双边合作政策、目标和措施，深化双方大学学者之间的学术合作，推动双方人文交流。五是继续推进"中非高校 20 + 20 合作计划"的实施，支持非洲高等院校开设中国研究中心。我国政府将每年提供200 万美元，用于支持非洲教育发展项目，特别是支持非洲的高等教育。

（三）文化产业合作

文化是人文交流的源泉与动力，而文化产业是文化交流的载体。宜尽快制定我国与海上丝绸之路沿线国家之间文化产业合作的战略规划，确保其得到健康、有序的发展。

我国在与东盟进行文化产业合作时，宜从以下几个方面着手：继续加强文化主管部门的政策沟通与交流；落实《中国与东盟文化合作谅解备忘录》和《中国－东盟文化产业互动计划》；鼓励和支持文物考古和文化遗产保护部门、博物馆、档案馆、图书馆及文化机构之间开展合作；合作开发文化产品市场，做大做强文化载体（动漫、影视、饮食、戏剧），让我们的文化深入对方的生活；相互支持对方主办高规格的传统文化艺术活动；联合保护并推广民族和传统节日，鼓励和支持在传统体育运动方面的交流和合作；继续举办中国－东盟文化产业论坛；通过交流举办大型活动的经验，加强人文领域人力资源开发和培训合作。

中非政府层面合作蓬勃发展，应继续保持中非政府文化高层互访和对话势头，继续落实中非双边政府间文化协定执行计划，共同倡议实施"中非文化合作伙伴关系计划"。推动中方100家文化机构与非洲国家的100家文化机构建立长期对口合作关系。进一步扩大中非文化交流"文化聚焦"品牌影响，继续执行"中非文化人士互访计划"，深入开展中非文化艺术管理界人员及专业人士的交流与合作，加快互设文化中心，推动双方签定政府间合作协定。

（四）体育合作

我国应该制定对外体育交往政策，鼓励跨国体育交流，并进行有效的管辖、引导和调控。把握好体育合作的内容、形式、手段和目的，并做出相应的制度安排。

我国与沿线国家体育合作应从竞技体育、学校体育和大众体育三个领域开展。要根据彼此的需求确定合作内容，因地制宜，突出特点。我国应支持沿线国家举办国际综合或单项体育赛事，以此为平台开展体育产业合作，包括体育设施及场馆建设、体育新闻转播、运动产品开发和人员训练培训等，尽可能延长产业合作链。

四、让民间成为文化交流与合作的主体

民间文化交流是人文交流的基础，具有参与广泛、高度稳定、风险较低、途径多样以及形式灵活等特点，宜成为区域人文交流的重点。

（一）民间文化交流的主要形式

1. 民间宗教文化交流

长期以来，我国宗教界积极参与多种形式的对外交流活动，宣传共建和谐世界主张，树立我国和平、包容的形象，为推动与海上丝绸之路沿线国家的人文交流发挥了独特作用。海上丝绸之路沿线国家宗教多元化，宗教信仰对民众影响深刻而全面。一些国家有着和我们相似或相近的文化心理和宗教信仰，很容易达成心理认同和信仰共识，有着开展民间宗教交流活动的良好基础。宜根据沿线国家的宗教习惯开展有针对性、形式丰富多彩的交流活动，如举办宗教类歌曲音乐节、少林文化节，举办并参与各种宗教文化论坛、世界佛教徒联谊会、法门寺佛指骨舍利瞻礼供奉、宗教国际学术研讨会。中国宗教界要积极主动，因势利导，走出国门，在新的文化时空中培植中国文化的"法脉"，为我国21世纪海上丝绸之路的建设护法护航。

2. 群众体育运动

体育运动是一门世界通用的"语言"，其中群众体育运动具有突出的特点：非对抗性和易参与性，同时还具有弘扬中华文化的特性，体现了很多当地的文化特点。我国群众普遍参与的太极拳、太极扇、柔力球和武术等，既是很好的强身健体活动，又能深刻体会"太极八卦""阴阳五行""禅"等深奥的中国传统哲学理念。以群众体育运动为契机，积极与海上丝绸之路沿线国家开展特色体育合作，可以宣传我国的特色文化。武术是具有广泛影响的中国文化的代表性元素，"中国功夫"是中国武术的知名品牌。宜支持在沿线国家大力开办民间武术推广机构，举办嵩山少林寺文化研讨会、太极拳培训、宣传和推广文化中心等，让武术作为中国文化的符号在群众体育交流中发挥特有的作用。

3. 民间友好交流

随着全球化进程加快，各国普通群众之间的联系增多、影响增强，已成为人文交流的重要组成部分。宜继续推进和落实我国与海上丝绸之路沿线国家达成的民间交流机制成果，不断创新交流内容和形式。特别是要重视促进青年交流，双方之间开展定期或不定期的青年交流项目，如"青年友好联欢"活动、"青年世代友好中国行"活动、"青少年交流年""青年经济领袖对话机制"等。

重视促进老龄工作，加强双方老龄工作合作，促进信息交流，分享应对人口老龄化的经验，共同探讨加强家庭养老和养老服务的有关措施。鼓励沿线国家和中国的老年人互访，促进文化交流。

倡议中非双方开展"中非民间友好行动"。通过我国在非洲国家合作开展小微型社会民生项目、推动双方民间组织人员互访等方式，鼓励和支持双方社会团体、老年和青少年等开展交流与合作。

4. 民间文艺团体交流

中华民族历史悠久，文化灿烂，蕴含着丰富的文化艺术资源，其中饱含着"崇尚和平""重义轻利，舍利取义""和谐世界""求大同，存小异""和为贵"等丰富的人文精神。我国民间艺术团体有多种表演形式，如剪纸、皮影戏、捏糖人、木刻版画、京韵大鼓、舞龙舞狮、踩高跷、杂技表演、民族舞蹈和戏曲表演等，对保护、传承和宣传我国传统文化发挥着重要作用。我国京剧院、地方各剧种剧团、话剧艺术中心、杂技团等文艺团体众多。宜支持优秀机构"走出去"，将中华文化在海上丝绸之路沿线国家广为宣传，真正达到润物细无声的目的。

5. 艺术交流与合作

艺术交流合作是中国文化"走出去"和增强国家软实力的重要途径，也是塑造良好国家形象的重要手段。中国与海上丝绸之路沿线国家都拥有各自灿烂的民族文化，各国人民都对艺术有着深刻的理解与鉴赏能力，双方人民都热爱生活、追求艺术，这一共同特质使双方艺术交流丰富多彩，成为双方人文交流的一大特色。艺术交流涉及文学、音乐、舞蹈、雕塑、戏剧、电视剧、电影和美术等多个领域，在形式上通过访问、展览、展演，举办文化节、艺术节、文化周和文化年等多种形式进行。应通过民间渠道和商业演出积极开展与沿线国家的文化交流，由我国地方文艺团体及文艺专业协会牵头，组织作家、作曲家、画家和戏曲表演艺术家等赴沿线国家进行演出、考察、讲学，从而增进各国人民之间的友谊和了解。

（二）民间文化交流遇到的主要问题

一是民间文化交流理论研究有待加强。目前，我国民间文化交流缺乏对国际国内形势发展变化的综合性分析和广泛调研，对于民间文化交流的理论内涵及特点有待进一步总结和提炼。同时，宜制定民间文化交流的中长期规划，有计划、有步骤地推进民间文化工作目标的实现。此外，宜加强对民间文化交流的组织协调，避免"一窝蜂"和低水平竞争。

二是民间文化交流人、财、物不足。我国民间团体"走出去"起步晚，人、财、物缺乏，导致我国民间文化的实力和影响力均处于弱势。可考虑创建"民间文化国际交流基金"或资助各类民间文化国际交流的专项基金，逐步增强和壮大民间文化对外交往的实力和竞争力。

三是民间文化交流的方式方法有待创新。民间文化对外交往活动应该灵活多样，包括文艺活动（庆典、文化周、文化年、艺术节等）、文化产业（旅游、新闻、广播电视、节庆会展等）、教育培训项目（留学生教育、人员培训等）、文化产品贸易、民间商务考察及青少年交流等。

四是民间文化交流机制有待健全。首先是实力与水平的限制。

其次是交往渠道不畅。如民间文化交流的人员申请与项目申请、审批、派出、接收等程序复杂，亟待加强跨部门的统筹协调。

（三）促进民间文化交流的对策

机制的建立与有效运行是保证中国与海上丝绸之路沿线国家民间文化交流深入推进的根本保障。首先，应加强民间文化交流的"顶层设计"。应考虑民间文化交流的具体实际，因地制宜建立符合中国与沿线国家民间文化交流的有效机制，由国家或组织以行政手段有计划地协调交流的各个环节，推广使其发挥作用的运行方式。近年来，中国与沿线国家签署了很多人文外交机制性成果，有效地保证了双边或多边民间文化交流的高效顺畅。

其次，创新交流与合作的形式和方法。应该开展全方位、多层次、宽领域的民间文化交流与合作，鼓励与支持更多的中外文化艺术团体开展联合创作、合作排演优秀剧目并在中外巡演；安排我国的博物馆、美术馆、大剧院等文化专业机构和人才与国外同行进行双向交流；推动更多民众参与旅游、影视、宗教、新闻等文化交流。如"城市艺术节""汉字艺术节""旅游年""文化周""中国民俗文化节""文化产业博览交易会""文化创意产业展""演艺产业合作论坛"等。

五、发挥华人华侨的独特作用

海外华侨华人是传播中华文化的天然桥梁，华侨华人既是中华文化的"守望者"，又是"传播者"，宜"以侨为桥"，充分发掘华侨华人在中外人文交流与合作中的积极因素。

1. 借助华侨华人讲好中国故事

华侨华人长期生活在海外，与住在国民众联系广泛，熟悉中外文化，熟悉海外文化市场的运作模式和发展趋势，在推动中华文化"走出去"中具有独特优势。海外侨胞把我们的价值观念、发展模式真实地展示出来，有助于提升整个国家的吸引力和感召力，提升整个中华民族积极正面的形象。

2008 年国际金融危机爆发后，全球经济一片萧条，中国则一枝独秀，这让世界的眼光聚焦于中国的经济制度和发展模式。海外华文媒体、华人社团、文化中心和知名华侨华人从不同角度，以不同方式介绍中国的国情和发展模式，向世界展示了中国政治昌明、经济发展、文化繁荣、社会稳定，提升了中国软实力和影响力。

2. 借助华侨华人推动对中国文化艺术的介绍和推广

中华文化得以在海外逐渐传播和发展，一个很重要的因素，就是海外华侨华人的推动。华侨华人主要通过教育机构和华文传媒来进行中华传统文化的传播。华侨华人还在吸收当地文化元素的基础上，发展中华文化，形成了颇具特色的海外华文文学与艺术氛围，为当地人民喜闻乐见并接受。

3. 借助华侨华人传播中国传统文化中的核心价值观

儒家强调人际关系"以和为美""和为贵"，目的就是要实现人与人之间的普遍和谐，并把这种普遍的为人处世原则作为一种价值尺度来规范每个社会成员。同时，以"和谐"为核心的价值观向来受到西方社会的尊重和称赞，为西方社会所接纳。华侨华人虽身居异国他乡，但与祖（籍）国血脉相连，通过展现民族精神，弘扬中华文化，传递和谐理念，成为向世界解释和宣传中国的最好的"民间大使"。

4. 发挥华人社团在中外文化合作中的独特作用

华侨华人社团是海外华人重要的组织形式之一。社团定期举行的世界华商大会等世界性的组织和社团活动，密切了华侨华人与中国的联系，推动华侨华人居住国与中国的交流合作。宜进一步重视华人社团的独特作用：一是借助华人社团展现中国文化的特殊魅力。通过华人社团组织网络及华商经营模式，宣传中华文化，加深新生代华人和其他族裔对中华文化的了解和认同。二是鼓励华侨华人精英开展有关中国文化的研讨，与我国各种智库保持联系，进行中西文明对话，探讨中国传统文化价值观在解决现代文明弊病中的作用。三是协助我国政府或民间组织在海外举办的文化活动。四是促进华文媒体与我国新闻媒体加强合作，自觉承担历史使命。发挥海外华媒融入居住国主流社会的桥梁作用，在海外坚决维护祖籍国的民族统一，全面提升和树立中国对外"和平""友善"的国家形象和民族形象。五是要积极培育新华商中的中华同路人，加强血脉和亲情的联系，提升海外联谊和统战工作。

第十三章
区域海上通道安全

　　建设 21 世纪海上丝绸之路是改善我国周边安全，化解挑战的重大战略部署，"掌控海上安全，构建海洋新秩序"是这一战略的核心目标之一。而"海上通道安全"是我国海上安全的主要关切之一。宜从政治、经济、安全、军事等多维度深入研判海上通道安全的影响因素，客观评价海上通道安全状态，努力在创新南海非传统安全合作、重点关注海峡安全合作、南海争端解决机制和海上通道安全合作机制等方面寻求突破。

一、通道安全：海上丝绸之路的"命门"

（一）海上通道安全攸关21世纪海上丝绸之路战略的成败

海上通道是指大量物流经船舶运输通过的海域，是连接世界主要经济资源中心的通道，也是大多数海上航线的必经之地和诸多利益的交汇之处，具有重大的经济与安全战略价值。

随着经济全球化的进一步深化，我国正在由陆权国家向海权国家转型，随之而来的国家利益需求的扩容、维护以及对世界责任的担当更加依赖于海上通道安全。对于迅速发展、和平崛起的中国来说，海上通道的意义已经从初期强调能源运输安全发展到综合性海权利益的保障，关注重点也从"马六甲困局"的破解扩展到多点多线的谋篇布局。21世纪海上丝绸之路建设是集合政治、经济、安全、人文在内的中国周边大战略的创举，是造福全球的责任担当，其顺利实施和推进高度依赖辐射区域内的海上通道安全保障。

目前，全球各种海上安全因素交织涌现，现实的、潜在的以及传统的、非传统的海上安全问题并存。在海上丝绸之路沿线政府更迭、恐怖主义威胁等带来的海上安全问题愈演愈烈，尤其是海上通道以及海峡等通道节点的安全问题凸显，正在对我国的外向型经济构成巨大威胁。因此，深入研究沿线海上通道的安全状态和影响因素，尽快构筑和推进相关海上通道的战略性安全合作机制和体系，对于顺利实施21世纪海上丝绸之路战略具有重要意义。

（二）海上通道安全的传统影响因素

海上通道是外向型国家经济发展的大动脉，确保海上通道安全是国家安全的核心内容之一。多年来，各主要国家围绕着海上通道的主控权进行着激烈的争夺，几乎所有的传统国家安全因素都在海上通道安全上有集中的体现。

1. 美国推行"亚太再平衡"战略深度影响海上通道安全

2012年1月，奥巴马政府正式提出了"亚太再平衡"战略，明确地提出军事存在的重心转移到亚太地区。目前，美国正多管齐下强化在亚太，特别是西太平洋的军事存在，插手西太平洋地区事务。这是冷战结束以后美国在深刻总结两场战争教训基础上实施的最为重大的一次战略调整，已对国际和地区安全形势产生了深远的影响，特别是对我们的海上安全形势构成了严峻挑战。在美国推动下，日本、印度等国纷纷强化对亚太海域地区的军事存在，加大对东南亚地区海上通道国家政权及其内政的干预力度。美国"亚太再平衡"战略的推进，加剧了地区军事对抗，美国、日本、俄罗斯等国对亚太地区事务的介入加剧了海上矛盾复杂化，导致地区海上热点问题频发，使岛屿主权、海洋权益争端等问题更趋复杂化，各国管控和预防海上通道安全的力度进一步增大。

2. 部分地区政局动荡，海上通道风险凸显

受域外大国深度干预内政以及宗教、民族矛盾等因素的影响，主要海上通道沿岸国家多数存在内政外交受控、政局不稳的安全隐患。如，缅甸北部的克钦邦和掸邦等地实行自治，与中央政府的军事冲突经常发生，政局不稳，安全环境堪忧；泰国政治受军人集团影响较大，军事政变时有发生，政治稳定性和连续性较差；沙特阿拉伯四方邻国，埃及、伊拉克、叙利亚等原本政局稳定，自2011年以来就持续爆发国内政治动荡与战乱，巴林、也门亦处于战乱状态，承担38%全球海上运输量的曼德海峡安全堪忧。

沿线一些国家政权更迭、平衡大国外交带来潜在政治风险。这种风险可能导致合作项目被重审、取消甚至项目被收回或征用的情况，中国投资的科伦坡港口城建设项目被斯里兰卡新政府叫停就是

典型的例子。

3. 某些国家民族主义情绪持续，引发排华事件的风险长期不散

在我国高度依赖的东南亚海上通道地区，一些国家长期存在排华情绪。比如，在前总统阿基诺执政期间，菲律宾国内的排华情绪就有抬头趋势。受国内政治斗争及少数外部国家势力的挑唆，菲政府频繁借南海问题制造事端，激化了中菲矛盾，助长了菲律宾民间的反华情绪，中资在菲律宾的投资安全环境更加恶化。

（三）海上通道安全的非传统影响因素

非传统安全问题又称新兴安全问题，区别于传统安全如国家主权、领土完整、军事、军备等问题，指除战争、武装冲突以外的对国家权益构成威胁的各种行为，包括海盗、海上恐怖势力、海上走私、海上贩毒；部分濒海国家面临海平面上升侵吞国土的严峻威胁；海洋环境污染和生态系统危机不断加剧；海洋法生效后围绕海洋划界及资源分配引发国际争端进而对国家安全与地区安全构成的威胁等等。[①] 近年来，涉及亚太海上通道的非传统安全问题日益突出，主要的非传统安全因素包括：

1. 海盗活动

海盗对海上安全威胁历史长期存在。现代海盗有五大活动海域，主要是西非海岸、索马里半岛附近水域、红海和亚丁湾附近、孟加拉湾沿岸及整个东南亚水域。其中，东南亚水域发生海盗袭击的频率最高。国际海事局的统计显示，海盗案在 1989 年发生 28 起；1991—2001 年，全球水域平均每年约有 215 起海盗攻击事件，其中东南亚水域约占全球同时期发案数的 66%。[②] 2002—2008 年，全球

---

① 刘中民，张德民：《海洋领域的非传统安全威胁及其对当代国际关系的影响》，载《中国海洋大学学报》，2004 年第 4 期。

② 童伟华：《海上恐怖主义犯罪及海盗犯罪的刑事规制》，北京：法律出版社，2013 年，第 2 页。

水域平均每年发生海盗攻击 320 多起，其中发生在亚丁湾和索马里海域约占全球同时期的 12%。海盗事件的多发地区包括：马六甲和巽他海峡、越南和柬埔寨沿海地区、香港—吕宋岛—海南三角地带。目前，东南亚地区的海盗活动已走向国际化和现代化，甚至形成海盗托拉斯，并开始与国际恐怖组织勾结，危害日益增大。一些民族分裂主义组织也经常进行海盗袭击。

2. 恐怖威胁

恐怖主义是对海上通道安全的另一大威胁。据查，基地组织仅在 2000 年到 2007 年就发起或者筹备发起 18 起海上暴力袭击事件，其中 6 起既遂，12 起破产。[①] 油轮一旦遭到恐怖分子攻击，将对海上通道安全以及海上生态环境造成严重后果。石油对海上恐怖主义具有双重意义。其一，掠夺石油对其有相当高的经济利益；其二，恐怖分子可以利用石油进行大规模的恐怖爆炸攻击，一旦石油运输遭受沉重打击，不仅是运输国的经济损失，更造成了受攻击地区的环境、航运秩序危机。

面对"9·11"之后基地组织转向海上的新动向，海上通道的安全状况令人担忧。根据 2005 年 9 月美国《海上安全战略》评估报告，恐怖分子可能会以海上运输船为工具，装载脏弹、气弹或化学炸弹对国际性港口和近海设施展开袭击，恐怖分子还可以利用各种装满爆炸物的自杀性小艇和轻型飞机对船舶、军舰以及油轮等海上作业平台展开快速有效的攻击。同样，水雷和诸如满载化学品、石油、天然气的船只都有可能成为恐怖分子有效利用的爆炸工具。恐怖分子只需出动为数不多的"快艇炸弹"，消耗两吨普通炸药攻击油轮，便可使重要的海峡通道陷入瘫痪。

① 童伟华：《海上恐怖主义犯罪及海盗犯罪的刑事规制》，北京：法律出版社，2013 年，第 2 页。

3. 有组织的跨国犯罪

随着海洋国际贸易持续的增长，贩毒、偷渡、走私、武器偷运以及其他违法行为等海上非法活动也在持续增长。缅甸的海洛因通常由海运到达泰国、越南、中国和印度，或是从缅甸中部腊戍和曼德勒将海洛因运至仰光等通往西方的海上交通枢纽地区。海上偷渡已成为"集体意识"和一整条"产业链"，通过海路从事非法走私和人口贩卖呈上升趋势。

4. 海上事故

亚太通道接近亚洲大陆板块，并且大都通过狭窄水路。从太平洋北部到印度洋或波斯湾，必须经过马六甲海峡、霍尔木兹海峡和曼德海峡等狭窄的通道，发生事故的可能性比较大。此外，原油泄漏造成污染，海上自然灾害引发的事故等都对海上通道安全造成威胁。如2004年爆发的印度洋大海啸，虽然对于在深海航行的船舶影响不大，但对于港口内装卸设备、港口内通航水域、靠岸作业的船舶等都造成了巨大损失。[①]

二、区域主要海上通道安全状况不容乐观

（一）21世纪海上丝绸之路沿线的主要海上通道

"历史上海权发生的基本模式是，海洋通道的外向型经济结构一旦生成，必然召唤强大的海权，维护一国在世界范围内自由贸易的前提必然是要对海上资源运输线路进行自卫性的控制。"[②]

随着经济全球化的深入发展，越来越多的国家和地区形成外向

[①] 王彬：《我国原油进口海上运输通道安全保障研究》，大连：大连海事大学，2009年。

[②] 倪乐雄：《文明转型与中国海权：从陆权走向海权的历史必然》，上海：文汇出版社，2011年，第4页。

型经济发展模式，对海上通道构成高度依赖关系，尤其是主宰各国经济发展命脉的能源输送、贸易运输等要素均高度取决于主要海上通道的安全状况。

21世纪海上丝绸之路经过东盟、南亚、西亚、北非、欧洲等各大经济板块，贯通南海、太平洋和印度洋的海上生命线，沿线海上通道主要有：

海上能源运输线。主要有两条：一是委内瑞拉等—西非—好望角—马六甲海峡—南海—台湾海峡—东海的运输线；二是波斯湾（霍尔木兹海峡）—马六甲海峡—南海—台湾海峡—东海的运输线。涉及的海峡主要包括：波斯湾、霍尔木兹海峡、马六甲海峡（或望嘉锡海峡）、台湾海峡等。

中国—欧洲贸易运输航线。中国传统航线，以东南沿海为起点，经台湾海峡、南海、马六甲海峡（或望嘉锡海峡、巽他海峡）、印度洋、曼德海峡、红海、苏伊士运河、地中海（抵达地中海沿海国家）、直布罗陀海峡，最后抵达欧洲。[①]

北冰洋航线。北极区域是我国海上丝绸之路的北线，目前已实现季节性通航。随着北极冰盖的逐渐消融，北极航线的战略价值开始凸显。该通道经朝鲜海峡、日本列岛诸水道、白令海峡、北冰洋至北欧的航线。北极航线一旦开通，将对现有"一带一路"交通网络形成有益的拓展和补充，从而形成大北极交通网络，远东—地中海及西北欧航线被经由北极航线的线路所代替，苏伊士运河的运输通过量将会减少，北极航线沿线周边地区的运输将逐渐增加，将促进临近北极的地区和国家的港口建设，给其带来经贸发展新契机，我国将形成更完善的能源运输保障网络。

---

① 郑中义，张俊祯，董文峰：《我国海上战略通道数量》，载《中国航海》，2012年，第2期：第56－58页。

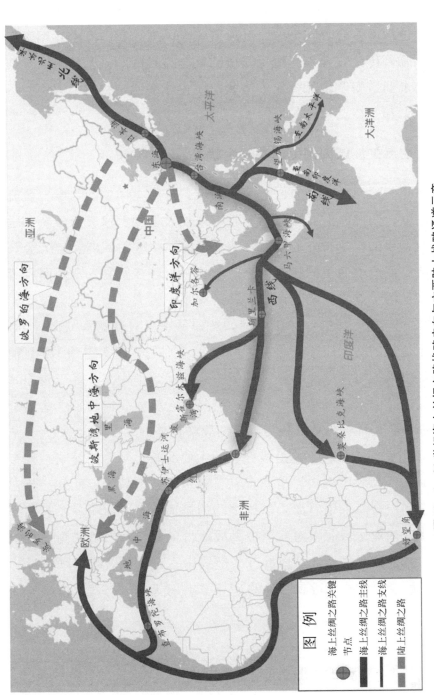

图 13 - 1 21 世纪海上丝绸之路战略走向与主要陆上战略通道示意

对照我国 21 世纪海上丝绸之路路线图，可以发现其与全球主要海上通道深度重合。同全球海上通道安全一样，我国海上丝绸之路同样面临着传统安全和非传统安全的复合型挑战和威胁，也同样面临着海上通道安全国际合作形势紧迫、主体多元、相关国家利益诉求难以调和等特点和状态。

（二）重点关注域内国际海峡安全状况

海峡和运河是海上通道的关节部位，是海上通道的经脉、血流汇聚之处，因此海上通道安全畅通与否很大程度上取决于海峡和运河的航行权的权重。一个主要海峡和运河航行权的减弱和丧失会直接影响整条海上通道的畅通，进而影响一国经济贸易安全。而相邻海峡和运河节点之间是互动和互补的关系，丧失一个，也会极大影响相邻海峡和运河的业务量。例如，如果丧失对曼德海峡的控制，苏伊士运河的海运任务也将减少 90%。[①] 据估计，每天有约 210 万桶石油经过曼德海峡向北再经过苏伊士运河运到地中海。由于曼德海峡攸关西欧国家经济和军事利益，控制了它就如同控制了这些国家的生命线，因而西方将其视为世界的战略心脏。[②]

21 世纪海上丝绸之路沿线经过的主要海峡包括台湾海峡、直布罗陀海峡、马六甲海峡、曼德海峡、霍尔木兹海峡等。此外，英吉利海峡和白令海峡也对海上丝绸之路的畅通有重要影响。在上述海峡中，东南亚区域海峡对我国极具战略价值，马六甲海峡则是重中之重。目前，我国石油进口的五条航线中，有三条航线必须经过马六甲海峡，影响中国进口石油的 85%。在每天通过马六甲海峡的油

---

① 宋立伟：《曼德海峡海盗和恐怖主义困扰下的世界水上通道》，载《中国青年报》，2011 年 6 月 17 日第 10 版。

② 李兵：《国际战略通道研究》，北京：中共中央党校，2005 年。

轮中，60%通往中国。① 我国也高度依赖霍尔木兹海峡。我国进口石油依存度的47%来自中东，波斯湾地区成为我国重要的能源来源地，霍尔木兹海峡是我国进口石油的"命门"。②

综合来看，马六甲海峡、苏伊士运河、曼德海峡、霍尔木兹海峡等既是扼守东西方海上交通的要道，又是中东地区石油能源的海上出口，对全球贸易运输和能源安全有着显著影响。在沿岸各国与世界大多数国家的共同努力下，三条水道在绝大多数的时间里保持正常通航，但周边国家政局不稳、恐怖主义威胁等诸多安全隐患威胁着上述海峡畅通，进而对大国博弈、海上丝绸之路战略的顺利实施产生不利影响。③

1. 马六甲困局

马六甲海峡位于印度洋北部，马来半岛和印度尼西亚的苏门答腊岛之间，是连接中国南海与安达曼海的一条狭长水道，是沟通太平洋和印度洋的重要通道，也是亚洲、非洲、欧洲、大洋洲之间相互往来的海上枢纽，交通位置十分重要。马六甲海峡是中国海上石油的生命线。我国进口石油的4/5经过马六甲海峡。目前，新加坡、马来西亚以及域外国家美国都在布防马六甲。而我国对其基本上没有控制能力。可以说，谁控制了马六甲，谁就控制了中国的能源通道，从而形成了所谓中国的"马六甲困局"。短期内，"马六甲困局"恐难破局。首先，马六甲海峡通道的政治军事安全将长期化。为有效控制马六甲海峡航道，达成战略目的，无论是新加坡、马来西亚

---

① 李金明：《马六甲海峡与东南亚地区安全》，载《东南亚研究》，2007年第6期，第31页。

② 此外中国和中东许多国家的贸易运输也要通过霍尔木兹海峡，仅仅中国和伊朗之间2012年的贸易额就超过了500亿美元。

③ 国外学者认为，影响海上通道安全的因素主要有：一是沿岸国家出于国家安全考虑，企图控制自由通航权；二是沿海国家的国内不稳定；三是沿岸国家和外部大国卷入冲突；四是邻国之间重叠的海上要求。Michael Leifer, "The Security of Sea Lanes in Southeast Asia", Survival, Vol. 25, No. 1, 1983, p. 16.

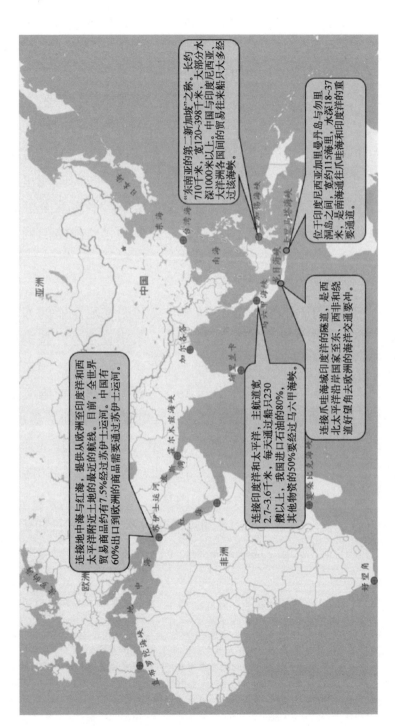

图 13 - 2 重点关注海峡示意

连接地中海与红海，提供从欧洲至印度洋和西太平洋附近土地的最近的航线。目前，全世界贸易商品约有7.5%经过苏伊士运河。中国与印度洋各国间的商品需要通过苏伊士运河，60%出口到欧洲的商品要通过苏伊士运河。

连接印度洋和太平洋，主航道宽2.7~3.6千米，每天通过船只230艘以上，我国进口石油的80%，其他物资的50%要经过马六甲海峡。

连接爪哇海与印度洋的隧道，是西北太平洋沿岸国家至东、西非洋绕道好望角去欧洲的海洋交通要冲。

"东南亚的第二新加坡"之称，长约710千米，宽120~398千米，大部分水深1000米以上。中国与印度尼西亚、大洋洲各国间的贸易往来船只大多经过该海峡。

位于印度尼西亚加里曼丹岛与勿里洞岛之间，宽约115海里，水深18~37米，是南海通往爪哇海和印度洋的重要通道。

新战略、新愿景、新主张
——建设21世纪海上丝绸之路战略研究

322

和印度尼西亚等沿岸国家，还是美国、日本、俄罗斯和印度等域外国家，均在马六甲海峡或其附近地区保有强大军事力量。马六甲海峡已经成为各个利益相关国家的角斗场。2015 年 8 月，《日美新防卫指针》给予日本以更多的条件参与马六甲海峡为核心的海上安全军事事务，马六甲海峡的政治军事安全再添变数。

第二，马六甲海峡航运压力增大。马六甲海峡长约 400 千米，是经印度洋通往南海的最短路线，每年有 9 万艘船只穿过，每日石油运输量约 1 500 万桶，与霍尔木兹海峡相当，占全球海运石油的 1/4 ~ 1/3。近年来随着往来船只增多，海峡运输压力与日俱增。[1]

第三，海盗袭击有抬头趋势。在 21 世纪的第二个十年，马六甲海峡的安全状况有所好转，在沿岸国家和国际社会的共同努力下，海盗威胁明显下降。但近两年海盗袭击又有所抬头，而且呈现新变化。2014 年，在马六甲海峡及印度尼西亚的其他海域、南海的北部海域发生海盗袭击 140 起，较上年增长 15%。

第四，恐怖袭击的隐患目标增多。海盗追求经济利益，恐怖分子追求政治影响。马六甲海峡所在的东南亚海上恐怖分子的能量虽逊于中东地区的恐怖组织，但其隐患不容忽视。恐怖分子可能会凿沉超级油轮或引爆液化天然气船，也可以破坏路上炼油厂、油气管道、港口及海上作业平台。液化石油气比液化天然气更宜爆炸，小型液化石油气运输船更易成为恐怖袭击目标。

2. 苏伊士运河的安全状况堪忧

苏伊士运河处于埃及东北部，踞中东要塞部位，为亚洲、非洲的分界线，是沟通地中海和红海的唯一通道，是国际海上通道最重要的"十字路口"之一。苏伊士运河既是亚、欧、非三洲的海上交

---

[1] 格雷厄姆：《海上安全与东南亚的能源运输威胁》，载英国皇家三军防务研究所（RUSI）网站。

通枢纽，又是北大西洋、印度洋和西太平洋的海上航道捷径。此外，运河靠近盛产石油的西亚和北非地区，在世界贸易和能源运输以及东西方的经济文化联系方面发挥着极其重要的作用，有着"世界航海咽喉要道"的盛名。苏伊士运河航运优越，战略地位重要，但该地区政局不稳，历史上曾多次因战乱禁航，运河的安全有很多不确定性。

埃及的动荡局势直接影响到苏伊士运河的正常通航。埃及近年来的局势动荡直接波及和影响了运河的正常通行和港口作业，阻碍了世界贸易正常进行并推动了石油价格走高。2013 年 1 月，埃及又爆发了反政府抗议活动，冲突最激烈的地区从开罗向东蔓延到了运河上的三大城市——塞得港、苏伊士和伊斯梅利亚。

苏伊士运河是各国军方角逐的重要场所，极易造成军事安全事件。由于运河的重要地位，其早已成为美国的战略控制目标，平时以美国为首的北约海军舰艇频繁出入运河，战时美国及北约则通过运河运兵。如海湾战争和伊拉克战争的武器装备大多是通过运河输送。

运河恐怖袭击事件时有发生。如 2013 年 8 月 31 日，"中远亚洲"轮航经运河 37 千米时遭到恐怖袭击，恐怖分子在袭击中使用了机关枪和火箭炮，船头发生两起爆炸，造成甲板及周围设施和左侧船壳受损。此次事件使人们对国际重要通道安全的担忧进一步扩散。[①]

3. 曼德海峡"正在面临前所未有的威胁"

曼德海峡南连亚丁湾，北接红海，是通行西太平洋、地中海和印度洋战略航道上的必经之地。海峡地处红海的南端，而红海北端就是连接地中海的战略枢纽——苏伊士运河，曼德海峡与苏伊士运

---

① 钟赫：《国际重要航道航运安全引发担忧》，载《中国海洋报》，2013 年 9 月 5 日。

河相辅相成，共同控制着大西洋和印度洋之间的国际航道。西方将其视为世界的战略心脏。①

进入 21 世纪以来，由于索马里地区连年内战，曼德海峡的航道通行越来越受到海盗劫船和沿岸恐怖袭击的威胁。尽管沙特阿拉伯和埃及目前都已派遣军舰驶入曼德海峡，希望确保战略通道的安全，但是市场依然表达了对战事的担忧。沙特阿拉伯对也门发动空袭的第一天，国际原油价格就上涨了 5%。② 分析人士指出，也门危机的扩大化可能给"基地"和"伊斯兰国"等恐怖组织和极端组织提供可乘之机。而美军从该地区撤出也为基地组织做大创造了条件。以上种种局势变化无疑大大减轻极端和恐怖组织的压力，它们可能会趁乱谋利，进一步威胁地区安全。

4. 霍尔木兹海峡安全隐患

霍尔木兹海峡所在的波斯湾地区局势复杂多变，是世界上潜藏利益纷争最多和最动荡不安的地带之一。目前，霍尔木兹海峡传统和非传统安全隐患并存。

首先，海洋大国利益竞争激烈，对海峡通道实施垄断性、排他性争夺与控制。美国不断强化在霍尔木兹海峡周边的军事存在。早在 1986 年就宣布该海峡为其要控制的全球 16 个海上咽喉要道之一。美国在科威特、卡塔尔、沙特阿拉伯、阿联酋、阿曼、土耳其、巴林等国家设有其他一系列军事基地，对海峡控制权的争夺呈不断强化之势。另外，美国针对伊朗的核问题频频向伊示威，美伊在海峡紧张局势的升级不无可能。俄罗斯与霍尔木兹海峡沿岸国建立了全方位的外交关系，重返海湾意图强烈。近年来，俄罗斯全面加强与海峡沿岸国伊朗、阿曼、阿联酋的政治、经济、军事、文化关系，

---

① 李兵：《国际战略通道研究》，北京：中共中央党校，2005 年。

② http://news.163.com/15/0331/10/AM1F57I400014Q4P.html.

美俄海湾争夺愈演愈烈。印度为确保海湾石油进口通畅,[①] 提出了"区域控制"战略,在安达曼和尼科巴群岛建立了东部海军司令部,扼守着从霍尔木兹海峡到马六甲海峡的航线,特殊时期对行驶在该航线上其他国家的油轮和商船构成威胁。

第二,地区冲突和战争风险隐患难除。霍尔木兹海峡所在的海湾地区民族、宗教等差异大,国家间政治和经济矛盾较深,加之资源争夺激烈,以及伊朗核问题等长期得不到解决,海湾地区已经成为冲突最集中的地区之一。近年来,"海湾第一军事强国"伊朗持核要素不时威胁,宣称封锁霍尔木兹海峡,频繁刺激西方敏感神经。

第三,海上恐怖主义易发、多发。霍尔木兹海峡航道狭窄、船只拥挤,易遭受恐怖威胁。一艘大型油轮的沉没就足以使海峡运输停止数个星期,全球能源供给都会受到影响。目前,该地区针对油轮的恐怖袭击日渐猖獗,如 2010 年 7 月 27 日在马绍尔注册的油轮"M. Star"号经过该海峡时遭到来自一艘装载爆炸物船只的恐怖袭击,发生爆炸。"基地"组织的分支"阿卜杜拉尹阿扎姆旅"宣称发动了此次袭击,伊斯兰激进派等实施的"海上恐怖行动"已经成为一大威胁。

霍尔木兹海峡局势的风云变幻对中国同样有着重大影响。目前,中国单从伊朗一国进口的原油量就占到了中国当年进口原油总量的十分之一左右,而从伊朗及其周边的沙特阿拉伯、阿曼、伊拉克、科威特诸国进口的原油,占到了我国当年进口原油总量的一半左右。一旦霍尔木兹海峡不能正常通航,中国能源安全将受到巨大冲击。

(三) 海上通道风险对海上丝绸之路战略实施的影响

我国在航海上是地理不利国家,对国际海运咽喉要道地区的影

---

① 印度从海湾地区进口的石油约占石油总进口量的 66% 。

响力和控制力不足，在某些重要国际海峡存在主权争议，在国际海峡航行中既面临传统安全问题，也受到诸多非传统安全的挑战。

我国在地理上是航行不利的国家。我国虽有 1.8 万千米的海岸线，出海口众多，但所属海域多为封闭海或半闭海。对我国非常不利的是，我国须经过一系列重要的国际海峡进出太平洋，且这些国际海峡多位于我国的海洋争端国。如北太平洋的出海口海峡多位于日本，南太平洋的出海口海峡位于菲律宾等国。岛屿争端等传统安全问题一直制约着我国的海上通道。如位于日本海的宗谷海峡、津轻海峡、对马海峡、朝鲜海峡都是我国重要的海上通道，这些"咽喉"要地易被封闭。例如，日本海上自卫队曾多次进行封锁宗谷、对马和津轻海峡的模拟演习。战时目的是防止敌国潜艇通过海峡驶往日本海和太平洋，防止敌国船只返回国内港口补给。

三、南海争端与海上通道安全

在我国使用海上通道中，南海因其独特的战略地位，在我国海上安全体系中处于重要环节。近年来，南海地区不仅领土、岛屿主权争端问题长期困扰，而且也面临着海上武装抢劫、恐怖主义袭击、跨国犯罪及自然灾害等安全问题，这些传统和非传统安全因素交织，影响着南海海上通道安全，应引起我国高度关注。

（一）南海争端与通道安全现状

1. 南海纷争不断

相关国家围绕南海岛礁及其附近海域间的争端呈加剧之势。南海四大群岛中，西沙、中沙、东沙群岛由中方实际控制，而南沙群岛的情况复杂得多，越南非法占据了南沙西部的 29 个岛屿，菲律宾非法占据了南沙东北部海域的 8 个岛屿，马来西亚非法占据了南沙西南部地区的 5 个岛屿，另外文莱占据了 2 个岛屿，而中国占据的岛屿只有 9 个（其中一个由中国台湾占据）。过去几年中，在与我国存在海上争端的各方中，菲律宾表现得最为激进。2012 年 4 月中菲两国船只在黄岩岛海域附近对峙；2013 年 2 月，菲律宾单方就南海争端提交国际仲裁；2014 年 3 月 9 日，菲律宾两艘船只将钢筋水泥等建筑材料运抵仁爱礁附近海域，企图修复"搁浅"的坦克登陆舰，从而单方改变现状，中方派遣公务船驱离菲运输船；3 月 29 日，菲律宾再次向仁爱礁派出补给船，意在炒热南海问题，并实现其非法侵占仁爱礁的意图。

除上述行动外，菲律宾还多次利用国际舆论造势。2014 年 5 月，菲律宾指责中国在南沙群岛赤瓜礁填海造陆的行为违反《南海各方行为宣言》；2015 年 6 月初，菲律宾总统阿基诺在日本演讲时，把今天的中国比作纳粹德国，暗示世界不能再"姑息"中方在南海的各项举措。中国外交部副部长刘振民则就此回应称，菲律宾领导人对历史知识非常无知，应好好读书、研究历史，并希望东盟国家不要在南海问题上选边站队；7 月底，时任菲总统的阿基诺发表任期内最后一次国情咨文，再次暗示菲律宾在南海问题上与中国发生冲突，呼吁菲民众团结一致面对挑战。

杜特尔特当选总统后，菲律宾新政府释放一系列谋求改善对华关系的积极信号。2016 年 10 月，杜特尔特成功访华，菲对华政策出现了重大调整，从上届政府突出南海主权争议的强硬对抗向现政府的经贸投资为主轴的务实合作，从捆绑美国亚太再平衡战略的借美制华转向均衡发展与各大国关系的独立外交。这一重大变化，对中菲关系的未来发展、南海局势的稳定以及亚太地缘政治格局的演变都将产生重要影响。

2. 南海地区恐怖主义蔓延

表现在两个方面：一是地区恐怖主义势力扩散及由此引发的恐

怖主义活动频发；二是国际恐怖主义势力的渗透。东南亚地区的恐怖主义组织既有诸如菲律宾的摩洛伊斯兰解放阵线一类的极端宗教和民族分裂主义势力，也有诸如伊斯兰祈祷团和阿布沙耶夫反政府武装一类的恐怖主义组织。[①] 进入 21 世纪后，南海地区恐怖主义活动明显加剧。而马六甲海峡、巽他海峡、龙目海峡和新加坡海峡等位于群岛之间或位于群岛之内的海上通道成为"基地"组织或东南亚地区恐怖主义组织发动袭击的理想场所，过往的商船、油轮或游轮被视为恐怖主义袭击的目标。2004 年 2 月，阿布沙耶夫反政府武装集团在菲律宾马尼拉对超级渡轮发动恐怖主义袭击，造成了大量的人员伤亡和失踪。

此外，国际恐怖主义势力"基地"组织经过多年的经营，不仅在东南亚地区建立了大量的分支机构，而且还以资金支持的方式向东南亚地区恐怖主义组织中渗透。

3. 海上武装抢劫和海盗活动猖獗

数据显示，1999 年第一季度，世界范围内有记录的海上抢劫事件超过一半发生在南海海域（全球为 66 起，其中有 38 起发生在南海海域）；2000 年，南海地区发生 262 起海盗事件，约占全球海盗事件总数的 56%，[②] 而印度尼西亚海域和马六甲海域则成为区域内海上武装抢劫最为猖獗的两个地区（分别为 119 起、75 起）。[③] 据国际海事组织统计，2002—2005 年，包括马六甲海峡在内的泛南海海域发生的海上武装抢劫犯罪案件数量仍居高不下。2014 年，在马六

---

① 国防大学战略研究所：《国际战略形势分析（2002—2003）》，北京：国防大学出版社，2003 年，第 41 页。

② Hasjim Dkala, "Piracy and the Challenges of Cooperative Security Enforcement Policy," The Indonesia Quarterly, Vol. 30, No. 2（January 2002），p. 107 - 108.

③ Robert C. Beckman, "Combating Piracy and Armed Robbery against Ship in Southeast Asia: The Way Forward," Ocean Development &International Law, Vol. 33, No. 3/4（October 2002），p. 317 - 318.

甲海峡及印度尼西亚的其他海域、南海的北部海域发生海盗袭击 140 起，较上年增长 15%。

（二）强化南海非传统安全合作，保障海上通道安全

濒临南海的国家由于在海上地缘安全利益方面显著重合，对海盗、海上恐怖主义、海上走私等非传统安全威胁感同身受。经过多年的磨合，在应对南海非传统安全威胁方面，中国和东盟南海周边国家已经初步形成策略性互动态势，通过彼此协作的途径共同维护南海的非传统安全，进而保障海上通道安全。

1. 东盟国家在南海非传统安全领域的互动

东盟关于非传统安全合作的机制建设起步早，在冷战期间就已经先后通过《关于应对自然灾害的互相救助宣言》《打击滥用毒品原则宣言》和《组织和控制滥用和非法贩运毒品的东盟地区政策和战略》等一系列合作宣言。冷战后，东盟相继建立一系列区域安全合作机制，东盟外长会议、东盟峰会及东盟国防部长会议等东盟组织内的多边机制则成为东盟宣导非传统安全合作的主要渠道。东盟成员国的双边或多边安全合作也在加强。例如，印度尼西亚、新加坡和马来西亚作为马六甲海峡沿岸三国，对该海域海盗及其他非传统安全威胁的感知相似，三个国家 2004 年实施海上联合巡逻；2005 年 9 月，三国又联合泰国实施"空中之眼"联合空中巡逻。2008 年，泰国、马来西亚、印度尼西亚和新加坡四国在泰国曼谷签订了《海上和空中巡逻合作协议》。马六甲海峡三国和泰国的互动与合作，对遏制马六甲海峡及附近水域的海上犯罪活动效果显著。

伴随着东盟寻求建立"政治安全共同体"，东盟国家开展了多种形式的、涉及非传统安全领域的合作与联合演习，而东盟国家全部签署《东盟反恐公约》（ACCT）则为各方深化非传统安全合作奠定了基础。2013 年 1 月 22 日，东盟秘书处发表声明表示，东盟全体成

员国已经全部签署通过《东盟反恐公约》①，将进一步深化东盟以"安全共同体"为目标的非传统安全合作实践。

尽管东盟在构建"安全共同体"进程中，但非传统安全威胁问题依然大量存在。东盟在非传统安全领域的合作还大多停留在倡议和计划层面，东盟主导下的安全合作对缓解南海非传统安全威胁的作用尚且有限。东盟在南海开展非传统安全领域的合作时，并未摆脱"头痛医头、脚痛医脚"的局限性，甚而在某种条件下还受制于相关国家基于能力变化和对南海非传统安全威胁感知变化产生的策略性选择变化。

2. 中国－东盟国家在南海非传统安全领域的合作

中国与其他南海国家在海上非传统安全方面有着相同的认知，都有现实的紧迫性，合作有较好的政策理念基础。目前，中国和东盟及其成员国在两个层次展开合作。第一层次是中国和东盟在南海非传统安全方面的策略性互动，第二层次是中国和东盟相关成员国间在南海非传统安全领域的双边、多边策略性互动。

中国和东盟围绕南海非传统安全问题的机制构建，既有平台和渠道的搭建，又有制度的建立和完善。中国－东盟"10 + 1"合作机制是中国－东盟在南海非传统安全领域开展互动和进行相关规划的重要平台，其中包括中国－东盟外长会议、中国－东盟高官会、中国－东盟峰会等对话机制及毒品控制部长级会议、海事磋商机制会议、应对跨国犯罪部长会议等功能性平台。而且，中国和东盟在东盟地区论坛、东盟国防部长扩大会议等场合也有对南海非传统安全议题的互动和沟通。

---

① 马来西亚是通过此文件的最后一个国家，并已于 2013 年 1 月 11 日提交给东盟秘书处。参见 ASEAN Secretariat News, ASEAN Convention on Counter - Terrorism Completes Ratification Process, January 22, 2013, http：//www. asean. org/news/asean - secretariat - news/item/asean - convention - on - counter - terrorism - completes - ratification - process。

中国和东盟在非传统安全领域合作制度建设方面取得了一系列成果。中国和东盟在 2000 年签署了《东盟和中国禁毒合作行动计划》（ACCORD），在 2002 年 11 月签署了《南中国海行为宣言》（DOC）和《中国与东盟关于非传统安全领域合作联合宣言》，在 2004 年签署了《非传统安全领域合作谅解备忘录》，在 2005 年签署了《建立地震海啸预警系统技术平台的行动计划》，在 2007 年签署《非传统安全领域的军事合作协议》等。2014 年，中国和东盟共同推动东盟地区论坛通过《加强海空搜救协调与合作声明》，签署《灾害管理合作安排谅解备忘录》，使中国－东盟关于南海非传统安全合作的制度性安排得以有效推动。

随着中国和东盟在非传统安全领域互动的深入发展，双方展现了更加务实的态度。2013 年 7 月，中国外交部长王毅在文莱斯里巴加湾市出席东盟主持的系列会议时指出，中国和东盟国家海洋合作潜力巨大，双方应推动非传统安全合作不断走实，持续深化在打击跨国犯罪、海上安全等非传统安全领域合作，使中国－东盟海上合作基金发挥应有的作用。[①] 东盟也同意在全面有效落实《南海各方行为宣言》的框架内就"南海行为准则"展开磋商。中国则以倡导的形式明确了东盟在共同维护南海稳定方面的地位和角色。2014 年 8 月 9 日，中国外长王毅在缅甸内比都出席中国－东盟（"10＋1"）外长会后举行的记者会上表示，中方赞成并倡导以"双轨思路"来处理南海争端，即争议由直接当事国协商解决，南海稳定由中国与东盟共同维护。由此，中国进一步明确了东盟在共同维护南海稳定与和平方面的重要角色。

① 《王毅出席东盟地区论坛外长会时强调深化非传统安全合作稳步推进预防性外交》，中华人民共和国外交部网站，2013 年 7 月 2 日，http：//www.fmprc.gov.cn/mfa_ chn/zyxw_ 602251/t1055331.shtml；《王毅：中国与东盟应促进海上合作》，中华人民共和国外交部网站，2013 年 7 月 1 日，http：//www.fmprc.gov.cn/mfa_ chn/zyxw_ 602251/t1054545.shtml。

我们也要看到，中国和东盟成员国在非传统安全领域的双边、多边互动尚存在不少问题。这主要表现在两个方面：一是中国和东盟南海有关国家就非传统安全领域的互动和合作不平衡；二是中国和东盟相关国家在南海非传统安全领域的合作不具持久性。长期以来，东南亚一些国家在与中国对话、合作过程中心态复杂，对中国发展持有畏惧心理，对中国能否在地区安全中发挥作用比较疑虑。虽然中国一再强调无意填充地区的"权力真空"，东南亚部分国家仍将中国的崛起视为地区"威胁"。由于南海争端的存在，使东南亚一些国家一旦和中国在南海发生纠纷、摩擦，对中国在安全方面认知即刻转变，中国和有关国家在南海的非传统安全合作难以持续。

四、建立海上通道安全解决新机制

多数海上通道具有跨国性，单一国家往往难以承担其安全保障。维护海上通道及运输线的安全，需要建立一整套促进国际合作的体制机制。世界各国只有加强相互信任与合作，才能有效地处理一些突发事件，应对各种非传统安全威胁的挑战。开展海上安全合作正在成为不可抗拒的潮流。

21世纪海上丝绸之路有两个突出的特征：多元化与开放性。所谓多元化，既涵盖合作内容的多元化，也包括合作机制的多元化。未来的海上丝绸之路并不寻求成为一个统一的自由贸易区，也不寻求以统一的规则与机制约束所有成员的行为。所谓开放性，是指对沿途的所有国家与地区的全面开放。21世纪海上丝绸之路所体现的开放性及多元化特征，为沿线海上通道安全问题的解决提供了创新的理念和务实的合作机制模式，为国际海上通道安全带来了机遇。

（一）我国海上通道安全国际合作安全机制已有政策主张

中国积极参与国际合作，保障海上通道的安全，主要体现在以下几个方面：

第一，积极参加有关国际组织、高层对话和论坛等多边合作。中国在国际海道测量组织、国际搜救卫星组织、亚太地区港口国监督谅解备忘录组织、国际船级社协会、国际救助联盟、国际海上救助联合会、国际航标协会等国际组织中均起着积极作用。

第二，举办有关国际会议。如2009年12月在北京举行了国际反海盗会议，中国除了协调各国在亚丁湾护航的立场外，还正式提出了各国打击海盗实行"分区护航"的新策略。2011年12月举办了有关"南海航行自由与安全"的国际研讨会，分析影响南海航行安全的因素，并提出战略对策。

第三，国际场合阐述中国主张。如中国在海岸巡防机关区域合作防制海盗与武装攻击船舶筹备会议上提出各国必须相互交流并整合有关海盗行为的资讯的建议，取得与会共识。

第四，签署有关文件，明确责任和义务。如，2002年和2004年中国与东盟签署了《关于非传统安全领域合作联合宣言》和《关于非传统安全领域合作谅解备忘录》，强调双方均应在加深现行的多边、双边合作的基础上，注意加强有关防范和打击海盗、海上恐怖主义等非传统安全领域的合作。

第五，与有关方面合作演习。如，2010年12月，中国海上搜救中心参加了亚洲反海盗及武装劫船合作协定信息共享中心组织的联合通信演习，提升了各相关联络点间信息沟通的效率，巩固了搜救中心与各国家及地区联络点之间的合作机制。

第六，为有关国家提供帮助，以增强其能力建设。如，中国给予马六甲海峡沿岸国许多实质性支持，包括灯标建设、水文站的建设和有毒有害物质数据库的建设等，增强了新加坡、马来西亚、印度尼西亚等国维护马六甲海峡安全的能力。

（二）加强海上通道安全的国际合作

虽然中国在开展国际合作保障海上通道安全方面取得一定成就，但无论从合作的深度还是合作的广度看，都难以适应 21 世纪海上丝绸之路建设的需要。适应新形势、新需要，宜创新思路，完善体系机制，拓宽合作渠道，为深化国际合作提供新的机遇空间。

1. 在联合国主导下依托各种国际组织开展合作

我国应大力加强与国际海事组织、国际海事局等方面的合作，积极参与有关国际公约的研究、制定、修订工作，实现与国际公约的良性互动，当前应特别深入研究与东南亚争端相关的国际规则。

2. 加强地区性合作

抓紧与地区内有关国家订立《防止海上事故协定》《海上行为准则》，积极参与地区海军联合演习、巡逻和护航，支持建立反海盗、反海上恐怖主义和保障海上能源运输通道安全等机制，在主要海上通道主权国派驻使馆海事官员，进一步维护中国航运权益。

3. 加强与海洋大国合作，重点强化与美国、日本、印度等国家的合作

一方面，美国、日本、印度等国海洋扩张战略对中国商船必经的海上通道安全构成了一定威胁；另一方面，我国与这些海上强国共同面临相同的海上安全问题，如海盗、海上恐怖主义等非传统安全威胁。因此，中国与美国、日本、印度等国首先应加强在非传统安全领域的合作，全面加强与海上通道安全有关的合作，形成利益共同体。

4. 发挥海事行业协会等非政府组织的作用，开展深度国际合作

在强化与各国政府部门合作的同时，我国宜加强与各国航运组

织、海事保险代理、商会组织等海事协会组织的合作，官民并举，确保海上通道安全，确保 21 世纪海上丝绸之路安全顺畅，为沿线各国造福。

（三）促进南海争端解决机制的形成

近年来，中国与部分东盟国家在南海领土主权和海洋权益方面的分歧，已对海上通道安全构成潜在威胁。对东盟声索国乃至东盟整体来说，南海争端已经成为其最关心的地区安全问题，而顺利推进南海争端解决亦为我方重大安全关切。一方面，南海争端的妥善处理在海上丝绸之路整体规划中有着关键的战略地位和重要性；另一方面，21 世纪海上丝绸之路倡议又为解决南海争端提供了契机。

首先，要以"亲、诚、惠、荣"态度对待东盟及其成员国，并应将这一理念转化为具体措施，努力打造"更加紧密的中国－东盟命运共同体"。应在适当时机进一步明确九段线内涵，并给出严格定义。同时，清晰阐明中国目前的强化管理旨在防止改变现状，从而为谈判解决争端创造基础。

其次，坚持正确义利观，要找到利益的共同点和交汇点，有原则、讲情谊、讲道义，多向发展中国家提供力所能及的帮助。要推进外交工作改革创新，加强外交活动的策划设计，力求取得最大效果。[①] 应坚持相互尊重、互不干涉内政的原则同沿线国家发展关系，利用现有区域合作机制，将沿线国家和地区联合起来，搭建战略平台。

第三，积极倡导综合安全、共同安全、合作安全的新理念，共同维护本地区的和平稳定。应以 21 世纪海上丝绸之路为平台，通过

---

① 《习近平在周边外交工作座谈会上的讲话要点》（2013 - 10 - 24），http：//cpc. people. com. cn/xuexi/n/2015/0721/c397563 - 27338114. html.（2015 - 7 - 21）。

"不结盟、广结伴"的方式，提升中国与东盟及其成员国间的政治、经济依赖程度。^① 同时，从"双边谈判"转向"双边＋多边"立场，解决南海争端。在加快落实《南海各方行为宣言》基础上，推进"南海行为准则"。为此，我国宜尽快提出草案，与东盟声索国的版本共同作为谈判的基础。^② 与此同时，还不能忽视域外因素对南海问题及中国－东盟关系发展的影响作用。其中，最重要的是应谨慎处理中美在南海地区的政治博弈。应继续保持以"东盟为中心"的周边外交政策，发挥东盟的核心作用，以此反制美国拉拢地区小国的企图。

---

① 蔡鹏鸿：《启动21世纪海上丝绸之路建设南海和平之海》，http：//cpc. people. com. cn/n/2015/0206/c187710 - 26521311. html. （2015 - 2 - 6）。

② 薛力：《建设"海上丝绸之路"：解决南海争端的催化剂》，http：//www. iwep. org. cn/news/731686. htm. （2014 - 5 - 23）。

第十四章
推动区域内新型国际关系的形成

      21 世纪海上丝绸之路是构成整合新型大国关系理念、全球伙伴关系理念、新的国家安全观等战略组合的链接器，是中国与世界进行深度互动的新型链接范式和战略表达。随着这一战略的逐步实施，域内国际关系互利合作、合作共赢的创新形态必将形成。本章在深入分析 21 世纪海上丝绸之路建设域内新型国际关系内涵的基础上，综合运用当代国际关系理论，采取比较分析和案例分析方法，对中美、中日、中印、中俄等大国关系现状、特点及其发展趋势进行了全面论述，并对美国、日本、俄罗斯、印度等国对 21 世纪海上丝绸之路的认知和反应进行了深入分析，努力寻求中国与域内各国的新型国际关系的重点合作目标、领域和机制建设等具体措施与建议。

一、新型国际关系的内涵

中国 21 世纪海上丝绸之路的实施正在为当今世界构建以合作共赢为核心的新型国际关系。在新的起点上，中国与战略区域内国家携手推动更大范围、更高水平、更深层次的大开放、大交流、大融合，共同构筑和谐的新型国际关系。

（一）特征

新型国际关系的特征主要表现在以下四个方面：

1. 政治上，树立建设伙伴关系的新思路

超越传统国际关系或是结盟、或是对抗的怪圈，走出一条"对话而不对抗，结伴而不结盟"的新路。国与国之间，志同道合是伙伴，求同存异也是伙伴。中国承认世界上存在结盟政治的现实，尊重各国自主选择对外政策的权力。我们的"朋友圈"越来越大，伙伴越来越多。我们推动中美构建新型大国关系，保持中俄全面战略协作伙伴关系高水平运行，打造中欧和平、增长、改革、文明四大伙伴关系，同新兴市场国家和发展中国家的团结协作不断增强。

2. 经济上，开创共同发展的新前景

发展不平衡是当今世界诸多矛盾热点的根源所在。各国应树立利益共同体意识，在共同发展中寻求利益最大公约数。秉持这一理念，中国大力推动 21 世纪海上丝绸之路建设。这一建设以交通基础设施为重点和优先，契合东盟、南亚、西亚、中东、北非、欧洲的实际需要。中国倡议成立亚洲基础设施投资银行（简称"亚投行"）正当其时，一些域外发达国家也纷纷申请加入，亚投行的创始成员国将更具代表性和广泛性。我们希望同各方一道建好亚投行，用好丝路基金，建设多条富有生机活力的经济走廊。从陆上和海上两个方向，产生广阔辐射效应，加快区域一体化进程。21 世纪海上丝绸之路构想是中国向世界提供的公共产品，欢迎各方参与合作。

3．安全上，营造各国共享安全的新局面

2015 年是第二次世界大战结束 70 周年，和平来之不易，维护和平尚需努力。我们应运作好联合国宪章确立的止战维和安全保障机制，发挥好联合国及安理会的作用，提升预防冲突的能力。积极致力于维护地区稳定，参与打击恐怖主义、维护网络安全、抗击传染疾病等国际合作，在安全事务中发挥负责任大国作用。中国积极参与热点问题的斡旋调停，探索有中国特色的解决之道。我们倡导解决热点问题三原则，即坚持不干涉别国内政，反对强加于人；坚持客观公道，反对谋取私利；坚持政治解决，反对使用武力。

4．文化上，形成不同文明包容互鉴的新气象

中华民族向来海纳百川，兼收并蓄，不同文化和宗教在中华大地上各得其所，和谐相处。中华文明发展历程证明，不同文化、不同宗教完全可以做到"并育而不相害"，关键是要平等相待而不是居高临下，相互欣赏而不是相互贬损，彼此包容而不是相互排斥。

（二）原则

应高度重视各方的关切和疑虑，通过深化交流合作、沟通协调，促进增信释疑、凝聚共识。尤其弘扬"和平合作、开放包容、互学互鉴、互利共赢"的丝路精神，提倡"开放、包容、互利和共营"原则，并达成共识。

1．开放

这是古代海上丝绸之路的基本精神，也是 21 世纪海上丝绸之路建设的核心理念。也就是说，21 世纪海上丝绸之路建设，对区域内所有国家或经济体、国际组织、区域合作机制和民间机构开放，在制度安排和机制设计上，不搞封闭小圈子、不具排他性。尤其要求

推动各参与方努力提高投资与贸易便利化水平，降低贸易和投资成本，在相互开放中培育可持续增长的市场和发展的新动力。

2．包容

这是区别于其他合作组织或机制的典型特征。一方面，它意味着 21 世纪海上丝绸之路参与方的多元化，即有别于其他合作机制，不针对第三方，也没有门槛要求，所有有意愿参与的国家或地区皆可成为参与者、建设者和受益者；另一方面，意味着合作方式的多样化，没有严格统一的参与规则，各方围绕扩大经贸合作、促进共同发展的需要，可采用双边或多边、本区域或跨区域、金融或贸易等多样化、多领域、多层次的合作方式。

3．互利

这是推进 21 世纪海上丝绸之路建设的根本动力。在全球化时代，任何一项区域合作构想，只有真正实现互利共赢才具有持久活力和广阔前景，互利性是一切合作得以出现和延续的动力。因此，推进 21 世纪海上丝绸之路建设，要求包括中国在内的各参与方之间，不搞零和博弈，不搞利益攫取、殖民扩张，更不能打着开放、自由贸易的幌子，搞以邻为壑的重商主义、产品倾销。要立足于各参与方优势互补，实现利益共享、共同发展。

4．共赢

这是保障 21 世纪海上丝绸之路可持续发展的基础。古代丝绸之路精神本身蕴含共同营建、共同受益的内涵特征。21 世纪海上丝绸之路是对古代丝绸之路精神的传承和发扬，其虽然由中国倡议并积极推进，但实质上是惠及各参与方的共商、共营、共建、共享项目，不是援助计划，更不是所谓的中国版"马歇尔计划"。无论是政策沟通、设施联通、贸易畅通、资金融通与民心相通等具体机制化安排，还是实现方式、合作内容、阶段目标、受益分摊等，都需要各方共同商议、共同参与、共同营建，使之成为"利益共同体""发展共同体"，乃至"命运共同体"。

（三）战略框架

2015年3月28日，中国政府首次对外公布了《推动共建丝绸之路经济带和21世纪海上丝绸之路的愿景与行动》，为中国与世界的共同发展提出了建设性倡议和全面规划，为新型国际关系体系提供了具体的战略框架和实现步骤。21世纪海上丝绸之路建设合作并不仅限于东盟，而是以点带线，以线带面，增进同相关地区和国家的交流与合作，连通东盟、南亚、西亚、北非、欧洲等各大经济板块，发展面向南海、太平洋和印度洋的战略合作经济带，以亚欧非经济贸易一体化为发展的长期目标，为当今纷繁复杂的国际关系注入和谐共进的创新理念，构筑新型国际关系。

随着21世纪海上丝绸之路建设的进一步推动与实施，域内国际关系互利合作、合作共赢的创新形态将逐步形成。构建新型大国关系，应主要在四个领域充分展开：

第一，与沿线国家共同构筑一个新的安全架构。在美国重返亚洲、日本军国主义复活以及恐怖主义等非传统安全形势严峻的时代背景下，以和谐共处的理念构筑稳定持久的区域国家安全合作体系，增大有关国家间的国家和国际安全共同关注利益，以海上安全、生态安全、反恐等非传统安全问题为新的抓手，不断改善和夯实区内外国际关系。

第二，在军事关系方面实现突破。新型大国关系最核心的内涵是双方和平共处，不发生军事冲突，而当前大国关系中军事关系严重滞后于政治和经济关系，如何突破这个瓶颈是需要认真思考的问题。

第三，在经贸领域实现深度融合。21世纪海上丝绸之路建设引领下的新型国际关系应以国际经贸合作为核心，以海上运输通道和基础设施建设为依托，以沿线的重点港口、中心城市、资源区块、产业园区为重点支撑，以海洋产业合作为牵引，以人文旅游交流为纽带，构筑陆海空立体交通网络，形成开放式国际经济合作带、强大产业聚集效能的经济走廊，通过建设利益交融、互利共赢的一体化伙伴关系，获取战略支点，拓展发展空间。

第四，要寻求在新的领域开展合作。21世纪海上丝绸之路将为相关地区和国家提供更多、更大的合作机遇，在绿色能源、环保、气候变化、基础设施、推进全球经济治理改革等方面发掘新的合作潜力，不断提升区域和相关国家经贸合作水平，新兴国际关系将持续深化。

21世纪海上丝绸之路建设将依托多层次、多渠道的合作机制，不断为新型国际关系输送养分。《推动共建丝绸之路经济带和21世纪海上丝绸之路的愿景与行动》指明了具体路径：

首先，加强双边合作，开展多层次、多渠道沟通磋商，推动双边关系全面发展。推动签署合作备忘录或合作规划，建设一批双边合作示范。建立完善双边联合工作机制，研究推进21世纪海上丝绸之路建设的实施方案、行动路线图。充分发挥现有联委会、混委会、协委会、指导委员会、管理委员会等双边机制作用，协调推动合作项目实施。

第二，强化多边合作机制作用，发挥上海合作组织（SCO）、中国－东盟"10+1"、亚太经合组织（APEC）、亚欧会议（ASEM）、亚洲合作对话（ACD）、亚信会议（CICA）、中阿合作论坛、中国－海合会战略对话、大湄公河次区域（GMS）经济合作、中亚区域经济合作（CAREC）等现有多边合作机制作用，相关国家加强沟通，让更多国家和地区参与"一带一路"建设。

第三，继续发挥沿线各国区域、次区域相关国际论坛、展会以及博鳌亚洲论坛、中国－东盟博览会、中国－亚欧博览会、欧亚经济论坛、中国国际投资贸易洽谈会，以及中国－南亚博览会、中国－阿拉伯博览会、中国西部国际博览会、中国－俄罗斯博览会、前海合作论坛等平台的建设性作用。支持沿线国家地方、民间发掘21世纪海上丝绸之路建设历史文化遗产，联合举办专项投资、贸易、文化交流活动，办好丝绸之路（敦煌）国际文化博览会、丝绸之路国际电影节和图书展。倡议建立21世纪海上丝绸之路建设国际高峰论坛。

二、中国与东盟：深化合作、巩固提升

（一）中国－东盟合作的机遇与挑战

1. 机遇

一是经济互利。这是政治互信的基础。现今，中国和东盟之间经济往来密切。在合作交流方面，双方先后签署了《货物贸易协议》《服务贸易协议》和《投资协议》，中国－东盟自贸区已如期顺利建成。而今，双方本着"求同存异，增进互信"的方针，以经济互利为基础，加强合作交流，实现了双赢的全面合作。

二是双方有战略合作愿望。中国"东盟海上互联互通不仅拥有历史机遇"，还有政策导向与泛北合作带来的现实战略机遇。21世纪海上丝绸之路建设的一项重要内容，是加快同周边国家和区域基础设施互联互通建设。在中国－东盟经贸合作一系列政策推演下，中国－东盟海上互联互通建设正在上升为国家战略。

2. 挑战

一是国际规则与贸易制衡的排他性。近年来，随着中国经济实力的增强和"中国模式"的彰显，某些西方国家或势力从"利己"角度散播"中国威胁论"，错误地认为中国的崛起将从局部乃至全局颠覆半个世纪以来形成的金字塔状的国际关系框架。在贸易协议领域，主要体现为世界贸易组织（WTO）规则的制约作用。加入WTO给我国贸易带来诸多红利，但由于WTO本身的遗憾和缺陷，如协商一致原则下的久谈不决、少数国家操持的"绿屋会议"决策机制等，它在推进世界经济一体化的进展作用缓慢，中国－东盟海上互联互通建设也将大受影响。

二是国家战略与地方博弈的联动性。21世纪海上丝绸之路旨在实现沿线国家和地区经贸、安全、基础设施、文化等领域的全方位合作共赢。近年来，我国东南、西南沿海省（区）乃至港口城市纷纷响应海上丝绸之路建设。一方面，各地积极参与国际区域性合作，竞争是不可避免的，只有竞争才能盘活并拓展市场；但另一方面，海上丝绸之路建设是一个系统工程，需要各要素联动方可达成目标，然而，在顶层设计尚未出台的情况下，各地定位大同小异、建设缺乏统筹，难以避免重复浪费。

三是产业基础与延伸开发的持续性。推动21世纪海上丝绸之路建设，当务之急是促成双方产业合作。目前，虽然中国－东盟海上贸易额逐年增加，加之中国与东盟在自然资源、产业结构和生产能力等多个方面也具有较强的互补性，但在双方产业合作特别是民间推动的产业、行业乃至企业合作方面仍处于较低水平，海上丝绸之路建设发展后劲不足。

（二）中国－东盟合作的新思路

1. 构建中国－东盟命运共同体

中国与东盟友好合作持续稳定发展，已成为东亚区域合作的一面旗帜。中国－东盟战略伙伴关系已跨入历史新阶段，双方全面合作正面临难得机遇。中国政府始终把东盟作为周边外交的优先方向，坚定支持东盟共同体建设，支持东盟在东亚合作中的主导地位，与东盟国家拓展各领域务实合作，不断深化双方利益融合，打造更为紧密的中国－东盟命运共同体。

2. 深化"2＋7"合作框架（两点政治共识和七个领域合作）

中国和东盟休戚相关，命运与共。无论国际风云如何变幻，中国将始终会把东盟作为周边外交的优先方向，坚定支持东盟的发展壮大。当前，中国经济保持平稳健康发展，各项改革事业全面深化，对外开放与合作不断扩大。中国将为包括东盟国家在内的本地区各国持续提供发展机遇和合作空间。中国会坚定信心始终把注意力放在如何加强和深化互利合作上，始终让合作成为中国－东盟关系的主流。

三、中国与中东非洲：全面提升、互利共赢

中东、非洲地区是各国的重要能源供给区，其民族、宗教等各类矛盾最为复杂，大国利益竞争深度交汇。中国作为高速发展的新兴经济体，在这一地区投资项目多，能源依赖程度较高，有着重大的能源与经济利益。加强中国与中东、非洲战略伙伴关系，对于实现海上丝绸之路构想，具有重要意义。

（一）中国与中东、非洲战略伙伴关系的新进展

1. 政治关系

中国与中东政治关系新进展。在中东大变局持续演化新事态以及中国推动建设 21 世纪海上丝绸之路的大背景下，中国与中东国家加强合作的动力进一步增强。从中国方面看，中东在中国政治、经济、外交地位明显上升。特别是 2013—2014 年，中国提出并积极推动建设丝绸之路经济带和 21 世纪海上丝绸之路，具有重要地位。从中东国家方面看，它们对建设"一带一路"普遍表示欢迎，期待与

中国扩大合作。阿拉伯国家联盟秘书长阿拉比在中阿合作论坛第六届部长级会议后的联合记者会上表示，同中国开展"一带一路"合作一定会使所有阿拉伯国家受益，这种关系是互利双赢的，愿同中国建立战略性合作关系。

中国与非洲政治关系新进展。进入 21 世纪以来，中国与非洲的合作已成为重要的国际关系之一。中非关系的发展在政治、经济上提升了非洲的能力和地位，同时也在不同程度和意义上刺激并带动了其他国家及地区重视和发展对非关系。

2. 经贸合作

一是中国与中东经贸合作新进展。中国与中东的经贸合作在"一带一路"框架下取得新进展。2014 年 6 月，中国国家主席习近平在中 – 阿拉伯国家合作论坛第六届部长级会议上表示，希望双方弘扬"丝绸之路"精神，促进文明互鉴，尊重道路选择，坚持合作共赢，倡导对话和平，以共建 21 世纪海上丝绸之路为新机遇、新起点，不断深化全面合作、共同发展的中阿战略合作关系。

二是中国与非洲经贸合作新进展。中国与非洲国家有着 2 000 多年的友好往来历史，中国一直高度重视促进中非关系和谐发展，扩大对非经贸规模。随着亚洲基础设施投资银行的成立，中非贸易往来进入新阶段，与此同时，美元、欧元相继动荡，人民币在非洲金融体系中的地位正在大幅度提升。加纳、尼日利亚、毛里求斯、津巴布韦，越来越多的非洲国家正在将人民币作为一种结算手段和外汇储备。作为中国在非最大的贸易伙伴，南非也向人民币亮出绿灯。

中国非常重视同非洲的经贸合作，加强与非洲各国的经贸合作与发展对于经贸关系的多元化发展、资源与市场的利用、巩固和发展中非友谊与合作，具有十分重要的意义。

3. 全球治理合作

"推动全球治理机制变革"是党的十八大确定的外交政策目标之

一，近年中国领导人在"金砖国家"和二十国集团等多边合作机制中多次重申与实践这一目标。习近平 2013 年在接受"金砖国家"媒体采访时说，新兴国家间加强合作"有利于促进世界经济更加平衡、全球经济治理更加完善、国际关系更加民主"。在新兴国家群体性崛起的背景之下，全球经济治理经历着持续而深刻的变革进程，新兴国家在当前的全球经济治理变革中发挥着主要推动作用。

当前群体性崛起的新兴国家成为全球经济治理变革的最大推动力量，但其相对于发达国家仍明显处于劣势地位。新兴国家群体的全球共同利益与经济发展之间的联动性不断增强，客观上要求新兴国家之间加强合作。中东和非洲一些国家是新兴国家的重要组成部分，中国可以在全球经济治理变革与中东、非洲国家合作进程中发挥引领作用，也有能力在新兴国家的经济增长与力量上升过程中扮演安全港与稳定锚的角色。

（二）中国与中东、非洲伙伴关系中的制约与风险因素

1. 域外大国的中东、非洲政策转变

中东地区历来是大国战略博弈的重点区域。自阿拉伯国家陷入群体性动荡以来，美国、欧洲、俄罗斯等大国或地区力量围绕中东变局纷纷进行政策与战略调整。进入新世纪以来，非洲在世界政治经济格局中的地位显著上升。值得注意的是，"中国因素"逐渐成为影响大国对非关系的重要因素。正是中非关系的快速发展，近年来西方国家不得不以"平等的伙伴关系"看待非洲。

2. 域内政局尚存不稳定因素，投资风险依然存在

首先，中东非洲的动荡给中国的安全稳定带来一定压力。西方国家期待"阿拉伯之春"能蔓延至中国，进而冲击中国的社会稳定，从而阻止中国崛起的步伐。

其次，中东、非洲动荡直接影响中国的能源和海外投资安全。

中东、非洲地区是世界上最主要的石油产地，局势的动荡严重影响了国际能源市场石油价格的波动，对世界经济的发展特别是石油进口国经济的发展产生了不同程度的影响。

最后，中东、北非动荡给中国的国防提出了更高的要求。中东、北非动荡后，美国等西方国家利用联合国及其他国际组织，以"保护的责任"和"人道主义干涉"的名义肆意对主权国家利比亚进行武力打击，促使政权更迭，制造"利比亚模式"。而这种模式不排除在其他国家复制，特别是中国周边国家，这势必对中国国家安全构成威胁。

（三）稳步中国与中东、非洲战略合作关系健康发展

1. 进一步推进中国与中东新型战略伙伴关系

首先，我国宜顺应中东和国际社会要求承担更多责任的大势，利用中东地区格局转换的机遇，实施更为主动的外交。其次，采取更为平衡的中东政策。宜换位思考，坚持以人为本、互利共赢的方针和正确的义利观，推动我国与中东新型战略伙伴关系建设取得实质性进展。

2. 进一步推进中非新型战略伙伴关系

一是着力解决中非之间的经贸问题。从我国同非洲国家的友好合作关系出发；鼓励我国企业加大对非投资，注重培育非洲的民族工业。加大对非洲国家的援助，注重"输血"与"造血"的功能相结合；针对中非贸易互补性强的特点，进行优势互补，着力解决中非在经贸领域上的分歧与矛盾。

二是增加互信，化解西方国家的掣肘。近年来，我国在对非的关系发展过程中，同西方国家在经贸合作、国际政治、能源和原材料等关系重大国家利益的领域形成激烈竞争。宜加强与西方沟通和合作、对话，共同制定对非经贸战略，增进相互信任，化干戈为

玉帛。

三是加强和完善对非合作机制，消除不和谐因素。随着中非战略伙伴关系的加深，中非关系越来越多地受到外界关注，这其中有对中非关系的赞扬，但也有对中非关系的批评。我国宜设法排除外界因素干扰，在与非洲国家发展友好关系的同时注意与它们的沟通，从而为双方的友好合作关系营造出一个良好的氛围。

四、中国与美国：努力构建新型大国关系

（一）中国与美国关系现状

中美关系可以简单地概括为对立与合作共存，双方在利益方面有冲突的地方更有共同的地方。美国是世界上综合实力最发达国家，而中国是世界上发展最快的发展中国家，中美关系是世界上最特殊、最重要、最复杂的一对双边关系。这对双边关系不仅牵制着中美自身的发展，也牵制着世界上其他的大国关系，可以说中美关系的走向对当今时代的和平与发展产生着至关重要的影响。

1. 中国综合国力的提高对美造成一定压力

1992 年，美国传统基金会提出了"中国威胁论"，美国国家情报委员会也曾经估算中国将在2015 年实现 GDP 世界第二，可是我国却提前了整整五年实现了这一预期。在中国提出"一带一路"倡议后，美国将其计划比喻为 20 世纪 50 年代美国推行的"马歇尔计划"，认为这一构想将对亚洲地区和美国产生重大影响。但是金融危机之后，美国也从另一个角度深刻地认识到，中美之间在许多重大问题上具有共同利益，中美经济合作的前景无可限量。

2. 中美两国的依赖度增强

从中美建交至今，中美关系一步步的从战略伙伴关系走到战略

竞争对手关系，然后再到建设性合作者和利益攸关方，这一变化过程就很好地说明了世界政治经济向全球化迈进，中美两国的相互依赖程度在不断地增加。政治上，在多元化的时代中美两国都在寻求"多伙伴的世界"。也就是说，为了共同的利益，中美两国可以相互合作，一起朝着好的方向努力。在经济上，由于经济全球化将世界各国紧密联系在一起，中美两国之间已经形成了你中有我，我中有你的新型关系，中美两国的经济政策和经济波动都会对彼此产生重大的影响。另外，中美双方也面临着其他需要共同应对的问题。

3. 中美双方对彼此长期战略的猜疑仍在增长

中美之间没有建立起真正解决双方长期战略互不信任问题的对话机制，潜在的成本很高。中美之间有许多对话机制，但多着眼于解决短期问题，没有一个方法来真正解决长期的、未来的问题。中美之间如果不能解决双方对彼此的长期战略不信任的问题，最终必然发展到彼此不得不管理一种互不信任的关系，而这将会对双边关系和国际政治走向产生诸多变数和挑战。

当前，中美之间需要就长期的、未来的问题进行严肃对话。譬如：双方对各自未来10年在亚洲的军事动态有何考量？各自军事部署背后的动机是什么？各自的核心关切是什么？

（二）美国对我国21世纪海上丝绸之路倡议认知

1. 美方对中国"一带一路"倡议的认知

丝绸之路经济带和21世纪海上丝绸之路倡议一经提出，美方就认为"一带一路"不只是一项经济合作倡议，更是中国新一届政府的宏大战略规划，意在同时向西向南拓展战略空间，应对美国的"亚太再平衡"战略，主动塑造地区新秩序，并满足自身经济发展和能源安全上的需求。

一是抗衡美国的"亚太再平衡"战略，向西开拓战略空间。美国一些人认为，奥巴马政府施行"亚太再平衡"战略后，安全上扩大在西太平洋的军事存在，加强与盟友及伙伴国的军事合作，经济上打造具有排他性质的"跨太平洋伙伴关系协议"（TPP），使中国周边环境恶化，面临巨大战略压力。中国将美国的"亚太再平衡"战略解读为对中国的"遏制"和"围堵"，因此将"西进"作为外交优先，意图从陆上和海上向西拓展战略空间，打破美国的包围圈。

二是重振欧亚地缘战略板块，构建"去美国化"的地区新秩序。美方认为，中国新一届领导人雄心勃勃，正在通过加强地区内的互联互通、打造亚信峰会、提振亚太经合组织（APEC）等举措，强化对地区机制的主导，构建"去美国化"的亚洲新秩序。

三是加强与周边国家的经贸联系，带动中国西部地区的发展。除强调战略意义，美国有学者也看到了中国与周边国家特别是西部邻国经济融合的重要利益。以中亚地区为例，中亚可以为中国提供通向世界市场的出口，但中国在中亚尚无类似自贸协定一类的地区机制，上海合作组织在经济领域的合作也进展缓慢，这抑制了中国与中亚的经济融合，因此在 2015 年俄罗斯领导的欧亚联盟实现之前，中国需要与中亚地区建立新的经济机制。

四是扩大能源来源，确保能源供应安全。"一带一路"建设对中国扩大能源资源进口来源地，拓展成本更低的运输通道，巩固能源安全具有重要意义。美国学者提出，中国经济越来越依赖于从非洲和中东运到东部沿海的石油，这让中国感到忧虑不安，而利用陆地贸易路线运输石油，在某种程度上将使中国领导人不需再时刻担忧美国在发生冲突时切断其海上生命线，阻止油轮将宝贵的能源运往中国。

2. 美方对中国实施"一带一路"前景的认知

美国普遍认为，"一带一路"构想目前仍处于概念阶段，未来在实施过程中还需克服诸多挑战，如周边国家的疑虑、恐怖主义的威胁以及与俄罗斯的关系等。

一是周边国家对中国的意图心存疑虑。在美方看来，中国的周边国家担心，当代丝绸之路标志着中国向恢复古代"天下"观念迈出了一步。在中国对外政策显"强势"、尤其在领土争端上的立场愈加强硬的背景下，这一构想引发了不小的地缘政治恐惧。与中国有领土争端的小国担心中国的崛起，并会寻求美国的支持。如果中国不能解决与菲律宾、马来西亚和印度尼西亚的海上争端，东南亚就很可能会成为中国走向印度、非洲、欧洲的棘手障碍。

二是中亚、南亚等地区参与国家局势不稳，恐怖主义威胁严重。"一带一路"的建设面临着恐怖主义和极端势力的威胁，尤其是"一带"的路线将经过目前形势紧张的阿富汗和巴基斯坦。随着美国及北约撤离阿富汗，塔利班势力很可能卷土重来，当地的恐怖主义和极端势力将威胁"一带"沿线的稳定。"一带"的西端是海上连接能源运输通道的瓜达尔港和陆上连接中国的喀喇昆仑公路，两者均位于恐怖势力、极端势力和分裂势力集中的巴基斯坦境内。

三是中俄合作"同床异梦"。美国国内认为，虽然中俄在政治、军事、经济、能源等各领域的合作越来越紧密，两国战略关系处于历史上最好的时刻，但中俄在地区机制上的竞争和分歧明显，这也将对中国的丝绸之路计划形成障碍。美国战略与国际研究中心太平洋论坛主席柯罗夫就提出，中俄两国实际上都不信任对方，同床异梦。鉴于中国致力于成为亚洲大陆的大国，而俄罗斯不放弃在中亚的经济和政治主导地位，该地区的地缘政治竞争将成为主流。

四是印度在南亚地区与中国竞争。同样的战略顾虑和竞争也存在于中印之间。习近平访问印度时大力宣传海上丝绸之路，印度是该倡议的重要参与国。但印度视南亚地区为自身势力范围，中国力量的介入势必会引起其警惕甚至反对。印度一方面会与中国加强合作，另一方面其外交政策的长期目标仍然是限制中国在印度洋的影响力。

（三）以"海上丝绸之路"建设理念重塑中美关系

中国的"一带一路"构想与美国的"新丝绸之路"构想异曲同工，完全可以并行不悖地推进，而且可合作互补。

首先是因为"一带一路"建设本身具有强大的辐射作用和显著的包容性特征。历史上的陆海丝绸之路从来就不是单线的，而是多路线的。在科技和交通高度发达的今天，更不可能是一条线，而是多线的，并且通过陆路、水路和空中形成立体发展态势，将对整个欧亚大陆、非洲、大洋洲，乃至全球产生强大的辐射和延伸作用。历史上的丝绸之路促进了各国、各民族、各种文明的交流，今天的丝绸之路将发挥更大的作用。因此，"一带一路"建设必然与其他区域合作机制既有竞争，又有合作与互补，具有包容性特征，以达到共赢的目的。这里所说的其他区域合作机制，就包括美国的"新丝绸之路"构想，也包括俄罗斯力推的欧亚经济联盟。

其次，"一带一路"与"新丝绸之路"之间的包容性发展，也有利于中国的稳定发展和中美关系，因此会得到双方的支持。在美国战略重心东移和恐怖主义、极端主义形成新一波狂潮的形势下，中国西部的稳定发展对中国的战略意义日益凸显。因此，总体来看，美国把军队撤出阿富汗并积极推动该地区的经济社会发展，对中国的稳定发展，特别是西部的稳定发展利大于弊，机遇大于挑战。国际观察家认为，要实现"新丝绸之路"计划，重在实际投入而非空谈。就经济实力而言，该地区中国最强，因此中国的积极参与是不可或缺的。同时，美国政府当前面临严重的经济疲软和财政压力，针对阿富汗和"大中亚"的经济战略也缺乏国内支持，急需与其他国家合作，因此特别看重中国的态度，有利于两国构建新型大国关系，对中国创造良好的国际环境，特别是维护周边安全无疑是有益的。

五、中国与日本：管控风险、增进共识

东北亚地区是海上丝绸之路的起点，而由于中国与日本关系复杂多变，领土争议、历史问题、意识形态、核心价值观等不稳定因素将持续演进，东北亚合作与中日关系的互动显现出严峻态势，塑造地区海上安全秩序困难重重。因此，如何管控争议和危机，建设面向未来的中日关系对于21世纪海上丝绸之路建设至关重要。

（一）中日关系的现状特征

中国的崛起造成了日本对华战略焦虑的上升，日本因此调整其外交、安全与战略选择。随着中日两国实力对比的不断变化以及中日两国国内政治与国际战略格局深入调整，中日关系出现了一些新特征：

一是新版《美日防卫合作指针》对中国及亚太安全构成重大威胁。根据新版指针，允许美日共同应对与美日关系紧密的"第三国"遭到武力攻击时予以援助。这为美日企图进一步拉拢菲律宾、越南等国，组成美国、日本、韩国、澳大利亚、菲律宾、越南等"准军事同盟"埋下伏笔。今后，东海、南海形势将更趋严峻、复杂。

二是中日关系走向长期对抗。2010年以来，在中国的GDP超过日本、中日钓鱼岛冲突不断升级和日本国内政治急剧右倾化这三大背景下，中日关系严重恶化并走向战略对立，在近期难以出现重大转折。中日两国当前的矛盾包含了结构性矛盾和历史性矛盾。结构性矛盾是指中国迅速崛起成为区域领导性强国，而日本的国力则相对下降，这种"一升一降"使中日矛盾在短期内变得难以调适。历史性矛盾是指日本近代以来侵略中国所造成的领土纠纷、歪曲历史教科书和参拜靖国神社等问题，日本政府拒绝承认其所犯下的侵略罪行，并且不时以此作为政策工具来挑衅和伤害中国人民，矛盾将难以缓和。

三是中日关系中"美国因素"将会产生新变数。一方面，美国和许多区域国家正在放纵日本的"重新武装"，国际体系对日本的制衡因素降到了"二战"后的最低点。另一方面，日本以强化日美同盟合作为基础、以牺牲宪政主义为代价，谋求"国家正常化"，成为真正意义上的大国。因此，尽管美国仍将在中日关系中发挥重要的主导作用，但其影响力将会持续下降。"搞定美国，就是搞定日本"将会成为过去。

四是中日关于亚洲主导权之争将会愈演愈烈。中国正在稳步走向世界舞台的中心，尤其是党的十八大以后，中国国际地位空前提高。但是，日本不愿承认、不能面对中国的崛起，"中国威胁论"呈现"全民化"发展趋势。日本一向自视为亚洲领头羊，中日之间将会不可避免地在亚洲开展激烈的竞争。

五是中日民间对抗风险加剧。随着中国综合国力上升和"走向世界"，中国民众出现了更加深厚的爱国主义和民族自豪感，民族主义情绪日益高涨。日本近年来走出冷战时期被压抑的国家意识，国内的民族主义情绪开始苏醒并迅速升温。中日之间民族主义情绪的碰撞，加剧了两国民众的不信任感。日本媒体对中国大量的负面报道，右翼势力对中国的刻意指责和中伤，中日关系中常常出现的争议和煽动性事件，大大增加了中日民间对抗的风险。

（二）日本对 21 世纪海上丝绸之路的战略抵制

21 世纪海上丝绸之路是我国建设海洋强国的重要内容和主要途径。日本作为中国的近邻，拥有强大的海上军事实力，视中国为其首要战略对手，其以外向型、进攻性为突出特点的海权战略将对我国海上丝绸之路建设构成严重威胁和重大挑战。

一是日本利用其海洋实力全面遏制中国海洋战略，压缩我国海上丝绸之路战略空间。日本已经明显突破"专守防卫"原则，转变为"主动应对、动态威慑"，全面加强对中国的防范，在一些争端上倾向于采取强硬对抗措施。

二是日本利用地缘优势，威胁我国 21 世纪海上丝绸之路战略通道安全。日本地缘上处于十分关键的位置。当前，中国要进入海洋主要有三个方向，而这三个方向都在日本、美国主导的防卫体系之中，我国要从近海走向"深蓝"，就必须打破被日本等周边国家包围的局面。我国在公海和国际水道自由航行面临着严重的安全威胁问题，海上丝绸之路战略通道安全建设存在较大的战略压力。

三是日本在关键国家和地区重点对抗中国，破坏我国海上丝绸之路的布局。日本安倍政府在外交领域表现异常活跃，他频繁出访我国海上丝绸之路沿线一些重要国家和地区，如东盟、中东、非洲等地，通过大规模经济援助，与中国争夺对该地区影响力，抨击中国政策提高自己，大肆"挖中国墙脚"，破坏我国战略布局。

（三）以 21 世纪海上丝绸之路规划重构中日关系

一是突破中日关系旧有体制框架，打造新型中日关系构架机制。斗而不破成为当今中日关系最主要的特征。为防止中日关系破裂，争取中日双方不斗不破，需要寻找超越"72 年体制"、深化"2006年体制"的替代体制，构建从中日"友好"转向中日"利益双赢"的理性新型关系。

二是增强对日海洋斗争的谋略性，提升对日本海上生命线的有效反制能力。我国与日本的海洋博弈已呈现长期性、持久化趋势。基于这一判断，对日应兼顾现实利益与长远利益，始终保持对日战略力量平衡，争取主动，并打造一支能在必要时对日本海上生命线进行有效威慑的可靠力量。我国应加快研制、发展和装备能对日本的重要航道、港口以及能源、军事设施等战略要点进行有效威慑的"杀手锏"，确保对日形成全面、强大和可靠的军事威慑力。

三是加强合作，将日本吸入我国海上丝绸之路规划框架中。海上丝绸之路不是与他国争夺势力范围，而是形成大国良性互动，促进彼此共同利益；与大国携手共建，打造同世界各国特别是周边国家的互利合作。

四是寻求中美在对日政策方面的共识，缓解日本对中国施加的战略压力。宜通过各种渠道，向美国传递日本突破和平宪法对地区危害性的事实及其对世界和平的威胁，有效激发起美国乃至其他发达国家对日本的战略性防范，并通过战略合作，与美国一道构筑对日本的防范体系，以期共同牵制和防范日本的战略图谋。

六、中国和印度：减少分歧、相向而行

（一）中国与印度关系的现状、趋势

一是中印关系兼具多重属性，内涵日趋庞杂，"或敌或友"模式已无法归纳中印关系性质。伴随两国同时发展壮大、调整各自对外战略，中印关系中的合作性和竞争性在同步上升，逐渐呈现出"磨合中不断上升的发展伙伴关系"性质。

二是经贸、投资合作对中印关系的压舱石作用持续放大。中印关系中最具活力的方面始终是经济关系，中国已经成为印度最大的经济合作伙伴之一。20 世纪 90 年代末以来，中印贸易增长迅猛，被认为是两国和解进程中最强大、最积极的支撑力量。地缘经济学逐渐在推动中印关系方面发挥核心作用。

三是中印在安全领域努力攻坚，着手补齐互信"短板"。过去半个多世纪，中印遵从求同存异、着眼大局原则，冷冻、管控、隔离两国之间的重大安全分歧，优先发展其他领域的合作关系，维护中印关系大局，为解决两国矛盾与分歧创造条件。基于上述思路调整，近年来中印关系在若干敏感领域取得一些进展。此外，双方还签署关于加强跨境河流合作的谅解备忘录，同意加强跨境河流合作。

四是中印积极合作管控边界争端，累积解决争端的有利变量。目前，中印两国已就边界问题达成一些基本共识，包括：通过和平友好方式协商解决边界问题，互不使用武力或以武力相威胁；本着互相尊重、互相谅解的精神，对各自在边界问题上的主张做出富有意义的和双方均能接受的调整，一揽子解决边界问题；确立解决边界问题的三步走战略，即先确立解决边界问题的指导原则，再确立落实指导原则的框架协定，最后在地面上划界立桩；边界问题最终解决之前，共同努力保持边境地区的和平与安宁。

五是中印关系重心"由官向民"下放，人文交流增多。随着中印关系重心渐趋下放，日益"低政治化"，两国着手夯实双边关系的民意及社会基础。

（二）印度对我国海上丝绸之路的认知

第一，印度官方表态积极但不失谨慎。2014 年 2 月在印度新德里举行的中印边界问题特别代表第 17 轮会谈上，中方特别代表、中国国务委员杨洁篪邀请印度共建 21 世纪海上丝绸之路。印方代表、印度安全顾问梅农对海上丝绸之路做出积极评价。

第二，印度认为中印之间的竞争将从陆路转向海洋。一直以来，中印两国对来自对方威胁的认知是不对称的，印度强化来自中国的所谓"威胁"，而中国对印度却没有类似的感知。中国 21 世纪海上丝绸之路旨在主动创建和平、合作、互赢的平台，建立连接中国与世界的新贸易之路，但印度的观念是将印度洋视为"印度的海洋"，而我国倡导的 21 世纪海上丝绸之路将穿越这一区域，对此，印度保持高度关注。

第三，印度部分学者及官员将 21 世纪海上丝绸之路与所谓"珍珠链"战略联系起来，对中国的战略意图深表怀疑。此观点认为，"北京会加强在印度洋地区的经济和军事力量。中国在印度洋上的实力扩张会损害到其他国家的利益。中国将在印度洋沿岸地区建立军事基地。中国将会与印度洋沿岸国家签订秘密协议建立军民两用的海上基础设施，以为日后建立海军基地做准备。"

第四，印度认为中国将通过海上丝绸之路建设拉拢印度周边国家，对印度形成不利影响。中国 21 世纪海上丝绸之路建设将发展与印度洋沿岸国家的海上互联互通，加深地区间经贸合作。南亚是中国海上丝绸之路建设的重点合作区域之一，印度对中国与南亚国家的合作非常敏感。

第五，印度认为，"一带一路"的出台，是中国为了应对来自美国的战略压力而产生的。有印度学者指出，就在 2013 年 10 月美国总统因国内问题取消了对东南亚一系列访问，缺席了亚太经合组织峰会以及美国－东盟峰会及东亚峰会，而此时新任中国国家主席习近平对东南亚展开全方位的外交，并提出了 21 世纪海上丝绸之路计划。

第六，"一带一路"是中国进入经济发展新阶段的需要，中国需要重塑开放型的经济发展格局，特别是需要扩展地区经济上的互联互通。早在 2006 年，来自国防研究与分析所的库拉那就讨论了中印在印度洋上开展合作的可能。"作为邻国的中国与印度如果在能源安全政策上长期处于对立状态是不符合两国利益的，两国应当发挥各自优势，如海上力量优势及地缘战略优势，而不应让一方的力量去削弱另一方的力量。"

第七，"一带一路"具有更深层次的安全内涵。持这一立场的分析人士普遍认为，中国一方面需要解决自己的"马六甲困境"，确保海上运输通道的安全；另一方面，也要缓解其他国家对中国军事力量的崛起，特别是海上力量崛起的担忧，以借此顺利进入印度洋海域。

第八，"一带一路"具有明显的战略内涵，是与"中华民族伟大复兴"的大战略不谋而合的。不少印度著名学者都倾向于认为"一带一路"是中国的大战略，或者是大战略的重要组成部分。

（三）印度应对我国海上丝绸之路建设的策略

推出"印度制造"，提出未来要将印度打造成新的"全球制造中心"，对冲"一带一路"，争夺主动权。2015年，印度公布财政预算案时宣布了一系列旨在刺激印度制造业的税收和非税收优惠措施，欲将印度打造为全球制造业中心。

印度推出"季风工程"与中国的"海上丝路"计划竞争。这一计划主要是指，以环印度洋区域深远的印度文化影响力以及环印度洋国家和地区间悠久的贸易往来史为依托，以印度为主力，推进环印度洋地区各国加强合作，共同开发海洋资源，促进经贸往来等。莫迪在3月访问印度洋三个岛国毛里求斯、塞舌尔和斯里兰卡时主要讨论了这个话题，除了加强经贸合作之外，还希望印度洋周边国家推动航行自由等。

印度试图通过"棉花路线"理念来与中国的"丝绸之路经济带战略"相抗衡，以此来完善其与印度洋沿岸国家的外交及经济关系。印度与伊朗重新翻新查巴哈尔港口。印度以此加强控制阿拉伯海路，保障从伊朗等国进口石油，对中巴经济走廊形成遏制之势。

印度提出"香料之路"。印度作为世界上公认的香料王国，也正是想利用这一名头来拓展印度与东南亚国家、欧洲国家的经贸文化往来。印度推出这一计划，明显与中国的丝绸之路异曲同工，都是借古喻今，发展当下。

印度"向东行动"与美国"亚洲再平衡"战略的对接。印度的"向东行动"有可能与美国的"亚太再平衡"合作，同中国的"一带一路"直接构成竞争关系。印美联合，对印度来说可以遏"中"，对美国来说可以返"亚"，都是两国各自乐见其成的结果。然而对于中国来说，印美联合构成中国崛起的不利方面。

支持美国版的"新丝绸之路"。一个重要的原因就是印度能从该项目中获得切实的利益，框架内的土耳其—阿富汗—巴基斯坦—印度（TAPI）天然气管道项目能弥补印度能源市场的不足。

（四）谋求战略共识，深度推进中印关系

海上丝绸之路建设与印度国家经济社会发展战略高度契合，可与其规划形成互补，合力发展，共同构筑海上新秩序。

第一，我国宜寻求"一带一路"与印度"季风计划""香料之路"的对接。目前，印度的这些计划内容尚不完善。未来可以就南亚地区发展交通和基础设施与印度共同实施项目，找出彼此利益的契合点。关于这一点，可以借鉴中国与俄罗斯在"一带一路"上的经验。中印之间同样可以采取类似的合作方式。双方进行充分的沟通，寻找出彼此利益的契合点，进行共同项目的合作。

第二，减少中国外交上的"外溢效应"，持续努力构建国家间的互信。虽然中国在南海问题上采取正当的维护自身主权利益的行为，但是却常常带来一些负面的"外溢"效果。

第三，从非传统安全合作入手，建立印度洋上的命运共同体。中印在印度洋上并不存在有争议的海域。印度洋航道是中国和印度的海上生命线，而中印两国通过双边合作确保这条航线的畅通符合双方的利益。

第四，与印度共商21世纪海上丝绸之路的具体实施规划，让包

新战略、新愿景、新主张
——建设21世纪海上丝绸之路战略研究

括印度在内的有关国家更好地了解该倡议的目的所在和真实意图，以共同推进其实施。

第五，确保 21 世纪海上丝绸之路的双向度，平衡中印贸易。我国在建设海上丝绸之路时，要充分设想到印方的感受和利益所在，在可能的条件下，推进双边贸易的平衡发展，实现优势互补，这对避免或减少对方的不合作态度是有利的。

七、中国与俄罗斯：强化共识、深化合作

（一）俄罗斯正面临着区域发展方向的选择

2014—2015 年在俄罗斯发展的道路上是一个重要的转折点：在此之前俄罗斯尝试过与西方保持紧密的合作，并试图全面整合与西方的关系甚至试图加入欧盟，而从这个阶段起俄罗斯与西方发展紧密合作的各种尝试都已经结束。与此同时，俄罗斯加紧了与中国和其他金砖国家的合作，但始终未能做出战略性的转变。在金融危机和经济衰退中，俄罗斯正在进行最重要的未来发展方向的抉择；自苏联解体后，俄罗斯已经持续了近 25 年的现行国家政治、经济、文化和社会发展道路或许将发生重大的转变。而这一次变化将涉及未来俄罗斯大国地位的坚持或消沉，以及俄罗斯在未来世界体系中的地位。

俄罗斯不可能在与西方的对抗过程中转变成为现代国家，因为选择与西方对抗就是选择放弃经济现代化。俄罗斯目前的国内政治、经济、军事和文化乃至意识形态，都不足以支撑俄罗斯对西方采取进攻性的战略并赢得冲突；因此现阶段俄罗斯所采取的战略选择，只能导致俄罗斯逐步走向自我封闭与孤立。而在这一过程中，俄罗斯试图发展与其他国家有限的战略关系，包括与中国达成新战略高度的战略伙伴和经济关系。但这种关系无论从广度还是深度上来看，都无法取代

俄罗斯与西方的关系，从而引导俄罗斯走出目前的困境。

（二）俄罗斯对中国海上丝绸之路战略的认知

从俄罗斯对 21 世纪海上丝绸之路建设的认知看，俄判断中国提出建设 21 世纪海上丝绸之路具有重要的地缘政治、经济和金融战略考量，将牵动亚太地区经济、政治和外交关系的变化，俄将直接或间接地被牵涉进这些变化之中，21 世纪海上丝绸之路将在地区局势、国家关系以及海洋利益方面对俄构成影响。

21 世纪海上丝绸之路将使地区大国博弈更加激烈，威胁俄罗斯周边安全。俄有关专家认为，中国在美国实施重返亚太战略后提出海上丝绸之路构想是"火上浇油之举"，中国试图以加速贸易和投资手段防止被美国包围，然而海上丝绸之路很难实现该目标。因此，中国实施海上丝绸之路战略等可能激化中美矛盾，也可能导致东南亚地区国家在获得中国经济好处的同时，在政治和安全上进一步向美靠拢，亚太地区的不稳定局势仍将持续，俄罗斯发展急需的稳定和安全的周边环境将受到破坏。

俄罗斯一些学者认为 21 世纪海上丝绸之路将威胁俄罗斯在东南亚地区的利益。海上丝绸之路的建设需要穿过东南亚以及大国战略汇集的印度洋地区。俄在东南亚地区具有重要的地缘战略利益以及巨大的军事和能源利益。中国推进海上丝绸之路建设，将扩大中国在东南亚地区的经济影响，继续巩固中国在该地区的整体经济优势，进而使俄在东南亚地区的经济活动将受到中国经贸和金融实力的制约。同时，俄罗斯与印度和越南具有紧密的战略合作关系，中印、中越矛盾扩大使俄罗斯在中国、印度和越南中被动做出选择，俄罗斯积极运筹的俄中印三边关系以及俄越军事和能源合作均将受制。

俄罗斯一些人还认为，21 世纪海上丝绸之路影响俄罗斯海洋战略利益。21 世纪海上丝绸之路将成为俄北方航线的主要竞争对手，对俄构成竞争性威胁。第一，海上丝绸之路使北方航线丧失竞争优势，北方航线尽管运输距离短、节省运输时间，但至今并未发挥出自己的潜力。第二，海上丝绸之路的竞争使北方航线运输能力难以饱和。2020 年北方航线的运输能力将达到 3 000 万吨，理论上年运输能力可达到 5 000 万吨，海上丝绸之路推进传统亚欧国家海运线路的竞争将使北方航线的运输能力难以饱和。此外，为应对海上丝绸之路的竞争，俄必须加大对北方航线的财政投入，建设港口，对北极地区的海上基础设施进行现代化改造，这需要持续性的资金投入，这必然会加大俄联邦政府的财政压力和负担。

（三）进一步深化中国－俄罗斯全面战略伙伴关系

习近平主席将俄罗斯作为就任国家主席后出访的第一个国家，体现了两国领导人对中俄关系的重视，也表明中俄双边关系已达到前所未有的高水平。这次访问取得了丰硕成果，具有重要的现实和历史意义，不仅有力地推动了中俄全面战略协作伙伴关系的发展，也为维护地区乃至整个世界的和平稳定提供了正能量。

1. 加强务实合作

当前，中俄关系处于历史上最好的时期，《中俄联合声明》中明确表示，中俄面临的战略任务是把两国前所未有的高水平政治关系优势转化为经济、人文等领域的务实合作成果。从全局和长远角度看，中俄应充分发掘互补优势和发展潜力，重视加强经贸合作，共同提高各自经济实力和国际竞争力。为实现这个战略任务，中俄双方批准实施《〈中华人民共和国和俄罗斯联邦睦邻友好合作条约〉实施纲要 (2013 年至 2016 年)》，加强双边合作，共同提升两国的综合国力。

2. 共同维护和平稳定

当今世界并不太平，人类面临诸多挑战和难题。中俄共同认为，各大国应超越零和博弈、集团政治等旧的思维方式，建立长期稳定健康发展的新型大国关系，实现共同发展与繁荣。

中国是亚洲国家，俄罗斯是欧亚国家，中俄在亚太地区有许多共同利益。两国都主张，在亚太地区建立开放、透明、平等、包容的安全和合作架构，是当前本地区的首要任务。两国坚信不可分割的安全是上述架构的基本原则，要继续鼓励地区相关国家通过双边对话和协商，妥善解决它们之间存在的分歧。

3. 加强民间交流

文化交流是两国的民心工程和未来工程，俄罗斯汉学家和中国俄罗斯问题专家承载着一项重要任务，即向本国民众传递友好邻邦发展变化的准确信息，进一步推动两国文化交流。进一步推动两国人民友好关系是中俄关系发展的战略方向，为此，中俄两国采取了两项基本措施。一是继 2012 年在中国举办"俄罗斯旅游年"之后，2013 年在俄罗斯举办"中国旅游年"。二是要在机制化和长期化的基础上扩大两国青年交流。双方商定，2020 年，努力使双方留学生总数达到 10 万人。加强中俄青年友好交流，目的是为中俄关系的健康持续发展做投资、做准备，培养中俄友好接班人。

4. 加强能源与技术合作

中俄共同签署了《中华人民共和国与俄罗斯联邦关于全面战略协作伙伴关系新阶段的联合声明》，同时在能源、电力、航空、通信、地方等领域签署了合作文件。

5. 加强双边经贸合作

2014 年中俄经贸合作在世界经济放缓的背景下保持了"逆势上扬"态势，并且两国务实合作领域的一些大项目取得了突破性进展。俄罗斯经济下行压力不减，中俄双边经贸合作受到了一些影响。

6. 加强"一带一路"构想合作

俄罗斯是横跨欧亚大陆的世界大国，对欧亚大陆特别是中亚地区有重大和传统的影响，也是中国的好邻居、好朋友、好伙伴。同时，俄罗斯还是一个海洋强国，是亚太地区有重要影响的大国。毫无疑问，俄罗斯是共建"一带一路"不可或缺的重要国家之一。而中俄高度的政治互信、高效的务实合作、高质的战略项目，为双方在"一带一路"倡议内开展合作打下了坚实的基础。

此外，双方还应抓住机遇，将"一带一路"倡议同俄方的跨欧亚大陆通道建设结合起来，包括加强与欧亚经济联盟的联系与合作，这不仅将为中俄全面战略协作伙伴关系增添新的重要内涵，为中俄务实合作开辟新的广阔空间，还将为欧亚大陆的整体发展与振兴注入新的强大动力。

第十五章

黄渤海地区融入 21 世纪海上丝绸之路的思考

"21 世纪海上丝绸之路"建设是一个伟大的战略部署，是我国对外开放战略新格局的重要组成部分。黄渤海地区的区位优势及多年的对外开放，决定了它在这一伟大战略构想中应当发挥重要作用。本章从黄渤海地区发展定位、产业优化布局等五个方面，阐述了黄渤海地区发展的基本情况、合作空间以及未来融入海上丝绸之路的前景。特别是对黄渤海各地区加强港口分工合作、建立合理有效的协作机制等问题进行了深入剖析，对未来如何进一步打造北极航线港口、推进大连自贸区申报等问题，也做了比较详细的论述，以期能够更好地推动黄渤海地区发展，尽快融入国家 21 世纪海上丝绸之路发展战略，真正成为中国乃至世界的新焦点。

一、准确把握黄渤海地区在21世纪海上丝绸之路中的定位

黄渤海地区是以京津冀为核心、以辽东半岛和山东半岛为两翼的环渤海经济区域，主要包括北京、天津、河北、山东、辽宁，也就是三省两市的"3+2"经济区域，面积51.8万平方千米，人口2.3亿。

黄渤海地区拥有雄厚的工业基础、强大的科技人力资源和丰富的矿产资源，在全国经济中占有极为重要的地位。进入21世纪以来，黄渤海地区经济总量进一步增大，工业化、城镇化进程不断加快，成为继珠江三角洲、长江三角洲之后的中国经济第三个"增长极"。2014年，黄渤海地区共实现增加值73 167.4亿元，占全国总量的22.6%。"十二五"时期以来，黄渤海地区产业结构调整取得明显进展，呈现出第一产业所占比重逐年下降、第二产业所占比重先稳后降、第三产业所占比重持续提高的良好态势。2014年，黄渤海地区生产总值中，第二、第三产业增加值分别占45.6%和47.4%。

黄渤海地区在推进21世纪海上丝绸之路建设中居于重要的战略位置。

1. 黄渤海地区是我国乃至21世纪海上丝绸之路沿线重要的能源基地

黄渤海地区自然资源优势明显，几乎具有发展现代经济的所有自然资源，特别是具备发展现代工业所需的能源、黑色金属、有色金属、化工原料、建筑材料五大类矿藏资源。现已发现的矿产资源110余种，其中70余种已探明储量，关键矿种和贵重矿种含量十分丰富，其分布集中且开发程度相当高。比如，石油资源累计探明储量61.8亿吨，预测远景地质储量可达130亿吨以上，天然气累计探

明储量 1 477 亿立方米，另有石油伴生气约 1 500 亿立方米。

黄渤海地区能源储备、运输和加工能力优势明显。以石化产业为例，山东已多年雄踞全国石化规模第一省的宝座，在模式创新、体制创新、技术创新等方面都颇有建树。辽宁大连长兴岛经济区正在建设世界一流石化产业基地，其中，恒力石化 3 条 660 万吨/年生产线已全部投产，成为世界单体最大的精对苯二甲酸（PTA）生产基地。2015 年，天津市已形成大港石油化工产业区和南港石油化工区两个千亿元产业聚集区。河北省包括沧州石化产业基地在内的一批石化基地和产业园区发展迅猛。

黄渤海地区在中俄能源合作中处于桥头堡位置。根据中俄双方协定，俄罗斯每年通过远东管道向中国供应 1 500 万吨原油，沿途的大庆、铁岭和大连末站均具备较强的能源储备和运输能力。中俄签署东线管道供气合同实施后，输气管道起点为秦皇岛，途经大连、沈阳、长春和哈尔滨，共配套建设 5 座地下储气库，为黄渤海地区能源储备和输送提供了更广阔的空间。

2. 黄渤海地区是我国乃至 21 世纪海上丝绸之路沿线重要的研发和制造中心

黄渤海地区科技力量强大，科技研发能力突出，仅京津两大直辖市的科研院所、高等院校的科技人员就占全国的四分之一。尤其是北京中关村已成为我国科教智力和人才资源最为密集的区域，不但拥有以北京大学、清华大学为代表的高等院校 40 多所，以中国科学院、中国工程院所属院所为代表的国家（市）科研院所 206 所，还拥有国家级重点实验室 112 个，国家工程研究中心 38 个，国家工程技术研究中心（含分中心）57 个，大学科技园 26 家，留学人员创业园 34 家。作为中央人才工作协调小组首批授予的"海外高层次人才创新创业基地"，中关村留学归国创业人才超过 1.8 万人，累计创办企业超过 6 000 家，是国内留学归国人员创办企业数量最多的地区。目前，中关村已经聚集以联想、百度为代表的高新技术企业近2万家，形成了下一代互联网、移动互联网和新一代移动通信、卫星应用、生物和健康、节能环保、轨道交通六大优势产业集群，集成电路、新材料、高端装备与通用航空、新能源和新能源汽车四大潜力产业集群和高端发展的现代服务业，构建了"一区多园"各具特色的发展格局，成为首都跨行政区的高端产业功能区。

黄渤海地区是中国最大的工业密集区，是中国的重工业和化学工业基地。近些年来，黄渤海地区制造业整体水平显著提升，第二产业发展迅速，已成为继珠江三角洲、长江三角洲之后的我国第三个大规模区域制造中心。随着沿海地区城市工业化进程的快速推进，形成了制造业趋于向沿海核心圈层集聚的格局，产业布局更加合理、有序。同时，依托原有工业基础，黄渤海地区不仅保持了如钢铁、石油化工、原材料等资源依托型产品优势，同时新兴的电子信息、生物制药、新材料等高新技术产业也发展迅猛。

3. 黄渤海地区是我国乃至21世纪海上丝绸之路沿线重要的交通枢纽

黄渤海地区处于东北亚经济圈的中心地带，是中国交通网络极为密集的区域，是我国海运、铁路、公路、航空、通信网络的枢纽地带。向南，联系着长江三角洲、珠江三角洲、港澳台地区和东南亚各国；向东，沟通韩国和日本；向北，联结着蒙古国和俄罗斯远东地区。黄渤海地区铁路营业里程超过22 000千米，占全国铁路营业里程30%以上；航空业发达，其中北京首都国际机场是"中国第一国门"，年旅客吞吐量稳居世界前列，是中国的空中门户和对外交流的重要窗口；拥有40多个港口，构成中国最为密集的港口群，其中天津港是我国北方国际航运中心和物流中心，年货物吞吐量排名世界第4位，大连港货物吞吐量排名世界第10位，青岛港吞吐量、完成集装箱数量、进口原油和铁矿石吞吐量均居世界前列。

二、推进地区产业优化布局

（一）黄渤海地区产业优化布局的基本思路

黄渤海地区产业优化布局应遵循"京津冀协同发展"和"一带一路"国家战略部署，按照《中国制造 2025》和《国务院关于积极推进"互联网＋"行动的指导意见》的要求，以提高经济发展质量和效益为中心，以转方式调结构为重点，以创新驱动为根本动力；立足黄渤海地区各自比较优势，立足现代产业分工要求，立足区域优势互补原则，立足合作共赢理念；充分发挥地处东北亚腹地和陆海丝绸之路枢纽区域的地缘优势，充分发挥黄渤海地区雄厚的工业基础和强大的科技人力资源、创新资源，充分发挥市场配置资源的决定性作用和更好地发挥政府的引导作用，科学规划，因地制宜，有序推进黄渤海地区产业的差异化发展；着力发展高端制造业和现代服务业，着力发展在全球、全国具有引领作用的战略性新兴产业，着力推动优势产业"走出去"。到 2020 年，黄渤海地区率先实现工业现代化，形成各具特色、优势互补的现代产业体系，率先实现中国制造向中国创造的转变、中国速度向中国质量的转变、中国产品向中国品牌的转变，为从制造业大国转向制造业强国做出突出贡献。经过"十三五"时期的产业结构调整，在黄渤海地区逐步形成以北京、天津为主干，以沈阳、大连和济南、青岛为两翼的现代服务业集聚区；形成京津、山东半岛和辽东半岛三大自主创新示范区，形成天津、山东和辽宁三大高端制造业集聚区。

（二）大力发展高端制造业

经过改革开放 30 多年来的快速发展，黄渤海地区工业尤其是重化工业基础雄厚，产业体系完善。目前，黄渤海地区已形成了冶金、石化、装备制造业等一批优势产业。"十三五"期间，黄渤海地区制造业发展应以促进制造业创新发展为主题，以提质增效为中心，以加快新一代信息技术与制造业深度融合为主线，以推进智能制造为主攻方向，以满足经济社会发展和国防建设对重大技术装备的需求为目标，强化工业基础能力，提高综合集成水平，大力发展高端制造业，推动产业结构迈向中高端。

近几年，国内外高档数控机床、机器人制造、船舶及海洋工程装备制造、汽车及轨道交通制造和智能装备制造等高端制造业发展势头迅猛。黄渤海地区具有发展上述高端制造业的优势，应成为黄渤海地区产业优化布局的重点发展领域和"一带一路"国家战略的重要产业布局节点。

1. 机器人产业

当前，全球制造业都面临着制造模式的变革，机器人产业已被视为新一轮科技革命的核心。黄渤海地区，特别是辽宁的机器人产业具有产业和技术优势，新松机器人自动化股份有限公司在国内居于领先地位。大力发展机器人产业，是黄渤海地区发展高端装备制造业、加快产业结构调整的重要着力点。到2020年，形成较为完善的机器人产业体系，培育1~3家具有国际竞争力的龙头企业，机器人行业和企业的技术创新能力和国际竞争能力明显增强，基本满足国防建设、国民经济和社会发展需要，使黄渤海地区成为国际机器人产业的重要研发、生产基地。为了实现上述目标，黄渤海地区应全面落实《工业和信息化部关于推进工业机器人产业发展的指导意见》（工信部装〔2013〕511号），充分利用黄渤海地区强大的人工智能研发能力和人才优势，开展机器人系统集成、设计、制造和试验检测等核心技术研究，攻克关键零部件技术并形成生产力，有效衔接机器人研发、制造与应用，突破发达国家对机器人的顶层架构设计和基础技术的控制；充分利用黄渤海地区机器人产业和企业的现有优势，形成以机器人主机企业、系统集成企业为牵引，零部件及产业服务企业协同发展的产业发展格局，实现机器人全产业链的可持续发展；充分发挥黄渤海地区各自优势，突出区域特色，依托现有科研制造能力、应用基础、产业园区等特点和优势，科学谋划，因地制宜，有序推进机器人区域差异化发展。优化产业布局，避免重复建设和同质化发展。

2. 海洋工程装备及高技术船舶制造业

黄渤海地区是我国重要的船舶和海洋工程装备制造基地。黄渤海地区应顺应世界造船竞争和船舶科技发展的新趋势，强化创新驱动，以海洋工程装备和高技术船舶产品及其配套设备自主化、品牌化为主攻方向，以推进数字化、网络化、智能化制造为突破口，不断提高产业发展的层次、质量和效益，实现船舶工业由大到强的质的飞跃。

3. 大力发展节能与新能源汽车制造业

黄渤海地区是我国汽车工业较为发达和集中的区域，约占全国汽车总产量的1/4，已形成从整车到零部件、从乘用车到商用车、从大型客车到微型货车的产品体系，集群化效应初显。黄渤海地区应按照《中国制造2025》确定的"节能与新能源汽车"领域的发展目标和任务，加快发展电动汽车、燃料电池汽车，掌握汽车低碳化、信息化、智能化核心技术，形成从关键零部件到整车的完整工业体系和创新体系，推动自主品牌节能和新能源汽车与国际先进水平接轨。

4. 轨道交通制造业

中国轨道交通装备制造业是我国高端装备制造领域自主创新程度高、国际创新竞争力强、产业带动效应明显的行业之一，而黄渤海地区又是我国轨道交通制造业基地之一。我国轨道交通龙头企业中国中车总部位于北京，在河北、山东、辽宁布局了大量的研发和生产企业。山东、辽宁在全国轨道交通产业分别排名第 3 位和第 5 位。黄渤海地区轨道交通装备制造业要以国家实施的《中国制造 2025》、"一带一路"战略为契机，紧紧抓住技术演进和产业发展的机遇，坚持创新驱动，实现由制造大国到制造强国的升级。

5. 智能装备制造业

"十二五"时期，黄渤海地区以机床、电机、输配电设备和仪器仪表为代表的智能制造装备业持续较快增长，创新能力不断提高，产业集聚规模不断扩大，智能制造产品市场占有率居全国领先地位，既为推动装备工业转型升级提供了重要保障，也为促进工业经济平稳增长注入了新动力。黄渤海地区的一批智能装备制造企业技术水平高，市场增长快，发展潜力大，公司的主导产品品牌知名度和市场占有率均居全国同行业前列。

（三）与沿线国家进行先进产能合作

1. 加快产能项目对接，促进先进产能深度合作

海上丝绸之路地区的东南亚、非洲等新兴市场国家大多处于工业化初级阶段，正需要建立全面的产业体系。当前，世界经济下行压力加大，沿线国家迫切希望同中国开展全方位合作。通过引进中国先进的产能不仅能促进沿线国家经济转型，且有利于其建立独立完整的民族工业。黄渤海地区应抓住实施"一带一路"国家战略的有利契机，促进合作向更深层次的产业领域发展，加快产能优先项目清单进行对接，争取在汽车及轨道交通、造船及海工装备、智能装备制造等产能领域与沿线国家进行深度合作，推动铁路、电力、通信、盾构机以及汽车、飞机、电子等中国装备借"海上丝绸之路"走向世界。

2. 分门别类引导，加快过剩并不落后的产业"走出去"

结合过剩行业的具体特征，按照比较优势制定有针对性的"走

出去"战略，分门别类地实施过剩优质产能向海外转移战略。针对钢铁、有色金属、建材、石化等传统工业行业，选择资源丰富、劳动力成本更低的发展中沿线国家为主要转移对象。这些国家正处于工业化前期阶段，对钢铁、有色金属等基础工业原料有较大需求，有利于增强转移产能的盈利能力。针对沿线新兴经济体和部分发达国家产业持续转型升级派生出来的对节能环保等方面需求，可以考虑引导黄渤海地区光伏、风能等节能环保产业向境外转移。

3. "走出去"和"引进来"并重，提升自主创新能力

在"走出去"的过程中，黄渤海地区宜充分利用国家财政贴息、加速折旧等政策，扩大先进技术、关键设备和重要零部件等进口，推动产业结构迈向中高端。特别是要按照《中国制造2025》的要求，坚持创新驱动、智能转型、强化基础和绿色发展，加快从制造大国转向制造强国。要着力扶持具备较强竞争力的企业做强做大，培育更多的大型跨国公司。通过员工交流访问、技术合作研发等方式，切实提升自主创新能力，逐步形成一批产业链高端、全球配置资源的跨国企业集团。有效促进特种钢材、精细化工、海水淡化和综合利用、海上新能源开发以及高端海洋工程等新型产业发展，全面加速提升黄渤海地区工业部门的国际竞争力，加快中国由制造大国向创造大国迈进。

（四）加快发展战略性新兴产业

黄渤海地区应抢抓海上丝绸之路经济机遇，按照优势互补、互利共赢的原则，促进沿线国家加强在新一代信息技术、生物、新能源、新材料等新兴产业领域的深入合作。

1. 打造"21世纪海上丝绸之路"产业合作集聚区

加快培育与海上丝绸之路沿线国家经济关系密切的海洋工程装备、智能机器人和通用航空产业与设备制造等战略性新兴产业。引

进一批大型海工和大型装备等产业链的大项目、大产业。采取"飞地"合作模式，推动建立创业投资合作机制，强化黄渤海地区合作，努力打造"海上丝绸之路"产业合作集聚区。深化与海上丝绸之路沿线发达国家和地区的产业合作，推进产业发展高端化、集群化、国际化。

2. 推进工业和信息化融合，加快产业转型升级

北京宜发挥科技创新中心作用，突出高端化、服务化、集聚化、融合化、低碳化，大力发展服务经济、知识经济和绿色经济，加快构建高精尖经济结构。天津优化发展高端装备、电子信息等先进制造业，大力发展航空航天、生物医药、节能环保等战略性新兴产业和金融、航运物流、服务外包等现代服务业，打造全国先进制造研发基地及生产性服务业集聚区。河北积极承接首都产业功能转移和京津科技成果转化。辽宁、山东改造提升传统优势产业，推动产业转型升级，大力发展先进制造业、现代服务业和战略性新兴产业，建设新型工业化基地和产业转型升级试验区。

3. 优化黄渤海地区产业链分工布局

黄渤海地区要推动上下游产业链和关联产业协同发展，建立研发、生产和营销体系，提升区域产业配套能力和综合竞争力。探索投资合作新模式，鼓励合作建设境外经贸合作区、跨境经济合作区等各类产业园区，组建产业合作联盟，以投资带动贸易发展。

专栏 15-1

依托海洋综合体加快构建对外开放新优势

辽宁渤海船舶重工建造的海洋核动力平台，成为"十三五"时期为海上综合体开发作业提供电力能源供应重大基础设施平台。海洋综合体应用市场前景广阔，不仅可以应用于海洋石油、天然气和海洋资源勘探、

开采领域，而且可作为发展海洋经济的生产、物流、补给的海上辅助基地，是我国实施"海上丝绸之路"战略的重要基础设施，在经济和军事上具有极其重要的双重战略意义。应立足海洋工程产业基础，发挥核动力平台比较优势，大力发展海洋综合体等高端海洋工程装备制造业，加快构建实施"海上丝绸之路"战略的竞争新优势。

三、优化整合地区港口资源

（一）按照比较优势实施区域内港口差别化定位

当前黄渤海地区大小港口林立，彼此间没有形成分工协作机制，导致港口功能雷同，低层次重复建设和恶性竞争问题严重。充分考虑腹地经济社会和产业布局的发展要求，黄渤海地区港口布局宜形成"三中心、三层级、八体系"的港口区域化布局体系，即以天津、大连、青岛三个航运中心为"国际枢纽"节点，以营口港、秦皇岛港、日照港、烟台港为国内枢纽性节点，唐山港、丹东港、锦州港、沧州港、威海港为地区性节点，共同形成国际—国内—地区三层次的港口区域化网络，完善集装箱、油气、煤炭、矿石、钢材、粮油、汽车、邮轮八个服务体系，发展成为东北亚地区重要的区域化港群。三地两市宜在科学论证基础上，对重要港口功能做出定位，并以此作为生产力布局的依据。

天津港作为黄渤海地区的航运中心和连接东北亚与中西亚的纽带，宜打造成为以集装箱、原油及制品、矿石、煤炭为主的综合性港口，航运产业集聚的国际航运中心。要依托亚欧大陆桥连接功能，不断完善多式联运体系，进一步增强对沿线国家及地区转口贸易服务功能，充分发挥其在中蒙俄经济走廊重要节点作用和海上合作战略支点作用，早日建成自由贸易港区，推动"一带一路"建设。

青岛港作为黄渤海地区的中心枢纽港和东北亚国际航运中心，宜以国际集装箱干线运输为重点，全面发展原油、矿石、煤炭等大宗货物中转运输，加快拓展港口物流、保税、信息、商贸等服务功能，积极带动临港工业和半岛制造业基地建设发展，开展日韩自由贸易，建成自由贸易港区。

大连港作为黄渤海地区的中心枢纽港和我国东北及蒙东地区的海上门户，宜建设成为集装箱、石油、铁矿石、粮食、商品汽车、客货滚装、邮轮运输等专业化运输中转系统，打造以石化、装备制造、船舶制造、电子信息产业为主的四大临港、临海产业基地，构筑综合物流、国际邮轮、航运商务三大服务中心，形成功能完善的现代化港口服务体系，积极开拓日韩自由贸易，早日成为自由贸易港区。

营口港是黄渤海地区重要的能源转运港和集装箱支线港，宜以鲅鱼圈港区和仙人岛港区为重点，以内贸集装箱、铁矿石、石油和钢材运输为核心，全面发展粮食、杂货等运输，大力拓展现代化的港口服务、口岸功能和临港产业功能，逐步发展成为设施先进、功能完善、管理高效、安全环保的综合性港口。

秦皇岛港是黄渤海地区重要的能源转运港，宜以煤炭运输为核心，适度拓展集装箱、散杂货等物资运输业务，发展成为黄渤海地区，乃至我国北方的国际能源大港。

日照港是黄渤海地区重要的能源转运港，宜以煤炭、矿石、钢材等大宗物资为核心，打造黄渤海地区能源和原材料运输的重要口岸。

烟台港是黄渤海地区衔接辽东半岛与胶东半岛的重要港口，宜充分利用国际国内两个市场，在更大范围、更广领域、更高层次全面参与经济全球化的战略资源。

唐山港是黄渤海地区中能源转运和工业港，宜围绕京津冀一体化发展，尤其是曹妃甸工业中心发展需要，重点发展煤炭、原油、铁矿石等大宗散货运输，积极拓展港口物流、商贸、信息、保税等服务功能。

丹东港是辽宁省和东北东部地区重要的交通枢纽，宜以服务东北东部地区为导向，以临港工业发展为抓手，以煤炭、金属矿石、粮食、油品和集装箱运输为主要货类，逐步发展成为客货兼顾、内外贸结合、多功能的综合性港口。

锦州港是辽西及内蒙古东部等地区经济社会发展和对外开放的重要依托，宜以石油、煤炭、粮食等大宗散货和内贸集装箱运输为主，重点发展物流、商贸、临港工业及口岸等相关功能，逐步成为多功能的综合性港口。

沧州港是京津冀沿海的地区性重要港口，宜在继续强化北方主要煤炭装船港地位的同时，加快综合港区、散货港区的开发，重点发展矿石、液体化工、集装箱、原油运输，拓展综合运输、临港工业、仓储、物流等现代港口功能，发展成为区域性能源大港。

威海港是山东沿海的地区性重要港口，宜进一步强化其在山东和辽东半岛的海峡运输及对韩的客货滚装运输服务方面的功能。

（二）加强港口一体化联动发展

为有效利用岸线资源，避免同质化发展与恶性竞争，要积极推动港口一体化联动发展，实现黄渤海地区港口群的绿色增长，提高黄渤海地区港口群在全球航运格局中的综合竞争力，打造黄渤海地区的经济引擎，深度融入"海上丝绸之路"战略，带动我国东北、华北、西北及中西部等港口腹地地区经济的发展。

实现港口一体化联动发展，目标就是推动港口区域化进程。各港口充分发展和利用自身特色和优势，展开港口与港口之间、港口与腹地之间的合作，加强港口与港口间的联系，通过构建完整的、合理的、平衡的运输体系，拓展港口的经济辐射范围，从而增强黄渤海地区港口的竞争力。

以天津港、青岛港、大连港为基地建设邮轮母港、邮轮始发港，其他港口适时发展邮轮访问港，以推动海上旅游业为契机，推动黄渤海地区港口邮轮一体化联动发展，积极开辟我国与"海上丝绸之路"沿线国家，特别是东盟国家的邮轮航线，深度融入"海上丝绸之路"战略。

以天津港和青岛港为中心，向华北、中西部、西北地区延伸，以大连港为中心向东北、蒙东地区延伸，通过多式联运网络与内陆的货物中心结合，港口与内腹地融为一体，将港口拓展为一个区域性货运中心网络。同时丰富与日韩、远东、东盟乃至西方国家的远洋运输航线，面向海域拓展黄渤海地区港口的服务范围和能力，实现与海上丝绸之路相关国家港口与地区的一体化联动发展。

从管理机制与组织模式层面，首先，建立黄渤海地区港口群的联席会议制度，增加沟通与交流，共享信息与互借经验，搭建港口一体化协同发展的共享交流平台。其次，依托国家自由贸易试验区战略，以天津港、大连港、青岛港为试验田，深化港口体制改革，大胆创新实践，实现港口由属地化管理向区域化管理模式的迈进。在政府推动下通过资产重组，以资产为纽带将各港口的利益紧密地联系在一起，通过政府引导，建立企业主导型股权式协同下的组合港、港口联盟，以培育大型港口集团，实现港口集团的国际化，以扩大我国港口集团对海外港口设施与岸线资源投资与开发建设，从更深层次实现黄渤海地区港口与"海上丝绸之路"沿线国家港口的一体化联动发展。这种模式有利于建立以利益为纽带的经济联合体，使港口间联系更紧密，利益共享，风险共担，经济外溢性好，对地区经济拉动作用明显。

(三) 探索推进北极航线港口建设

1. 北极航线概况

北极航线是指穿过北冰洋、连接大西洋和太平洋的海上航线，连通亚欧及北美。狭义的北极航线分为西北航线和东北航线两部分，其中东北航线绕过西伯利亚北部，穿过北冰洋巴伦支海、喀拉海、拉普捷夫海、新西伯利亚海和楚科奇海五大海域；西北航线途经美国阿拉斯加北部离岸海域，穿过加拿大北极群岛。这两条航线更接近球面上两点的最短连线（大圆航线），是连接太平洋北部与大西洋北部的最短航线。此外，北极航线理论上还存在一条穿越北极点的航线，该航线不经过俄罗斯或北美北部沿岸海域，直接穿过北冰洋中心区域到达格陵兰海或挪威海。但由于北冰洋中心区域的海冰最为密集和厚实，很难开发利用。因此，人们更多关注的是西北航线和东北航线。一直以来，北冰洋常年被海冰覆盖，环境恶劣，人类始终无法开发北极及北极航线资源。近几年，随着北极升温、北冰洋增暖导致北极冰层加速融化，北极航线全面开通逐渐成为可能。北极航线一旦开通，不仅可使国际海运航程及时间大大缩短，而且可以避开索马里海盗和印度洋海盗的威胁，降低航行风险。国内外相关学者认为，北极航线的开通将改变长期以来巴拿马运河和苏伊士运河作为连接太平洋和大西洋要道的局面，并有可能成为新的海上运输要道。

2. 黄渤海地区北极航线港口的确定

一是建设及挑选北极航线港口应考虑的问题。黄渤海地区位于我国中北部，地处高纬度区域，地理优势是黄渤海地区利用北极航线建设北极航线港口最有利条件。并且，黄渤海地区之间及与其他地区交通设施发达，是连接海内外、辐射全东北的交通枢纽，拥有包括铁路、公路、水路和航空等在内的多种运输方式，多式联运发展迅速，可以实现北极航线与黄渤海地区广大经济腹地的有效对接。北极航线港口建设，应考虑以下问题。

（1）对北极航线开通时间进行科学预测。从目前美国北极研究协会（ARCUS）报告可以看出，自1979年以来，北冰洋海冰一直呈现下降趋势，2014年9月北极海冰覆盖面积只有528万平方千米，与1979年的720万平方千米相比约下降27%。北极航线虽然有较多不确定性因素，但从以上数据来看，北极冰层正在逐年加速融化，开通前景十分可观。在此基础上，需对北极航线开通的具体时间作进一步量化预测，做好投资建设北极航线港口基础设施的前期准备和阶段性规划。

（2）对北极航线运输的主要货物做出合理假设。关于北极航线的货物运输，分为两种情况。首先，北极过境运输。考虑到国际集装箱贸易主要发生在远东、欧洲与北美这三个世界上经济最发达的地区，因此远东—欧洲、远东—北美、欧洲—北美是世界海运集装箱主要航线，而东北航线缩短了远东到欧洲的航线距离，西北航线缩短了远东到北美东海岸的距离，所以中国—欧洲、中国—北美东海岸的集装箱为中国的北极过境运输的主要货物种类。其次，北极资源运输。北极地区拥有丰富的油气资源，有"第二个中东"之称。北极圈内石油储量为900亿桶，天然气储量为47.3万亿立方米，蕴藏有占全球储量25%的煤炭。因此，中国以北极为目的地的运输货物以石油天然气为主。目前，黄渤海地区能够装卸石油和天然气的港口有日照港、唐山港、大连港、天津港、青岛港和秦皇岛港6个港口。

（3）考虑航程减少及贸易潜力等因素。北极航线的优势之一是航程减少。经过计算，黄渤海地区主要港口分别到欧洲港口伦敦、汉堡、鹿特丹及北美东海岸港口纽约、圣约翰斯的传统航程与通过北极航线的航程对比，若以缩短15%为界定标准，满足的港口有大连港、秦皇岛港、唐山港、天津港、东营港、烟台港、威海港、青岛港、日照港。

二是确定北极航线港口。综合上述影响因素,黄渤海地区需要建设的北极航线港口为大连港、秦皇岛港、唐山港、天津港、烟台港、威海港、青岛港、日照港。

3. 政府及企业应做好港口建设工作

北极航线港口建设工作要从政府及港航企业两方面入手,双管齐下。从政府方面看,要挑选黄渤海地区适合的港口进行北极航线港口建设,合理规划港口布局,做好港间货物衔接工作。还应积极倡导沿线国家间的交通设施合作建设,充分利用与北极航线较近的地理优势和沿海优势及东北地区强大的贸易优势,加强港口建设和航道建设,构建区域合作网络。从企业方面看,要积极响应政府提出的政策规定,从大局出发,配合北极航线港口建设及整改,通过政策引导推进行业结构调整,改善港口基础设施结构、车船运力结构和企业组织结构,实现运输系统最优。进一步完善北极航线港口建设的理论体系,构建北极航线港口规划、建设施工以及运营管理方面的评价指标体系,并用于黄渤海地区北极航线港口建设的实践。

四、积极推进大连自由贸易区建设

(一)设立大连自贸区意义重大

大连处于东北亚经济区中心位置,是国家"一带一路"战略中"一带"的桥头堡和"一路"的延伸点,也是我国与东北亚国家经贸往来和开放合作的重要枢纽,在黄渤海地区具有独特的区位优势。设立大连自由贸易园区意义重大。

1. 有利于带动东北老工业基地实现全面振兴

大连是东北地区对外开放的龙头和窗口，承担着率先实现东北老工业基地全面振兴的重大使命。东北地区重工业、装备制造业比较发达，但是转型升级的负担也比较重。建设大连自由贸易园区，可以把东北的优势转换成为产业优势、经济优势，形成新的开发开放热点，有效聚集国际国内优质资源，推动经济提质增效。

2. 有利于加快东北地区的改革进程

习近平总书记在关于辽宁和东北老工业基地振兴的重要批示中指出，东北当前遇到的困难和问题，归根结底是体制机制问题，是产业结构、经济结构问题，解决这些困难和问题归根结底还要靠深化改革。设立大连自由贸易园区，将加快东北地区开放进程，倒逼体制机制创新，尤其是政府行政管理体制改革，为振兴东北经济发展注入新动力、增添新活力、拓展新空间。

3. 有利于打造我国面向东北亚区域开放合作的战略高地

大连石化、造船、装备制造业基础雄厚，商贸、金融、旅游、服务外包等现代服务业在全国具有举足轻重的地位。设立大连自由贸易园区，有利于我国形成面向全球的高标准自由贸易区网络，有利于建设黄渤海地区面向东北亚区域开放合作的示范区，促进东北地区与日本、韩国和俄罗斯等国家的合作更加紧密、往来更加便利、利益更加融合，从而引领东北地区全方位对外开放。

4. 有利于辽宁乃至东北地区主动融入"一带一路"战略

设立大连自由贸易区，推动大连国际航运中心建设，建设以大连为起点的国际海铁联运通道，建成海上丝绸之路东段枢纽和陆上丝绸之路东北区域重要节点，将进一步促进东北亚和东南亚海上丝绸之路有机连接。

（二）现有基础及条件

1. 大连是我国北方重要的对外开放门户

大连是我国最早对外开放的港口。清末，洋务运动启动了大连开放的大门，1880 年开始在旅顺建设军港和大坞。历史上大连还曾三度成为自由港，具有深厚的历史积淀和影响力。大连作为东北走向世界的门户，对内是东北地区海陆联运中心，对外是国际航线的要冲，承担东北地区 70% 以上的海运货物和 90% 以上的集装箱运输，货物吞吐量跻身世界港口前 10 强，集装箱吞吐量全球排名第 13 位。

2. 大连具有突出的区位优势

大连位于辽东半岛最南端，三面环海，具有得天独厚的区位优势。大连不仅是东北腹地连接华东、华南地区的交通枢纽，也是东北亚地区联通欧洲各国的重要海陆交汇点；且其处于东北亚经济圈的中心，是海上丝绸之路的重要起点。

3. 大连具有对外开放的丰富实践

改革开放以来，大连是第一批 14 个沿海开放城市之一，国家在大连设立了全国第一个经济技术开发区、东北地区第一个保税区、保税港区、出口加工区、高新技术园区，积累了比较丰富的对外开放经验。大连金融、物流、信息、航运等现代服务业比较发达，保税区、保税港区在全国海关特殊监管区域中运作规模和水平始终居于前列。全球有 90 多个国家和地区的企业在大连投资，全市累计批准外商投资项目 17 000 多家，其中 109 家世界 500 强企业投资项目 240 个。贸易市场扩展到全球 196 个国家和地区，外贸出口占辽宁省 60%，占东北地区的 40%。国务院实施"振兴东北老工业基地"战略，将大连确立为东北亚重要的国际航运中心。

4. 大连基础设施较为完善

大连港是我国北方最大的港口之一，有京大、哈大等重要铁路线通向东北和关内，沈大高速公路贯通辽东半岛，周水子国际机场是我国最早的四大国际航空港之一，也是东北地区唯一通过亚太国际民航组织认证的民航港口。城市生态环境优良，开发区、保税区的基础设施建设在全国同类型开放区中堪称一流。

（三）大连自由贸易区建设主要任务

大连自由贸易园区范围初步考虑分设三个片区，包括大连大窑湾港航及服务业创新区、大连汽车物流城综合配套区和大连周水子国际机场空港经济区三部分，总面积113.38平方千米。其中，大连大窑湾港航及服务业创新区涵盖大连保税区、大窑湾保税港区、大连出口加工区、大窑湾港区、能源港区和北良园区，面积64平方千米，重点发展港航物流、贸易、金融、商务、文化、服务外包、临港加工业和大宗资源型商品交易和配置平台。大连汽车物流城综合配套区涵盖汽车产业园区和生态城，面积46平方千米，重点发展装备制造、生产性服务业和生活性服务业。大连周水子国际机场空港经济区面积3.38平方千米，重点发展航空货物中转和航空经济。当前宜做好设立大连自贸区前期准备工作。

1. 夯实产业基础

一是打造装备制造业集群。创建国家级整车生产基地，推动瑞原动力、特来美不锈钢、北方油品等项目竣工投产。二是推动生产型制造向服务型制造转变。大力发展系统集成、设备租赁，提供解决方案、再制造等增值服务。搭建技术研发、工业设计、知识产权等公共服务平台，推进工程研究中心、工程实验室、企业技术中心建设。三是延伸制造业产业价值链。开展租赁业准入政策、管理模式、融资渠道创新试点，利用政策性金融资金，拓展境外融资渠道，鼓励金融机构、装备制造企业集团在自贸园区内设立租赁公司和专营租赁业务子公司，重点开展农用机械、船舶、海洋工程结构物、轨道交通车辆、飞机和进出口大型成套设备等租赁服务。鼓励开展境内外高技术、高附加值的维修业务；打造加工贸易产品内销平台。四是以大连保税区为依托，提升区内经济活力。充分利用国内外产业大转移之际，加大招商引资力度，吸引一批主业突出、拥有自主知识产权和自主品牌的世界级大企业大集团落户保税区。建设集贸易中心、价格中心、金融中心、信息中心等功能于一体的构建各类生产要素综合交易平台。

2. 推进互联互通大通道建设

建设连满高铁，打造"连满欧"黄金联运通道。以大连为上岸港，把我国大陆、香港以及日本、东南亚各国供俄罗斯和西北欧的货物，经哈（尔滨）大（连）铁路、滨（哈尔滨）洲（满洲里）铁路（高铁），由我国最大的陆路口岸——内蒙古的满洲里出境，沿西伯利亚大铁路，经俄罗斯的莫斯科到俄边境城市布列斯特分流，再经波兰的华沙、德国的柏林到荷兰的鹿特丹港。拓展国际航线，增加欧、美、澳、亚主要城市的国际航线，与仁川、旧金山、班加罗尔等地搭建"空中走廊"，打造地空联运枢纽。加强物流节点建设，疏通水水中转、海铁联运、公路运输等多式协调的集疏运模式，构建多式联运物流网，将大连打造成为全国多式联运中心城市。

3. 提升国际航运发展水平

一是建立完善以离岸航运管理为核心的具有国际竞争力的航运发展制度和运作模式，发展航运金融、国际船舶运输、国际船舶管理、国际航运经纪等产业。二是创新航运金融业务发展。设立具有航运特色的银行、保险、金融租赁、产业基金等专业航运金融机构；鼓励保险资金进入港航基建项目。培育航运保险中心，形成航运保

新战略、新愿景、新主张——建设21世纪海上丝绸之路战略研究

险服务中心与定价中心。三是支持大宗商品国际中转。依托大窑湾保税港区和大连商品交易所，在保税港区内开展油品、粮食、矿石、化工原料等大宗商品期货保税交割试点。建设境外石油、矿石期货交割库，推进保税油品和保税矿石国际中转业务先行先试。四是创新通关监管模式。扩大大窑湾保税港区范围，优化中转业务监管流程，改革海关特殊监管区域的监管制度，创新与国际惯例接轨的通关监管模式，努力做到一线放开、二线管住。五是创新船舶登记制度。在新区开展创新船舶登记制度试点，探索建立宽松的登记政策，鼓励新建船舶和中资"方便旗船舶"在大连登记。六是试行启运港退税政策。参照上海启运港退税政策，结合新区特点，在五个沿海港口和三个内陆干港以水路运输和集装箱班列运输为重点方式，试行启运港退税政策。

4. 加快大连保税区基础设施建设

完善服务保税区发展的交通基础设施，统筹安排好高速公路、铁路等骨干系统的规划建设，加快构建连接保税区和主要港口的快速道路骨架，积极推动大连保税区与主要港口连接铁路专用线建设，以现代化综合交通基础设施支撑大连保税区建设，凸显保税区的成本优势。全面统筹大连保税区全域地上地下市政公用设施建设，加强围网、通关设施、厂房、驻区单位办公场所的建设与维护，提升园区通信、供电、供热、供气、供排水、污水垃圾处理等基础设施水平，建设一批现代化、高品位、高科技的商贸、会展、总部经济等基础设施，增设教育、医疗、生活综合配套服务设施，营造亲商宜居环境。高度重视保税区信息化基础设施建设，建设"智慧园区"，加快推进"三网融合"。推进大连保税区信息标准化建设，实现海关、检验检疫、国税、外汇管理等部门之间数据的有效交换，实现区域信息资源的整合和共享，提高通关效率。

（四） 推动园区在重点领域创新突破

1. 坚持国际标准和准则，完善和规范海关程序，实现通关便利化

大连自贸区建设应在借鉴上海等自贸区成功经验基础上，推动贸易区管理制度的创新突破。政府在贸易监管制度创新中增加透明度和对市场竞争的中立性，保障投资者、经营者的合法权益。借鉴高标准的国际投资贸易规则，在事中事后监管制度建设上学习发达国家成熟监管制度和监管体系。探索大连自贸区内政府各部门协同、混业监管机制，推动政府主动减少和规范对企业经济活动的行政干预，为实现内外资统一的市场准入制度奠定基础。

2. 在商品检验检疫、食品安全、质量标准、电子商务、法律法规透明度等领域开展贸易投资便利化合作

加快转变政府职能，最大限度取消审批事项，建立一口受理、综合审批、高效运作的服务模式。实施经营者集中反垄断审查，引进国际仲裁、商事调解机制；强化知识产权保护和服务，建设严格的知识产权保护机制和管理体系。

3. 进一步扩大投资领域开放

在投资管理上，建立负面清单制度，扩大开放领域，完善外商投资管理模式。构筑对外投资服务促进体系，对境外投资一般项目实行备案制。完善投资者权益保障机制，实现各类投资主体的公平竞争，允许符合条件的境外投资者自由转移其投资收益。

4. 推进跨境电子商务和互联网建设

全力搭建跨境电商公共服务平台，大力吸引平台型跨境电商，率先在东北建立起"国家跨境电子商务综合试验区、东北亚跨境电子商务核心区"，使跨境电商成为大连市对外开放的"新增长点"、产业升级的"新动力"。

5. 促进黄渤海地区和海上丝绸之路沿线国家（地区）资金融通水平

推动与日本、韩国、俄罗斯等国之间以跨境人民币业务为重点的金融创新服务。探索建立中日韩货币交易平台，开展人民币跨境直接投资试点，鼓励日本、韩国、俄罗斯等国金融机构在自贸园区内设立中国总部、分支机构，支持设立融资租赁公司、汽车金融公司、消费金融公司以及小额贷款公司等有利于增强市场功能的机构。

五、推动中日韩自贸区先行区建设

参照已签署中韩和中澳自由贸易协定、谈判中的中欧和中美投资协定、上海等自贸试验区和威海建设中韩自贸区地方经济合作示范区的做法，加快建设以大连、天津、青岛为核心区域的面向日本、韩国、辐射东北亚的中日韩自贸区先行区，将黄渤海地区打造成引领东北亚开放合作的战略高地。

1. 探索构建统一开放的区域性共同市场

加强在市场准入和监管、资金融通、人才交流和产业链的共建方面加强合作。按照先易后难原则，在中日韩三国、中日、中韩之间就某些具备合作条件的行业或地区（黄渤海地区）推进一体化发展，形成三国或两国之间就某些行业或地区（黄渤海地区）的共同市场，比如商品流通市场、旅游市场、医疗美容市场等，力争实现资源共享、信息共用，提高资源配置效率。

2. 推进中日韩国际商贸物流通道建设

结合国家"一带一路"战略布局，先行推进黄渤海区域对日韩陆海空交通一体化进程。发挥空、铁、海、公路多式联运的便利，建设连接日本、韩国、中国东西部、中亚、欧洲和东南亚、南亚的商贸物流大通道。建设以大连、天津、青岛为"三核"的东北亚国际贸易中心、国际物流中心、国际航运中心和区域金融中心。

3. 不断扩大投资合作

在黄渤海地区创新外资管理模式，探索针对日韩外资采用准入前国民待遇和负面清单管理模式，扩大先进制造业和服务业开放。以日韩百强企业和行业领军企业为合作目标，以装备制造、汽车、机器人、精细化工、新能源、新材料、设计和金融等现代服务业等产业为重点，开展产业链定向招商，大力引进先进制造业、高新技术、新兴产业以及服务业项目，深化与日韩产业的融合发展，全面提升对外合作质量和水平。

4. 加快发展服务贸易

大力推进旅游、运输、批发零售、会展和软件外包等传统服务贸易，同时借鉴上海自贸区做法，通过进一步扩大服务业开放，创新外资管理模式，针对日韩外资，实行准入前国民待遇和负面清单管理模式，加强与日韩在跨境电子商务、交通物流、医疗、旅游、教育和文化等领域的交流合作，向国家争取先行先试优惠政策。

5. 发展产业集群

进一步整合黄渤海经济圈的汽车、钢铁、石化、装备、信息、造船等产业，形成若干产业集群和较完备产业配套体系。努力使黄渤海地区成为我国吸引日韩先进制造业转移的领头羊，形成东北亚产业高地、经济中心，力争成为未来的世界级制造业中心。

6. 提高投资贸易便利化

进一步推广上海自贸区在海关监管、商检、口岸监管等方面的制度创新，加快"国际贸易单一窗口"建设，大力提升贸易便利化水平。进一步深化区域通关一体化和京津冀区域通关一体化，探索在两大区域间实现通关一体化，最终扩围至整个黄渤海地区。

7. 开展金融模式创新

在大连、天津、青岛实行金融创新与合作，积极引进日韩银行、保险等金融机构，加快韩元挂牌交易试点城市建设、扩大汇兑业务规模，积极争取日元挂牌交易试点，扩大人民币和韩元、日元贸易结算范围，建设区域性韩元和日元结算中心。力争中日韩自贸区谈判中所涉及的金融、保险、证券等服务贸易领域开放试点政策在本地区先行先试。

8. 加强人力资源开发和合作

加强与日韩的人才交流，开展公务员互派工作，推动中国与日本、韩国从业资格证书互认，引进日韩科技专家、科研团队，共建研发中心等；积极与大专院校、科研机构联络，培养、建立一支精通外语、经贸、金融、国际合作等领域知识的专业人才队伍；加快人才流动和培养，构建高层次人才自由流动平台；开展多层次职业教育，培养高素质的技能型人才，为中日韩自贸区先行区建设打下良好基础。

9. 搭建多种形式的区域合作交流平台

创办夏季达沃斯论坛等高规格的国际论坛，举办大连软交会等影响力大的博览会，建设全方位介绍宣传日韩等东北亚国家的网站和召开日韩等东北亚各国地方首脑联席会议等。

10. 转变政府职能，优化营商环境

加快转变政府职能，学习上海自贸区审批创新经验，进一步深化行政审批制度改革，整合部门审批职能和机构设置，大力推行流程再造和网上审批，打造与国际接轨的政务服务体系。营造贸易自由、投资便利、高端产业集聚、金融服务完善、法制环境规范和监管高效便捷的营商环境。

六、建立完善协同发展机制

加快推动黄渤海地区发展港口经济和自由贸易园（港）区，必须着力消除当前开放领域中的体制机制障碍和壁垒，扩大市场准入范围，推动重点领域对外开放。

（一） 建立中央与各地区联席会议制度

建立中央与黄渤海各地区联席会议制度，立足地区实际，对黄渤海各地区参与海上丝绸之路建设进行系统规划和科学布局。主动参与国家层面的相关规划、政策制定和落实，统筹各地区重大战略规划和各专项规划，形成层次清晰、定位准确、特色鲜明、操作性强的行动纲领。做好分工协调，权衡重点与次重点，以明确优先次序，将有限的资源集中投入建设。

（二） 建立区域之间的专项协调机制

黄渤海地区宜建立一个由各地方政府组成的利益对话、相互博弈、走向融合的专项协调机制。近几年，黄渤海地区各省市相互合作、加快发展的势头日益强劲，曾先后多次召开研讨会、座谈会和联席会，形成了"北京倡议""廊坊共识""天津倡议"等一系列协议和文件。同时，全力推进构建统一开放的区域性共同市场，要逐步促进生产要素的自由流动与优化组合，促成区域内商品、资金和劳动力的合理流动；要在市场准入和监管、资金融通、人才交流和产业链的共建方面加强合作；要充分借鉴国内外城市群的协调机制模式，就黄渤海地区协调发展问题进行协商协调。

（三） 建立多种形式的合作机制

1. 建立基础设施互联互通机制

按照"谁受益、谁投资"原则，统筹规划建设区域路网及水电气管网等基础设施，建立五省市公路、铁路、航空枢纽及港口协作机制。推进区域综合交通运输信息互联互通与共享开发，加强交通运输法规政策和技术标准对接，形成区域统一开发的运输市场。

2. 建立生态环境保护联动机制

以大气污染联防联治、流域治理、水资源保护及扩大生态空间为重点，统一五省市生态环境规划、标准、检测、执法体系，搭建区域性循环经济技术、市场、产品服务平台。建立生态保护红线区域补偿、水环境补偿、草原生态补偿、湿地生态效益补偿机制，加快在京津两市与河北张（家口）承（德）地区之间建立横向生态补偿机制。

3. 建立产业协同发展机制

建立科学合理的跨省市投资、产业转移对接、园区共建、科技成果落地等项目的收益分配体制，研究制定黄渤海地区协同发展产业转移对接企业税收收入分享办法。同时，加强黄渤海地区产业协作，建立区域产业定位清晰、布局和分工合理、上下游联动发展合作机制，促进区域间要素流动顺畅，形成优势互补、分工协作、协调发展的产业格局。

4. 建立科技创新协同机制

依托各地区、各产业及不同创新资源的特点，实现跨区域、跨部门、多层次、网络化的协同创新。立足产业基础、发挥比较优势，明确黄渤海地区五省市的功能定位，建立协同创新网络，实现资金流、信息流、人才流和服务流在黄渤海区域间互联互通。

第十六章
长三角地区融入 21 世纪海上丝绸之路的思考

       在国家21世纪海上丝绸之路战略中，长三角地区拥有历史渊源、区位交通、城市集群等基础优势和体制机制、科技创新、人才等核心竞争力，在未来发展中定位为亚太国际门户、世界级城市群、全球科创中心、国际贸易中心、国际航运中心和国际金融中心，全力推动港口群布局优化、区域产业升级、全方位开放创新，努力打造成我国建设21世纪海上丝绸之路的排头兵和主力军。

一、长三角地区竞争优势明显

长江三角洲地区（简称"长三角地区"）一般指上海市、江苏省、浙江省两省一市，泛长三角经济区则包括上海市、江苏省、浙江省、安徽省三省一市。[①] 改革开放以来，长三角地区锐意改革，开拓创新，实现了经济社会发展的历史性跨越，成为提升国家综合实力和国际竞争力、带动全国经济发展的重要引擎，在社会主义现代化建设全局中具有重要的战略地位和突出的带动作用。作为中国第一大经济区，国务院《长江三角洲地区区域规划》（2010 年 5 月）明确长江三角洲地区发展的战略定位是亚太地区重要的国际门户、全球重要的现代服务业和先进制造业中心、具有较强国际竞争力的世界级城市群。

在国家 21 世纪海上丝绸之路战略中，长三角地区拥有历史渊源、区位交通、城市集群等基础优势和体制机制、科技创新、人才等核心竞争力，更有资格也更应有担当地发挥其特色与功能，积极引领、全面参与融入海上丝绸之路开放战略。

（一）历史渊源

历史上，长三角区域是海上丝绸之路的重要枢纽，与海上丝绸之路有着深厚的历史渊源。

1. 长三角港口是海上丝绸之路的商品贸易起点港

长三角区域众多港口与海上丝绸之路都有着密切联系，如宁波、

---

① 本章所指长三角区域有三类范围：一是"泛长三角"，包括上海、江苏、浙江、安徽三省一市；二是"大长三角"，包括上海、江苏、浙江两省一市；三是"小长三角"，指 2010 年 5 月国务院《长江三角洲地区区域规划》界定的长三角核心区 16 个城市，分别是：上海、南京、苏州、无锡、常州、镇江、扬州、泰州、南通、杭州、宁波、湖州、嘉兴、绍兴、舟山、台州。本章为行文方便，具体根据相关数据获得的便利度择取不同的长三角区域范围。本章以"泛长三角"为主，"大长三角""小长三角"将特别注明。

舟山、扬州、南京、连云港等港口均是海上丝绸之路的商品贸易起点港。舟山历来是海上丝绸之路的重要始发站和中转港，是中国向海外输出的起点，丝绸、瓷器、茶叶从舟山港起运，送往世界各地。宁波是中国大运河和万里海上丝绸之路的结节点、我国海上丝绸之路的重要始发港，与东海航线连接的日韩和南海航线联结的东南亚及环印度洋地区都有着悠久交流历史，成为海上丝绸之路三大标志性港口之一。南京在作为六朝古都时期成为海上丝绸之路的东海航线的起点，与朝鲜半岛和日本列岛国家建立贸易往来，15世纪明朝组织郑和七下西洋使南京再次成为海上丝绸之路的东端始发港，同时将西端港口拓展到非洲东岸。连云港在隋唐时期成为大唐和新罗、日本交往的重要城市，大量从事海上贸易的新罗人在连云港宿城设立新罗所与新罗村，连云港成为当时繁忙的海上运输线中不可或缺的一环。

2. 长三角城市是海上丝绸之路的物资集散大通道

在中国海上丝绸之路拓展过程中，长三角主要城市海外贸易发达，成为物资交流和集散的必经通道。中国商团从舟山、宁波、扬州、南京等地启程，来往于海上丝绸之路沿线国家和地区，带去大量丝绸、瓷器、经卷、佛像、书籍、药品出售，贩回砂金、水银和锡；同时也和新罗、环王（越南）、室利佛逝（印度尼西亚巨港）、占卑（苏门答腊）等国商人通商，丝绸、陶瓷远销海外，易以诸国的砂金、黄铜、人参、药材、香料、珠宝、象牙、犀角等珍品，再转销各地。唐代的扬州依托发达的海上交通，成为中国东南最重要的对外贸易和商业中心之一，是中国与波斯、大食海上贸易的主要城市，大量中外物资在此交易集散，胡人在扬州开设了许多胡店，交易矿物珍宝和贵重药材。

3. 长三角区域是海上丝绸之路的文化交流核心区

长三角自唐宋以来开始成为中国文化最为兴盛发达的区域之一，

在海上丝绸之路的中外文化交流中发挥着举足轻重的作用。舟山是外来文明输入站，西洋音乐、艺术、宗教、物种通过海上丝绸之路抵达舟山，继而辐射东部沿海直至全国。宁波在唐朝时成为日本遣唐使主要登岸港之一，遣唐使到宁波后，在此办理入京手续；南宋时宁波成为来往高丽、日本、婆国（爪哇）、占城、勃泥、三佛齐及真里富国（柬埔寨）等各国的人员集聚地，兴建了高丽行使馆、波斯馆、清真寺。南京作为六朝古都，开启了"东亚文化航线"，建立了与朝鲜半岛和日本列岛国家的友好往来，为拓展和加强中国与东亚国家之间的文化交流奠定了基础，从东亚、东南亚、西亚等传入中国的佛教经义乃至佛寺建筑，又从南京传入朝鲜半岛的百济（韩国）和日本列岛的倭国（日本）。

4. 长三角区域是"一带一路"的连接点

从地理位置看，丝绸之路沿陇海线东延，海上丝绸之路沿海岸线北上，相会于长三角区域。如扬州因为大运河在中国水陆交通网络中的关键地位和作用，成为海路和运河的交汇点，也是陆上丝绸之路和海上丝绸之路的连接点。又如连云港既是海上丝绸之路、又是新亚欧大陆桥的起点城市，从连云港到欧洲的鹿特丹港的国际铁路交通干线，全长 10 900 千米，比北线大陆桥（起点俄罗斯海参崴）减少 3 000 千米，辐射 30 多个国家和地区。

（二）交通区位

从区位看，长三角区域自然禀赋条件良好，拥有长江黄金水道和广阔的海岸线，是江、河、海运交汇之地，成为全国水陆交通的枢纽和吞吐四海、沟通宇内的重要窗口，在海上航运、物流、贸易等方面具有不可替代的地位和优势。

1. 在地理区位方面

长三角位于西太平洋航线要冲和长江东西运输通道与海上南北

运输通道的交汇点，是亚太地区重要门户。地处我国东部沿海与长江流域的结合部，拥有面向国际、连接南北、辐射中西部的密集立体交通网络和现代化港口群，对全国发展具有重要带动作用。该区域是我国主要贸易枢纽和参与经济全球化最重要的口岸集聚区，也是未来亚太自贸区地缘中心。

2. 在交通网络方面

长三角是中国交通最为发达的地区之一，水陆空交通便利，集疏运渠道畅通，通过高速公路、国道、铁路干线及沿海运输网、空中航线可辐射到长江流域、全国及全球范围。长三角内部已初步建成集公路、铁路、航空、港航运等多种运输方式于一体的综合交通运输系统，形成以上海为中心，南京、杭州、合肥为副中心，城际铁路为主通道的"多三角、放射状"城际交通网络。该区域是全国高铁网络最密集、运营里程最长、停靠站点最密、旅客运量最大的地区，形成一小时高铁圈；机场密度居全国之首，现有 19 座机场；集"黄金海岸"和"黄金水道"于一身，大陆海岸线长约 1 000 千米，长江优良岸线 600 千米，拥有中国最大的沿海沿江港口群，港口吞吐量占全国 1/3，同世界 160 多个国家和地区及 300 多个港口有经贸联系，是中国对外联系的重要门户。依托发达的交通设施，长三角地区对内可依托长江黄金水道和通达的铁路网络沟通内陆城市，对外可通过国际空港和海港对接世界大市场，对海上丝绸之路来说，无疑是连接亚太地区的天然枢纽，也是国际经贸往来的最佳窗口。

（三）城市集群

城市群是新的地域空间组织形式，成为主导国家经济乃至世界经济发展的主要动力。在海上丝绸之路建设中，世界级城市群是重要的国际化合作载体和支撑动力，在推动国际经贸合作和文化交流中具有不可替代的优势和作用。泛长三角城市群包括上海市，江苏、浙江、安徽三省的主要城市，以沪杭、沪宁高速公路及多条铁路为纽带形成一个有机整体，区域面积35.44万平方千米，占国土面积3.69%，人口规模2亿。该城市群是中国经济最发达、城镇集聚程度最高的城市化地区，是公认的六大世界级城市群之一。其中：上海是区域性核心城市与第六大城市群龙头城市；南京、苏州、无锡、杭州、宁波等特大城市在区域乃至全国占有重要地位；区域内城镇密集，一批各具特色的城市发展活力强大；长三角内部联系紧密，已形成较成熟的次级区域，且跨越省级行政区的区域交流合作。

从最新发展趋势看，长三角城市群空间处于不断重组过程，但总体上遵循圈层式/多中心的空间演化特征，形成"Z"字形的城镇密集走廊，多中心城市结构形成。"宁—苏锡常—沪—杭—甬"一线依托大中城市与完善高效的基础设施形成了密集的城镇走廊。上海正在成为崛起中的全球城市，在区域中发挥着"两个扇面"作用，不断重塑、强化着区域腹地范围。各级城市处于多样化职能分工的重构过程，人流、物流、信息流、资金流等在各城市间加速流动、交换，高端生产性服务业向核心城市集聚，延伸了城市功能辐射范围，促进了区域空间结构重组。与此同时，长三角次区域的城镇化发展水平与模式差异明显，北翼地区产业重化工特征提出，对外资依赖程度更高，南翼地区以轻工产业与民营资本为主的发展特征凸显。

（四）经济推动

长三角是中国经济发展最活跃最发达的地区之一和中国最大的经济圈，以全国3.69%的国土面积，集中了全国1/4的经济总量和1/4以上的工业增加值，是中国经济发展的重要引擎，发展的示范效应和拉动效应明显。长三角地区先进制造业和现代服务业处于国内和亚洲地区领先地位，有能力促进我国与海上丝绸之路沿线国家经贸交流的全面深入合作。

1. 综合经济实力强大

2014 年，长三角三省一市生产总值 14.97 万亿元，占全国 23.5%。其中长三角核心区 16 个城市 10.6 万亿元，占全国 15%。城镇居民、农村居民人均可支配收入达到 40 203 元、20 638 元，增速均值为 9%、10.6%，城乡居民收入比为 1.95∶1，明显低于全国平均水平，总体呈现出城乡居民收入与经济增长保持同步、农村居民收入增速快于城镇居民收入增速、城乡收入差距缩小的发展特征。

2. 开放经济全国领先

长三角区域依托区位优势和产业基础，率先建立起开放型经济体系，形成了全方位、多层次、高水平的对外开放格局。目前长三角经济圈外贸依存度达到 87%，出口依存度 50%，外贸成为拉动经济增长的主动力。2014 年，长三角实际利用外资 729.7 亿美元，占全国 61%；进出口 1.43 万亿元，占全国 33.3%，其中进口占 29.5%、出口占 36.7%。世界 500 强企业在该区域投资企业超过 1 500 家，其中上海成为中国内地跨国公司地区总部、外资研发中心落户最多的城市。长三角是港澳台在大陆投资的首选地区，"2012 年大陆台商 1 000 大"调查中，长三角有 509 家上榜。工业园区成为经济发展的重要引擎，该区域拥有国家经济技术开发区 65 家、国家高新技术产业开发区 26 家、海关特殊监管区 42 个，分别占全国的 30%、22.8% 和 41%。

3. 产业基础雄厚

长三角经济形成了以上海为龙头，以建立国际经济、金融、贸易、航运四大中心为目标，高新技术和新兴产业迅猛发展，产业结构不断提升的中国最具经济活力的城市带。该区域沪宁、沪杭、杭甬交通沿线为城市密集带，也是产业集中发展主轴线。先进制造业、现代服务业、新兴战略性产业在全国具有领先地位，培育了一批具有国际竞争力的世界级企业和品牌，成为我国建设全球现代服务业中心和先进制造业基地的核心载体。2014年长三角三省一市工业增加值69 579.29亿元，占全国三成以上，上海、浙江、江苏第三产业增加值占生产总值比重分别为64.8%、47.9%和46.7%。在专业市场发展方面，建立了一批与国内市场接轨的金融、技术、商品等要素市场框架，成为全国专业市场最多、交易量最大的区域，电子商务交易额约占全国的1/3。

（五）创新引领

长三角是中国经济、科技、文化发达的地区，独特的区位优势、雄厚的经济基础、丰富的科技资源及高度发达的外贸经济，为创新提供了强劲支撑。在"2014福布斯中国大陆最具创新力的25个城市"排行榜中，长三角13个城市入榜，7个城市进入前十。在海上丝绸之路建设中，长三角有可能与沿线国家合作建设全球最具影响力的科技创新中心。

1. 区域科技创新能力强大

长三角在科技创新主要指标上都处于领先地位，基本建成国内完善的区域科技创新体系，在多个重点领域拥有一批国际知名科技领军人物和重点行业知名企业家，拥有多个国际先进的科研基地和研发中心。从全球性或区域性研发总部数量看，研发投入强度最大的1 000座城市中，上海仅次于日本东京和美国的硅谷。江苏区域创新能力连续六年居全国第1位，浙江居全国第5位，两省科技进步贡献率达59%、56%。

2. 区域创新体系不断完善

长三角各省市创新体系各具特色，上海以大中型国企为创新主体，以高新技术企业为创新龙头，以"三资"企业为创新助推器，以经济、贸易、金融和航运中心建设为创新原动力，新技术、新产业、新业态、新模式的"四新"经济成为发展亮点；江苏以企业和产学研合作为创新主体，以发达的高新技术产业和传统产业为创新两翼，以高新区为创新龙头，以外商直接投资为创新助推器；浙江以民营企业为创新主体，以产业集群为创新基地，以产学研合作为创新加速器。长三角一直强化科技合作，以关键领域和核心技术创新为突破口，形成了优势互补、资源共享、互利共赢的具有国际竞争力的跨行政区域创新体系和全国最大创新城市带，2014 年长三角 24 个城市入围"2014 中国城市创新创业百强"。

3. 国家创新试点区域较多

长三角是国家战略的叠加地，集聚了众多国家级创新试点和改革区域。除长江经济带、长三角一体化等全国性战略外，还有江苏沿海地区开发、苏南国家自主创新示范区、浙江海洋经济和舟山群岛新区、皖江城市带承接产业转移示范区等区域性国家级试点及上海自贸区、杭州跨境电商综合试验区、宁波跨境电商综合试验区、义乌市国际贸易综合改革试点、温州金融综合改革试验区、"中国制造 2025"试点示范城市、国家进口贸易促进创新示范区等单项试点，这些试点承担着为全国改革创新先行先试、积累经验、提供示范的任务，具有突破性意义，为长三角创新发展提供了新的动力源。长三角作为中国对外开放窗口和对外战略前沿阵地，在参与双边、多边的政治与经济合作领域具有丰富经验（如上海合作组织、金砖国家开发银行等），在海上丝绸之路建设中具有特殊优势。

（六）人才支撑

长三角地区集中了大批高等院校和科研机构，拥有数量庞大、富有创新意识、创新活力和创新能力的人才群体，是我国最发达的科教中心。江浙沪三地共有普通高等学校 309 所，2014 年招收研究生 12 万人，其中江苏是我国高校最多、在校生规模最大的省份，拥有大批著名高校、科研院所，科技人才荟萃，科研实力雄厚，全省从事科技活动人员118.89万人，拥有两院院士90人，居全国第三位。上海常住外国专家8.8万人、"海归"11万人，均占全国1/6；中央"千人计划"专家626人，海外人才数量质量位居全国前列。浙江民营经济发达，创新机制灵活，创业创新人才集聚，引入国家"千人计划"333名，占全国8%，居全国第4位。根据中国区域人才竞争力统计，北京、江苏、上海、广东、浙江居中国省域最具人才综合竞争力前五名，本区域占3席。

二、在21世纪海上丝绸之路建设中的发展定位

长三角地区融入海上丝绸之路战略的总体定位是：发挥海上丝绸之路历史文化资源丰富、经贸合作交流关系密切、交通枢纽功能地位突出、产业经济实力雄厚等综合优势，以海上丝绸之路通道建设为基础，以提升与海上丝绸之路沿线各国经贸合作关系或者自由贸易水平为方向，以创新互利共赢的国际经贸合作规则为支撑，将长三角区域建设成21世纪海上丝绸之路的排头兵和主力军，全面提升长三角与海上丝绸之路的通道功能、贸易水平、投资及经济合作水平，形成中国参与和引领国际合作竞争新优势。

（一）世界先进制造中心

立足全国，面向世界，充分利用国际国内两个市场、两种资源，构建全球有重要影响力的先进制造业中心。以现有制造能力为基础，大力发展先进制造技术，提升优势制造业研发能力和核心竞争力，加快发展新兴制造业和战略产业，增强先进制造业发展的技术支撑和服务能力，提高制造业的核心竞争力和产业附加值。把联动实施江苏沿海开发、浙江海洋经济和舟山群岛新区、安徽皖江示范区、

上海"四个中心"建设等国家战略与海上丝绸之路建设结合，加强区域间合作机制和平台建设，使中国制造融入世界经济体系，打造服务推进21世纪海上丝绸之路的世界先进制造中心。

（二）全球科创中心

把握世界科技进步和产业变革趋势，在推进科技创新、实施创新驱动方面走在世界前列，把长三角区域建设成为世界创新人才、科技要素和高新科技企业集聚度高，创新、创造、创意成果多，具有全球影响力，科技创新基础设施和服务体系完善的综合性开放型科技创新中心，成为全球创新网络的重要枢纽和国际性重大科学发展、原创技术和高新科技产业的重要策源地之一，为我国经济保持中高速增长、迈向中高端水平做出贡献。充分发挥科创中心对21世纪海上丝绸之路沿线国家和地区的辐射服务功能，促进与沿线国家和地区在先进技术、科研设备和管理技术等方面的深度合作交流，为沿线国家和地区的科技创新、产业升级提供金融资本、人才技术、高端装备等重要支撑。

（三）国际贸易中心

发挥中国（上海）自由贸易试验区辐射引领带动作用和长三角海关特殊监管区集聚优势，推进贸易投资一体化和便利化，实施投资、贸易、金融、综合监管等领域制度创新，打造国际化、法治化的营商环境。发挥长三角核心区对外开放的辐射效应、枢纽功能和示范引领作用，提升对全球物流、资金流、信息流等资源配置的效率，成为国内贸易、进出口贸易、各国间贸易的大平台。打造新型国际投资贸易规则试验区，发挥与丝绸之路国家海空港的联动作用，探索与21世纪海上丝绸之路沿线国家和地区在货物通关、商品检验检疫、质量标准、电子商务等领域建立合作机制，建立丝路国家商品展示、销售、采购中心和国际物流枢纽。

（四）国际航运中心

发挥上海港国际航运发展综合试验区优势，合理布局长三角地区航运和物流资源，发展高端航运服务业；发挥长江黄金水道的综合物流优势，加强与长江沿岸港口合作，促进河港海港联动发展，形成以上海为中心，以江浙为两翼，以长江流域为腹地，以多式联运服务为特色，与国内其他港口合理分工、紧密协作的国际航运枢纽港。以港口建设推动长三角地区与海上丝绸之路国家和地区互联互通，提高全球航运资源配置能力和港口辐射服务能力，将长三角港口群建设成为海上丝绸之路沿线国家和地区对华贸易的主枢纽港、东北亚和海上丝绸之路沿线国家间的货物中转储运与航运服务枢纽，具有全球航运资源配置能力的世界级港口群和顶级国际航运中心。

（五）国际金融中心

发挥上海国际金融中心的集聚和辐射功能，吸引和培育具有国际竞争力的金融机构，推进金融创新，促进长三角金融一体化。推进上海自贸区金融改革，从金融制度创新和增强金融服务功能入手，加大金融创新开放，完善金融基础设施，率先实现人民币资本项目可兑换，建设人民币跨境支付清算中心和跨境投融资中心，建设面向国际的金融市场，构建金融风险防控机制，提高长三角地区金融国际化水平。抓住金砖国家开发银行落户机遇，推动与"一带一路"沿线国家和地区达成更多的本币互换协议和本币结算协议，加快人民币国际化进程，基本建成与我国经济实力及人民币国际地位相适应、金融市场齐全、服务业高度密集、对全球具有辐射影响力的国际金融中心。

三、优化地区港口群布局

进入 21 世纪，面对经济全球化不断拓展的趋势，国际化港口在全球资源配置中的作用将越来越大。长三角港口布局宜以科学发展观为指导，整体规划，合理分工，错位经营，提升整体竞争优势，为我国的对外贸易和海上丝绸之路建设提供有力支撑，成为中国对外开放重要门户。

（一）长三角港口群发展现状

1. 世界级港口群地位不可动摇

长三角处于我国沿海交通轴和长江交通轴"T"形交汇处，江海对接、海陆联通，区位得天独厚。长三角海岸线长 3 500 千米，占全国 21%，目前拥有 8 个主要沿海港口、26 个内河规模以上港口，是全球港口吞吐量最大、港口密度最高的区域之一。2014 年全球十大集装箱港排序依次为：上海港、新加坡港、深圳港、香港港、宁波－舟山港、釜山港、青岛港、广州港、迪拜港、天津港，包括香港港在内的中国港口共包揽七席，完成集装箱吞吐量所占比重为 68.6%。长三角有 2 个港口列入集装箱 10 强席位，其中上海港 2014 年集装箱吞吐量 3 529 万标准箱，列全球港口第 1 位，宁波－舟山港，1 945 万标准箱，列第 5 位。2014 年全球港口货物吞吐量前十大港口排名顺序依次为，宁波－舟山港、上海港、新加坡港、天津港、唐山港、广州港、苏州港、青岛港、鹿特丹港、大连港，进入十大港口之列的中国港口数量为 8 个。本区域 3 大港口位列其中，宁波－舟山港货物吞吐量 87 346 万吨、上海港 75 529 万吨、苏州港 47 792 吨，分列第 1 位、第 2 位和第 7 位。

2. 国内港口群中居绝对领先地位

2014 年全国规模以上港口完成货物吞吐量 111.6 亿吨，其中长三角主要港口完成 36.42 亿吨，占比 32.6%。在全国港口货物吞吐量排名中，长三角港口群中的宁波－舟山港、上海港、苏州港分列第 1 位、第 2 位和第 5 位，集装箱吞吐量分列第 3 位、第 1 位和第 10 位。

3. 上海组合港发展成效显著

上海组合港于 1997 年 9 月正式成立，以上海为中心，浙江和江苏为两翼，在不改变原有地域和行政隶属关系的前提下，对相应港口的集装箱码头泊位进行组合。设立上海组合港管委会，按照全国沿海布局规划，推进长三角地区各港相互协调，建立区域规划、港口业务、信息工作和安全环保协调机制；加强区域港口业务协调，支持支线开辟、规范市场秩序；发布区域港口经济形势分析报告和组合港信息；推进区域港口集疏运体系优化配置；推进发展现代航运服务，支持航运咨询、航运金融、航运法律、航运人才等方面的发展。据交通部统计，长三角地区 2014 年港口共完成货物吞吐量 36.42 亿吨，占全国的 32.6%，是 1996 年的 11 倍；完成集装箱吞吐量 7 155 万标准箱，占全国的 35.8%，是 1996 年的 29 倍；上海市、浙江省、江苏省港口分别完成集装箱吞吐量 3 528.5 万标准箱、2 148.5 万标准箱、1 477.6 万标准箱，分别增长了 18 倍、96 倍和 54 倍。上海港和宁波－舟山港在世界十大集装箱港口中的集装箱吞吐量比重，从 1996 年的 4.9% 提高到 2014 年的 35.3%。

（二）长三角港口群发展存在的问题

1. 上海组合港面临挑战

为加强上海国际航运中心建设，上海组合港于 1997 年经国务院批准组建，以上海为中心，江苏、浙江为两翼。批复明确上海组合港范围为上海市吴淞口以下，江苏省南京长江大桥以下的长江水域以及浙江省宁波、舟山地区水域内已建集装箱泊位及规划建设集装箱泊位的深水岸线。上海组合港设立以来，随着各地港口尤其是长三角内其他港口的崛起，上海港的领先优势逐步弱化，以上海港为中心、以江浙为两翼的构架受到挑战。上海港货物吞吐量占全国的比重由 18.3% 下降到 8.6%，占长三角的比重从 41.1% 下降到 22.8%。2005 年 12 月，浙江省正式推进宁波、舟山港口一体化，宁波－舟山港管委会正式挂牌，时任浙江省委书记的习近平在挂牌仪式上说，实现宁波－舟山港一体化，有利于上海国际航运中心建设、促进中国沿海港口的良性互动，有利于浙江建设海洋经济强省、加快提升综合实力和竞争能力，有利于实现两港优势互补、促进宁波和舟山两地互利双赢。2015 年 8 月，浙江省海港集团正式成立，作为省级海洋资源开发建设平台，以市场化运作方式，筹管控和高效利用全省港口、岸线等海洋资源，推进全省海洋和港口经济一体化、协同化发展，先期重点推进宁波港、舟山港、嘉兴港、台湾港、温州港五大港口整合，并入海港集团统一管理运营。

宁波－舟山港 2012 年货物吞吐量首次超过上海港，达到 7.44 亿吨，2014 年货物吞吐量为上海港的 115.6%。江苏省于 2002 年将张家港港、常熟港和太仓港"三港合一"，目前已跃居我国乃至亚洲地区第一内河港，2014 年货物吞吐量已达上海港 63.4%。2014 年江苏省四大主要港口货物吞吐量达 11.29 亿吨，为上海港的 1.5 倍。大宗货物物流已形成三足鼎立态势。集装箱发展上，宁波－舟山港也快速崛起，成为全球第五大集装箱枢纽港，2014 年集装箱吞吐量已达上海港的 55%。上海组合港"一中心两翼"格局，在大宗货物上已变成"三足鼎立"格局，在集装箱枢纽港上变成"两干线共同主导发展"格局。

2. 港口协调机制不完善

上海组合港是在不改变原行政隶属关系的条件下对相应港口进行组合。根据《上海组合港管理委员会工作规则》，上海组合港管理委员会由交通运输部与上海市、浙江省、江苏省两省一市政府共同组建，"负责开展长三角区域港口综合行政协调和上海国际航运中心建设涉及港航发展的事务协调推进等工作"，其工作方针是"掌握动态、研究问题、提出建议、支持决策、协调服务"。长三角港口群由上海、浙江、江苏"两省一市"内港口组织，由于港口管理体制已下放地方，各地港口规划建设和管理运营各自为政，上海组合港管理委员会仅是由多单位组成的综合协调机构，港口群整体管理协调缺乏约束力。

3. 港口布局规划缺失

涉及长三角港口群的跨行政区域规划中，主要有 2006 年由交通部编制的《全国沿海港口布局规划》和 2010 年国务院批复的《长江三角洲地区区域规划》。上述两项规划对长三角港口群建设主要是原则性指导意见，不涉及具体空间规划布局。按现行港口属地管理原则，港口及岸线规划均由各省市自行审批管理。

4. 港口发展存在同质竞争

由于港口地方管理体制，港口规划建设由各地自行决定，港区空间布局同质化，集疏运网络共享度低，导致岸线、集疏运网络及管理服务集约性利用水平不高，影响岸线和环境资源的有效利用。按国际标准，200 千米以内不应有同等规模的港口，但我国沿海平均 50 千米就有一个千吨级以上规模的大港口，长三角港口群布局密度更大，尤其是长江岸线港口过多过近，上海港与宁波－舟山港距离也不远。上海港积极实施"长江战略"，先后与武汉港、芜湖港、重庆港、南京港、南通港、宜宾港通过股权投资方式合作，建立港口联盟。宁波港也频频北上布局"黄金水道"长江沿线，在太仓港、苏州港、南京港设立经营性泊位，开通集装箱航线。港口发展定位雷同，腹地资源多有交错甚至重叠，同质竞争、降价揽货在所难免，过度竞争无益于长三角港口群的整体发展。

（三）长三角港口群合作发展策略

1. 科学定位，走集群式发展道路

长江三角洲港口群主要承担着长江经济带及腹地货物海运中转，需要根据长三角港口群各港口的区域位置、基础设施等条件，制定长三角港口群总体发展规划，明确各港口的功能定位和发展目标，有效整合各港口资源，实现错位发展。上海港要建设国际航运中心，应通过洋山港区的合理开发建设，完善其干支线网络，成为战略性运输中转枢纽港。浙江宁波－舟山港具有优越的建设深水港的条件，通过功能结构调整，实现对上海港的补充，使其成为上海国际航运中心的次枢纽港或中转港。江苏则可通过开辟江海航线，成为长三角港口群的重要中转和集疏运节点，成为上海国际航运中心的支线港和喂给港。

2. 资源共享，构建集疏运网络

长三角港口群各港口应该建立统一的资源信息交流平台，实现集成和共享，形成有效的交流、沟通、合作渠道。通过共享客户信息，及时了解港口物流信息和动态，提升港口之间的依赖度和诚信度。通过完善集疏运运输系统，实现管理信息系统的互联互通，形成综合、高效的运输网络。通过构建以产业链延伸为基础的合作共赢港口集疏运体系，提高港口群整体竞争力和服务质量。港口群内各港口要积极合作，互相学习、互相交流，充分发挥政策效应，增强港口的集聚和辐射功能。

3. 协同治理，完善区域协调机制

根据各港口的地位和功能，形成"布局合理、层次分明、功能清晰"的长三角区域港口网络，带动长三角区域经济发展。

建立协同治理部门。针对长三角港口群的竞争合作发展，在上海组合港管理委员会的基础上建立长三角港口管理部门，该机构由交通运输部主管，拥有长三角所有港口建设、发展的最高决策权。通过成立长三角港口管理部门，打破行政壁垒，实现港口群内各港口之间人才、资本、信息、资源的流动和互通。通过定期协商会晤，将规划发展、项目建设、产业对接等纳入制度性安排，形成目标统一的长三角港口协调沟通机制。

构建交叉持股混合模式。港口群内各港口可通过资本流通建立合作关系，通过交叉持股，互为股东，成为整体。各港口通过要素资源在港口群内自由流动，利益相连，充分发挥港口群的集群效应。针对长三角区域港口群发展目标，政府应充分发挥对港口资源布局规划和港口市场秩序等方面的监管作用，区域港口协会或管理部门应充分发挥对港口市场的协调作用，各港口应作为市场主体进行港口间的合作与竞争。

完善价格协调机制。长三角经济圈是不可分割的整体，为解决多头管理、行政管理分割等问题，应加强港口管理部门与地方政府的协调与沟通。为避免各港口打价格战，恶性竞争，应建立并完善港口群的港口价格指导体系，根据市场实际情况，制定合理的收费标准，并形成有效的价格联动机制，扩大合作范围和领域，提升港口群的整体竞争力，引导各港口在竞争中合作，在合作中竞争，最终实现共赢。

四、推动地区产业升级

随着国家21世纪海上丝绸之路战略的实施，长三角在国家战略布局中的地位和作用进一步凸显，发展空间进一步拓展，发展要求也进一步提升。长三角进入了优化结构、转型升级的新阶段，长三角合作也进入了率先发展、创新发展、协同发展的新时期。

（一）实施优势互补发展战略

根据长三角城市群所处的工业化发展阶段和层次，来选择各城市的支柱产业，加强不同层次城市之间的垂直分工及同一层次城市之间的互补性水平分工，来深化城市产业之间的分工和协作联系，实现产业优势互补的错位发展。上海地区应着眼于集散、生产、管理、服务和创新五大功能。苏州、无锡、常州、南通地区为机电、轻纺工业区，应重点发展机械、电子、纺织、服装、印刷等产业。南京、镇江、扬州、泰州地区为重化工业区，应以建立沿江重化工业基地为主要目标，重点发展汽车、石化、电子、机械等产业。杭州、嘉兴、湖州、绍兴地区为轻纺、机电工业区，应重点发展纺织、机电、印刷、食品等产业。宁波、舟山地区为港口和重化工业区，应重点发展石化、建材、服装、港口设备、船舶制造和海洋产业等。一个城市在确定产业方向时应从城市的资源优势出发，努力与其他城市形成错位发展。明确各区域在全国地域分工中所担负的职能，明确各区域的发展方向，使各区域各展所长，优势互补，协同发展。

（二）充分发挥比较优势

长三角作为 21 世纪我国高新技术和知识经济的领航区，集国际经济、金融、贸易和航运中心于一体的世界大都市圈之一，必须从全球视角来思考其参与经济全球进程的总体战略，找准自己在国际分工中的位置，不断提升其国际竞争能力。首先要重新认识长三角地区的比较优势。中国加入世界贸易组织（WTO）以后，市场将成为产业发展的主要推动力量，根据比较优势原则来发展产业，成为提高区域竞争力的必然选择。长三角区域比较优势主要有资金、技术和高素质劳动力相匹配的要素组合优势；发展腹地深、增速快、后劲足的经济成长优势；社会发展环境良好、多元文化交汇融合的人文环境优势；适度政府与民营经济较发达等制度创新的领先优势；市场化与产业化集群共生的群落型经济优势；以信息化带动工业化、城市化和国际化的联动发展优势；等等。长三角区域的经济发展取决于上述比较优势的充分发挥。根据比较优势形成产业分工，实现区域产业结构合理化与一体化。

（三）优化区域产业结构

作为亚太最具活力的地区之一，长三角发展的战略重点是区域产业结构调整及升级，从整体上取得经济发展的主动性，保持其经济体系相对的独立性和完整性。衡量区域经济合作水平的重要标志是区域内产业结构的科学性和合理性。为融入海上丝绸之路，长三角地区产业结构调整的对策是，巩固和提高传统优势产业，淘汰和转移低层次劣势产业，整合加强"龙头"产业，积极培育新兴产业。具体策略是：调整劳动密集型产业的内部结构，提高产品附加值与国际市场份额。在压缩低档产品，重点发展技术含量较高的优势名牌产品的同时，应积极参与跨国公司的垂直分工，吸纳其产业链中的劳动密集型生产环节；对现有支柱产业，应集中有限的资源，着重发展有优势、有发展潜力的"龙头"行业和产品；加快电子信息、生物工程、航天航空、新材料等高新技术产业的协同发展，整合较为分散的智力资源，发挥后发优势，以较低的成本建立起与世界先进水平接近的高新技术产业化体系；建立具有相当辐射范围的现代服务业，以金融、贸易、交通、信息等高层次服务带动其他地区的发展，使现代服务业成为长三角地区具有国际优势的区域产业。

（四）构建一体化产业链

通过市场经济的手段，通过产业重组和延长产业链来解决长三角地区产业同构问题，形成产业聚集效应，提高产业整体水平，降低企业交易成本，增强产业竞争力。

（五）培育若干优势产业群落

培育具有国际竞争力的区域产业群落要在规范市场和促进竞争的基础上，通过建立资源配置效率高、对市场反应灵敏的企业组织形式来实现。促进企业组织的优化可从两方面入手：一是建立企业之间的产业联系网络，利用企业外部的垂直联系与水平联系，以网络型的产业组织空间形成产业群落。打破条块分割，统一竞争规划，给企业以公平的市场环境，保证企业在市场中的主体地位。二是将产业联系内部化，通过关联企业的兼并重组，整合形成若干具有规模经济优势的跨地区企业集团。集团企业作为独立于地方政府的利益主体，能够规避地区分割和不适当的行政分割，在区域内自行优化资源配置，建立产业组织体系，并以跨地区的集团企业为核心形成产业群落。

（六）构建统一、规范和开放的市场体系

加强政府合作进行市场体系建设是长三角地区产业协同调整的工作重点之一。要在市场规则上尽可能与国际接轨，完善各类市场体系，形成各类市场的共同体，保障市场机制发挥基础性作用。如共建区域性的商品物流共同市场、产权交易市场、人力资源共同市场、科技成果及知识产权保护共同市场、基于信息网络平台的信息共享以及文化旅游共同市场等。强化核心城市——上海的对外辐射功能，通过集聚，在强化中心城市经济实力的基础上，发挥扩散功

能，带动具有竞争优势的产业群落的形成和发展。在区际交通、通信信息、环境保护等重大基础设施建设方面加强合作与协调，尤其是强化在区域整体规划上的相互衔接，实现资源共享、信息共用，最大限度地提高基础设施的利用率和规模经济效益。

五、打造宁波－舟山自由贸易试验区

2016 年 8 月，党中央、国务院决定，在辽宁省、浙江省、河南省、湖北省、重庆市、四川省新设立 7 个自由贸易试验区，标志着我国自贸区建设进入了试点探索的新阶段。浙江省主要是落实中央关于"探索建设舟山自由贸易港"的要求，就推动大宗商品贸易自由化，提升大宗商品全球配置能力进行探索。我们认为，宁波与舟山山水相连，经济密不可分，宁波港与舟山港在功能上高度一体化，把宁波纳入舟山自贸区，不仅必要，而且可行。借鉴"纽约－新泽西模式"，推进宁波－舟山自由贸易园区建设，将宁波－舟山自贸园区打造成为长三角重要的开放大平台和参与 21 世纪海上丝绸之路建设的重要载体。

（一）建设宁波－舟山自由贸易试验区有利条件分析

1. 从区位看，宁波－舟山扼亚太国际主航道要冲，内外交通十分便捷

宁波、舟山地理位置相近，同处我国南北海运和长江水运的"T"形交汇要冲，紧邻亚太国际主航道要冲，这条主航道承担了国际货物贸易量的 60% 以上和全球 60%～70% 的集装箱运输，也是主要国际中转港的集中地和长三角地区与海峡西岸经济区的联结纽带。宁波至香港、高雄、釜山、大阪均在 1 000 海里之内，对外直接面向东亚、东盟及整个环太平洋地区；是中国通向日本、韩国、东南亚

以及世界各国的重要通道，为"海上丝绸之路"的中转站。对内沟通长江、京杭大运河，覆盖整个华东地区及长江流域，通过海铁联运实现中西部地区"借船出海"。随着宁波－舟山两地港口一体化，使沿海港口物流、战略物资储运优势得到了进一步发挥。随着杭州湾跨海大桥、甬台温铁路、舟山大陆连岛工程等的建成，两地由交通末端发展成为连接上海、江苏和海峡西岸地区的枢纽城市。

2. 从禀赋看，宁波具有通江达海的枢纽港，能够沟通海上丝绸之路的桥梁

在长三角地区，宁波是仅次于上海、拥有天然深水良港的城市。宁波港是我国国际远洋干线港和枢纽港，宁波－舟山港吞吐量连续六年居全球第一位。2014年宁波港货物吞吐量5.26亿吨，集装箱吞吐量1 870万标准箱，超越韩国釜山成为世界第五大集装箱港。目前宁波港拥有228条集装箱航线，其中远洋干线113条，对外与100多个国家和地区的600多个港口相连，对内拥有12个"无水港"和20多个城市的海铁联运网络，港口腹地从浙东沿海延伸到了中西部内陆和"丝绸之路经济带"及沿线地区。舟山港是长三角综合运输网的重要节点，现有航路99条，开通航线59条，是长三角和长江流域进口、中转、储存能源和原材料的重要港口。宁波还是21个全国性物流节点城市之一、长三角地区3个物流中心城市之一，这将有力支撑自贸区探索国际航运物流发展新举措。

3. 从开放看，宁波地处我国改革开放前沿，开放型经济和民营经济发展基础扎实

宁波是我国首批14个东南沿海开放城市之一，对外开放时间早、领域宽、层次高。2013年以来，宁波口岸进出口额连续突破2 000亿美元，自营进出口额连续突破1 000亿美元，是浙江省第一个、长三角第三个外贸总额超千亿美元的城市。宁波累计批准外商投资企业1.4万家，2014年实际利用外资突破40亿美元。宁波累计

批准境外企业和机构 2 048 家，数量居全国各城市之首，实际中方投资 35 亿美元，分布在 112 个国家和地区。宁波有 30 多万人的海外宁波帮人士，分布在 60 多个国家和地区；宁波还是全国跨境贸易电子商务试点城市，进口业务量居全国试点城市前列。舟山近些年大宗商品交易中心、综合保税区等重点交易平台快速发展，2014 年大宗商品网上交易额 15 566 亿元，同比增长 121%，现货贸易额 252.09 亿元，同比增长 116%；此外，综合保税区跨境电子商务平台建设启动。

宁波是长三角民营经济发达的城市，现有民营企业超过 20 万家，实有个体工商户超过 40 万户；民营经济创造了全市 85% 的就业、80% 的地区生产总值、70% 的税收和 60% 以上的出口。以民营经济为主体形成块状经济近 150 个，既涉及纺织服装、家电、汽车零部件等传统制造业，又涵盖了新材料、新能源、现代服务等多个新兴产业，并拥有 20 多家全国民营龙头企业。民营企业活力强、创新动力足，将有力支撑自贸区各项创新举措落地实施。

4. 从创新看，宁波、舟山两地海关特殊监管区域齐全，开放创新经验丰富

宁波、舟山两地汇聚了宁波保税区、宁波出口加工区、宁波梅山保税港区、舟山港综合保税区等多类型园区，为建立自由贸易园区提供重要支撑。其中宁波保税区、宁波出口加工区是国内运作成熟的海关特殊监管区，功能发挥和经济发展水平居同类园区前列。近些年，在向自由贸易园区转型上做了大量准备。一是探索区域功能拓展创新。在全国率先开展出口加工区保税物流、维修检测和国际采购等功能拓展试点，创新拓展保税区进口分拨配送功能，形成了以进口分拨、国际采购配送、期货交割和第三方物流为特色的保税物流服务体系；创新拓展国际贸易、保税展示交易功能，大力发展货物贸易和服务贸易，培育进口生活性消费品市场和大宗生产资

料市场。二是贸易便利化水平走在全国前列，获批国家进口贸易促进创新示范区，成为全国四家示范区之一，积极推进监管模式创新、外汇监管改革试点。三是推进区域管理创新，按照"小政府、大社会"管理模式，打造高效服务型政府的国际品牌。积极创新服务机制，整合管理服务资源，为企业提供全方位、全过程和"一站式"精细化、专业化服务。四是深化区港联动。全面推进保税区与北仑四期、五期集装箱码头，与大榭、梅山港区的联动，有效促进区港产业联动、功能互补。

（二）建设宁波－舟山自由贸易试验区的总体思路

1. 发展思路

牢牢把握21世纪海上丝绸之路发展战略要求，立足宁波港口经济、开放型经济和民营经济的独特优势和舟山新区政策、海洋资源等优势，坚持差异化、特色化、专业化发展，以体制改革、模式创新、扩大开放为动力，加快转变政府职能，完善开放创新机制，提升区域经济合作水平，形成一套促进投资贸易创新的政策支持体系，打造开放型经济新体制的先行区、民营经济转型升级的试验区、海洋经济跨越发展的大平台，更好地服务长三角乃至全国经济发展。

2. 基本原则

坚持战略引领、先行先试。积极服务和贯彻"一带一路"、长江经济带等国家战略，统筹陆海江发展，先行先试争创新优势，增强对长三角区域及长江流域的引领辐射和综合服务能力。

坚持扩大开放、合作共赢。创新开放模式，努力构筑全方位的对外开放新格局。重点推进投资、贸易、科技、教育、医疗、旅游、人文等领域的交流合作，打造我国开展高层次国际经贸合作的"试验田"。

坚持高端发展、辐射带动。发挥体制机制创新的优势，推动高端资源要素的集聚，推动先进制造业、现代服务业和战略性新兴产业发展，带动产业转型升级。

坚持改革导向、创新驱动。激发市场主体创新活力，提升开放发展和转型升级动力，着力推进经济体制改革和行政管理体制改革，率先建立接轨国际惯例的投资贸易规则体系，营造大众创业、万众创新氛围。

3. 建设范围

综合考虑宁波、舟山两地现有港区及后方陆域的区位条件、空间资源、业务功能和发展基础，借鉴上海自贸区建设布局经验，我们认为宁波－舟山自贸区空间布局上可分为核心区和延伸区两个层级。

宁波－舟山自由贸易区核心区：以宁波、舟山两地的海关特殊监管区为核心载体，包括：

（1）宁波保税区：设立于1992年，紧邻宁波港，面积约2.3平方千米，区内保税仓储、保税加工和国际贸易等主导功能实力较强，已经成为宁波地区外贸发展高地和先进制造业集聚区。

（2）宁波出口加工区：设立于2002年，与宁波保税区南区仅一墙之隔，面积共3平方千米，功能上以保税加工为主，保税物流为辅。区内以液晶光电为主体的出口加工业比较发达，同时兼有国际中转、配送、采购、转口等功能。

（3）宁波梅山保税港区。设立于2008年，位于北仑梅山岛，规划面积7.7平方千米。重点发展以国际贸易为龙头、以港航运营为基础、以现代物流业为支撑、以离岸服务和休闲旅游为配套的现代服务业。

（4）舟山港综合保税区。设立于2014年，总规划面积5.85平方千米，分舟山本岛分区和衢山分区。其中本岛分区主要功能定位为以海洋装备制造业、海洋生物产业、电子信息产业等先进制造业及仓储物流、进出口贸易为主；衢山分区则重点发展煤炭、矿石、油品等大宗商品的仓储、配送业务，将成为我国重要的大宗商品仓储、中转基地。

宁波－舟山自由贸易区延伸区：按国务院关于海关特殊监管区域科学发展意见要求，参照上海自贸区扩区方案设计，自贸园区延伸区首先要扩展至宁波港区、宁波国展中心、象山保税合作区等海关特殊监管区功能拓展区，推动区区联动、区港联动发展；其次拓展至宁波北仑区域和宁波机场、东部新城区块及舟山群岛新区。充分发挥宁波国际金融服务中心、国际贸易展览中心、国际航运中心的优势及舟山群岛功能政策优势，发展国际金融、大宗商品交易、信息服务、商品展示、批发零售、航运交易等功能产业。

（1）宁波国展中心。位于宁波江东区，是宁波东部新城核心区，国展中心9号、10号馆为宁波进口商品展示交易中心，重点为中高端服装箱包、食品饮料、个护化妆、家居饰品、文化产品等商品的展示交易。

（2）象山保税合作区。设立于2013年，位于宁波象山港与石浦港之间，总面积28平方千米，是宁波保税区与象山县合作共建的开发区。区域以智能化为主导方向，重点聚焦智能装备制造、电子信息、现代生物医疗、影视文化创意和对台经贸合作"4＋1"产业发展，全力打造宁波"智造"城。开发建设上与中国航天科工集团合作，共建宁波航天智慧科技城，打造国家军民融合示范基地和高端装备产业基地。

4. 发挥保税区在自贸园区建设中的主导作用

保税区是国内最接近自由贸易园区的海关特殊监管区，也被称为"准自由贸易园区"。在国际上通行的自由贸易园区有以下几个特征：一是加工制造产品内销"按所含进口料件征税"；二是允许非保税货物入区运作；三是货物进区运作比在区外直接进口运作更经济更便利。对比国内现有海关特殊监管区的运作模式，只有保税区最为接近和符合。保税区是我国唯一实行国内货物入区备案、离境退税的海关特殊监管区。在功能上，只有保税区允许企业开展国内贸易（内贸与外贸兼营）、允许国内非保税货物入区运作（保税业务与非保税业务兼容），满足企业兼顾内外两个市场的发展需求。在政策上，只有保税区实行加工制造产品内销按"进口所含料件征税"，与境外自由贸易园区的通行国际惯例一致。

宁波保税区是浙江省唯一的保税区，也是国内管理运作最成熟、经济活力最强、发展效益最好的海关特殊监管区。经过 20 多年的发展，宁波保税区在经济实力、产业集聚、功能开发等方面具有优势。在经济发展上，全区集聚有来自全球 60 多个国家和地区的 4 200 多家企业，2014 年实现生产总值 160 亿元，财政收入 36.8 亿元，工业总产值 456 亿元；外贸进出口 140 亿美元，占宁波市 13.4%，其中进口占宁波市 21.8%。在产业上，保税区形成了先进制造业、国际贸易和仓储物流三大主导产业，发挥进口贸易优势，打造保税区进口商品市场和宁波进口商品展示交易中心两大进口市场。围绕"免证、免税、保税"的功能优势，推动了电子商务、融资租赁、股权投资、文化贸易等新兴服务业发展，开展了区港联动，保税物流和检测维修、保税仓储货物抵押融资等功能试点，是全国功能开发较为领先的海关特殊监管区域。

宁波－舟山自贸园区建设是一项系统化、复杂化、长期性工程，宁波保税区作为运行最为成熟的海关监管区，有基础有条件在自贸区建设中发挥主导作用。

（三）六大创新举措

围绕上海自贸区创新的主要内容，宁波－舟山自贸园区将在以下六个方面积极突破。

1. 加快政府职能转变

按照国际化、法治化的要求，积极探索建立与国际高标准投资和贸易规则体系相适应的行政管理体系，推进政府管理由注重事先审批转为事中、事后监管。建立政府部门公开的权责清单制度。

加快行政审批制度改革，赋予自贸区省级经济管理权限。深化商事登记制度改革，率先探索实施企业简易注销改革，完善企业市场准入和退出机制。实施前置审批改后置审批，制定市场准入的负面清单，最大限度放宽市场准入。

转变政府监管方式，实行"宽进严管"，公示市场主体登记、备案、监管等信息，全面实行企业年度报告和信用信息公示制度、经营异常名录制度和严重违法企业名单制度。推进以商务诚信为核心，涵盖源头溯源、查验、监管、执法、处罚等方面的全流程监管体系。加强商务、海关、质检、检验检疫、工商、税务、外汇、信保等职能部门联动，实现信息互换、执法互助、监管互认，建立诚信建设综合信息平台。建立严格的知识产权保护机制和管理体系，实施经营者集中反垄断审查，引进国际仲裁、商事调解机制。

2. 强化投资管理体制创新

放宽服务业投资准入，推进金融、教育、文化、医疗等服务业领域的有序开放，放开育幼养老、建筑设计、会计审计、商贸物流、电子商务等服务业外资准入限制。

建立负面清单管理模式，研究制定自贸区外商投资负面清单，对外商投资试行准入前国民待遇，放开非公有制经济投资准入，推动外资、民资、国资等各类市场主体依法平等进入清单之外的领域。

构建对外投资服务促进体系，确立企业及个人对外投资主体地位，支持企业及个人开展多种形式的境外投资合作，在法律法规规定的范围内，允许自担风险到各国各地区自由承揽工程和劳务合作项目。鼓励在自贸区设立境外股权投资企业和专业从事境外股权投资的项目公司，支持设立境外投资股权投资母基金。投资合作主体凭备案证明实现资金、实物和人员的便捷进出境。加强境外投资事后管理和服务，形成多部门共享的信息监测平台并纳入区内诚信体系建设，做好对外直接投资统计和年检工作。

完善投资者权益保障机制，推动贸易多元化发展，赋予区内企业一般纳税人资格，实行区内企业注册资本、来源、股权比例等无差别待遇。实现各类投资主体的公平竞争，允许符合条件的外国投资者自由转移投资收益。

3. 推进贸易发展方式转变

大力发展跨境电子商务，继续深化跨境电商试点业务。以宁波保税区跨境进口电商为重点，加大对跨境电商产业的扶持力度，着力引进电商龙头企业、完善仓储物流配套、拓展 O2O、C2B 等业务模式，优化电商发展环境，努力形成"一个中心、多点布局"的跨境电商发展格局。大力推进互联网金融、服务外包、物联网等服务贸易业务发展。

支持发展离岸业务，开展国际贸易结算中心试点。鼓励企业统筹开展国际国内贸易，积极打造具有信息交流、商品展销的多类型贸易平台。在宁波保税区、梅山保税港区、舟山综合保税区开展汽车平行进口试点。建设油品、铁矿石、液体化工、塑料、铜镍等大宗资源性商品交易平台。开展期货保税交割试点，建立完善的航运、口岸、保税等交割支撑体系。

发展新兴服务业态，围绕传统产业升级发展需求，结合"互联网 +"经济发展的趋势，加大培育融资租赁、股权投资、离岸服务外包、文化保税贸易、全球维修检测等新兴服务业态，重点鼓励海关特殊监管区设立从境内外股权投资、融资租赁等类金融公司。

4. 优化港口经济发展环境

规划建设义甬舟、甬新欧开放大通道，推进宁波－舟山江海陆综合联运中心建设、宁波－舟山港一体化建设，成为贯穿浙江沿海山区、连接丝绸之路经济带和海上丝绸之路的战略桥梁。加快航运金融创新，推出航运金融衍生品及衍生品金融工具。大力发展船舶融资业务。支持设立现代航运产业发展基金。开展船舶融资、航运融资、物流金融、海上保险、航运保险与再保险、航运资金汇兑与结算等航运金融服务。实行启运港退税、融资租赁船舶出口退税、沿海捎带、第二船籍登记制度等政策。开展国际船舶交易业务和高端海工装备及配件业务。

不断提升港航国际合作水平。扩大港口与海上丝绸之路沿线国家港口的国际航线。支持建立海上丝绸之路沿线港口国际合作组织，加快发展宁波航运交易所，加快形成船舶、集装箱舱位、航运人才、运价衍生品等航运要素交易市场体系，建设区域性航运要素配置中心、交易中心和定价中心。推动与国际港口之间的整体联动，完善海上丝绸之路指数体系，推进与波罗的海指数的对接合作。探索境外投资、参股、共建与营管国际港口。支持宁波栎社国际机场试点航空快件国际中转集拼业务，增设宁波栎社国际机场国际航线、航班，支持宁波发展邮轮产业，允许境外国际邮轮公司在宁波自贸区经营国际航线邮轮业务，给予国外入境邮轮乘客中转免签，允许境外大型邮轮公司挂靠梅山港区。

5. 推进与中东欧国家深度合作

支持建设中国－中东欧投资贸易博览会永久落户宁波，以高端论坛、贸易展览、投资合作、人文交流为重点，使之成为具有鲜明特色的国家级博览会。加快在宁波保税区建设中东欧贸易物流园。

推进与中东欧国家在贸易、制造业、物流等领域的合作。重点发展与中东欧国家之间的跨境电子商务，打造具有鲜明特色的电商平台。支持宁波优势产业赴中东欧国家投资创业，积极借助国家已有平台建设境外生产基地、特色产业园、经贸合作区，重点扶持中小企业"抱团出击"。加大中东欧国家优质资源进口和参与基础设施建设。在中东欧国家建设海外仓库。

推动与中东欧国家之间以跨境人民币业务为重点的金融创新服务。开展人民币跨境直接投资试点。加强中东欧国家高端人才的培训、业务交流和合作。

6. 深化金融领域开放创新

加快金融制度创新。推进服务贸易和个人外汇管理改革，开展外商投资企业资本金结汇管理改革试点。深化外债管理方式改革，促进民营中小微企业和个体工商户贸易便利化和投融资自由化。鼓励民营中小微企业充分利用境外低成本资金，借助自贸区平台发展"走出去"业务。进一步提高经常项目外汇业务便利化程度。拟定跨境人民币贷款负面行业清单，允许自贸区内企业从境外借用人民币资金。实施限额内资本项目可兑换。放开企业海外证券及衍生品投资。

增强金融服务功能。允许符合条件的外资金融机构设立外资银行，符合条件的民营资本与外资金融机构共同设立中外合资银行。鼓励符合条件的民间资本在自贸区内发起设立（有限牌照）民营银行。允许在自贸区内设立不良资产处置公司。鼓励金融产品创新。在风险可控前提下，允许自贸区内符合条件的中资银行开办离岸金融业务。鼓励符合条件的金融租赁公司开展资产转让业务或资产证券化业务。深化保险创新综合示范区建设。大力发展航运保险。支持设立外资专业健康、养老保险机构。支持保险公司在自贸区内设立资产管理机构，开展保险境外投资试点。支持开展人民币跨境再保险业务，培育发展再保险市场。

第十七章

海峡西岸地区融入 21 世纪海上丝绸之路的思考

　　共建 21 世纪海上丝绸之路，是以习近平同志为总书记的党中央统揽全局、顺应大势做出的战略决策，是承贯古今、连接中外、造福沿途各国人民的伟大事业，得到国际社会的广泛关注和积极支持。作为历史上海上丝绸之路的起点和我国最早对外开放的省份，福建应发挥闽籍侨商丰富的人脉资源、国际商业网络等优势，主动融入 21 世纪海上丝绸之路，进一步拓展与沿线国家在港口航运、海洋能源、经济贸易、科技创新、生态环境等领域的全方位合作，为在更高层次、更宽领域推动福建尤其是海峡西岸地区科学发展、跨越发展开辟重要平台。

一、特有的区位和人文优势

2015 年 3 月发布的《推动共建丝绸之路经济带和 21 世纪海上丝绸之路的愿景与行动》，明确将福建作为 21 世纪海上丝绸之路核心区，在港口物流、货物贸易、服务贸易、海洋合作、文化交流等方面与 21 世纪海上丝绸之路沿线国家和地区开展交流合作。积极融入新海上丝绸之路建设，福建省具有不可替代的优势。

（一）地理区位优越

福建地处东南沿海，位于长三角、珠三角之间，连接海峡两岸，是中国距东南亚、东非、南亚最近的省份之一，特殊的地理区位使得福建自古就成为中国对外交往的重要区域。

福建毗邻东盟，优良深水港湾众多，海洋交通运输条件优越。截至 2013 年年底，福建沿海港口吞吐能力达 3.8 亿吨，其中集装箱 1 414 万标准箱，万吨级以上泊位 145 个，具备了靠泊世界上散货船、油轮、集装箱船最大主力船型的设施条件。目前福建省沿海三大港口群发展格局已然形成，厦门东南国际航运中心建设各项工作全面展开。全省拥有万吨级及以上深水泊位 137 个，沿海港口具备停靠 30 万吨级散货船、30 万吨级油轮、15 万吨级集装箱船的条件，厦门、湄洲、罗源、兴化湾等重要港湾建成 10 万 ~ 30 万吨级深水航道。闽江口、湄洲湾、泉州湾、厦门湾、东山湾、环三都澳海洋经济集聚区雏形基本形成。福建港口是连接福建与海上丝绸之路沿线国家的海上门户。

福建与台湾地区一水相隔，是促进加强海峡两岸交流合作的重要阵地。目前福建有 6 个国际级台商投资区，建立了大陆最大的海峡两岸农业合作试验区，包括漳浦等 6 个级台湾农民创业园，先后吸引 500 多家台资农业企业入驻。

（二）与海上丝绸之路历史渊源深厚

福建是公认的古代海上丝绸之路重要的东方起点，从唐宋到明清直至近代，福建都是海上丝绸之路最重要的参与者与见证者，在对外经贸文化交流史上曾经发挥过重要作用。

福建历史上与东南亚等海上丝绸之路沿线国家有着紧密的经贸合作关系。福州的甘棠港、长乐的太平港、泉州的后诸港、漳州的月港等，都曾在中国不同历史时期的海上丝绸之路上扮演重要角色。泉州被联合国教科文组织确认为海上丝绸之路起点之一，是宋元时期海上丝绸之路的主港，被称为"东方第一大港"。福州在唐朝中期至五代之间是重要港口城市和经济文化中心，并与广州、扬州并列为唐代三大贸易港口。福州长乐的太平港是郑和七下西洋的重要基地，使福建成为世界海上丝绸之路的重要出发地与目的地。漳州在明代被誉为"闽南第一大都会"，漳州月港是明朝中后期海上丝绸之路的始发港，明朝末年从漳州越港出发的华侨华人足迹遍及海上丝绸之路的众多国家。近代以来，厦门港的地位迅速提升，港口吞吐量大幅增加，已成为世界性大港。

（三）人文优势突出

福建是我国著名侨乡，也是台湾同胞主要祖籍地。现旅居世界各地的闽籍华人华侨有 1 200 多万人，其中 80% 集中在东南亚，东盟国家 2 000 多万华侨华人中有近 1 000 万人祖籍福建，台湾同胞中祖籍福建的占 80%。福建具有浓厚的海上丝绸之路文化底蕴。鼎盛时期的泉州，古波斯、阿拉伯、印度和东南亚诸种文化和宗教在这里广泛传播，成为一个多种宗教、多种民族和多元文化融合并存的城市，目前泉州的阿拉伯后裔有 5 万人，阿拉伯国家对泉州有一种亲缘感般的认同。1991年泉州被联合国教科文组织确定为全球首个世界多元文化展示中心，2013年又与日本横滨、韩国光州一道当选为首届"东亚文化之都"。"海神"妈祖在台湾、港澳和东南亚华侨华人中有广泛信众。福州、漳州等地也都有丰富的海上丝绸之路文化遗存。海上丝绸之路文化经过20多年来的发掘弘扬，不仅成为福建重要的文化品牌，同时也成为海上丝绸之路沿线国家和地区共同的历史记忆。

福建省每年接待大量来闽探亲访友、观光游览的东南亚游客，新加坡、马来西亚、印度尼西亚三国已成为福建省重要的入境旅游客源市场。福建省旅游业列前10位的客源国中，东南亚国家有4个，即马来西亚、新加坡、印度尼西亚和菲律宾，分列第三、第四、第六和第七位；增幅最高的是马来西亚，达84.7%。[①]

（四）经贸合作基础扎实

福建与东盟各国有着悠久的经贸往来关系。近年来，福建主动融入中国－东盟的国家合作框架，对接中国－东盟自贸区建设，与东南亚各国的交流合作日益密切。2010年，福建与东盟贸易额突破100亿美元，达132亿美元，比上年增长41.1%。[②] 2012年双边贸易额突破200亿美元，达215.4亿美元，东盟已跃升为福建第三大贸易伙伴，仅次于美国与欧盟。[③] 2013年福建与东盟双边贸易额达242.9亿美元，东盟成为福建第二大贸易伙伴，主要贸易伙伴为马来西亚、菲律宾和印度尼西亚。[④] 福建还成为我国对东盟出口最大的省份，2013年出口额占全国出口东盟总额的60%左右。2014年福建对

---

① 《外国人游福建：十大客源国东盟居其四》，中国新闻网，2012年2月15日。
② 《中国东盟自贸区启动首年福建对东盟贸易增长快速》，载《福建日报》，2011年1月26日。
③ 《2012年福建省对东盟进出口贸易同比增长17.6%》，福建外经贸之窗，2013年1月23日。
④ 《福建加快融入"21世纪海上丝绸之路"建设》，华夏经纬网，2014年2月24日。

东盟进出口总额为 250.8 亿美元，其中出口 167.3 亿美元。在贸易量迅猛增长的同时，双方贸易结构不断优化，机电产品和高新技术产品所占比重逐年扩大，贸易互补性进一步显现。

在投资方面，东盟已成为福建第四大外资来源地。截至 2013 年 12 月，东盟国家来福建投资的项目 3 811 个，合同外资 119.97 亿美元，实际到资 84.67 亿美元。投资领域遍布农林牧渔业、加工制造业、服务业等各个行业，但主要以制造业为主，通信设备、计算机及其电子设备是东盟在福建投资最大的产业，涌现出了中华映管、华映光电、友达光电、NEC 东金等大型跨国企业。新加坡、印度尼西亚、马来西亚是福建外资主要来源国，到 2012 年年底分别在福建省投资项目 1 417 个、259 个和 461 个，合同外资分别达到 46.9 亿美元、6.6 亿美元和 22.3 亿美元。

东盟也是福建第二大对外投资目的地。截至 2014 年年底，福建省累计核准在东盟地区设立的境外企业和分支机构共 192 家（企业 170 家、机构 22 家），分布在东盟全部 10 个国家，累计核准对外投资额 6.75 亿美元①，主要涉及矿产、海洋捕捞、林业资源等资源型及加工业、电子信息和机械类投资等领域。

近年来福建与南亚地区的经贸合作呈上升趋势。印度是福建省在南亚的最大贸易伙伴。2013 年福建与印度的贸易总额为 24.75 亿美元，其中福建省出口 15.77 亿美元，进口 8.98 亿美元。此外，福建与巴基斯坦和孟加拉国也已形成一定的贸易规模。在双向投资方面，截至 2013 年年底，印度在福建省的投资项目共 14 项，合同外资 1 241 万美元，实际到资 1 241 万美元；福建经核准在印度设立的境外企业和分支机构共 9 家，核准对外投资额 451.9 万美元，主要从事批发零售、鞋类加工、水力发电设备安装维护、电信合作等业

① 《福建泉州抓住"海上丝绸之路"新发展》，载《福建日报》，2015 年 2 月 25 日。

务。斯里兰卡是中国海上丝绸之路战略在印度洋上的重要一环，斯里兰卡积极配合并全面参与中国政府提出的海上丝绸之路倡议，与中国开展全方位、多层次的实质交流与合作。福建与斯里兰卡在农业、渔业、旅游、通信、码头建设等领域具备广阔的合作前景。

福建与非洲经济贸易及各方面的互利合作不断深化。截至2013年，福建省与非洲地区贸易额达76.4亿美元，有78家企业经核准在非洲投资。福建省在新型农业、机械制造业、纺织服装、基建、贸易、人员培训等领域与非洲国家合作的潜力巨大；福建农林大学在农业技术和科研方面具有较强实力，菌草项目组已在南非、莱索托、卢旺达等非洲国家设立"农业示范基地"；中国武夷公司已在非洲十几个国家开展工程承包项目。厦门金龙汽车有限公司与非洲国家之间有着较为紧密的贸易联系。金龙客车连续7年批量出口南非，累计获得订单1万辆，金龙旅游车还大量出口尼日利亚、塞内加尔、肯尼亚、埃塞俄比亚、坦桑尼亚等国。

二、海西自贸区：福建开放发展的新名片

2014年12月12日召开的国务院常务会议，同意福建、广东、天津三地设立自贸区。2015年4月，福建自贸试验区挂牌成立；8月，国务院批复同意设立福州新区，福州新区建设上升为国家战略。在叠加利好效应作用下，福建经济发展活力不断被激发，福建自贸试验区、海上丝绸之路核心区、福州新区的建设倍受关注。福建自贸区的定位就是以两岸经贸合作为核心，打造21世纪海上丝绸之路经贸合作前沿平台。福建自贸区采取一园多区的模式，面积118.04平方千米，包括平潭（43平方千米）、厦门（43.78平方千米）和福州（31.26平方千米）三个片区的"福建自贸区"，已经成为了福建开放、发展的一块金字招牌。

与上海自贸区不同，福建自贸区除了以对外开放促对内改革的意义外，还被赋予了"服务全国发展大局和祖国统一大业"的战略高度。福建自贸区另一个名称是"海西自贸区"，从"海西"这两个字（即"海峡西岸"）不难看出，对于该自贸区的解读重点放在了"对台"这一层含义上。事实上，正是因为福建拥有"对台"的独特地理优势，因而才在全国众多自贸区申报名单中独树一帜，甚至被赋予了超越经济层面的意义。

（一）福建自贸区产业发展总体规划

《中国（福建）自由贸易试验区产业发展规划（2015—2019）》（以下简称《规划》）已于2015年8月24日正式印发实施。《规划》立足自贸试验区产业发展基础，突出福建省对台产业合作和实施海上丝绸之路战略两大特色，积极对接"互联网＋"和实施《中国制造2025》行动计划，提出重点发展商贸服务、航运服务、现代物流、金融服务、新兴服务、旅游服务和高端制造七大产业集群，集聚发展总部经济、平台经济、离岸经济等新业态，加快产业转型升级，深化功能创新，打造福建产业发展新高地。

《规划》明确平潭、厦门、福州三个片区强化特色，差异、协调发展，形成福建自贸区的整体合力。平潭片区布局港口经贸区、高新技术产业区和旅游商贸休闲区三个功能区，着力打造对台投资贸易自由先行区、服务台胞生产生活示范区、两岸高端制造业融合发展平台和国际旅游岛，并逐步向国际自由港拓展。厦门片区布局两岸贸易中心核心区、东南国际航运中心海沧港区两个功能区，着力打造东南国际航运中心、两岸贸易中心、两岸区域性金融服务中心及新兴产业和现代服务业合作示范区。福州片区布局福州经济技术开发区和福州保税港区两个功能区，着力打造面向国际的先进制造业基地、21世纪海上丝绸之路沿线国家和地区经贸合作的重要平台、两岸服务贸易合作示范区、两岸金融创新合作示范区。

《规划》提出福建自贸区产业发展总体目标：到 2019 年，培育形成一批具有国际竞争力的现代服务业和高端制造业产业集群，基本建设区域性国际航运物流中心、区域性国际贸易中心、两岸金融服务中心、两岸新兴服务业合作示范区、国际休闲旅游目的地和两岸高端制造业基地。《规划》提出福建自贸区建设的指导思想：自贸试验区产业发展遵循突出对台，开放发展；转型升级，创新发展；强化特色，联动发展；按照集约布局、绿色发展的原则，探索闽台经济合作新模式，构建开放型经济新体制，打造 21 世纪海上丝绸之路经贸合作新高地。

（二）福建自贸试验区现有基础

福建自贸试验区在平潭综合实验区、象屿保税区、海沧保税港区、福州经济技术开发区、福州保税港区等国家级开发区和海关监管区域的基础上设立，是福建对外开放和外向型经济发展的前沿平台，区内经济规模较大、业务功能丰富、综合实力较强。

1. 港口航运功能突显

福建自贸试验区包括海沧港区、东渡港区、江阴港区（1～9 号泊位）、平潭港区等全省港口、岸线、航线资源较为优越的港区，万吨级以上深水泊位 67 个，2014 年实现货物总吞吐量超过亿吨，集装箱吞吐量突破 1 000 万标准箱。目前，港区具有国际中转、国内中转、海铁联运等多元运输业务模式和集拼、配送、采购、转口贸易等高端航运服务功能，开通了数十条通往世界各主要港口的集装箱班轮航线。

2. 贸易物流蓬勃发展

福建自贸试验区内集聚的贸易类和物流类企业主要从事冷链物流、城市物流、保税仓储、分拨、配送和国际贸易、转口贸易等业务。其中，象屿保税区 2014 年实现进出口贸易额达到 71.4 亿美元，同比增长 23.1%，物流营运收入 98.57 亿元；海沧保税港区 2014 年物流企业完成营业收入 88.46 亿元，同比增长 23.2%，物流进出口货值累计 17.53 亿美元；福州经济技术开发区 2014 年实现商贸物流收入 67 亿元，增长 14.8%；福州保税港区完成进出口货物总额 54.6 亿元、出口货值累计 23 亿美元，贸易物流实现较快增长。

3. 金融服务加速崛起

福建自贸试验区为贸易、航运、物流、航空服务的金融服务业初具规模，其中大宗商品贸易融资、融资租赁、外保内贷、商业票据等金融业务发展迅速，尤其是两岸跨境人民币业务创新进入较为深入探索和尝试。

4. 先进制造集聚发展

福建自贸试验区内的福州经济技术开发区、福州保税港区加工贸易区、海沧港区出口加工区、平潭综合实验区港口经贸区都具有一定的制造业产业基础，形成了电子信息、海洋生物及医药、智能装备等产业集群。其中，福州经济技术开发区 2014 年完成规模以上工业产值 925.1 亿元，同比增长 12.5%；福州保税港区加工贸易区实现规模以上工业产值 14.3 亿元，进出口总额 27.5 亿美元；海沧保税港区出口加工区 2014 年加工制造企业实现进出口额 11.47 亿美元。

三、面临的主要问题

（一）福建走向东盟面临其他省（市、区）的激烈竞争

随着近年来中国－东盟的合作不断走向纵深，包括山东、江苏、

上海、广东、云南、广西等多个省市纷纷将东盟作为实现"走出去"和多元化市场战略的重点地区，通过发掘自身特色和互补因素，从贸易、交通互联、社会发展等多个领域对接东盟，着力拓展与东盟的经贸往来。广东、广西、云南等与东盟相接壤、临近东盟的省区将东南亚国家作为首选的目标，东盟已连续10多年成为广西和云南的第一大贸易伙伴。广东作为我国经济大省历来重视对东盟市场的开拓，2013年广东对东盟的进出口贸易值为1 022.1亿美元。另外，外向型经济发展迅速的浙江、江苏、上海等沿海省市，正在采取多种形式与措施进行拓展，抢滩东盟市场。即使内地湖南，东盟也成为湘企2013年"出海"投资首选地，泰国、柬埔寨、越南等国家建起了湖南投资产业园区。当前江苏、浙江、广东、广西、云南、海南等省区对接国家海上丝绸之路倡议，均提出要以东盟十国为重点。兄弟省区在进入东盟市场上具有很强的竞争力，这些都对福建构成较大的挑战。

（二）与东盟合作缺乏整体战略规划

福建目前仍然缺乏政府宏观层面的整体与东盟合作的战略规划。广西、云南等地方的实践经验表明，没有一个较为明确的、"叫得响"的整体战略规划，就难以得到中央层面的认同。如广西主要力推"一轴两翼"战略，并明确将其作为地方政府经济发展的一个主要战略，而云南注重"大湄公河次区域合作"，均得到了中央强有力的政策支持。此外，广西与东盟的经贸合作侧重越南，云南则侧重缅甸，两省利用其与缅甸、越南接壤的地理位置，合作方式上侧重交通基础设施建设、物流等互联互通方面。广西、云南不断推出相关规划，推进与东盟的次区域合作，使得自身在国家发展战略中的地位获得了空前的提升。而福建缺乏整体战略规划导致在推进与东盟国家合作的工作上方向不够明确，影响推进效率。

（三）缺乏有影响力的合作平台与机制

近年来，不少省市都在积极建设与东盟、南亚国家的合作平台，如广西搭建了中国－东盟博览会、中国－东盟商务与投资峰会、中国－东盟自由贸易区论坛等重要区域性合作平台，在中国－东盟合作中发挥着越来越重要的作用。云南建立了中国南亚博览会、中国昆明进出口商品交易会、孟中印缅区域合作论坛等平台。通过这些有影响力的合作平台，广西、云南吸引了东盟、南亚国家的政府官员、企业家、学者等多方面人士，有力促进了双方的交流合作与信息沟通。目前福建省虽建立了"南洋文化节""福建省东盟政府官员研修班"等交流平台，同时在具体产业合作方面建立了"中国－东盟海产品交易平台"等，但都影响力不大，没有能够引起相关各方的高度重视。

（四）产业合作不够深入

福建与东盟的产业合作还缺乏深度，从福建对东盟的投资看，截至 2013 年年底福建在东盟设立的境外企业和分支机构达 156 家，累计对外投资额 4.5 亿美元。而截至 2014 年 1 月底，经深圳市核准在东盟设立对外直接投资企业（机构）98 家，投资总额 14.22 亿美元，其中中方投资额达到 10.64 亿美元。也就是说整个福建省在东盟的投资规模还不及一个深圳市。福建对东盟投资的贸易型企业多，生产性企业少，规模刚刚起步。福建与东盟的产业合作仍然缺乏较为深入的产业链联系和长效的合作机制，双方的相关政策沟通、信息交流、行业交流仍然不够充分。福建在东盟的投资企业往往缺乏与当地企业的前向与后向联系，行业对接较为缺乏。此外，福建与东盟等国在劳动密集型产业方面重合度较高，在纺织、服装、家具、工艺品制造等领域与东盟存在同质竞争的现象，一定程度上影响了福建与东盟等国的经贸合作深度与密度。

（五）人文交流相对不足

人文交流合作对增强双方互信、增进友谊并进一步促进和巩固经济方面的合作具有不可或缺的作用。东盟国家一直对中国抱有疑虑，不少国家存在排华情绪，这都需要进一步加强人文交流。广西从 2011 年起给予东盟国家留学生奖学金 1 000 万元，吸引东盟国家留学生到广西学习；广西大学和越南海防大学建立了留学生学分互认机制，为泰国宋卡王子大学普吉分校汉语专业的学生提供短期培训，与印度尼西亚泗水大学进行师生互换等；广西还建立了中国－东盟文化交流培训中心，中国－东盟青少年培训基地、中国－东盟技术转移中心、中国－东盟妇女培训中心、中国－东盟法律培训基地、广西东盟旅游人才教育培训基地等也落户南宁。目前，东盟已经有 6 个国家在南宁设立或者正在设立总领馆，广西与东盟国家缔结了 37 对友好城市，数量居全国之首。东盟在华留学生中，有 1/5 在广西就学，广西成为东盟留学生最多的省区。云南大学也专门设立了东盟学院，云南的 44 对友好城市中，有 20 对是与东盟国家，云南电视台已在东南亚国家实现落地覆盖。广州与东盟国家的 6 座城市结为国际友好城市，东盟十国除缅甸、文莱外，其他 8 国均在广州设立总领馆，南亚印度、巴基斯坦、斯里兰卡三国也在广州设立了总领事馆。但目前东盟只有 3 个国家在厦门设立总领馆，福建与东盟国家缔结的友好城市仅为 10 对，这些与广东、广西、云南相比尚存在明显差异。

四、推进与沿线国家的产业合作

福建是中国东部沿海经济大省，工业基础较雄厚，宜集中力量重点推动一些优势领域，构建多层次的交流合作机制，与海上丝绸之路沿线国家形成优势互补。

（一）优先推动制造业合作

东盟、南亚国家工业化水平较低，制造业是其未来 10 年至 15 年重点发展产业。福建宜以海上丝绸之路建设为契机，通过技术创新，提高相关产业的技术含量，促进产业结构调整升级，提升在国际产业分工的地位。可重点推动家电、服装、轻工与建材等一些传统优势产业在劳动力成本较低，具有一定市场前景并鼓励投资的国家建立生产企业。对于生物医药、电子、光电等产业可以积极推进向泰国、越南、印度尼西亚等国家进行配套合作和产业链环节梯度转移。此外，还要推动消费品产业境外投资。目前，南亚、东南亚各国的汽车、消费电子等产业仍颇为薄弱，无法满足市场要求，主要依赖进口。福建与这些国家可进行合作，共同设立综合园区，鼓励中国企业入驻园区，到当地设厂，拓展海外市场，也为当地带来技术、工业的革新。

（二）推动优势过剩产能合作

东盟、南亚基础设施建设任务繁重，未来几年对水泥、钢铁、玻璃等的需求稳步增长。如孟加拉国的水泥需求量正以每年大约 8% 的速度增长，当地的相关产能却不充分。柬埔寨也仅有一家水泥厂，年产量不到 100 万吨，严重供不应求。缅甸水泥的自身产能则只能满足国内不足一半的需求。近 10 年印度尼西亚经济保持快速增长，基础设施项目特别是互联互通项目的投入不断增加，对于水泥的需求迅速扩大。虽然印度尼西亚石灰石资源的储量比较丰富，由于国内水泥需求量的不断增长，水泥产量远远满足不了印度尼西亚市场需求，每年缺口达 800 万吨。印度尼西亚在过去 6 年钢材消费量年均增长超过10%，世界排行第一，超过中国、印度和土耳其，但印度尼西亚本土的产能无法满足需求，钢铁消费量中约六成需要通过进口来满足，高端钢材更是十分稀缺。我国钢铁、水泥、玻璃等产能严重过剩，福建可凭借区位优势推动与沿线国家的产能合作，这方面的发展空间巨大。

（三）开展纺织服装业合作

纺织服装业是典型的劳动密集型行业，包括福建在内的我国沿海地区在这一行业越来越不具备比较优势，而东盟、南亚因为劳动力成本较低成为全球纺织服装业转移的重点区域。目前不少东盟、南亚国家把纺织业作为招商引资的重点领域，希望中国企业到当地投资，并且提供了许多优惠政策，为我国纺织服装企业进军沿线国家创造了难得的机遇。如在老挝，如果产品在当地加工程度达到40%以上，就可享受零关税或低关税出口欧美和南亚市场。印度尼西亚众多纺织服装企业仍普遍存在对中国竞争力及市场占有的担忧，但对中国投资寄予厚望。印度尼西亚时任贸易部长冯慧兰明确表示，如果中国希望在印度尼西亚投资，她持欢迎态度，但对中国纺织品在印度尼西亚销售，政府将通过海关办公室严密监控。① 缅甸纺织业市场具有开发潜力，且拥有大量的人力资源，与我国存在很多互补性。随着欧盟根据普惠制提供的贸易利益的恢复，2013年缅甸的纺织品出口开始急剧上升，一些泰国公司为最大化地利用缅甸的贸易特权，将服装公司迁移至缅甸。柬埔寨享受欧美等发达国家给予的普惠制待遇，其纺织服装产品出口欧美享受免配额、低关税等优惠政策。菲律宾是亚洲最早实施工业化战略的发展中国家，纺织服装

---

① "印度尼西亚应利用美对中国纺织品设限开拓美国市场"，《印度尼西亚日报》，2005年1月25日。

产业基础较好，具有出口欧美、日本免受配额限制的优势。福建纺织服装业基础雄厚，可鼓励企业到东盟投资，利用我们的资金和技术优势，结合印度尼西亚等国的资源和劳动力优势，进一步加强纺织行业合作，有利于促进双方优势互补、实现双赢。

（四）推动电力合作

电力产业是东盟国家发展的重要基础产业，东盟经济共同体建设中的一项重要内容是电力互联互通。随着沿线国家经济增长对电力需求日增，中国电力企业迎来了难得的商机。有关资料显示，越南的电力需求每年增长20%左右，对电力行业的投资约几十亿美元，近4%的电力资源从中国进口。越南政府正在鼓励新能源发展，风能、核能、太阳能等将成为新的发展趋势。马来西亚一贯依靠石油、天然气、煤炭和水发电，但是石油和天然气储量有限。基于这一事实，马来西亚政府正积极发展可再生能源，大力促进生物发电、沼气发电、太阳能和迷你型水电站发电。印度尼西亚政府计划在2019年将可再生能源从目前的1 070万千瓦提高至2 150万千瓦，水力电站将成为该计划的最重要部分。老挝水利资源丰富，发展水电资源是老挝发展经济，消除贫困，实现现代化的现实选择。随着泰国和越南等"大湄公河圈"的电力需求不断增加，老挝电力出口也将迎来更大的机遇。老挝政府提出要将老挝建成"中南半岛蓄电池"的目标。根据这一目标，到2020年，老挝从电力出口得到的收入将达到3.5亿美元，全国98%的居民能用上电。

中国与东盟开展电力能源合作多年，双边在电力投资、设备贸易、技术合作、工程承包、新能源开发等领域取得了丰硕的成果。中国倡议的"一带一路"建设鼓励中国与沿线国家推进跨境电力与输电通道建设，积极开展区域电网升级改造合作。福建企业在开发东盟基础设施市场方面具有较大优势，拥有较成熟的技术设备和建设能力，建设成本低、速度快、性价比高，能够满足东盟电力建设需求。福建电力企业可借助国际产能合作与共建21世纪海上丝绸之路之势，进一步开拓邻近的东盟市场，参加各种新能源发电项目的招标，为各国公共事业公司提供发电、输电、配电所需的各类型机械、设备和技术服务。

（五）推动港口和船舶制造领域的合作

福建毗邻东盟，优良深水港湾众多，海洋交通运输条件优越，而东盟许多国家为岛国或半岛国，港口和海运成为中国与东盟合作的重要载体。福建省应进一步加强与东盟国家在港口、码头建设管理等方面的合作，做大做强港口经济。可通过加强福州、厦门、泉州等港口与马来西亚、新加坡、菲律宾、印度尼西亚、越南、柬埔寨等国的大港口合作，使港口合作在中国－东盟海上丝绸之路建设进程中扮演重要的角色。

印度尼西亚素称千岛之国，海域辽阔，造船业具有良好发展前景。而印度尼西亚的造船业比较落后，生产500吨位左右的船只居多，目前使用的船只多为旧船和进口二手船，急需提高高吨位船舶制造能力。印度尼西亚国内正在计划建造3 000～5 000艘150～200载重吨的挖泥船，在渡船和其他船舶方面也有很大的需求，希望中国船舶企业积极参与，并在印度尼西亚建造油船、液化天然气船或建造5万载重吨以下的其他船舶。印度尼西亚对中国船舶工业企业到该国独资或合资建立船舶制造厂，独资或合资建立船舶配套设备和来件组装的工厂，对印度尼西亚进行技术转让等领域的合作也充满期待。福建在船舶生产制造方面具备较强的比较优势，与印度尼西亚船舶领域合作潜力巨大。宜积极研发海洋石油平台、浮式生产系统、海洋石油开发专用船舶等，推进传统船舶工业向海洋工程装备制造业转型，并推动福建省马尾造船、厦船重工、东南船厂、漳州豪氏威马等船舶龙头企业走出去，到印度尼西亚、泰国等国与其大型船企开展合作，投资船舶制造业。

（六）重视农业合作

作为全国缺粮大省和粮食调入大省，福建粮食安全存在突出问题，目前福建粮食自给率只有40%左右，是全国仅次于广东与浙江的第三缺粮大省。而泰国和越南分别是当今世界名列第一、第二的大米出口国，缅甸、老挝、柬埔寨粮食生产潜力巨大，这几个国家未来的粮食出口能力每年在2 000万吨以上，可成为今后福建省粮食进口的一个重要来源。此外，多数东盟国家土地等自然资源得天独厚，适宜开发，开展农业合作潜力巨大。具体合作包括种植和产品加工，福建可以专家、技术、种子、农机作为投入，帮助东南亚国家进行农业作物示范种植、推广和产品加工，其产品或返销福建省或在当地销售。福建也可以采用租用土地的形式，重点向缅甸、老挝等国购租宜农土地，进行种养殖业开发合作，建立示范农场或农业中心，通过培育水稻良种、推广现代农业技术提高稻谷单位面积产量。福建与非洲的农业合作的主要领域包括农业基础设施建设、粮食生产、养殖业、农产品加工和储运等，也可进行种植业、养殖业、渔业等农业实用技术培训交流和转让。

东盟、非洲也是福建发展远洋渔业的理想区域，应进一步拓展与印度尼西亚、泰国、缅甸等东南亚国家的渔业资源合作，扩大水产品的进口，促进相关渔业产业的发展，并引导国内有实力的企业特别是民营企业与东南亚大型华商企业联手，共同开发当地渔业资源，开展渔业加工和远洋捕捞。非洲海岸线漫长，渔业资源丰富，尤其西部南部海岸大西洋水域是非洲主要产区，蕴含很大发展潜力。福建宜抓住海上丝绸之路建设的机遇，大力开展闽非海洋渔业合作。

（七）加强与东盟国家的物流合作

新加坡是亚太地区最大的转口港，拥有世界上一流的物流管理、运作模式以及先进的物流技术和人才。建议充分发挥福建发展外贸物流的政策优势、交通优势、港口优势、成本优势、腹地货源优势，以港口合作为基础，加强与东盟国家在平潭综合实验开发建设、外贸物流业等领域的合作，构建面向东盟的国际区域物流中心，继续发展福建省集装箱远洋干线运输，加快发展东南沿海内支线、海峡间支线和内贸线，为完善国际集装箱干线、国际中转业务和内支线提供政策扶植。加快福建省港口建设，大力建设江阴港、湄洲湾港、古雷港、厦门港等区域，重点发展晋江、龙岩、三明内陆港。加快厦门翔安新机场、福州机场增扩建工程建设，鼓励厦门机场增开至东南亚、南亚等国际航线，增设内陆地区中转城市，打造高效物流网络体系，构筑便捷高效的航空网络。

（八）加快构建金融合作区

抓住国家批准泉州金融综合改革试验区机遇，福建可探索推进与东盟国家在金融市场、金融机构、金融业务等方面的合作，推动跨境人民币业务创新，加快完善金融组织体系；搭建金融机构交流对话平台，开展创新金融产品上市融资研究，开展以人民币计价的金融衍生品研究，搭建跨境金融服务网络，探索建立人民币国际结算中心，在开放国际投融资、人民币资本账户可兑换、利率市场化等方面先行先试。福建省应积极争取福建重点城市列为开展跨境贸易人民币结算试点，建立与东盟各国之间货币的直接结算，构建面向东盟的区域金融结算体系，增强海上丝绸之路金融服务和保障能力。

五、建立"福建－台湾"更紧密的经贸合作先行先试区

2008 年以来，海峡两岸在"九二共识"基础上，深化经贸交流与合作，持续推动两岸关系和平发展，取得了丰硕的成果，给两岸民众带来了实实在在的利益。经过 7 年多发展，两岸经济合作的规模、水准与内涵都得到了很大提升，正常化、自由化、机制化的步伐仍在稳步向前。近几年，随着全球经济形势的变化，特别是大陆经济产业调整和在全球分工中地位的改变，两岸经济合作出现了一些新情况和新问题，"一带一路"概念的提出和实施，为两岸经济合作带来了新的发展机遇，也必将使两岸经济合作向纵深发展。

（一）积极吸引台湾参与"一带一路"倡议

台湾与福建仅有一水之隔，"一带一路"尤其在 21 世纪海上丝绸之路建设，对台湾经济和台商是重大机遇。台湾未来无法忽视这一趋势，必须顺势而为，紧密相系，才能重塑台湾在区域合作中的关键地位，避免被边缘化的趋势。

第一，台湾可利用海上丝绸之路平台，与东盟、南亚等更多经济体建立更紧密的经贸关系。目前，大陆主导的海上丝绸之路建设已进入实质性阶段，未来将通过亚洲基础设施投资银行项目融资的方式，为沿线地区的铁路、公路、能源、电信、机场等建设提供财源。在这样一个新型的经贸体系中，台商不能缺席，台湾更不能置身事外，台当局应积极协助台商参与海上丝绸之路建设，帮助台商抢占东南亚等新兴市场，延展出口市场，避免在区域合作上被边缘化。这应成为台湾突破经贸困境、借船出海的一步好棋。

第二，助推产业转型升级，增强台湾经济活力。最近岛内智库

以及海外经济机构普遍下调 2016 年台湾经济增长率预测值。究其原因，就是 2015 年上半年台湾出口大幅衰退，不仅连续 5 个月衰退，更创 4 年 9 个月新低。对此，台当局表示，出口衰退的原因是受全球需求不振、国际油价下跌、大陆景气趋缓，以及多个经济体执行贸易救济措施等因素影响。但外界认为，根本的问题却在于台湾经济运作模式发生了改变，而岛内企业未能与时俱进转型升级。20 世纪 50—80 年代，台湾经济腾飞，维持平均 8% 以上经济增长长达 40 年之久，至 1990 年开始下滑，2008—2013 年降至约 3%，遭遇结构性挑战。台湾经济发展长久以来模式不变、投资不振、产业外移后没有新兴主力产业替补等发展问题早已存在，更有包括劳动力供需结构失衡、就业年龄结构老化、政府潜藏负债攀升、社会福利支出扩增、薪资成长迟滞、所得差距拉大等大量潜在风险和社会问题亟待改善。要解决这些问题，融入海上丝绸之路建设是台湾经济挣脱泥淖的关键。台湾参加区域经济整合，不是选项，而是必须要这么做。同时，大陆经济发展也进入一个新的时期，中速增长成为"新常态"。在此背景下，两岸制造业都面临以创新驱动推进产业转型升级的难题，尤其在大陆的台企如何加快转型升级，增效提质值得深思。为此，台商应积极适应大陆经济发展新常态，主动融入大陆"一带一路"建设，充分发挥台湾在先进制造业等方面的产业优势，对接大陆重点产业发展和产业结构调整，创新投资经营理念和方式，在深度融入大陆经济发展中，实现自身企业的二次创业和转型升级。

第三，可以分享大陆经济转型的红利。目前，制造业升级是一个全球范围内的发展趋势，美国提出了制造业回流计划，德国提出了工业 4.0 计划，大陆则提出《中国制造 2025》。从地理位置看，台湾更容易与大陆实现制造业的分工合作，而不是与美国和德国进行合作。大陆的"十三五"规划和《中国制造 2025》都会为台湾的发展带来新的机遇，台湾可以加强与大陆的科技合作，共同建设研发中心，共同开发自主核心技术，参与大陆产业链的协助，分享大陆经济转型的红利。

（二）推动闽台高端制造业与现代化服务业合作

掌握《中国制造2025》与"十三五"规划动态发展趋势，在高端制造业与现代化服务业实现闽台优势互补，落实两岸产业合作。大陆"十三五"规划为两岸经济合作带来新起点。"十三五"期间，要通过进一步深化两岸合作，推动创新发展，促进两岸经济向形态更高级、分工更复杂、结构更合理的阶段演化。闽台尤其应从低成本要素投入驱动转向创新驱动发展，合作推动"互联网＋"和《中国制造2025》工程，促进闽台产业的转型升级及制造业、服务业和现代农业的深度融合。

第一，推动闽台交流合作，促进两岸产业对接。福建宜依托高新技术园区、商务营运中心、软件园区等载体平台，进一步完善工业园区的配套设施，引进高新技术项目，壮大产业集群效应，促进两岸产业对接，推进闽台高新技术园区的交流合作，鼓励和支持台湾科技界、企业界参与福建省高新技术园区建设，加快建成海峡两岸高新技术产业带，并成为承接台湾制造业转移和技术转移的载体，形成先进制造业集聚地。重点发展与台湾的新兴产业对接，发展高科技、低碳节能产业，如海洋生物技术、节能环保、汽车电子、新材料等。推进厦门、福州台商投资区扩区和新设立泉州、漳州等台商投资区，促进台商投资区、各类开发区、海关特殊监管区功能整合，提高产业承载能力。促进闽台双向投资，推进福州（平潭）综合实验区建设，使之成为两岸交流合作先行先试和海峡西岸经济区科学发展先行先试的综合实验区。

第二，推进闽台制造业深度对接。近年来，福建工业发展较快，制造业总体规模不断壮大，但企业自主创新能力较弱、长期处于产业链中低端、信息化水平较低等状况未能有效缓解。全省现有制造业企业发展水平仅部分达到3.0、个别迈进4.0，而整体仍处于2.0阶段。福建2016年年初发布了《福建省实施〈中国制造2025〉行动计划》，推进"智能制造""绿色制造"和"互联网＋制造业"融合发展。据此《计划》，未来10年福建制造业发展分两步走：到2020年，制造业创新体系基本完善，绿色制造技术得到广泛应用；到2025年，制造业创新能力与质量效益显著提高，向制造强省迈进。在此项行动计划中，闽台合作被列为九大重点任务之一。福建将以中国（福建）自由贸易试验区三大片区、平潭综合实验区以及五大台商投资区为载体，深化闽台产业对接，寻求与台湾自由贸易经济示范区的对接合作。

福建对接台湾制造业呈现出三大特点：一是优势产业对接层面提升，电子、汽车、石化、机械等行业对接成为闽台产业对接的重点行业；二是产业对接以园区为载体，目前，除福州、海沧、杏林、集美四个国家级台商投资区成为两岸产业对接的集中示范区外，其他各类园区也成为闽台产业对接的重要载体，并形成各具特色的产业集群；三是产业对接领域不断拓展，闽台产业对接在产业规模、行业领域上不断扩大，对接内容从初期的劳动密集型产业向机械制造、精密仪器、石化、电子等技术、资本密集型产业发展，初步形成台资项目相对集中的产业聚集与规模效应。

第三，海洋产业对接。作为海洋大省，福建拥有海域面积13.6万平方千米，比陆域大12.4%；海岸线曲折率为全国之最，天然良港众多。2011年国务院将福建列为全国海洋经济发展试点省份，福建省紧抓历史机遇，优化海洋经济发展方式，调整海洋产业结构布局，全省海洋生产上升到全国第五位，形成了海洋渔业、交通运输、滨海旅游、船舶修造、海洋工程建筑五大主导产业。福建与台湾一水之隔，承接台湾海洋产业转移，包括游艇业、生物医药产业、海洋工程装备制造、海洋可再生能源、海洋新材料和深层海水利用等。福建省今后应进一步发挥对台优势，全面深化闽台海洋开发保护合作。如建设厦门两岸新兴产业合作示范区和闽台（福州）海洋产业园，构建平潭两岸海洋经济合作特殊区域，加强台湾海峡资源环境的协同保护，积极推进台湾海峡油气资源的合作勘探。

第四，全面推进闽台海洋港口产业开发合作。以资本为纽带，以政策为协调基础，明确各自定位，建设两岸高端临海产业和新兴产业深度合作基地，构建环台湾海峡港口群。重点推进闽台机械、船舶等临海产业对接和海洋生物医药、海洋可再生能源、海水综合利用、海洋新材料、海洋油气及天然气水合物勘探开发等海洋新兴产业领域的合作。建设两岸港口物流业合作基地，福建宜争取率先落实两岸经济合作框架协议和后续协议，在促进两岸贸易投资便利化、台湾海洋服务业市场准入等方面先行先试。

第五，加强闽台农业合作。农业在台湾是一个重要的经济部门，台湾在20世纪七八十年代开始进行农业产业结构调整，利用自身优越的自然条件，发展高效农业、特色农业、低碳农业和现代农业，走出了一条非常成功的路子，成为亚洲现代农业的典范。闽台应携手合作，分享现代农业发展成果，进一步增强两地农业交流，实现多赢共赢。台湾可以加大与福建在有机农业发展方面的对接，充分发挥各自优势，运用台湾先进的耕作与管理技术，与福建的自然土地资源结合，在福建建立有机农业生产基地。应进一步加强海峡两岸农业合作试验区、现代林业合作实验区建设，提升农业合作水平。

六、对策与建议

海上丝绸之路建设，为福建发展带来了难得机遇。作为历史上海上丝绸之路的起点，福建应抓住机遇，进一步深化与海上丝绸之路沿线国家，尤其是东盟在各个层面的合作，争取在国家海上丝绸之路建设中凸显福建的地位和作用。

（一）将与东盟合作作为融入海上丝绸之路的切入点

福建推进海上丝绸之路建设，东盟国家是重点。东盟十国是海上丝绸之路沿线的重要国家，福建地处海上丝绸之路的十字路口和必经之地，与东盟国家的合作具有悠久历史和扎实基础，加上东盟国家与福建人缘相亲、地缘相近、经济互补、经贸关系稳固，因此福建宜将与东盟地区合作作为融入海上丝绸之路的切入点。随着东盟经济一体化的快速推进，福建与东盟在经济领域的合作空间会进一步加大。福建省应进一步加强对东南亚国家的研究，重新定位福建与东盟的经济合作，紧密对接东盟这个 6 亿人口的大市场，充分利用好福建作为海上丝绸之路起点以及在东南亚拥有众多海外华人华侨两大优势，及时调整战略布局，创新合作模式，高度重视东盟市场，以便在亚洲区域一体化的趋势中获益更多。

（二）积极拓展与南亚、非洲交流合作

福建参与海上丝绸之路建设要立足东南亚，深耕东南亚，但不能局限于东南亚，考虑到人缘文化、市场结构与容量，需进一步着眼印度次大陆、斯里兰卡、孟加拉国，积极推进轻工产品、家电机电、专业市场等的梯度转移和港航物流网络的建设完善，支持厦漳泉一体化建设与中孟印缅经济走廊的对接。

目前南亚各国正在积极提升制造业水平，改善贸易结构，吸引外来投资，加强基础设施建设。中国商务部、外交部等已经明确邀请印度、斯里兰卡等国共建 21 世纪海上丝绸之路，而印度大选之后莫迪新政府的经济改革进程将加快，经济发展可能会全面提速，印度加快项目审批和放开外国直接投资将激发一轮新的投资热潮，将给福建带来较大机遇。福建省应提前布局，协助企业开拓南亚市场，在基础设施、制造业、农业等领域加强与印度、巴基斯坦等南亚国家的合作，扩大贸易与投资规模。

进一步放眼中东和北非，中东、非洲是重要的新型市场，积极引导企业在参与海上丝绸之路建设时走进非洲，积极支持福建省企业前往非洲投资兴业。

（三）高度重视华商网络资源和人文优势

应充分发挥华商企业市场网络多、商业渠道广、商务信息灵、国际经营能力强等优势，通过他们牵线搭桥，合资经营，联合投资。要以新加坡、马来西亚、泰国、印度尼西亚为重点，加强与东南亚各国华人大企业的亲情、友情联络，通过各种方式，吸引他们到福建投资。应广泛联络福建旅居东盟各国的侨亲和福建同乡会，发挥他们的人脉关系，为福建企业与东盟各国企业的合作提供帮助。应发挥福建贸易促进会、福建国际商会的作用，加强与东盟各国的联系，探讨建立更为密切的合作关系和合作机制。

在重视海外华侨华人资源的同时，更要重视与当地政府打交道、协商沟通。东南亚华人华侨具备较强的经济实力，他们热爱祖国家乡，也愿意为家乡贡献自己的一份力量，但政治资源缺乏，有的国家如印度尼西亚、马来西亚、文莱等国，华人在政治上的权益一直未得到保障，属于政治上的弱势群体。而无论来自国内的官方还是民间与华人华侨接触太频繁、太密切，在当地往往成为非常敏感的话题，甚至给他们招致不必要的麻烦。福建融入海上丝绸之路建设，要深化与这些国家政府的交往，重视政府层面的合作，包括增设一批友好省份、友好城市，加强双边政治往来，增加官方交流。要注重官员之间的交流，福建可以邀请周边国家的官员、代表团来福建省考察，以此加强沟通，构建政府间多层次常态化交流合作机制。

（四）加强与沿线国家的文化交流与合作

文化合作也是海上丝绸之路的一大重点。福建省应在 2014 年中国－东盟文化交流的基础上，开展一系列活动，承建一批中国－东盟教育培训中心和留学生基地，夯实与东盟合作的基础。在厦门规划建设使领馆区。目前已有新加坡、菲律宾、泰国在厦门设立领事馆，应持续推动更多东盟国家来厦门设立领事馆，近期应重点推动印度尼西亚与马来西亚在厦门设立领事馆。促进与东盟国家的重要城市建立友好城市，开展与东盟各国友好城市间的高层互访、经贸往来、民间交流等活动。应尽快落实与泰国孔敬府、菲律宾内湖省、越南广宁省、东帝汶帝力区、马来西亚沙巴州等东盟国家的省（邦、州）结好事宜，为深化交流合作构筑平台。继续举办海上丝绸之路文化节，争取联合沿海城市召开海上丝绸之路沿线城市的经济合作会议，开展国际招商、投资、贸易的跨海合作，密切经贸、旅游、人员往来。应提升海上丝绸之路的学术研究水平，积极开展历史研究及学术研讨，推动建设一批经济效益高、社会影响大的人文合作项目，不断扩大与东盟国家在教育、卫生、文化、体育等领域的全方位交流合作。要加强福建与海上丝绸之路沿线国家间媒体、社会团体、智库、非政府组织之间的交流合作，增进对方国家对自己文化的了解和好感，提高合作向心力。

进一步发展与海上丝绸之路沿线国家全方位合作，需要一大批了解东盟、南亚、非洲文化，掌握各国语言的人才。为此建议建立福建海上丝绸之路人才教育培养基地，使其成为产业人才培养、科学研发、区域合作、国际交流的重要平台。面向东盟国家招收生源，重点培训福建与东盟互补发展的产业技术人才，为福建融入国家海上丝绸之路战略提供充分有力的人才和智力支撑。

（五）推动福建牵头建立 21 世纪海上丝绸之路城市联盟

2014 年 6 月 18 日，首届"中国阿拉伯城市论坛"通过了泉州市发起的建立"21 世纪海上丝绸之路城市联盟"倡议书，并成立"21 世纪海上丝绸之路城市联盟"秘书处，在泉州市建设"海上丝绸之路城市联盟"会址。根据"21 世纪海上丝绸之路城市联盟"倡议书，泉州市将着手进行秘书处设立工作，并筹备正式成立"21 世纪海上丝绸之路城市联盟"。泉州发起倡议建立"21 世纪海上丝绸之路城市联盟"，将扩大泉州作为"古代海上丝绸之路"起点城市的国际知名度和影响力，推进泉州和海上丝绸之路沿线国家城市在各领域的交流和合作，推动泉州 21 世纪海上丝绸之路先行区建设。福建省应积极争取国家支持，推动泉州牵头建立 21 世纪海上丝绸之路城市联盟，城市联盟秘书处设在泉州。通过召开城市联盟年会、市长论坛等一系列活动，加强海上丝绸之路沿线城市间的交流合作，实现资源共享，优势互补，共赢发展。

（六）争取率先开放东盟劳工输入

福建省传统的劳动密集型产业正面临劳动力短缺、人力成本快速上升的发展瓶颈，而东盟制造经过多年发展，培育了大量的廉价熟练工人，他们对赴我国东南沿海就业热情高涨。福建省应抓住建设 21 世纪海上丝绸之路的机遇，联合广东、浙江等兄弟省市积极争取中央的政策支持，率先在特殊区域试点引入劳动密集型产业、家政等领域的东南亚劳工，并适度放宽出入境限制，以缓解福建省制造业熟练劳工缺乏的问题。

（七）推动台湾地区参与海上丝绸之路建设

东盟是台湾的第二大贸易伙伴和第二大出口市场，东盟历来是台湾重要的经济腹地。建设21世纪海上丝绸之路将会催生更多的商机，为两岸经济带来更多的活力，促进海峡两岸的发展和繁荣。福建应充分利用闽台特殊关系优势，构筑新的发展潜力，加快平潭综合实验区建设，抓好厦门深化两岸交流合作综合配套改革试验，加强闽台产业深度对接，积极推动重点合作项目和政策的实施。拓展闽台海洋经济开发合作领域，推进海洋科技教育合作、能源资源开发合作、滨海旅游业合作和渔业全面合作，建设海峡两岸渔业合作区。以保税港区、出口加工区为载体，重点吸引台湾产品在福建省加工增值后再出口到东南亚。充分发挥现有对台政策效用，深化闽台经贸合作，落实好《两岸经济合作架构协议》及后续协议，推动福建口岸与台湾关贸网络全面对接，进一步夯实闽台合作基础，吸引台资企业借道福建拓展东盟出口市场，使福建成为台湾进入东盟的前沿平台。

第十八章

珠三角地区融入 21 世纪海上丝绸之路的思考

　　建设 21 世纪海上丝绸之路是中国将自身发展与区域合作对接、将"中国梦"与"世界梦"连接的重大战略构想。珠三角地区是我国三大增长极之一，积极参与 21 世纪海上丝绸之路建设。本章主要探索珠三角在 21 世纪海上丝绸之路建设中的优势，分析其应该承担的定位和作用，以及其面临的主要问题与挑战，提出结合自身优势的发展策略和行动计划。珠三角参与 21 世纪海上丝绸之路建设需要促进粤港澳的深度合作，需要完善沿线国家的产业布局。

一、珠三角具有不可替代的竞争优势

广东，特别是珠三角地区处于 21 世纪海上丝绸之路的前沿地带，在地理、历史、文化和经贸方面具有特殊的优势。正因为如此，珠三角地区在建设 21 世纪海上丝绸之路的进程中具有无法替代的地位与作用。

（一）长期沉淀的历史优势

在中国的对外交往与贸易历史上，海上通道的重要起点之一就集中于广东，尤其是珠三角地区，其在东西方经济文化交流中也有着举足轻重的地位。最早追溯到先秦时期，番禺（今广州）就已经成为外贸港口，也是我国海上丝绸之路历史最悠久的始发港。距今 2 200 年的南越国，就通过海上丝绸之路与海外国家进行贸易往来。南越王墓就出土了来自西亚国家的舶来品，证明当时南越国已与西亚国家进行贸易往来。据《汉书·地理志》记载，徐闻（今湛江）是有史书明确记载的最早海上丝绸之路古港。欧洲大航海时代开启，珠三角地区是中国最早接触西方现代国家的地区，明朝正德年间广东就与佛郎机人（即葡萄牙人）交往。清朝初期，政府实施闭关锁国的政策，广州"一口通商"，粤海关便成为当时中国仅有的一个通商港口，广州十三行地位卓越。例如，清嘉庆十七年（1812 年），粤海关关税为 134.79 万两白银，占当年户部关税总额的30%。第一次鸦片战争后，广州仍是"五口通商"之一。随后西风东渐，珠三角地区最早受到西方资本主义的影响，开办了大批企业，民族工业也有了很大发展，西方的工业文明由珠三角进入中国，随后广东和全国得到发展，翻开了中国近现代文明的崭新一页。三十多年来，广东开风气之先，是全国改革开放的领跑者和排头兵，是中国改革开放的"门户"和重要"引擎"，如今的珠三角地区已成为全国富有、开放的地区。

（二）得天独厚的区位优势

广东地处中国的南大陆，三面环海，大陆海岸线 4 114 千米，居全国首位，隔海相望东南亚国家，也是南海交通的要塞，自古以来与外界的联系就很频繁，在经济、国防上都具有重要地位。相比其他港口，广东在海上丝绸之路上具有得天独厚的优势：通过南海，穿过印度洋，进而到达南亚次大陆和中亚、西亚、非洲国家的航线距离最短、最便捷；通过南海，穿越东南亚，还可到达南太平洋岛国。不仅如此，广东还拥有 5 个亿吨大港，是连接广东与海上丝绸之路沿线国家和地区的海上枢纽。2013 年深圳盐田港集装箱吞吐量 1 180 万标准箱，居全球第四、内地第一；广州南沙港的吞吐量居全球第七；湛江港是国家重点规划建设的综合性大型港区，2013 年港口吞吐量达 1.8 亿吨；珠海高栏港、东莞虎门港也逐渐加入亿吨大港行列。2013 年，广东规模以上港口完成货物吞吐量接近 15 亿吨。

珠三角港口群拥有覆盖世界各国密集的运输航线，货物运输距离最短，能够充分发挥深水良港与各国通航的海域优势和海运价格竞争力优势。珠三角与世界各国具有长期的海上合作基础，目前已有 21 个国家和地区的港口纳入广州发起成立的"海上丝绸之路沿线国家的港口联盟"。此外，广州、深圳、珠海等珠三角的机场，特别是广州白云国际机场到世界各国的航线覆盖广、航线和航班多，与东盟国家的联系频繁。广州铁路枢纽是全国四大铁路枢纽之一，与泛珠及国内各方向的铁路通道便捷，珠三角内部城际轨道发达，为与沿线国家的通道建立联系奠定了良好的基础。①

畎邻港澳，是珠三角的又一地理优势。在未来服务于 21 世纪海上丝绸之路建设中，珠三角将立足粤澳合作，持续扩大对外开放，依托大陆经济实力和吸引力，搭建与世界经贸合作的平台。

（三）实力雄厚的经济优势

首先，广东拥有庞大的经济总量。广东国内生产总值长期保持国内各省（市、区）第一的位置，2013 年更突破 1 万亿美元，接近同年经济总量世界排名第十四的韩国和第十五的墨西哥，超过印度经济总量的一半，并超过任何单一东南亚国家的经济总量。其中，珠三角占广东 GDP 超过 3/4。

其次，珠三角产业具有强大的实力。广东作为领先全国的工业大省，目前已形成了电器机械、电子信息、石化、汽车、轻纺等为主体，特色鲜明、优势突出的产业发展格局。多种因素的作用下，跨国公司八成以上的中国采购订单落户珠三角，很多跨国企业把最终产品组装环节放在广东。目前，广东在实施产业转型升级计划，而沿线各国特别是东南亚国家经济发展程度参差不齐，产业跨度大，从而和广东形成较强的互补性，为广东产业转型升级创造了广阔的空间和市场。

第三，广东海洋经济发达。广东海域面积 42 万平方千米，是陆域面积的 2.3 倍，海洋经济总量连续 18 年位列全国第一。

第四，广东作为中国南大门，是我国对外经贸的第一大省。广东进出口总额年均约占全国的 1/4，从 1985 年到 2013 年连续 28 年居全国第一，累计吸引外商投资约占全国的 1/4。

---

① 《珠三角在海上丝绸之路建设中的地位作用》，珠江三角洲全域规划网，http：//www.gdupi.com/prd2014/productshow.asp？id=119。

最后，在海上丝绸之路的复兴道路上，广东将继续发挥巨大的作用。2001 年我国加入世界贸易组织后，广东对南亚、西亚、东盟、东北非等海上丝绸之路沿线国家贸易实现跨越式发展，为经贸合作的进一步深化打下了良好的基础。广东积极主动参加中国－东盟自由贸易区建设，目前已成为我国与东盟经贸合作量最大的省份。2013 年，广东与东盟贸易额达到 1 022 亿美元，占中国大陆与东盟进出口总额的 23%，占对沿线国家贸易总值逾 6 成，从而成为全国首个与东盟贸易突破千亿美元的省份；来自东盟的实际利用外资达 11.5 亿美元，占中国大陆利用东盟资金的 14%。截至 2013 年年底，广东在东盟累计投资达 25.8 亿美元，占中国大陆到东盟投资的 9%。不仅如此，广东与其他沿线国家的贸易合作也维持着良好的发展态势。例如，与印度双边贸易由 2001 年的 7.5 亿美元增至 2013 年的 100.7 亿美元，年均增长达 24.2%。[①] 伴随着丝绸之路建设的实施，广东与沿线各国双边、多边合作还将逐步深入，利益纽带也将日益牢固。

（四）华侨众多的人脉优势

广东是我国最早有移民出洋的省份，目前有 3 000 多万海外侨胞，占全国的 2/3，遍布全球 160 多个国家和地区，是全国第一侨乡。祖籍广东的华侨华人在沿线国家超过 1 500 万人，占中国大陆在沿线国家华侨华人总数的 1/2。[①] 在广东，海外华侨华人中东南亚的广东籍华侨华人占到 60% 以上。在泰国，79% 的泰国华侨祖籍在广东；在印度尼西亚、菲律宾、马来西亚和新加坡，祖籍广东的分别占 49%、12%、57% 和 45%。这些海外华侨华人关心祖国和家乡，

新战略、新愿景、新主张——建设 21 世纪海上丝绸之路战略研究

---

① 徐少华：《广东要正当贯彻推进"一带一路"战略的排头兵》，载《新经济》，2014 年第 31 期。

为广东与祖国的改革开放事业和经济社会发展做出了突出贡献。改革开放以来，海外侨胞、港澳同胞在广东累计直接投资 1 200 多亿美元，开办企业近 4 万家，占广东全省实际吸收外资总量近 70%。海外同胞捐赠金额折合人民币超过 400 亿元。广东与外国建立了近 80 对友好省州关系，其中相当一部分是由华人华侨促成的。随着改革开放不断深入，海外华人华侨与广东的联系互动也日渐频繁，已成为中国与华侨所在国经贸合作和文明对话的桥梁，成为提高中国软实力的重要渠道。

（五）文化相通的人文优势

海上丝绸之路也是文化融通交流的重要途径。历史上，经过海上丝绸之路，中华文化传播至沿岸国家，其中包括儒家思想、律令制度、服饰、工艺、建筑、汉字等。直至今日，不少东南亚国家保持着与中国相似的风俗、节令，甚至有着相近的道德观念和价值认同。大批的广东籍华人华侨生活在东南亚各国，他们吃粤菜、讲粤语、唱粤剧，文化上具有认同感和共通性，因此在沿线各国岭南文化得以广泛传播。在不少海外国家华人世界里，至今粤语依然是一门最为通用的语言。海内外华人华侨与广东人的价值认同感、文化统一性和民族向心力，构成了广东省建设海上丝绸之路强大的精神动力。

二、在 21 世纪海上丝绸之路建设中的定位

珠三角地区是海上丝绸之路的重要发祥地，在中国海外贸易史、东西方文化交流史上占有十分重要的地位，珠三角应抓住 21 世纪海上丝绸之路建设的重大历史机遇，统筹省内发展和对外开放，以互信认同为根本，以互联互通为基础，以经贸合作为重点，以人文交

流为纽带，以互利共赢为目标，联手港澳和周边省区，加强与沿线国家合作，推动陆海统筹，构建全方位开放新格局，争当我国建设海上丝绸之路的排头兵、通往海上丝绸之路的桥头堡、打造互联互通的战略枢纽和探索国际区域合作新模式的试验区。

（一）产业梯度转移的桥梁

过去30多年，广东，尤其是珠三角敢为天下先，在以"引进来"与对外贸易为主导的对外开放中起着排头兵的作用，在未来借助于海上丝绸之路建设的机遇，构建开放型经济新体系中，理应充当先行者和排头兵的角色。珠三角地区应充分发挥地缘、人缘、历史文化及经济实力优势，抢抓机遇、积极作为，在与海上丝绸之路沿线各国互联互通、经贸合作、科技文化交流和民间友好往来等方面力争走在全国前列。

"走出去"是珠三角地区参与和服务海上丝绸之路建设重要措施。在全球化的大背景下，资源缺乏、外贸依存度高的珠三角地区，更需要开拓海外市场，寻找海外资源。开拓经济发展新的空间，海上丝绸之路沿线国家已成为珠三角地区必须高度重视的战略支点。珠三角地区"走出去"与服务海上丝绸之路建设的实践对中国具有引领和示范作用。

海上丝绸之路沿线国家是中国企业"走出去"的重要区域。沿线国家市场规模和潜力独一无二，各国在贸易和投资领域合作潜力巨大。建设海上丝绸之路，为中国企业"走出去"指明了方向。积极利用沿线国家广阔的市场，把"走进21世纪海上丝绸之路沿线国家"作为中国企业"走出去"进行国际经营、参与国际竞争的"试金石"，抓住国家建设"一带一路"倡议的机遇，推动产业转型升级，创新商业模式，在融入海上丝绸之路建设中把企业做大做强。由此，海上丝绸之路建设为珠三角企业"走出去"提供了广阔的空间，同时珠三角企业"走出去"也能成为建设海上丝绸之路的先遣队。

企业"走出去"，投资"走出去"，就是在"海丝"沿线国家范围内，甚至在世界范围内，寻找更广阔的产业合作空间，发挥中国与沿线国家的比较优势，合作共赢。过往，以广东为代表的中国各省份吸引着国外的投资，通过不断融入全球价值链，获得高速经济增长；如今，中国需有大国担当，有欢迎各国搭乘中国高速增长列车的胸襟，于是，更需强调"走出去"，让中国的发展成果惠及全球。

2015 年 3 月，经国务院授权，国家发展改革委、外交部、商务部联合发布《推动共建丝绸之路经济带和 21 世纪海上丝绸之路的愿景与行动》（以下简称《愿景与行动》），被称为"一带一路"路线图。其中明确了我国各区域、各城市在国家"一带一路"建设中的定位和发挥的角色作用。在《愿景与行动》中，广东及珠三角城市的战略地位凸显。

《愿景与行动》对包括珠三角在内的沿海地区总体部署是："以扩大开放倒逼深层次改革，创新开放型经济体制机制，加大科技创新力度，形成参与和引领国际合作竞争新优势，成为'一带一路'特别是 21 世纪海上丝绸之路建设的排头兵和主力军。"

加强与 21 世纪海上丝绸之路沿线国家的经济、社会、人文合作。广东省委、省政府高度重视，将参与建设 21 世纪海上丝绸之路建设作为新时期贯彻中央部署、增创广东对外开放新优势的重要举措，努力为进一步践行国家战略部署做好表率。

广东自由贸易区（深圳前海、广州南沙、珠海横琴）获批为我国第二批国家自由贸易区，21 世纪海上丝绸之路建设可以进一步扩大对外开放和强化内部区域整合，深化粤、港、澳合作，更好地打通国内国际经济大动脉，实现经贸规则的进一步接轨和优化，深化自由贸易区范围的扩大和内容。由此，珠三角地区有必要提升政、产、学、研在海上丝绸之路建设中的协同力度，架构起全国产业梯度转移的桥梁。

（二）互联互通的战略枢纽

海上丝绸之路建设从互联互通起步。海上丝绸之路建设是复杂的系统工程，其以亚洲国家为重点方向，延伸到非洲、欧洲以及大洋洲国家，以陆上和海上经济合作走廊为依靠，以交通基础设施为切入点，以建设融资平台为手段，以人文交流为桥梁，以共商、共建、共享的平等互利方式推动亚洲、非洲、欧洲和大洋洲的互联互通，建设深度融合的互利合作网络。

包括公路、铁路、港口和机场等在内的基础设施的互联互通是海上丝绸之路建设的前提，是海上丝绸之路建设的血脉经络。只有经络疏通、血脉畅通，突破制约经济发展的诸多瓶颈，海上丝绸之路才能活起来。互联互通在对接沿线各国发展战略的同时，也为实现区域联动发展和共同繁荣注入新动力。

港口、包括空港在海上丝绸之路建设中将发挥重要作用。例如广州，现在广州港共有 93 条航线，其中包括 52 条外贸航线，7 条欧洲线、6 条美洲线、16 条东南亚线、16 条非洲线、6 条中东线、1 条大洋洲线，超过一半的航线涉及"一带一路"沿线国家，成为 21 世纪海上丝绸之路的重要战略节点。此外，广州进一步提出打造国际航运中心的规划，据称，到 2020 年，广州港货物吞吐量达 6 亿吨，集装箱吞吐量达 2 500 万标准箱，争取在全球航运中心评价体系中冲进前 10 位；到 2030 年，基本建成具有亚太地区航运资源配置能力的国际航运中心。[①] 在深圳港方面，2013 年深圳港吞吐量达到 2 327

---

① 曾妮：《"一带一路"路线图：广州枢纽地位凸显》，载《南方日报》，2015 年 4 月 3 日。

万标准箱，首次超过香港港，成为世界第三。深圳港还是全球举足轻重的世界级枢纽港。截至 2014 年年底，挂靠深圳港的国际集装箱班轮航线达 235 条，通往 100 多个国家和地区的 300 多个港口。①

珠三角地区有着良好的海港与空港优势，具有充足的基础设施建设经验与能力，拥有较为良好的金融基础与实力，在沿线地区拥有众多的华侨华人资源，是海上丝绸之路建设中互联互通的天然战略枢纽。古代，海上丝绸之路从珠三角扬帆出海，促进了中国与沿线国家的经济文化交流，如今，海上丝绸之路建设，珠三角仍然是重要的战略枢纽，从珠三角出发，拉近中国与沿线国家，甚至世界各国合作的距离。

（三）大陆与港澳合作的门户

创造包括政策沟通、设施联通、贸易畅通、资金融通、民心相通在内的互联互通的条件和环境是促进海上丝绸之路建设的关键之举。珠三角地区应坚持陆海统筹原则，深化粤、港、澳及泛珠三角区域合作，打造亚太地区最具活力和国际竞争力的港口城市群，为构建立足东南亚，辐射太平洋、印度洋的战略合作圈提供有力的战略支撑，进而推动 21 世纪海上丝绸之路建设。

《推动共建丝绸之路经济带和 21 世纪海上丝绸之路的愿景与行动》规划了珠三角的定位和发挥的角色作用："充分发挥深圳前海、广州南沙、珠海横琴、福建平潭等开放合作区作用，深化与港澳台合作，打造粤港澳大湾区。"

珠三角毗邻港澳，正是与港澳的深入合作，珠三角得到了发展的起飞动力。2015 年《政府工作报告》关于港澳部分的表述，提到要"加强内地与港澳各领域交流合作，继续发挥香港、澳门在国家

---

① 《打造 21 世纪海上丝绸之路桥头堡》，载《深圳特区报》，2015 年 2 月 12 日。

改革开放和现代化建设中的特殊作用"。在海上丝绸之路建设中，香港与澳门同样起到特殊的作用。

一直以来，在内地改革开放和现代化建设进程中，香港与澳门发挥最特别的补益作用。即便是未来上海、广州、深圳甚至更多的内地城市经济总量可能赶超香港，或其人均 GDP 赶超香港与澳门，但其在国家发展全局中的特殊地位、对推进国家改革开放和现代化建设的特殊作用，仍然是内地任何一个城市都无法替代的。首先，由于"一国两制"的政策，长期以来香港与澳门实行与内地不同的社会制度，经济政策和制度的差异性将一直存在。其次，长期以来香港与澳门已经形成了在国际金融、贸易、航运等方面的中心地位，这也是多种因素综合作用的结果，并且这些因素将长期起作用。再次，在营商环境方面，香港与澳门依然具有很多优势，包括法治成熟、基础设施完善、经济高度自由开放、政府廉洁高效、专业服务发达、金融体系稳健、社会管理先进、低税制等。最后，香港和澳门的国际化程度高，跨国公司总部汇集，国际商业网络发达，语言交流上也有很大优势。

如今，世界经济格局已经并将持续发生重大变化，中国内地正逐渐成长为世界经济最重要的增长极。内地是香港与澳门经济发展的强大依托、香港与澳门经济增长的动力源泉、香港与澳门经济抵御外来风险的坚强后盾。大陆与港澳加强交流合作，实现优势互补、共同发展，是大势所趋、必然选择，也是海上丝绸之路的重要举措。在此过程中，珠三角地区成为了大陆与港澳深度合作的天然门户。

（四）探索国际区域合作新模式的试验区

包括海上丝绸之路在内的"一带一路"倡议具有全球化时代的高度开放性，不仅在地域和国别上开放，也在合作领域与项目上开放。"一带一路"倡议鼓励各国自愿参与，遵循市场规律和商业规律，各方平等互利，共同推进。"一带一路"沿线国家要素禀赋迥异，发展水平参差不齐，有很强的互补性。"一带一路"的建设，有利于我国与沿线国家进一步发挥各自比较优势，促进区域内有序自由的要素流动和高效资源配置。

"一带一路"的倡议显示着中国的国家战略已从韬光养晦转变为"走出去"的负责任大国战略，"一带一路"建设是中国资本输出计划的战略载体，通过中国企业的"走出去"，通过中国与沿线国家的产业对接与联动，通过中国与沿线国家的合作，拉动中国与沿线国家的经济增长，从而为疲弱的世界经济贡献力量。

珠三角地区应发挥改革开放先行地优势，积极参与国际经济分工合作，完善内外联动、互惠共赢、安全高效的开放型经济体系，创新涉外投资管理体制，推进服务贸易自由化，为深化国际区域合作创造新经验。

其中，自贸区在海上丝绸之路建设中将扮演重要角色。自贸区的意义不在于货物进出口，而是对外开放的试验，"试验"的是国际新规则。自贸区需着眼于货物进出口自由化、金融自由化、利率市场化和人民币国际化。

广东三大片区的自贸区将着眼于构建新型国际投资贸易规则试验区，在国际投资、知识产权、贸易等领域探索对接国际高标准规则体系。同时，有效对接国家"一带一路"建设，推进广东与21世纪海上丝绸之路沿线国家和地区的投资合作和贸易往来，重点打造21世纪海上丝绸之路的重要枢纽，服务于21世纪海上丝绸之路建设。

具体探索方面，广东自贸区将探索与21世纪海上丝绸之路沿线国家和地区在货物通关、电子商务、质量标准、商品检验检疫等领域建立合作机制，提升贸易便利化水平。同时，发挥自贸区国际商品中转集散功能，建成21世纪海上丝绸之路沿线国家和地区商品展示、销售和采购中心。进一步扩大人民币跨境业务的创新，推动人民币作为与沿线国家和地区跨境大额贸易计价、结算的主要货币，加快人民币国际化进程。[①]

互利共赢是海上丝绸之路建设的基本原则，也是探索国际区域合作新模式的必然要求。兼顾各方利益和关切，寻求利益契合点和合作最大公约数，体现各方智慧和创意，各施所长，各尽所能，把各方优势和潜力充分发挥出来。

珠三角地区发挥其全国重要经济中心的优点，努力建成世界先进制造业和现代服务业基地，增强辐射能力，坚持平等合作、互惠共赢原则，形成以我为中心的资源互补、产业关联、梯度发展的多层次产业圈，成为带动海上丝绸之路建设的强大引擎。

三、面临的主要问题

虽然珠三角地区在海上丝绸之路建设中有着五大优势，正积极并有条不紊地参与海上丝绸之路建设，并已取得阶段性的成果，但珠三角乃至整个广东参与海上丝绸之路建设仍存在省内、国内以及国外三方面的问题与挑战。

（一）产业结构不尽合理

产业对接是海上丝绸之路建设的重要内容。虽然珠三角地区在全国产业优势明显，然而，从现状来看，珠三角经济发展中的第二、第三产业，尤其新兴产业存在发展乏力的缺陷。例如，海洋经济是中国与沿线国家合作的重要领域，但广东（珠三角）海洋经济中以

---

① 南方日报"广东自贸区观察"小组：《广东自贸区方案通过将对接国际新规则，服务 21 世纪海上丝路》，载《南方日报》，2015 年 3 月 24 日。

传统产业为主，层次较低，同构严重，过度依赖资源等问题凸显。广东（珠三角）滨海旅游业旅游产品项目雷同，同质化严重，海水养殖业内部趋同性明显，沿海石化建设等临海工业项目比比皆是。广东（珠三角）海洋新兴产业发展远不如浙江、山东，海洋产业结构亟待整合优化。①

（二）科技投入不足

借助海上丝绸之路建设的机遇，珠三角地区在进行产业结构调整与转型升级，构建现代产业新体系过程中，不但需要输出原本具有比较优势的产业，更重要的是发展战略新兴型产业，提高产业生产效率，提高技术水平。这又需要加大科技投入，重视创新驱动。仍以海洋产业为例，广东（珠三角）的海洋产业科技投入不足，海洋科技创新成果很少，高科技对海洋经济发展的支撑力不够。尽管广东（珠三角）的主要海洋产业是海洋生物制药业，但相对于山东、浙江等地，广东的产业规模较小，技术层次较低，发展缓慢。目前，广东（珠三角）该行业主要布局在中山市火炬区国家健康产业基地，其他地区基本没有涉及。广东（珠三角）的海洋先进装备制造、海洋勘探开发服务、海水综合利用、海洋生物医药、港航物流服务和海洋清洁能源等新兴产业发展动力不足，这是广东（珠三角）海洋经济发展的短板，需要加大科技投入，迎头赶上。

（三）产业政策不尽完善

有为的政府能有效地推动产业结构优化，这需要较为完善且有

---

① 卢文刚，黄小珍，刘沛：《广东省参与海上丝绸之路建设的战略选择》，载《经济纵横》，2015 年，第 2 期。

前瞻性的产业政策。目前，珠三角地区政府对产业结构升级的政策支持，特别是战略新兴型产业的支持不足，例如，在支持海洋产业发展方面的政策存在明显不足，尤其在海洋新兴产业，如海水利用业、海洋电力业、海洋生物医药业等产业门槛高、投入周期长、研发难度大，在政策的可预见性和可持续性方面的要求高，要能够准确及时地调整相应的政策调整才能有效引导海洋新兴产业迅速发展。目前，大多产业政策主要针对单个产业，对关联产业进行系统政策扶持力度不够，如海洋工程建筑业，产业关联性强，能推动海洋砂矿业的发展，还可以支撑滨海旅游业的开展，但却缺乏共谋发展的相关政策，且在相关的配套支持政策方面，如税收优惠等，实施中也存在可操作性不强、缺乏具体指导细则等问题。

（四）"走出去"的支持力度仍不充足

"走出去"是珠三角地区参与海上丝绸之路建设的重要举措，然而当前，政府并没有形成系统性的较为明确与完善的支持规划，对海外风险防控、国际化人才的培养等方面重视不足。据广东省商务厅数据显示，广东对海上丝绸之路沿线重点国家（印度、巴基斯坦、孟加拉国、斯里兰卡等南亚 4 国和东盟十国）的实际投资额从 2007 年的 0.2 亿美元增至 2013 年的 2.9 亿美元，年均增长 54.9%，平均每两年翻一番。但依然存在一定的问题，大多数广东企业目前是以自发形式"走出去"的。由于政府对企业如何"走出去"不能给予充分统筹和政策指引，信息不顺畅，很多企业对当地政策、法律、产业等了解不足，导致一些广东企业"走出去"后发现现实与想象反差很大，严重影响了"走出去"的成效。

（五）区域发展不平衡

在广东，珠三角地区与粤东、粤西的发展状况有着天壤之别。

珠三角地区与港、澳、台毗邻，同时还是改革开放的前沿阵地，经济总量大，发展海洋经济、实施"走出去"战略实力雄厚，具有较强发展优势，且已取得一定的成果。粤东、粤西两翼经济总量较少，尽管在产业发展上也取得了一定的成就，但由于总体经济基础薄弱、基础设施不完备等，很多产业的发展以粗放型为主，工业化进程缓慢。深究其原因：配套的公共政策支持不力，没能充分发挥珠三角地区经济辐射作用，同时粤东、粤西地区自身也存在经济转型不力和发展观念落后等问题。区域间发展不平衡，导致珠三角与粤东、粤西难以形成合力，夯实海上丝绸之路的建设基础。

（六）自身能力有限

海上丝绸之路建设是国家重大战略，不少事项属于中央政府管理，地方政府没有权限，或是能力有限。例如，总体上与各国互联互通建设是归属中央政府管理的事务，珠三角作为一个地区，广东作为一个省份，不具有与外国政府直接商谈并签署互联互通协议的权力。然而广东（珠三角）加强与海上丝绸之路各国互联互通建设常常又会涉及国家主权和事权，需要外交、海关、发展改革、交通、公安等相关中央部门来协调。因此，广东（珠三角）与海上丝绸之路国家互联互通建设想要取得突破性进展需要做大量的沟通与协调工作。

（七）来自其他省份的激烈竞争

长三角、福建，乃至广西、云南、海南等省区与广东（珠三角）参与海上丝绸之路建设形成了竞争局面。例如，长三角和福建也具有海港优势，福建更是被规划为海上丝绸之路建设的核心区。在与东盟互联互通合作方面，广西、云南和海南等省区与广东（珠三角）的竞争激烈。广西和云南与东盟国家陆上相邻，拥有陆上互联互通建设的地理优势。广西是大湄公河次区域合作的中方参与者，同时也是中越"两廊一圈"的南宁－河内经济走廊和环北部湾经济圈合作的主角之一，广西北部湾经济是中国与东盟国家开展泛北部湾区域合作的核心区，广西已经被中央定位为中国面向东盟的重要国际经济合作区。同时，作为中国与东盟交流合作重要平台的中国－东盟博览会也是由广西承办。广西作为中国－东盟区域性贸易重要通道的地位日益彰显，在许多方面都走在了广东的前面。

（八）与港澳的合作有待提升

《推动共建丝绸之路经济带和 21 世纪海上丝绸之路的愿景与行动》要求"深化与港澳台合作，打造粤港澳大湾区"，"发挥海外侨胞以及香港、澳门特别行政区独特优势作用，积极参与和助力'一带一路'建设"。

广东的自贸区建设试图充分突出粤、港、澳的合作。其中，前海在与香港合作及金融创新方面比较突出，横琴在拓展与澳门的合作方面比较突出，南沙地理上处于珠三角的中心，具有综合性优势，除了现代服务业还可以大力发展先进制造业、新兴产业。但自贸区建设仍处于探索阶段。事实上，区域间同质化、竞争性问题一直存在，它们之间是否能够找到协同性的有序发展机制，将是考验粤、港、澳合作的关键因素。

四、促进粤、港、澳深度合作

（一）落实自贸区建设

加强大陆与港澳深度合作是 21 世纪海上丝绸之路建设的重要举

措，珠三角是先行地与重要门户。目前，粤、港、澳合作正从经济、社会、民生合作向制度合作深度推进，服务贸易自由化成为合作的新主要领域。三十多年前的改革开放拉开了粤、港、澳经济合作的帷幕，也夯实了珠三角经济腾飞和港澳经济长期兴盛的坚实基础。广东自贸区战略实施后，将粤、港、澳的深度合作内容升级为高端的服务贸易。广东自贸试验区的建设将融入《内地与香港关于建立更紧密经贸关系的安排》（CEPA）框架下粤、港、澳深度合作，共同发展多年来取得的创新成果，体现港澳特色。可以预测，作为涵盖自贸区范围的南沙、前海、横琴三大重点合作平台的建设也将不断加强与港澳的关联，推进与港澳合作深度发展。

具体来说，广东自贸区建设相关事项需纳入粤港、粤澳合作的联席会议制度，在CEPA框架下重点在金融服务、商贸服务、专业服务等领域，暂停、取消或放宽对港澳投资者资质要求等准入限制措施；研制自贸区港澳及外籍高层次人才认定办法，推进粤、港、澳服务业人员执业资格互认或单边认可，探索在自贸区工作、居住的港澳人士社会保障与港澳有效对接；推动以人民币作为自贸区与境外跨境大额贸易和投资计价、结算的主要货币，开展以资本项目可兑换成重点的外汇管理改革等试点，推动自贸区与港澳地区投资融资汇兑便利化。

（二）打造粤、港、澳大湾区经济

作为关键的滨海经济形态的湾区经济，已成为当今世界经济地图的闪光点，是全球一流滨海城市的重要标志。世界赫赫有名的湾区如纽约湾区、东京湾区、旧金山湾区等，以开放性、舒适性、创新性和全球化为其最主要特点，具有有效的资源配置能力、开放的经济结构、强大的集群溢出性能和发达的全球交际网络，发挥着领导创新、汇集辐射的中心功效，已成为带动世界经济发展的关键增长极和领导技术改革的排头兵。[1] 发挥粤、港、澳独特优势，打造粤、港、澳大湾区，有着重要的意义[2]：

打造粤、港、澳大湾区是落实国家"一带一路"倡议，构筑更强大经济纽带的重要支撑。粤、港、澳位于海上丝绸之路要塞，推动粤、港、澳顶级湾区经济发展，有利于构成地区发展合力，加深与沿线国家经贸合作，为"一带一路"建设形成强有力的支持。

打造粤、港、澳大湾区是主动服务泛珠三角地区合作，增创地区共同发展新长处的关键措施。推动湾区经济发展，促进地区内要素正常流动，资源有效分配，深度市场整合，逐渐提高湾区经济国际竞争力，服务"一带一路"建设与促进泛珠三角地区协同发展齐头并进。

打造粤、港、澳大湾区是为国家南海战略服务，推动环南海经济圈发展的主要推动力。粤、港、澳是我国与南海距离最近的经济发达地区，海洋经济总规模达 1.23 万亿元，20 年持续排名全国首位，海洋电子信息业先进，是我国三大海洋工程装备制造业集中区域之一、国家主要的海洋科研技术经济据点。打造粤、港、澳大湾区，对于加快南海资源开采使用，推动环南海经济圈进步，有着重要的意义，同时可以为国家经略南海提供关键的战略支持。

打造粤、港、澳大湾区是着眼于全球地理网络，实现更高质量更高能级发展的重要渠道。改革开放 30 余年，粤、港、澳地区共同发展取得了辉煌的成绩，已是世界上最有影响力的城市群。在当前的发展阶段，全力推动湾区经济发展，就要求以崭新视野，策划粤、港、澳地区发展，在新的全球地理网络下，实现更高层次世界范围

① 百度百科：http://baike.baidu.com/link? url = SbOZt9ZwOWufp7ONvfL8MsiGofwZEMU_4r07FE_ jSQvElU5wvzIqmw0WEQ − 9cP − fmgn20NEbpKdZuOYjiQpkkK。

② 以下观点来源于许勤：《加快发展湾区经济，服务"一带一路"战略》，载《人民论坛》，2015 年，第 6 期。

内经济合作，大力推进粤、港、澳进入全球顶级湾区队列。

2015 年 6 月广东最先发出《广东省参与建设"一带一路"的实施方案》（以下简称《实施方案》）。广东成为中国第一个申报实行方案、完成与国家"一带一路"战略规划对接并印发实施方案的省份。依照《实施方案》，广东将建成全球顶级的粤、港、澳大湾区。

打造粤、港、澳大湾区，不仅需要国家层面的统筹协调，也需要粤、港、澳之间的协调互动，着力完成下面几方面工作。[①]

第一，努力提高湾区经济综合实力，服务海上丝绸之路建设。利用构建自贸区的机会，进一步推进粤、港、澳开放合作，保证实施 CEPA 和补充协议及粤港澳服务贸易自由化政策的有关事情，推动互利共赢，更加夯实粤、港、澳在全球领域内的经济核心地位。努力落实新一代信息技术、生物等战略性新兴产业的推进，努力发展海洋经济、航空航天、机器人等未来产业，攻占发展有利点。完善总部经济政策，抓紧总部基地建成，推进总部经济抱团发展。鼓励企业"走出去"，为其在沿线国家建成产业园区，合作开发市场、能源、资源，提供鼎力支持，使得产业链、供应链、价值链进一步融合，提升以品牌、服务、标准为中心的出口优势，推进有自主知识产权、高附加值产品出口。支持企业积极参加和举办沿线国家专业博览会，加快推进跨境电子商务。充分利用沿线国家基础设施建设的机会，鼓励企业扩大对外工程承包和劳务合作，推进海上丝绸之路建设。

第二，强调创新驱动，增强服务海上丝绸之路建设的创新发展能力。积极推动开放式创新、协同创新、综合创新，汇集高级创新资源和要素，加强源头创新能力。加快对一批重要科技基础设施，

---

① 以下观点来源于许勤：《加快发展湾区经济，服务"一带一路"战略》，载《人民论坛》，2015 年，第 6 期。

高质量建设各类重点实验室、工程实验室、工程中心等创新载体的建设，慢慢加大创新支撑能力。融合世界性有创造力的资源，加快融入世界创新网络，加快促成与国际一流大学和顶尖科研机构的配合，推动下一代通信技术、移动互联网、大数据、生命信息、云计算、新能源、超材料等领域获得一批核心技术产权和国际技术标准。加强与旧金山湾区等世界顶级湾区创新联合，鼓励和沿线国家相互开设科研机构、技术转移和科技服务等机构，组织开展科技联合攻关，建设开放分享的创新网络，一起推进创新成果产业化。促进技术、金融、产业和商业模式创新跨界融合，推动大众创新。鼓励创投机构对海上丝绸之路建设的参与度，加强对沿线国家科技创新服务能力。

第三，着力构建海港、空港、信息港，加强与沿线国家的互联互通。进一步推动与沿线国家基础设施的共同建设，建造省时省力的立体化综合交通运输网络，大力构建海上丝绸之路的交通中心城市。加紧推动机场综合交通枢纽工程建设，鼓励珠三角企业对沿线国家机场的投资建设和运营，增加连接沿线国家的航班航线，建成海上丝绸之路核心城市"4小时航空圈"，联合香港建造空中丝绸之路大道路。加强广州、深圳远洋枢纽港作用，着力建设南沙港、盐田港等重点项目，注重国际班轮航线的完善和拓展，提高货物中转比重，推进广州港、深圳港成为海上丝绸之路海铁联运中心，与香港港一起建成亚太地区国际航运服务枢纽。加大力度建设全球信息网络的核心节点，构建"网上丝绸之路"，全力铸就服务内陆地区对外开放的核心出海渠道。

第四，积极构筑文化交流桥梁，促使和沿线国家城市互信互动。传播中华优秀传统文化，深度拓宽和沿线城市交流广度与深度，使得广州、深圳等珠三角城市被建造成为"一带一路"人文交流的关键联系节点。进一步加大和沿线城市交流合作，建设友好城市系统，构筑常态化交流合作制度。推动举办影响辐射全球的高层会议及文化、体育、展览等活动。大力推动和全球顶级湾区城市进一步合作，寻找成立湾区城市联盟，进而推动全球湾区经济向更高层次发展。推崇加强智库、青年社会团体等相互交流，大力推进侨团商会联系合作，大范围开展民间交流往来。注重吸引大批有影响力的大学来珠三角地区办学，加强与沿线国家高等院校、科研院所等交流合作。努力形成文化交流与经贸合作相互支持的格局。促使国际旅游合作机制更完善，寻找和沿线国家共建旅游合作区，和港澳等地建设高端旅游度假区。

第五，构筑服务南海开发的战略基地，加深和沿线国家海洋经济合作。地处南中国海滨，隔海毗邻东南亚国家的珠三角，粤、港、澳大湾区，是中国大陆和东南亚之间距离最近的发达地区。围绕互利共赢的合作方针，加快促成和沿线国家海洋领域合作。构筑海洋经济产业基地，切实完成国家对南海开发的政策，针对深海资源开发，推进和海西经济区、海南国际旅游岛、北部湾地区的合作，一起推动海洋工程、物流仓储、装备制造、海岛开发、海洋运输、旅游装备、邮轮旅游等产业，逐渐发展新兴海洋产业，壮大高端临海产业，一起构建海洋经济合作示范区。打造海洋科研的创新基地，努力促进海洋科技进步，针对海洋生物制药、海水淡化、新能源与可再生能源等方面，建成国家级南海开发和深海研究公共技术平台，在深海油气、海底矿产等方面进一步提高海洋资源的开发能力。建成国家级海洋工程基地和南海海洋科技中心。构筑南海开发的后勤基地，着力针对大中型船舶、深海工程装备、专用飞机等大型海洋工程装备的研发、制造、维修能力，为开发南海提供全方位服务。

五、努力构建区域产业合作新优势

珠三角地区是海上丝绸之路的重要发祥地，在中国海外贸易历史和东西方文化交流历史上，一直有相当重要的地位。深入分析珠三角地区参与海上丝绸之路建设的区域产业布局，特别是东南亚、南亚、西亚、北非地区的交流合作的历史和现状，把握合作的突破和契机，能更好地增进珠三角地区以至全国与海上丝绸之路沿线国家的友好交往和经济合作，争创对外开放新格局，构建对外开放新优势。

（一）与东南亚产业合作

珠三角与东南亚位置靠近，人文和商业交往频繁，交通便捷，形成很强的互补性产业、资源和市场，经贸合作历史悠久、关系紧密。可以抓住我国推动建设 21 世纪海上丝绸之路的良好契机，通过参与"打造中国 – 东盟自贸区升级版"，进一步形成对外开放的产业新格局。

一是积极激发珠三角民间和企业对东南亚产业经贸合作的参与踊跃性。目前很多的珠三角企业，特别是中小企业，对中国 – 东盟自由贸易区规则、制度等不太熟悉，对其中的优惠条款更是不得而知，从而错失其中的商机。政府要加强宣传力度，让企业和民众充分了解自贸区所带来的机遇。包括，政府提供资金，针对民营企业特别定制举办"走进东盟"学习班。对东南亚的国情、政策和制度，中国 – 东盟自由贸易区的优惠措施等进行普及，加深企业对东盟市场的了解并进一步发掘利用东南亚市场的潜力。此外，利用网络、论坛等方式对在东南亚开展经贸的民营企业进行政策的普及也是种很好的方式。同时将珠三角各市相关职能部门和高校研究力量进行整合，在论坛、网络等渠道进行宣传推广，加深企业对中国－东盟自由贸易区战略地位的了解，引导企业灵活使用各种优惠政策。最后，也可以发挥商会、协会为民营企业服务的功能作用。充分发挥珠三角种类和数量繁多的商会、协会的优势，将政府对商会、协会的管理体制进行转变，从而实际上显示出商会、协会促进对外经济方面的职能作用，为企业提供更多的建议和引导服务。

二是建立境外珠三角产业园，带动珠三角企业、产业集群式投资东南亚。例如构筑珠三角农业合作试验园。越南、柬埔寨等农业资源条件占优势的国家是珠三角建立农业合作试验园的首要选择，并建成珠三角农业示范性生产基地。珠三角也可以试图构筑珠三角工业园。考虑到东南亚各国方方面面的因素，如果选择珠三角作为建立工业园的突破口，印度尼西亚等国是不错的选择，然后渐渐分阶段构建珠三角在东南亚各国"一国一园"的投资规划。

三是要发挥好东南亚华人华侨对产业合作的桥梁作用。包括调动拥有东南亚华商的长处，巩固现存的经贸合作平台，利用好恳亲大会、世界广东同乡联谊大会、世界华商大会等国际性会议的作用，努力向东南亚华商普及珠三角的投资政策和投资机会；包括将对外工作力量和东南亚华侨华人力量联合起来，努力推进珠三角企业"走出去"，使得东南亚成为珠三角企业"走出去"的首要目的地；也包括以侨为桥，以华媒为媒，构成华文教育和文化传播的新途径，进一步加大对东南亚华文教育的投入力量，坚持鼓励岭南特色文化"走出去"，和东南亚华文媒体携手，一同打造珠三角侨乡发展专版，实现珠三角与东盟媒体互惠双赢。

（二）与南亚产业合作

历史上，南亚各国（印度、阿富汗、不丹、巴基斯坦、马尔代夫、斯里兰卡、尼泊尔和孟加拉）既是海上丝绸之路的重要目的地，又是通往阿拉伯和非洲世界的必经之路。现在，南亚地区保持着珠三角最关键的海外产业合作伙伴之一的地位，尤其是印度和巴基斯坦潜力最大。

一是继续加强两地的产业经贸合作。例如，将珠三角和印度合作交流机制进一步完备，达成共识，消灭分歧，增加对彼此的认识和赞同。其次是携同构建双方合作发展平台，减少贸易壁垒，消除单方面使用贸易限制策略，一起为企业进行投资与贸易创设适合的环境。又如，支持并促进有条件的珠三角企业到巴基斯坦投资创业，与此同时，也欢迎巴基斯坦企业充分发挥其自身在纺织、农业等领域的优势，来珠三角寻觅投资契机。

二是积极参与南亚基础设施和产业构建。例如，充分利用印度制造业、城市基础建设、铁路快速发展的契机，同时融合珠三角产业转移升级和经济结构调整的需要，增加对印度投资，深化企业合作，强化资本运作，充分利用当地人力、物力及社会资源，提升项目合作投资的目标性和准确率。又如，积极拓宽在巴基斯坦的珠三角企业进行承包工程业务的深度和广度，特别是在港口、电信、能源、铁路等工程方面，实行以工程承包为基础，资金、管理、技术、设计共同融合、良性互动的政策，促进珠三角企业在巴基斯坦承包工程的转型升级，实现经济效益的提升。

（三）与西亚产业合作

西亚地区各国资源丰富、资金充足，但产业结构单一。珠三角地区充分利用海上丝绸之路概念，积极参与国家产业合作项目，必可优势互补、商机无限。

一是进一步加强珠三角与西亚产业的双边贸易。珠三角与西亚两地产业贸易有较强的互补性，西亚进口依赖性较强的主要是轻工、机械装备等工业制成品，而这些正是珠三角具有国际比较优势的产业产品。珠三角与西亚在工业制成品的贸易合作存在广阔的空间。在短期，应把重点放在畅顺珠三角和西亚两地工业制成品产业贸易的合作渠道。如可将西亚地区的法律法规、经贸交往情况、市场状况、行业信息、贸易伙伴需求、政治局势等贸易合作信息通过网络平台及时公布，让珠三角商人减少获取西亚相关信息的时间和经济成本，得以及时调整企业的贸易策略和产品战略，避免损失。在中期，应把重点放在减少和避免两地的贸易摩擦。如珠三角可在促进中国与海合会自贸区谈判中扮演更积极的角色，积极推动政府相关部门在互惠互利的基础上形成一致的贸易战略共识，创造和谐的商业伙伴关系，以消除贸易壁垒、减少贸易摩擦。在长期，应该重点提高工业制成品的附加值和技术含量。在保持劳动密集型轻工业品传统优势的基础上，更多地关注先进制造和高新技术产业的成长，通过产业转型升级，优化出口贸易结构，提升"珠三角制造"和"珠三角智造"在西亚地区的竞争力。

二是加强珠三角与西亚的能源产业合作。在短期，珠三角地区应注意采取相关石油产业贸易战略储备措施，提高应急反应能力，预防因中东局势变化而可能造成的石油进口中断等情况，维护能源安全。在中期，珠三角地区应进一步强化与西亚产油国的能源贸易合作，积极开展能源外交，注意消除因大量进口石油、天然气等能源资源产业所带来的贸易逆差，在相互尊重主权的基础上与西亚产油国开展广泛的能源领域投资合作，通过直接或间接投资，引导石油美元的回流。在长期，珠三角还应促进与西亚发展在石油能源中、下游领域如石化等行业的战略合作，强化与西亚在能源全产业链的协作互动。

三是加强珠三角与西亚产业的双边投资。一方面，以优惠政策创造产业投资环境。加强引导珠三角地区具有比较优势的企业开展与西亚企业的技术投资合作，对西亚来粤的高新技术和金融服务产业投资可给予适当的金融、财政和产业政策的扶持。另一方面，以会展促进产业合作。珠三角地区政府可利用政府、商会共同举办更多针对与西亚资本合作的展会，促进双方投资合作。同时，积极争取相关政策性金融机构和其他金融机构对金融产品的创新，适应企业对西亚产业投资合作的需要，推进金融机构实施并购贷款业务，鼓励企业在西亚推进行业并购和重组。

四是加强珠三角与西亚产业的文化交流。一方面，加强珠三角与西亚的教育产业合作。珠三角与西亚的教育合作可以在高等教育合作方面进行首要突破，采用互派留学生、访问学者和合作办学、科研项目合作等政策，实现成就珠三角与西亚两地文化交流的重任。以加强西亚在阿拉伯语方面的教育合作为核心，在省级教育规划体系中纳入培育阿拉伯语人才的计划，进一步促使阿拉伯语人才培养计划的完备，积极鼓励建成全日制阿拉伯语培训学校，在与西亚互派留学生方面设立专项资金予以支持等，夯实阿拉伯语师资队伍建设。另一方面，着力发挥产业"文化造势"的作用。在文化创意产业方面，珠三角应依托南方报业集团等机构合作建成中国穆斯林文化出版社，进行伊斯兰国家地理、南方画报·西亚版等刊物的出版。也可在阿联酋迪拜、卡特尔多哈等世界级大都市试着举办"岭南文化——中国广东"图片展、"西亚广东文化旅游节"等。在影视业方面，可尝试通过举办广州国际影视节或"西亚神秘之旅电影节"，将西亚伊斯兰国家的电影工作者和他们具有独树一帜的电影节带给珠三角人民，或以"珠三角－西亚合作"为题目进行历史剧、都市剧等电视剧制作等。在风格建筑方面，珠三角也可以试图规划建立中阿论坛永久会址、世界穆斯林文化城、西亚风情特色街区、国际穆斯林大厦等。

（四）与北非产业合作

北非，作为非洲大陆最具经济实力的地区，历经很多年的历练取得了长足进展。珠三角已将北非国家列入其在非洲的关键产业伙伴，双方产业在投资、贸易和基础设施建设方面的合作取得了可喜的成就，但也遇到了产业贸易不平衡、产业投资结构单一等亟待解决的难题。

一是完善产业合作机制，构筑产业合作平台。比如，设立"中非合作论坛——珠三角北非区域合作分论坛"，对建立次区域合作平台和合作机制进行商议。互相结为友好城市，通过和北非国家进行更多的友好城市配对，促进地区间政府、企业和民众的相互认识和交往，推动经贸、文化等各个领域的互动。两国间设立经贸办事处、展销中心，开办展会、电子商务平台等，利用各种各样的商贸平台，开拓与北非的合作桥梁，使得经贸服务更加方便快捷。构筑经贸合作园区，鼓励各类园区的进驻，进一步推动珠三角企业对北非市场的进入步伐。

二是充分考虑双边产业实际，彰显产业合作的重点。《中国对非洲政策文件》明确指出中非经济合作的关键点是贸易、金融、农业、基础设施、资源和旅游等方面。珠三角和北非国家核心合作方面，不仅要强调珠三角的经济利益和产业优势，还要选择北非国家重点支持、有发展潜力的产业。短期内北非国家经济总体格局不会变化，依然保持以石油、采矿以及食品加工、纺织服装等传统工业为核心。但其新发展计划，北非国际重点关注的领域将变成农业、制造业、建筑业、电信、交通、旅游以及与民生相关的基础设施建设。

三是强化风险意识，减少产业合作摩擦。包括，争取贸易平衡，根据珠三角与北非产业贸易失衡的实际，充分发挥各自产业和产品的比较优势，提高贸易商品技术含量和附加值，推动珠三角与北非产业贸易合作均衡发展。改进投资方式，充分利用珠三角在改革开放招商引资的成功经验，通过投资企业的本土化，开放式的产业投资合作，与欧美等发达国家结为合作伙伴，提高综合融资和国际化管理水平，降低投资北非项目的风险。促进珠三角企业履行企业责任。北非市场仍处于初创阶段，市场机制及各项法律还未成熟，企业要自觉承担起社会责任，减少劳务纠纷，获得北非民众的认可。

六、对策与建议

（一）强化组织领导

融入海上丝绸之路建设需要政府强有力的协调和推动。宜成立由广东省主要领导任组长、省直属有关部门以及珠三角各市主要领导为成员的海上丝绸之路建设领导小组，协调、统筹和指导珠三角合作规划和重点项目的推进工作，建立工作目标责任制和考核评价体系，加强督导检查。积极争取国家层面的政策倾斜，按照"政治互信、经济互补、资源共享、市场通融、协同推进、互利共赢"的原则，夯实和推进海上丝绸之路国家的友好关系，促成和东盟、南亚、西亚和北非国家开展多方面、多层级、多角度的交流与合作。开展区域合作和次区域合作，建议与广西、海南、福建等省区成立"海上丝绸之路经贸合作联盟"，积极参与东盟博览会和海峡西岸经济区建设。

（二）科学制定规划

可由广东省发展改革委牵头，参考《珠江三角洲地区改革发展规划纲要（2008—2020年)》等规划的成功经验，制定"珠江三角洲地区参与21世纪海上丝绸之路建设的总体规划（2015—2020

年)"，根据海上丝绸之路各国经济发展的特点和合作现状，确定海上丝绸之路产业发展、生态环境、土地和水资源、能源、自然和历史文化遗产保护等方面的整体目标和保护要求，明确各阶段的合作重点和发展目标。各经济体之间的基础设施开发规划，要同推动地区基础设施互联互通目标紧密结合起来，增强本地区交通基础设施网络的互通性。确保与国内其他地区如广西、云南、海南、福建等省份以及东盟国家的计划对接，进一步提升中国－东盟自贸区的一体化水平。定期选定和公布丝绸之路国别海外投资的鼓励行业，引导企业对海外投资的区位结构、产业结构和总体规模进行宏观调控。制定对内对外宣传推介的一揽子方案，充分利用遗存申遗、旅游开发、国际论坛、影片制作和媒体报道等工具，形成社会效应。

（三）保障资金支持

一是合理使用好中国－东盟投资合作基金。以中国进出口银行为核心发起的私募股权基金，基金一期规模约为 10 亿美元。珠三角要鼓励企业积极利用基金项目和其中的一些信贷优惠，在中国－东盟基础设施建设中获取份额。

二是合理使用好中国－东盟海上合作基金。中国－东盟海上合作基金设立时间比较迟，计划规模为 30 亿元人民币，主要用于推动海洋科研与环保、互联互通、航行安全与搜救、打击跨国犯罪等领域的合作。要引导有关企业多关注、多申报，加强与东盟国家的海洋合作。

三是加大财政支持力度，加强和改进金融服务。广东省"走出去"专项基金要向海上丝绸之路重点合作国家的合作项目倾斜。探索建立境外投资风险准备金和境外矿产资源风险勘察基金，降低企业海外投资风险。进一步健全和完善金融支持体系，加强商业性金融机构和政策性银行对珠三角企业投资海外的信贷支持，放宽融资限制，扩大"走出去"项目的融资规模和渠道；完善企业境外投资保险制度；进一步放松外汇管制，合理缩短审批流程，提高审批效率。

四是成立人文教育交流专项基金，扩大双向文化交流。由广东省财政设立人文交流专项基金，用于海上丝绸之路各国进行文化、宗教、旅游、体育等方面的交流和合作。支持海上丝绸之路各国文艺团体相互交流演出。支持高校间开展交流合作，加深青少年的相互认识和了解。

五是设立海上丝绸之路申遗和海上文物考古专项资金。成立申遗工作领导小组和办公室，省财政设立专项，用于相关地市的申遗工作。珠三角与东盟国家拥有众多在南海水域出水的文物，但合作项目少，特别是部分东盟国家的文博机构没有经费开展水下考古工作，珠三角企业可与其合作打捞，出水文物由双方友好协商分成。

（四）注重人才培养

抓紧制定珠三角国际人才培养规划，充分发挥高等院校培养跨国人才的优势，通过校企合作，安排学员到相关企业和岗位实训，使国际人才的培养更具针对性和实效性。利用珠三角与国外高等院校联合开展的公共管理高级研修班等形式，有针对性地培训从事外事、对外经济的专业人才，促进政府工作人员知识结构升级换代，提升政府服务企业"走出去"的水平。同时，加强中国文化、岭南文化的传播，在国家提供奖学金名额之外，珠三角要另行提供奖学金名额，专门招收海上丝绸之路国家的优秀学生到珠三角留学，使其更好地认识中国、认识珠三角，从而对中国和珠三角产生亲切感。向教育部申请参加"中非高校 20 + 20 合作计划"，在珠三角有条件的高校开办国际商学院，共同培养中非高级人才。

(五) 加强海洋经济合作

加大海上丝绸之路海洋经济合作宣传强度，促进全民海洋意识的提升，进一步参与到全球海洋合作竞争，鼓励引进、消化全球各国海洋经济发展技术、经验。现在，海洋经济的发展，已成为国民经济发展密不可分的一部分，并且在将来可能会成为度量国家综合竞争能力的关键指标，特别是我国加入世界贸易组织（WTO），我国将全面参与全球各个领域的合作与竞争，海洋经济能否持续、健康、快速发展，和整个国家政策正常实施息息相关。只有依靠全民海洋意识的提升，才能有效推进海洋事业的进步，从而实现我国海洋强国目标。珠三角要想成为我国海上丝绸之路海洋经济合作的领头羊，就一定要在以上这些方面做出不懈奋斗。

完全激发珠三角资源潜力，着力发挥特色和优势产业。各地政府要充分考虑到实际情况，确定相应的政策，指引社会资源向丝绸之路海洋经济合作关键行业转移，同时将珠三角地区海洋产业、临港工业特别是劳动密集型产业向粤东、粤西等较落后地区转移，大力推进广东东西两翼海洋经济的迅速进步，加快改变海洋产业构筑，最终形成粤东、粤中、粤西三大海洋经济区主业明确、产业互补、特色鲜明、协调发展的和谐场景。

进一步完善珠三角丝绸之路海洋经济发展的社会支撑体系。完善珠三角海上丝绸之路战略的海洋短、中、长期发展战略，妥善处理好发展与规划的关系，研究促使海洋产业特别是新兴海洋产业取得快速进步的科技创新体制、融资机制、海洋环境保护体制，促使其他各项政策法规保障体系的进一步完备，充分调动、整合各类社会资源，用完善的社会服务、支撑和保障助力海洋产业的可持续发展。

参考文献

巴里·布赞，奥利·维夫. 2010. 地区安全复合体与国际安全结构. 潘忠岐，等译. 上海：上海人民出版社.

蔡鹏鸿. 启动 21 世纪海上丝绸之路 建设南海和平之海. http：//cpc. people. com. cn/n/ 2015/0206/c187710 - 26521311. html［2015 - 2 - 6］.

曹丽薇. 2009. 华人华侨，中华文化走向世界的力量. 广州社会主义学院学报，（1）： 49 - 50.

曾祥裕，张春燕. 2013. 阿富汗战略通道建设的进展、局限和影响. 东南亚研究：（1）.

陈潮. 2001. 试论海上丝绸之路兴起的原因//三条丝绸之路比较研究学术讨论会论文集.

陈沁. "政冷经热"存风险. http：//opinion. caixin. com/2012 - 09 - 24/100441285. html ［2012 - 9 - 24］.

陈万灵，何传添. 2014. 海上丝绸之路的各方博弈及其经贸定位. 改革，（3）： 74 - 83.

陈万灵，吴旭梅. 2015. 海上丝绸之路沿线国家进口需求变化及其中国对策. 国际经贸探索，（4）：87 - 100.

陈伟光. 2015. 论 21 世纪海上丝绸之路合作机制的联动. 国际经贸探索，（3）.

陈炎. 1996. 海上丝绸之路与中外文化交流. 北京：北京大学出版社.

陈玉霞，高芬. 2011. 古代海上丝绸之路与中外交流. 兰台世界，（5）.

陈哲. 2014. 日本国安会的形成过程及其影响. 现代国际关系，2（4）：24.

刁大明. 2013. 美国茶党的涉华态度及其成因. 外交评论. (6)：115.

丁小巍，李惠胤. 2015. "一带一路"背景下中国企业海外投资风险的管控——以行业协会帮助企业布局为切入点. 政法学刊. (5)：123 – 124.

范长龙会见美国总统国家安全事务助理赖斯. 新华网. http：//news. xinhuanet. com/politics/2014 – 09/09/c_ 1112410616. htm［2014 – 09 – 09］.

菲媒：中国在赤瓜礁的填海作业已转至绿化阶段. 新华网. http：//news. xinhuanet. com/world/2014 – 08/29/c_ 126933408. htm［2014 – 8 – 29］.

高飞. 2013. 中国的"西进"战略与中美俄中亚博弈. 外交评论，(5).

高祖贵. 2014. 大变局下美国中东政策的调整. 当代世界，(3)：16.

公丕萍，宋周莺，刘卫东. 2015. 中国与"一带一路"沿线国家贸易的商品格局. 地理科学进展，(5)：571 – 580.

龚缨晏. 2014. 关于古代"海上丝绸之路"的几个问题. 海交史研究，(2).

谷源洋. 2015. 大国汇聚亚洲与经略周边——21 世纪海上丝绸之路建设的认知与建议. 东南亚纵横，(1).

韩永辉，罗晓斐，邹建华. 2015. 中国与西亚地区贸易合作的竞争性和互补性研究——以"一带一路"战略为背景. 世界经济研究，(3)：89 – 98.

何茂春，田斌. 2016. "一带一路"战略的实施难点及应对思路——基于对中亚、西亚、南亚、东南亚、中东欧诸国实地考察的研究. 人民论坛·学术前沿，(5)：55 – 62.

胡雪琪. 2016. 浅析中国对"一带一路"沿线的直接投资. 赤峰学院学报（自然科学版），(5)：93 – 95.

黄寿祺，张善文. 2007. 周易译注. 上海：上海古籍出版社：155.

黄卫平. 2016. "一带一路"倡议下的中国对欧投资研究. 中国流通经济，(1)：51 – 57.

黄颖. 2014. 海上丝绸之路形成的历史考察. 炎黄纵横，(2).

贾秀东. 日菲抹黑中国新伎俩. http：//www. ciis. org. cn/chinese/2014 – 03/17/content_ 6747167. htm［2014 – 03 – 17］.

江瑞平. 2014. 东亚合作与中日关系的互动：困局与对策. 外交评论，(5).

焦聪. 2016. "一带一路"战略实施对我国对外贸易的影响. 对外经贸，(2)：25 – 27.

金玲. 2015. "一带一路"：中国的马歇尔计划. 国际问题研究，(1)：88 – 99.

金瑞庭. 2016. 加快推动"一带一路"战略与欧亚经济联盟对接. 宏观经济管理，(3)：41 – 44.

金正昆，唐妮娜. 2009. 当代中国外交的新路径：人文外交初探. 教学与研究，（8）：35.

李兵. 2010. 海上战略通道博弈——兼论加强海上战略通道安全的国际合作. 太平洋学报，（3）：92.

李兵. 2010. 建立维护海上战略通道安全的国际合作机制. 当代世界，（2）：54.

李金明. 2015. 中国古代海上丝绸之路的发展与变迁. 新东方，（1）.

李克强深耕欧洲之行. 瞭望观察网. http：//cpc. people. com. cn/n/2014/1023/c64094 – 25895575 – 3. html〔2014 – 10 – 23〕.

李克强在第九届东亚峰会上的发言（全文）. 新华网. http：//news. xinhuanet. com/ 2014 – 11/14/c_ 1113240192. htm〔2014 – 11 – 14〕.

李向阳. 2014. 论海上丝绸之路的多元化合作机制. 世界经济与政治，（11）.

李忠杰. 2010. 加强对国际战略通道问题的研究. 当代世界与社会主义，（1）：189.

林宏宇. 2004. "海上丝绸之路"的国际战略意义探析. 人民论坛，（25）：50 – 51.

林宏宇. 2014. 当前中日关系与中国东海防空识别区. 现代国际关系，（1）：9.

凌胜利. 2012. 冷战后美国亚太联盟的强化：趋势与问题. 美国问题研究，（2）：140.

刘建飞. 2009. 一部研究国际战略通道问题的力作. 当代世界，（12）：95.

刘思伟. 2015. 印日安全合作及对亚太地区安全态势的影响. 南亚研究季刊，（1）.

刘卫东. 2015. "一带一路"战略的科学内涵与科学问题. 地理科学进展，（5）：538 – 544.

刘延东. 2010. 深化高等教育合作，开创亚洲人文交流新局面. 世界教育信息，（12）：11.

卢山冰，刘晓蕾，余淑秀. 2015. 中国"一带一路"投资战略与"马歇尔计划"的比较研究. 人文杂志，（10）：36 – 43.

罗伯特·卡普兰. 2013. 季风：印度洋与美国权力的未来. 吴兆礼，毛悦译. 北京：社会科学文献出版社.

美军将重返菲律宾苏比克湾基地半永久性驻扎. 环球时报. http：//news. qq. com/a/ 20121018/000569. htm〔2012 – 10 – 18〕.

孟庆强. 2016. 中国对"一带一路"沿线国家直接投资动机的实证研究. 工业经济论坛，（2）：136 – 144.

闵凡祥. 1999. 美元对欧元的战争——对科索沃战争的经济解释. 国际观察，（5）：19 – 23.

新战略、新愿景、新主张
——建设21世纪海上丝绸之路战略研究

全毅，汪洁，刘婉婷. 2014. 21世纪海上丝绸之路的战略构想与建设方略. 国际贸易，（8）：4-15.

任红玲. 2015. 对外直接投资如何助力母国贸易——基于中国对"一带一路"周边国家投资的经验验证. 商场现代化，（30）：30-31.

日中时隔4年重启安保对话摸索仍在继续. http：//asahichinese. com/article/politics_economy/AJ201503200017.

桑百川，杨立卓. 2015. 拓展我国与"一带一路"国家的贸易关系——基于竞争性与互补性研究. 经济问题，（8）：1-5.

申现杰，肖金成. 2014. 国际区域经济合作新形势与我国"一带一路"合作战略. 宏观经济研究，（11）：30-38.

沈琼. 2016. "一带一路"战略背景下中国与中亚农业合作探析. 河南农业大学学报，（1）：140-146.

史雪娜，李嫣资. 2016. "一带一路"战略下我国对外投资环境分析. 商业经济研究，（6）：184-185.

史正富. 2015. 论一带一路投资机制创新. 开放导报，（4）：11-15.

宋莹莹. 2011. 美韩同盟关系的演变和前景，当代世界，（1）：50-51.

苏杭. 2015. "一带一路"战略下我国制造业海外转移问题研究. 国家贸易，（3）：18-21.

孙靓莹，邱昌情. 2016. "一带一路"建设背景下的南南合作：路径与前景. 广西社会科学，（2）：135-139.

孙冉，孟剑. 2015-06-29. 中韩自由贸易协定签署的影响. 金融时报，011.

孙茹. 2012. 美国亚太同盟体系的网络化及前景. 国际问题研究，（4）：39.

孙晓玲. 2012. 中越南海争端中的美国因素. 东南亚研究，（3）：35.

谭畅. 2015. "一带一路"战略下中国企业海外投资风险及对策. 中国流通经济，（7）：114-118.

谭秀杰，周茂荣. 2015. 21世纪"海上丝绸之路"贸易潜力及其影响因素——基于随机前沿引力模型的实证研究. 国际贸易问题，（2）：3-12.

唐世平，张蕴岭. 2004. 中国的地区战略. 世界经济与政治，（6）：8-10.

汪戎. 2014. 印度洋地区蓝皮书：印度洋地区发展报告（2014）——印度洋地区国际关系. 北京：社会科学文献出版社.

王爱虎. 2015. 从海上丝绸之路的发展史和文献研究看新海上丝绸之路建设的价值和

意义. 华南理工大学学报，（2）.

王君祥. 2010. 中国－东盟打击海上犯罪刑事合作机制研究. 刑法论丛，（1）：380.

王鹏. 2015. 中巴经济走廊："一带一路"的旗舰. 中国外资，（6）：15－17.

王丝丝，陈生杰. 2015. "一带一路"背景下我国与中亚五国农产品贸易研究. 经营与
　　管理，（6）：62－65.

王小雪. 2013. 冷战后日美同盟关系的演变及其影响. 学理论，（18）：30.

王志军. 2009. 美国军工复合体与奥巴马对华政策. 世界经济与政治论坛，（3）：
　　24－31.

王祖温. 2010. 中国航运名家访谈录（第1集）. 大连：大连海事大学出版社：45，50
　　－52.

魏红霞. 2013. 重新解读奥巴马政府的"亚洲再平衡"战略//黄平，倪峰. 美国问题
　　研究报告（2013）　构建中美新型大国关系. 北京：社会科学文献出版社：109.

吴磊. 2014. 构建新丝绸之路：中国与中东关系发展的欤内涵. 西亚非洲，（3）.

吴哲，等. 2015. 新兴经济体对外直接投资的逆向知识溢出效应——中国对"一带一
　　路"国家OFDI的实证检验. 中国管理科学，（S1）：690－695.

武苏粉，杨艳杰. 2016. "一带一路"下的PPP合作新模式构筑探讨. 商场现代化，
　　（4）：237－238.

习近平. 2014. 习近平谈治国理政. 北京：外文出版社，（9）.

习近平在周边外交工作座谈会上的讲话要点（2013－10－24）. 中国共产党新闻网.
　　http://cpc. people. com. cn/xuexi/n/2015/0721/c397563－27338114. html［2015－7－21］.

小约瑟夫·奈，戴维·韦尔奇. 2012. 理解全球冲突与合作：理论与历史. 张小明译.
　　上海：上海人民出版社：26－27.

熊兴. 2009. 当前我国海上航线安全浅析. 中国水运，（9）：29.

徐堇. 2014. 古代海上丝绸之路对中国港口经济的影响. 企业导报，（7）.

许娟，卫灵. 2014. 印度对21世纪海上丝绸之路倡议的认知. 南亚研究季刊，（3）.

薛力. 21世纪海上丝绸之路建设与南海新形势. http://www. 21ccom. net/articles/
　　world/zlwj/20150305121803_ all. html［2015－3－6］.

薛力. 建设"海上丝绸之路"：解决南海争端的催化剂. http：//www. iwep. org. cn/
　　news/731686. htm［2014－5－23］.

薛力. 中国为什么提早撤走981钻井平台. http：//www. ftchinese. com/story/001057353？
　　full＝y［2014－7－21］.

亚洲夺岛之争. http：//www. takungpao. com/mainland/content/2012 - 09/14/content_ 1101121. htm.

杨伯江. 2015. 中国中日关系研究综述. 日本学刊.

杨飞虎，晏朝飞. 2015. "一带一路"战略下我国对外直接投资实施机制研究. 理论探讨，（5）：80 - 83.

杨焕荣. 2015. "一带一路"新格局指引下我国对外贸易转型探讨. 商业经济研究，（31）：33 - 35.

杨晓杰. 2015. 试析影响我国二十一世纪海上丝绸之路建设的"日本因素". 探求，（3）.

杨晓云. 2014. 中日对东盟出口贸易比较研究. 现代日本经济，（5）.

杨英，刘彩霞. 2015. "一带一路"背景下对外直接投资与中国产业升级的关系. 华南师范大学学报（社会科学版），（5）：93 - 102.

印度加强同越南军贸合作促进武器出口，http：//world. cankaoxiaoxi. com/2014/0916/ 498150. shtml.

印度将向越南出售 4 艘军舰，http：//news. 163. com/14/1030/07/A9PMU4EN00014AED. html.

于向东，宋晓森. 2014. 试析越美全面伙伴关系. 和平与发展，（5）：38.

俞路. 2016. "一带一路"沿线各国贸易影响因素分析——基于贸易引力模型的实证研究. 开发研究，（1）：28 - 32.

袁建民. 2015. 中巴经济走廊的战略意义及应对策略. 新疆社科论坛，（1）：25 - 36.

张波. 2009. 海军部队在海上战略通道护航中政治工作探要. 西安政治学院学报，（4）：48.

张纪凤，宣昌勇. 2015. "一带一路"战略下我国对东盟直接投资"升级版"研究，现代经济探讨，（12）：45 - 48.

张林，刘霄龙. 2015. 异质性、外部性视角下 21 世纪海上丝绸之路的战略研究. 国际贸易问题，（3）：44 - 53.

张茉楠. 2014. 积极推进中日韩自贸区谈判. 瞭望，（18）：49.

张炜. 2008. 国家海上安全. 北京：海潮出版社：54.

张勇. 2014. 略论 21 世纪海上丝绸之路的国家发展战略意义. 中国海洋大学学报（社会科学版），（5）：13 - 18.

赵亚赞. 2014 - 10 - 14. 俄罗斯智库专家对丝绸之路经济带的看法. 经略简报，（79）.

郑蕾，刘志高. 2015. 中国对"一带一路"沿线直接投资空间格局. 地理科学进展，（5）：563 - 570.

参考文献

中俄将签一揽子协议能源战略合作提速. 大公网. http：//finance. takungpao. com/q/ 2014/1013/2777592. html ［2014－10－13］.

中菲关系40年：从"血缘之亲"到"政冷经热". 中国日报网. http：//www. chinadaily. com. cn/interface/toutiao/1138561/2015－6－6/cd＿ 20920858. html ［2015－6－5］.

"海上丝绸之路"的21世纪新构想. 中国社会科学网. http：//www. cssn. cn/gj/13332/ hssczl＿ hzzz/hssczl＿ sdjj/201411/t20141130＿ 1422868. shtml ［2014－11－30］.

中国现代国际关系研究院. 2005. 海上通道安全与国际合作. 北京：时事出版社：16.

中国邀印度共建海上丝绸之路 ［EB/OL］. http：//news. ifeng. com/rt－channel/detail＿ 2014＿ 02/16/33851763＿ 0. shtml.

中华人民共和国外交部. 习近平在印度尼西亚国会的演讲（全文）. http：//www. fmprc. gov. cn/mfa＿ chn/zyxw＿ 602251/t1084354. shtml ［2013－10－3］.

钟飞腾. 2014. 新型大国关系、共同发展与中国外交新理念. 国际论坛，(1)：38.

周五七. 2015. "一带一路"沿线直接投资分布与挑战应对. 改革，(8)：39－47.

朱锋. 2014. 国际战略格局的演变与中日关系. 日本学刊，(6).

兹比格纽·布热津斯基. 1998. 大棋局：美国的首要地位及其地缘战略. 中国国际问 题研究所译. 上海：上海人民出版社：42.

邹嘉龄，等. 2015. 中国与"一带一路"沿线国家贸易格局及其经济贡献. 地理科学 进展，(5)：598－605.

Albert W，Levi. 1970. The Humanities Today. Bloomington：Indiana University Press.

Denyer S. 2013－11－14. China Bypasses American "New Silk Road" with Two of Its Own. The Washington Post.

Glaser B，Pal D. 2013－11－07. China's Periphery Diplomacy Initiative：Implications for China Neighbors and the United States. China－US Focus.

John C K. Daly. 2014－07－17. China Focuses on its Maritime Silk Road. Silk Road Reporters.

Johnson K. 2014－05－01. Rough Ride on the New Silk Road. Foreign Policy.

Kucera J. 2013－09－08. China Looks West as It Bolsters Regional Ties. New York Times.

Mankoff J. 2013－05－21. Work with Moscow in Central Asia. The National Interest.

Michael T，Klare. IslandGrabbinginAsia. http：//www. foreignaffairs. com/articles/138093/ michael－t－klare/island－grabbing－in－asia.

Ralph A C，Marantidou V. 2014－09－30. The Great Game in Central Asia. PacNet #73.

新战略、新愿景、新主张

——建设21世纪海上丝绸之路战略研究

Ranjan A. 2013. India – China strategic rivalry: has the dragon replaced the elephant. Himalayan and Central Asian Studies, 17: 3 – 4.

Standish R. 2014 – 09 – 29. The United States' Silk Road to Nowhere. The Foreign Policy.

Tharoor S. 2014 – 10 – 14. China's Silk Road Revival – and the Fears It Stirs – Are Deeply Rooted in the Country's History. The World Post.

Weitz R. 2014 – 11 – 18. Beijing Brace for Afghanistan 2014, China – US Focus.

参
考
文
献

后 记

　　《新战略、新愿景、新主张——建设 21 世纪海上丝绸之路战略研究》是中国海洋发展研究会 2014 年委托课题的阶段性成果。本研究由祝哲研究员主持，历时两年多时间，形成近 100 万字的研究成果，凝聚了课题组全体成员的辛勤劳动。在课题研究和本书撰写过程中，多家单位和专家互通有无、分工协作、密切配合，充分体现了多元、包容、合作、共赢的 21 世纪海上丝绸之路的理念。本书分工如下：

　　绪论、第四章、第五章由中国海洋发展研究会常务理事祝哲研究员撰写；第一章由祝哲和商务部研究院李志鹏教授合作撰写；第二、三章由李志鹏和中国轻工工艺品进出口商会李文锋博士合作撰写；第六、七、十章由国家海洋信息中心何广顺教授，周怡圃、赵鹏、刘佳副研究员，张潇娴副编审，张玉洁、羊志洪博士，以及李志鹏教授合作撰写；第八章由对外经济贸易大学中国开放经济与国际科技合作战略研究中心教授、博导夏友富，对外经济贸易大学中国开放经济与国际科技合作战略研究中心丁阳、金夷合作撰写；第九章由祝哲和国家信息中心沈奕昕研究员合作撰写；第十一章由夏友富，对外经济贸易大学中国开放经济与国际科技合作战略研究中心金夷、王翔、王云飞合作撰写；第十二章由夏友富和对外经济贸易大学中国开放经济与国际科技合作战略研究中心张涛合作撰写；第十三、十四章由国务院发展研究中心国际技术经济研究所滕飞研究员、机械工业经济管理研究院吕汉阳副研究员、中国石油大学（北京）研究生陈灿、国际关系学院研究生李海洋、美国滨州州立大学研究生王天芳、中国少年儿童出版总社编辑张燕合作撰写；第十五章由辽宁省政协研究室主任张军、辽宁省政协提案委副主任苌锋、辽宁省信息中心副主任姜健力、大连海事大学匡海波教授、辽宁省政府发展研究中心孟炜中巡视员、辽宁省政协研究室胡青副巡视员、大连海事大学李振福教授、辽宁大学王厚双教授、辽宁省信息中心于玲玲处长、辽宁省政协研究室弭雪及李硕合作撰写；第十六章由宁波市政协郁伟年副主席、宁波保税区管委会总工会陈贞新主席、宁波保税区管委会研究中心李宇副主任、宁波保税区管委会李丽珍及闵聪合作撰写；第十七章由厦门大学吴崇伯教授撰写；第十八章由广东国际战略研究院李青和黄雄亮教授、韩永辉博士合作撰写。本书由祝哲研究员统稿。

中国海洋发展研究会和海洋出版社对本书的出版给予了大力支持。在此向为本书提供帮助和付出辛勤劳动的所有机构及人士表示最诚挚的感谢。

在本书撰写过程中，我们参阅了大量参考文献以及相关国际机构、国家部委的网站公开信息数据，特此说明并致谢。

21 世纪海上丝绸之路战略研究课题组

2017 年 4 月